Rom, dies überschwenglich reiche Museum aller Kunst, diese moderne Großstadt im Süden, diese Stadt, die voll ist von lautem, raschem, sinnreichem Leben und in die doch der warme Wind die schwüle Trägheit des Orients hinüberträgt…

Thomas Mann *(»Der Wille zum Glück«)*

Jenny John

Rom

Fotos von Franz Marc Frei

Inhalt

Ein Streifzug durch Rom

12 Einführung

Rom planen

36 Anreise und Ankunft
38 In Rom unterwegs
44 Hotels und andere Unterkünfte

Rom und seine Stadtteile

78 Centro storico – die Visitenkarte der Stadt

Rom spezial

276 Am Abend
286 Feste und Messen
290 Kurse und Workshops

Ausflüge in die Umgebung

314 Castelli Romani: junger Wein und alte Villen

Service und Info

340 Rom von A bis Z
348 Sprachführer

54 Essen und Trinken mit Eßdolmetscher
66 Einkaufen

118 Die Altstadt
144 Trastevere
160 Das antike Rom
186 Der Vatikan
204 An den Ufern des Tiber
224 Das politische Rom
252 Via Appia Antica
260 Fuori le Mura – vor den Toren der alten Stadt

294 Sport und Freizeit
300 Rom für Kinder
306 Mit einem Handikap unterwegs

320 Ostia Antica: der Alltag der Antike
324 Sperlonga: die Sirenenküste
326 EUR: Mussolinis Vermächtnis
330 Lago Bracciano: eine Seerundfahrt
331 Tivoli: die Märchenschlösser der Antike
334 Cerveteri: Totenstadt der Etrusker

354 Register
360 Impressum

***Jenny John**, Jahrgang 1965, arbeitet als freie Journalistin mit Schwerpunkt Italien. Erst bei verschiedenen Printmedien, dann in der Redaktion eines Fernsehsenders beschäftigt.*
Sie lebte und arbeitete längere Zeit in den USA und in Italien.

***Franz Marc Frei**, Jahrgang 1963, lebt als freischaffender Fotograf in München. Sein Schwerpunkt ist Reisefotografie, und er arbeitet für mehrere Zeitschriften und Buchverlage.*

Ein Streifzug durch Rom

Hier wird geflirtet und geschlafen,
gegessen und getrunken,
getanzt und gelesen – kurz:
Die Spanische Treppe
*ist **der** Treffpunkt von Rom!*

Der Staub der Jahrhunderte ist dahin: Seit der Restaurierung läßt Michelangelos gewaltiges Deckenfresko die Sixtinische Kapelle erstrahlen wie ein Feuerwerk den Nachthimmel. Für viele ist es das größte Kunstwerk der Menschheit

Antike zum Anfassen: Das Pantheon fasziniert angesichts seiner einfachen, aber genialen Architektur jeden Rom-Besucher. Zu Recht – denn wo sonst findet man einen zweitausend Jahre alten, vollständig erhaltenen Tempel?

Der Sonnenuntergang am mediterranen Himmel taucht das von Kuppeln übersäte Häusermeer in gleißendes Gold. Weiches Licht schärft die Konturen der Palazzi, in der Ferne windet sich träge der grüne Streifen des Tiber. Michelangelos praller Petersdom-»Cupolone« scheint zum Greifen nahe.

Sie stehen auf der Piazzale Napoleone I., auf dem Pincio, spüren den sanften Zauber, der über den Straßen liegt – und Sie verstehen Goethe. Der deutsche Dichterfürst gestand in seinem Werk »Italienische Reise«, erst am Tag seiner Ankunft in Rom geboren worden zu sein – ein Gedanke, der ihm hier oben gekommen sein muß.

Sie befinden sich wie einst Goethe im Zentrum der Lebenslust, und Sie werden – genau wie er – der südlichen Versuchung nur schwer widerstehen können: Im Laufe der Jahrhunderte zogen Millionen von Händlern, Herrschern, Pilgern, Gelehrten, Dichtern und Künstlern nach Rom. So mancher, der eigentlich nur einen kurzen Besuch plante, blieb Monate oder Jahre…

Verführerisches Rom

Es ist ein leichtes, der Romantik der Ewigen Stadt zu verfallen, sich nach den ersten obligatorischen Blicken auf ihre Monumente in den verborgenen Ecken und Winkeln zu verlieren. Sich von den Klängen süßer italienischer Musik und dem Duft frischer **bucatoni all'amatriciana** in eine Seitenstraßen-Trattoria locken zu lassen, um sich dort den römischen Köstlichkeiten hinzugeben.

An einem schwülen Sommertag auf einem der prachtvollen Plätze mit ihren herrlich erfrischenden Brunnen – allesamt Werke der berühmtesten Baumeister – oder in einer Grünoase unter schattigen Schirmpinien und majestätischen Zypressen einfach die Zeit zu vergessen.

Sich an einem lauen Frühlingsabend Eis schleckend oder Kürbiskerne knabbernd mit der tiefempfundenen, sprichwörtlichen römischen Lebensfreude anzustecken.

Warten auf die Arbeitslust…

Denn in Sachen Lebenskunst, da sind die Römer Meister, mit der Arbeit dagegen haben sie es nicht so sehr. Ein vielzitiertes römisches Sprichwort bringt es auf den Punkt: »Voglia de' lavoro saltame adosso«, was etwa heißt: »Arbeitslust, komm über mich«. Doch nur allzuoft verhallt das Flehen eben ungehört… »Milano produce i soldi, Roma li spende« – in Mailand wird das Geld verdient, in Rom wird es ausgegeben, so lautet der Vor-

Erfrischung für Körper, Geist und Seele: die Brunnen von Rom

wurf, der nicht selten wutentbrannt von den nordischen Brüdern in Richtung Süden geschickt wird. Rom hört's, freut sich – und sorgt weiter für eine florierende Wirtschaft.

Auch die Rolle der Frau unterscheidet sich gewaltig: Den **signorine** im Süden steht der Sinn nicht unbedingt nach Karriere. Die römische Dame stöckelt gerne goldbehängt im engen Designer-Minirock mit kleinen graziösen Schritten durch die Straßen. Die Mailänderin dagegen will vorwärtskommen, sie tauscht Handtäschchen gegen Aktentasche und läuft in bequemen Schuhen der Karriere entgegen.

Die Ewige Stadt führt einen ewigen Krieg gegen das Auto. Der Smog wird immer dichter, der Verkehr-Verbotsring (**fascia verde**) um die Stadt immer größer und das Tragen eines weißen Hemdes immer gewagter...

In einer Bar ist man mittendrin im richtigen römischen Leben – und das fast rund um die Uhr

Scharfe Strafen für Umweltsünder

Der »grüne« Bürgermeister Francesco Rutelli, seit November 1993 an der Macht, greift mit harten Maßnahmen durch: drastische Verkehrssperrungen, ein gestaffelter Bußgeldkatalog für Umweltsünder. Wer etwa Papier oder Zigarettenschachteln auf die Straße wirft, muß mit 40 000 Lire Strafe rechnen. Das funktioniert logischerweise aber nur, wenn der Täter in flagranti erwischt wird...

Der Kampf gegen den Smog ist in Rom nicht nur eine Notwendigkeit, sondern geradezu eine Verpflichtung. Denn was Jahrtausende überdauert hat, droht durch die Giftluft der modernen Zeit zerstört zu werden. Nach einer schockierenden Analyse – Roms historisches Baugestein war bereits zu mehr als 25 Prozent zerfressen – wurden im März 1981 per Sondergesetz über 150 Milliarden Lire für umfassende Restaurierungsarbeiten bereitgestellt.

Gelungene Schönheitskur

Jahrelang mußten die antiken Kostbarkeiten – sehr zum Ärger der Besucher – eingerüstet und verhüllt werden. Doch Sie haben Glück. Die meisten Monumente – wie Titusbogen oder Trevibrunnen – sind inzwischen von der Kur zurückgekehrt beziehungsweise von den Gerüsten befreit und erstrahlen wieder in altem Glanz. Damit jedoch sind die Zeugnisse des antiken Rom noch lange nicht gerettet. Die Restaurierung droht zur Sisyphus-Arbeit auszuarten: Die Monumente werden vorübergehend eingepackt, mit großem Aufwand gesäubert, um dann erneut den zerstörerischen Einflüssen der Umwelt ausgesetzt zu werden. Besonders schlimm steht es um Travertin- und Marmorstatuen, die durch die Abgase nicht nur verschmutzt, sondern regelrecht zerfressen werden und somit unwiederbringlich verloren sind.

»Marmormordende macchina«

Konstantinbogen und Trajanssäule, gerade erst von ihrer Schmutzhülle befreit, bedeckt schon wieder ein erster Grauschleier. Der Luftverschmutzung, verursacht vor allem durch Auto- und Industrieabgase sowie Heizungen, muß mit drastischen Maßnahmen Einhalt geboten werden.

Doch alle Versuche, Autos aus der Stadt zu verbannen, erwiesen sich bisher als aussichtslos. Zu groß ist die Liebe der Italiener zur **macchina**, zu leichtfertig wurden die Sondergenehmigungen für das **centro storico** erteilt.

Es gibt bereits erste Überlegungen, über der antiken Zone eine Hochstraße zu errichten, um das Kolosseum von seiner Funktion als Verkehrsinsel zu entlasten und die Überreste des ehrwürdigen Trümmerfeldes Forum Romanum der Nachwelt zu erhalten. Pläne allerdings – sei es zur »altertumserhaltenden« Stadtgestaltung oder zur Schaffung eines archäologischen Parks, welcher die Ausgrabungen im Stadtzentrum umfassen soll – gibt es schon seit Jahrzehnten.

Das Chaos hat Tradition

Rom war schon immer ein Opfer seiner eigenen Bedeutung. Bereits Julius Cäsar beklagte sich über chaotische Verkehrsverhältnisse, Folgen der Politik und Verwaltung einer Großmacht – wenngleich die Verunreinigung durch Ochsenkarren sicherlich nicht ganz so umwelt- und gesundheitsgefährdend war…

Kaiser und Päpste schenkten Rom prachtvolle Paläste oder großartige Monumente und ließen sich dafür mit protzigen Kunstwerken verewigen. Mit Banalitäten wie einem funktionierenden Verkehrsnetz hielt man sich nicht lange auf.

Erst in den letzten hundert Jahren durchlebte die Stadt zwei grundlegende Veränderungen: Im Jahre 1870 wurde Rom Hauptstadt des geeinten Italien; die Einwohnerzahl schoß in die Höhe, grüne Flächen wurden mit ausgesprochen mittelmäßigen Häuserblocks zugebaut. Und in den dreißiger Jahren fielen zahlreiche enge, verwinkelte Gassen und Straßenzüge dem Gigantismus des Faschisten-Regimes zum Opfer: So wurde ein gutes Stück Rom dem Erdboden gleichgemacht, um die schnurgerade Via della Conciliazione zum Vatikan schaffen zu können.

Francesco Rutelli, der »grüne« Bürgermeister von Rom

Er ist jung, er ist dynamisch – und er ist ein Grüner: Roms Bürgermeister Francesco Rutelli. Ziemlich überraschend hatte er als Kandidat der Lega Ambiente im Winter 1993 sogar seinen hochfavorisierten Gegenkandidaten Gianfranco Fini, Chef der populären Aleanza Nazionale, aus dem Rennen geworfen.

»Francesco Rutelli hat schon jetzt mehr für Rom getan als jeder andere vor ihm«, dieser Ansicht sind immerhin 61 Prozent der Römer, wenn es um die Leistungen des ersten Mannes der Ewigen Stadt geht; das ergab eine Umfrage von Anfang November 1994 .

Eine Bilanz, die sich nach einem knappen Jahr Regierungszeit durchaus sehen lassen kann. Manch einer möchte zwar einwenden, es sei keine besonders große Kunst, Rutellis Vorgänger zu übertrumpfen – doch die restlichen Umfrageergebnisse werfen freilich ein helleres Licht auf den grünen Bürgermeister. Er ist ein Mann des Volkes, mischt sich gerne unter selbiges – und genau das macht ihn ausgesprochen beliebt, 84 Prozent der Römer schätzen diese Eigenschaft an Francesco Rutelli am meisten. An zweiter Stelle folgt Ehrlichkeit – eine Tugend, die im korruptionserschütterten Italien derzeit besonders hoch im Kurs steht. 58,2 Prozent der Römer haben volles Vertrauen zu ihrem neuen Bürgermeister.

Auf Zustimmung der Bevölkerung stieß auch eine der ersten Amtstaten der Rutelli-Regierung: der Shopping-Sonntag. Wer will, kann nun seinen Laden an sieben Tagen in der Woche öffnen – und das halten immerhin rund 60 Prozent der Römer für eine gute Einrichtung. Einzig, wenn es um den Verkehr geht, bekommt Rutelli schlechte Noten: 58,8 Prozent werfen ihm vor, daß das Verkehrschaos bislang unverändert geblieben ist, 18,5 Prozent sind sogar ganz sicher, daß es sich gegenüber dem Vorjahr noch verschlechtert hat. Und das, wo doch Rutelli selbst nicht das geringste dazu beiträgt: Er fährt für gewöhnlich beispielgebend mit dem Fahrrad ins Amt.

Rom extra

Kampf dem Verkehrschaos: Francesco Rutelli bringt Rom in Bewegung – wie auch immer...

Doch auch am Verkehr arbeitet der »grüne« Bürgermeister: Der Fahrverbotsgürtel um die Stadt bei Smoglage ist weiter gefaßt denn je – und die Strafen für unerlaubtes Fahren so hoch wie noch nie. Rutelli scheut sich auch nicht, unpopuläre Maßnahmen in den eigenen Reihen zu ergreifen: Ende November 1994 trat ein Gesetz in Kraft, das über alle öffentlichen Ämter ein absolutes Rauchverbot verhängte! Wer dennoch mit einer Zigarette erwischt wird, muß mit saftigen Geldbußen – umgerechnet bis zu 200 DM – rechnen. Glimmstengelfreie Zonen sind übrigens nicht nur die offiziellen Amtszimmer, sondern auch Bad, Korridor und Treppen.

»Es war für Rom vielleicht das schwierigste Jahr überhaupt«, zieht Rutelli selbst Bilanz, »doch trotz des schweren Erbes haben wir Rom wieder in Bewegung gebracht. Ich will Hoffnung, Veränderung und Modernisierung für Rom, doch dabei auch die alltäglichen Bedürfnisse der Römer nicht übersehen!«

Auch die Touristen sollen nicht zu kurz kommen; Rutelli verspricht verlängerte Öffnungszeiten für Museen, neue Grünoasen – und einen besseren Service: Mit neuen Info-Kiosken an drei Plätzen in der Stadt ist da zumindest schon ein Anfang gemacht. Auch Sie als Rom-Tourist können sich beim ersten Mann der Stadt Rat und Hilfe holen; Rutelli verfügt nämlich seit kurzem über eine Fax-Hotline fürs Volk: »Chiedi al Sindaco Fax: 67 10-35 90«...

Ehrgeiziges Mussolini-Projekt

Zur »Entschädigung« bescherte Mussolinis Architekturgarde Rom das bombastische Viertel **EUR (Esposizione Universale di Roma)**, angelegt anläßlich der geplanten, aber niemals realisierten Weltausstellung 1942 und entworfen als »drittes Rom«, das mit der Metropole der Kaiserzeit und der Stadt der Renaissance wetteifern sollte.

Bis in die fünfziger Jahre blieb das ehrgeizige Projekt des **Duce** eine Geisterstadt; dann machten sich die römischen Stadtväter daran, aus dem faschistischen Erbe eine Vorstadt entstehen zu lassen. Heute ist EUR trotz der gewaltigen Betonblöcke ein begehrtes Wohnviertel. Schließlich kann es sich gerade mal ein Zehntel der Römer leisten, im alten Rom zu wohnen. 90 Prozent der knapp drei Millionen Stadtbewohner leben in Außenbezirken.

Bauspekulation und Mietwucher

Die Bevölkerung Roms hat sich in den letzten hundert Jahren mehr als verdreifacht. Das Rom der Nachkriegszeit erlebte einen explosionsartigen Aufstieg arbeitswilliger Zuwanderer aus dem armen Süden des Landes. In den achtziger Jahren suchte und fand mehr als eine halbe Million Einwanderer aus afrikanischen und asiatischen Ländern eine neue Heimat in der italienischen Hauptstadt – was Rom vor neue soziale Probleme, von Drogen bis Rassismus, stellte. Und wo Mieten und Grundstückspreise explodieren, da sind naturgemäß auch Bauspekulanten nicht weit.

In den siebziger Jahren, einer Zeit des wirtschaftlichen Aufschwungs und Wohlstandes, schossen ganze Trabantenviertel aus der grünen Wiese, die leider meist ziemlich eintönig und charakterlos sind. Heute verfügt die italienische Hauptstadt über das stolze Erbe von mehr als einer halben Million illegal gebauter Häuser in den Außenbezirken, die das Umland nicht gerade verschönern – stadtplanerische Todsünden und Zeugnisse einer korrupten Kommunalpolitik.

Aktion »mani pulite« auch in Rom

Die römische Stadtverwaltung spielte jahrelang munter im Spekulationsreigen mit, drückte beide Augen zu – und legte die Hände in den Schoß. Um Bewegung in die kommunalpolitische Riege zu bekommen, war schon ein Massenereignis wie die Fußballweltmeisterschaft 1990 nötig. Dem **calcio** sei Dank – bemühte sich die alte Garde doch vorübergehend ernsthaft, die römischen Verkehrsprobleme mittels neuer Straßen und einer zusätzlichen Eisenbahnlinie zu lösen. Inzwischen gibt es zumindest hier Aussicht auf Besserung, denn die hohen Herren in Rom stolperten, wie die christdemokratische Regierung Italiens auch, über die Kampagne **mani pulite**, großangelegte Anti-Korruptions- und Bestechungsuntersuchungen. Die Aktion »Saubere Hände« kam 1992 so richtig in Gang: Die ersten mutigen Staatsanwälte ermittelten zunächst nur im Korruptionssumpf der Mailänder Verwaltung, woraufhin einige führende Politiker verhaftet wurden. Die rechtsgerichtete **Lega Nord** unter Umberto Bossi gewann an Beliebtheit; die politskandalmüden Mailänder verhalfen mit ihrer Stimme im Juni 1993 dem Kandidaten der Lega Nord zum Bürgermeisterposten.

Gleichzeitig arbeiteten die Tangentijäger mit den sogenannten **pentiti**, bekennenden **mafiosi**, die sich mit dem Verrat anderer geringere Strafen erkauften.

Die ersten großen Mafiabosse wurden verhaftet, brachten mit ihren Aussagen Licht ins verstrickte Netz von öffentlichen und privaten Interessen und belasteten Politiker und Wirtschaftsbosse. »Tangentopoli«, eine Wortschöpfung, die das Gesellschaftsspiel um Bestechung und Korruption bezeichnet, beherrschte die Schlagzeilen im Winter 1993/1994.

Medienzar Silvio Berlusconi gelang es, auf dem Boden des gerechten Volkszorns eine neue Partei – die **Forza Italia** – zu gründen; er selbst schaffte den Sprung zum Regierungschef. Doch auch ihn erwischte die Aktion **mani pulite**. Er wurde vor die Mailänder Staatsanwaltschaft zitiert – und trat zurück. Gleiches tut kurz darauf auch der Ober-Tangentijäger von Mailand, Staatsanwalt Di Pietro, der die politische Einmischung in die Justiz beklagte. Doch in seiner Amtszeit hat Di Pietro, die Symbolfigur der »sauberen Hände«, ganze Arbeit geleistet – bis hinauf in den ehemaligen Olymp der italienischen Politik: Ex-Staatschef Giulio Andreotti wartet derzeit in Palermo auf sein Urteil. Auf dem Richtertisch stapeln sich Aktenberge mit 30 000 Seiten. Bettino Craxi mußte in Abwesenheit verurteilt werden; der Kommunistenchef hatte rechtzeitig das Land verlassen und sich so in Tunesien dem richterlichen Zugriff entzogen. Unterdessen geht die Aktion **mani pulite** weiter; die Mailänder Staatsanwaltschaft ist unermüdlich am Aktenwälzen.

Bevölkerungsentwicklung in Rom

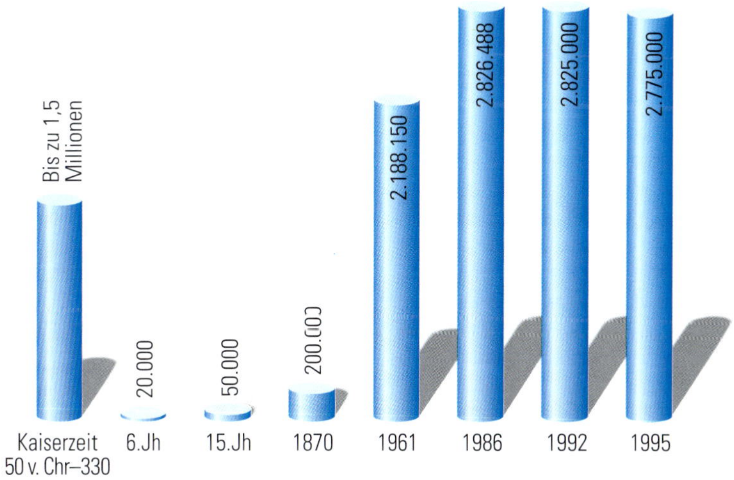

Eine Stadt gerät in Bewegung

Voll Verachtung für diese Politik der schmutzigen Hände und mit um so mehr Hoffnung auf eine bessere Zukunft legten die Römer also die Geschicke ihrer Stadt in die Hände Francesco Rutellis. Der 36jährige engagierte Grüne will die Ewige Stadt wieder auf Vordermann bringen. **Rimettere in moto**, Rom wieder in Bewegung setzen, heißt das Ziel, das sich der junge engagierte Politiker, der 1993 ziemlich überraschend zum neuen Bürgermeister gewählt wurde, gesetzt hat (→ Francesco Rutelli, der »grüne« Bürgermeister von Rom).

Rutelli fährt auf Nonkonformismus-Kurs mit der italienischen Regierung, die Rom zwar als Repräsentationssitz gewählt hat, der Stadt aber ansonsten keine guten Dienste erweist.

Im heißen italienischen Anti-Berlusconi-Winter 1994 etwa waren die Straßen Roms nahezu täglich von regierungsfeindlichen Demonstranten überfüllt, die mit Bussen und Zügen aus dem Norden Italiens kamen. Die Stadt war lahmgelegt, bekam aber dennoch keine Lira extra zugeteilt. **Roma Capitale** mußte ganz im Gegenteil in den letzten Jahren im Schnitt mit 4,4 Milliarden Lire weniger auskommen als andere große italienische Städte.

Die politische Vormachtstellung der Ewigen Stadt als Machtzentrum zwischen dem reichen Norden und dem rückständigen Süden besteht ohnehin nur noch auf dem Papier. Die wahren Schaltstellen liegen heute in den großen Städten Oberitaliens: Die wichtigen Entscheidungen werden in Mailand oder Turin gefällt, die großen Unternehmen sind im Norden zu Hause.

Mode und Medien

Rom ist zwar Hauptstadt Italiens, doch weder in der Mode noch in der Medienlandschaft belegt es den ersten Rang. Die Götter am italienischen Designerhimmel sind längst nach Mailand abgewandert; die großen, einflußreichen und richtungsweisenden Tageszeitungen erscheinen im Norden, römische Publikationen haben fast nur noch lokale Bedeutung. Sogar die **RAI**, das staatliche italienische Fernsehen, derzeit unter starkem politischem Druck, überlegt, Teile ihres Stammsitzes von Rom nach Mailand zu verlegen.

Geblieben ist dagegen der gigantische Verwaltungsapparat. Rom zählt über eine halbe Million Büroangestellte – die meisten von ihnen arbeiten zwar in unzähligen Innenstadtpalazzi für das Wohl der Nation, doch das Polster für die römische Stadtverwaltung ist dennoch dick genug. Da eine Abmagerungskur politischem Selbstmord gleichkäme, plant Rutelli als ersten Schritt zumindest eine Umverteilung.

Sprachunterricht für Museumswärter

Unterbeschäftigte Beamte sollen zum Museumsdienst eingeteilt werden, um auf diese Weise die ausgesprochen besucherunfreundlichen Öffnungszeiten der Kunst- und Kulturtempel auszuweiten. Auch für die alteingesessenen Museumswächter

Das Volk hat genug: Die »Politik der schmutzigen Hände« soll endgültig der Vergangenheit angehören

AUTOGESTIONE AUTORGANIZZAZIO
UN PROGRAMMA PER
L'OPPOSIZONE SOCIALE
OPPOSIZIONE
SPAZIO all'AUTOGES

weht künftig ein anderer Wind: Sie werden auf die Sprachen-Schulbank geschickt, um den Service für ausländische Besucher zu verbessern.

Verschlossene Ladentüren, die vor allem an Wochenenden ein wenig einladendes Stadtbild vermitteln, sollen ebenfalls bald der Vergangenheit angehören; seit Ende 1994 ist der wöchentliche Ruhetag freigegeben.

Das Ende der mittäglichen Pasta-Pause

Sogar auf die geheiligte italienische Mittagspause hat es Rutelli abgesehen: Die Stadtverwaltung will ein Exempel statuieren und hält in einem Pilotprojekt die ersten Ämter – eine für Italien geradezu revolutionäre Entscheidung! – durchgehend geöffnet.

Für das Jahr 2000 plant Rutelli den ersten Wolkenkratzer – natürlich in Form eines Obelisken. Der erste Mann von Rom hat also große Pläne für die Ewige Stadt. Ob sie aber auch alle verwirklicht werden können – **pazienza**...

»Sprechen Sie Italienisch?«

Zu Roms ewigen Problemkindern Verkehr, Mißwirtschaft und Bauspekulation gesellt sich zunehmend auch der Massentourismus.

Endlose Reisebusreihen vor Engelsburg, Forum Romanum, Vatikan und Kolosseum – Millionen von Besuchern aus aller Welt, die zwar Devisen in die Stadt bringen, doch gleichzeitig die ohnehin schwache Infrastruktur weiter massiv belasten. Es gibt Zeiten, da halten sich in Rom mehr Ausländer als Einheimische auf. Die Chancen für die Römer, ihre Stadt wieder für sich zu haben, sind denkbar gering: 1994 stieg der Tourismus um weitere 16 Prozent an. Die Invasion beginnt kurz vor Ostern und flaut erst nach Weihnachten etwas ab. Die Spanische Treppe wird ohnehin das ganze Jahr über von der Jugend aus aller Welt bevölkert.

Roter Teppich für kaufkräftige Kunden

Vor den eleganten, teuren Geschäften entlang der mondänen Einkaufsstraßen rund um die **Via Condotti** wird für kaufkräftige ausländische Kunden der rote Teppich ausgerollt.

Nur ein paar Meter weiter liegt die Häuserschlucht der **Via Margutta**, ebenfalls ein magischer Anziehungspunkt für Fremde. Noch vor etwa einem Jahrhundert war die berühmte Straße am Fuße des Pincio fast ausschließlich von Malern und Bildhauern bewohnt, später wurde sie von Kunstgalerien gesäumt, heute wird sie von Schnappschußjägern bevölkert. Sogar das Haus von Meisterregisseur Fellini wurde – wie die Römer erbost bemerkten – für 30 000 DM pro Quadratmeter an einen Ausländer verkauft.

Der Inbegriff des **dolce vita** der fünfziger Jahre, die ehemalige Prachtstraße **Via Veneto**, fällt dagegen eher unter die Kategorie bittere Enttäuschung. Statt Stars und Sternchen warten in den berühmten Cafés heute die Touristen mit Fotoapparat und Videokamera.

Die Ewige Stadt sieht all das einigermaßen gelassen, hat zu vieles kommen und gehen sehen. Doch kaum einer der vielen Eindringlinge hatte einen bleibenden Einfluß auf Rom oder die Römer.

Pazienza, Geduld, heißt auch hier das Zauberwort.

Die »Wende« im Tourismus

Schließlich ist Rom seit der Antike eine kosmopolitische Adresse. Auf den Foren begegnete man schon zur Kaiserzeit Makedoniern oder Galliern, Pilger ritzten bereits vor über 1500 Jahren ihre Erkennungszeichen in die Mauern der Katakomben.

Bevor das Reisen um des Reisens willen in Mode kam, machte man mit den Gästen aus fremden Ländern vorwiegend negative Erfahrungen; besuchten die Fremden Rom nicht als Pilger, kamen sie als Plünderer oder Eroberer in die Stadt.

Mittlerweile dreht Rom den Spieß um und bietet seinen Besuchern an den neuralgischen Sightseeing-Punkten die einzigartige Gelegenheit, im Sommer die teuersten Erfrischungsgetränke, im Winter die wohl kostspieligsten Maroni ihres Touristenlebens zu erstehen. Da wird dann eine einzige heiße Kastanie zum stolzen Stückpreis von 1000 Lire angeboten. **Mano d'opera** – es ist die Arbeitskraft, die kostet...

Aber nicht nur die fliegenden Händler der Ewigen Stadt haben hohe Preise; Hotelzimmer, Restaurants und Geschäfte stehen dem in nichts nach.

Die Tourismusindustrie ist heute Roms ertragreichste Einnahmequelle; im Jahr bringt der Fremdenverkehr immerhin über 5000 Milliarden Lire in den Stadtsäckel.

Welt der Marktweiber und Fischhändler

Roms Geschichte ist so lang, die Spuren seiner Vergangenheit so vielfältig – man könnte meinen, die Stadt mit ihren Bauwerken führe ein Eigenleben. Und doch entfalten auch die Monumente ihre Faszination erst, wenn sie durch Menschen belebt werden.

Seine Originalität und Unabhängigkeit wußte Rom immer zu wahren, ohne zu einer anonymen Metropole zu verkommen. Es ist der ausgeprägte römische Charakter, der das Überleben von Gestalten, Traditionen und Stadtvierteln möglich macht, die eigentlich – nach allen Regeln der Moderne – schon längst ausgestorben sein müßten.

Entlang der engen Gassen in **Trastevere**, einem malerischen Viertel am linken Tiberufer, scheinen die großartigen Baudenkmäler fern. Im 19. Jahrhundert war die Gegend »jenseits des Tiber« die ärmste der Stadt, inzwischen hat sie sich zu einer der beliebtesten gemausert. Spaziergänge durch die verwinkelten Straßen, vorbei an lauschigen Plätzen und volkstümlichen **trattorie**, sind ein echtes Kontrastprogramm zur Altstadt. In der Antike lag Trastevere nahe am Hafen, weshalb sich dort vorwiegend Seeleute, Einwanderer und Künstler niedergelassen haben. Heute taucht man ein in eine Welt der Handwerker und Fischhändler, Marktweiber und Hausfrauen mit den Gewohnheiten und Traditionen der süditalienischen Provinz.

Nachtleben auf dem Scherbenhaufen

Der Plausch auf der **Piazza**, das Kartenspiel vor der Haustüre, der rituelle **caffè** nach dem Essen haben auch in der historischen Arbeitergegend **Testaccio** südlich von Trastevere Tradition.

Dort hält der Fortschritt mit heulenden Motoren und ohrenbetäubend lauter Musik erst gegen Abend Einzug. Der antike »Scherbenhaufen« und einstige Schlachthof Roms hat sich in den letzten Jahren zur Hochburg des römischen Nachtlebens entwickelt. Nightclubs, Bars, Diskotheken und die besten Pizzerien ziehen die Jugendlichen von Rom nach Testaccio.

Jüdische Gastlichkeit

Die Juden gehören zu den »ältesten« Römern überhaupt. Sie leben schon seit rund 2000 Jahren in der Stadt und haben im Laufe der Jahrhunderte eine der beständigsten jüdischen Gemeinden der Welt aufgebaut.

Das ehemalige **Judenviertel** am Tiber hat seinen Ursprung im 16. Jahrhundert; Papst Paul IV. ordnete 1555 die Errichtung eines Ghettos an und ließ im Herzen von Rom unmenschliche Mauern errichten. Die Mauern fielen zum Glück, ein volkstümliches Stück Rom blieb erhalten. Heute kann man in dem Viertel, das im Volksmund immer noch **Ghetto** heißt, in kleinen Haushalts- und Trödelläden, die sich – noch – tapfer gegen finanzkräftige Investoren behaupten können, relativ günstig einkaufen.

In einer der bekanntesten Backstuben von Rom lockt verführerisches jüdisches Hefe- und Mandelgebäck, in alteingesessenen römisch-jüdischen **ristoranti** werden köstliche **carciofi alla guidia**, Artischocken auf jüdische Art, serviert.

Überleben in der Altstadt

Der wahre Geist der Stadt hat sich aber nicht nur im Rom des Volkes bewahrt, auch die elegantere Stadt ist sich ihrer Tradition bewußt.
Das **Centro storico** etwa, wo neben exklusiven Kunstgalerien auch noch Platz ist für Scherenschleifer und Stuhlflechter, wo neben sündhaft teuren **ristoranti** auch kleine **rosticcerie**, Pizzerien und Bars überleben können und kunstvoll gestaltete Auslagen schicker Boutiquen und antike Kirchenfassaden um die Gunst des Betrachters wetteifern. Wo die willkommene Abendbrise nach einem schwülen Sommertag nicht nur auf der barocken Luxus-Freiluftbühne **Piazza Navona**, sondern mindestens genauso intensiv auf einer der vielen kleinen und weniger berühmten Piazze in einer namenlosen Bar genossen werden kann.

Vereint in christlichem Glauben

In Rom leben weltliches Vergnügen und tiefster Glaube eng zusammen – nur einer der vielen Gegensätze, die zu seiner »ewigen« Faszination beitragen.

Im **Vatikan**, Bollwerk des Christentums und kleinster Staat der Erde unter der Regierungsautorität des Papstes, sitzt die geistliche Führung der katholischen Kirche. Auf dem einzigartigen, von Säulen umrahmten **Petersplatz** versammeln sich jährlich Tausende von Pilgern, vereint in ihrem Glauben. Eine Tradition, die fast so alt ist wie die katholische Kirche selbst.

Doch während die früheren Pilger für ein **pellegrinaggio**, eine Pilgerfahrt nach Rom, große finanzielle Opfer bringen und mitunter mit einem ausgedehnten Anlaufweg rechnen mußten, hat es der Vatikanbesucher von heute schon leichter. Er muß sich lediglich mit genügend Zeit und Geduld wappnen, um nicht im riesigen Heer der Gläubigen verlorenzugehen.

Anrührende Frömmigkeit

An den geistigen Reichtum schließt sich im **Petersdom** und den **Vatikanischen Museen** ein schier unermeßlicher Schatz unvergleichlicher Kunstwerke an.

Rom ist Zentrum des organisierten Katholizismus, und doch benötigt die Frömmigkeit der gläubigen Römer nicht unbedingt diese Macht- und Prachtfülle. Sie verehren kleine, selbstgeschaffene heilige Stätten. Überall in der Ewigen Stadt verbergen sich in winzigen Nischen an den Hauswänden Reliefs, Madonnenbilder oder kleine Statuen, darüber eine Kerze oder eine Glühbirne, darunter eine künstliche Nelke.

Denn trotz seiner Fülle an Geschichte und Kultur ist Rom selbst nicht zu einem Museum erstarrt. Antike und Moderne, das Alte und das Neue, Vergangenheit und Zukunft leben hier unbeschwert neben- und miteinander.

Rom ist, wie jede andere Stadt auch, vor allem der sichtbare Ausdruck der Menschen, die sie erbauten, die in ihr lebten und noch leben.

Das Rätsel des römischen Volkscharakters

Der elegant gekleidete Römer, der dem **dolce far niente**, dem süßen Nichtstun, bei Sonne und Aperitif frönt, die Rentnerin, die tagaus, tagein auf einem klapprigen Stuhl vor ihrem Mietpalazzo sitzt, der **gran signore** – Kavalier der alten Schule –, der Markthändler, der im neuesten Alfa-Modell durch die engen Gassen jagt, die jungen Römer mit **Roberto-Baggio-codino** (Frisur des italienischen Fußball-Idols) und Dreitagespitzbart. Allesamt gehören sie zu Rom, prägen die Stadt. Der römische Volkscharakter ist für den Fremden

In so mancher schmalen Gasse ist Rom durchaus ein ruhiges Pflaster

nicht leicht zu durchschauen. Die Mailänder sind hart arbeitende Geschäftsleute, die Florentiner Händler und Kaufleute. Venezianer sind geistreich – und die Römer?

Die Bewohner der Ewigen Stadt üben sich gerne in vornehmer Zurückhaltung. Erkundigt sich ein Fremder nach einer Straße, muß er auf eine Antwort gefaßt sein, die sich in einer Hand- oder Kopfbewegung erschöpft. Nehmen Sie's nicht persönlich, denn selbst der Mailänder ist dem Römer ebenso fremd wie der Urlauber aus einem anderen Land. Und machen Sie's wie die Römer, die nach folgendem Grundsatz leben: »Non t'arrabbiare, la vita è breve, morire si deve, questo si sa...« – »Nicht aufregen, dazu ist das Leben zu kurz, und sterben muß man auch, also was soll's...«

Allerdings – es gibt eine Situation, in der Sie einen kleinen Einblick in die tiefgründige Römerseele bekommen können: **a tavola**, beim Essen, ist der Römer so richtig in seinem Element. Im Kreise all seiner Lieben, schreiende Kinder und palavernde Freunde um sich, einen Teller dampfender **pasta** und ein Glas Wein von den Castelli Romani vor sich – so fühlt er sich am wohlsten.

Antonello Venditti contra Renato Zero

Das Verhältnis der Römer zu ihrer eigenen Stadt, die 2000 Jahre wechselhafter Geschichte nicht wirklich verändern konnten, trug schon immer die Züge einer ausgeprägten Haßliebe. Denn die Faszination, in Rom zu leben, wird von den Unzulänglichkeiten des Alltags überschattet.
In den siebziger Jahren schrieb der römische Liedermacher Antonello Venditti sein Liebeslied **»Roma capoccia«** (sinngemäß etwa »Rom, die Nummer eins«), das zur Hymne an die italienische Hauptstadt wurde.

Über zwanzig Jahre später hat ihm sein Kollege Renato Zero mit **»Roma malata«** (»krankes Rom«) eine ziemlich vernichtende Antwort gegeben. Gestern noch schwor Venditti, Rom niemals zu verlassen, heute verabschiedet sich Zero mit bitteren Vorwürfen auf der Zunge – und landet damit im Herbst 1994 einen Hit. Zwanzig Jahre Mißwirtschaft und Skandale, die sich im Text des **cantautore** widerspiegeln.

Aber – ist aus dem Rom mit stolz erhobenem Haupt wirklich eine kranke Stadt geworden?

Da ist Guido, der Taxifahrer, der sich tagtäglich durch den höllischen Verkehr kämpfen muß, über den Smog schimpft wie ein Rohrspatz und wie zur Bestätigung »Roma malata« auf volle Lautstärke dreht.

Oder Toni, der sich über die ungerechte Behandlung beklagt, je nachdem, in welchem Stadtteil man lebt: »Fällt in Parioli der Strom aus, wird das sofort in Ordnung gebracht, fällt er bei uns in Quadraro oder Centocelle aus, müssen wir Kerzen kaufen.«

Da ist Mario, der alternde Kellner aus dem Caffè Greco in der Via Condotti, der vom süßen Leben in Rom vor dreißig Jahren schwärmt, als er noch mehr Künstlern und Schauspielern als Touristen den **caffè** servieren durfte.

Mit Aspirin und Zauberei

Da ist der Kulturassessor, der die Probleme Roms mit denen von Paris und London vergleicht, von ersten Erfolgen erzählt, doch gleichzeitig unmißverständlich darauf hinweist, daß er über keine »Laterna Magica« verfügt. Da ist der Journalist, der der Hauptstadt Migräne attestiert und ihr eine doppelte Dosis Aspirin forte plus C verordnet.

Da ist der italienische Sänger Claudio Baglioni, dessen Lied **»Piccolo grande amore«** gerade zum Song des Jahrhunderts gewählt wurde, der nirgendwo anders leben und arbeiten könnte – und doch Sehnsucht nach einem Rom empfindet, das es nicht mehr gibt. Da ist Fernsehstar Rita della Chiesa, die Rom zwar die schönsten Sonnenuntergänge der Welt bescheinigt und den **giardino degli aranci** über alles liebt, aber doch einen Großteil ihrer Zeit in Mailand verbringt... Und da ist die 64jährige Blumenverkäuferin, die beim Summen von Vendittis Ohrwurm feuchte Augen bekommt und sagt, was alle fühlen: Rom ist Hauptstadt, in den Herzen und im Wesen der Römer – und wird es auch immer bleiben.

So sind sie, die Römer, schnell bereit, über die Krankheiten ihrer Stadt zu lästern, das Chaos zu verfluchen – doch nie und nimmer bereit, ihr Rom gegen eine andere Stadt einzutauschen.

Rom ist chaotisch und eigenwillig, gleichzeitig bezaubernd und immer wieder faszinierend. Wie wahr sind doch die Worte von Meisterregisseur **Federico Fellini**, der im Winter 1995 mit einer Gedenkplakette in der Via Veneto verewigt wurde: »Una volta preso dal fascino anticchissimo di Roma, si dimenticano tutti i giudizi sfavorevoli sulla città eterna. Tu solo saprai quanto fortunato sei a vivere qua...« – »Hat dich Rom mit seinem uralten Zauber erst einmal eingefangen, vergißt du alle abfälligen Urteile über die Ewige Stadt. Du weißt nur, es ist ein Glück, hier leben zu können...«

Der Petersdom und die Pilger: Wie klein ist doch der Mensch neben dem größten Gotteshaus der Welt...

Geschichtlicher Überblick

753 v. Chr. Romulus gründet am Palatin eine Stadt; nacheinander folgen latinische und sabinische Könige
616–510 v. Chr. Etruskische Hegemonie
510 v. Chr. Aufstand gegen die Etrusker, Ende der Monarchie; Gründung der römischen Republik
390 v. Chr. Invasion der Gallier
60 v. Chr. Herrschaft des ersten Triumvirats: Pompeius, Crassus und Cäsar
49 v. Chr. Cäsar ernennt sich zum Diktator auf Lebenszeit
15. März 44 v. Chr. Ermordung Cäsars
27 v. Chr.–14 n. Chr. Augustus begründet das Kaisertum
98–117 Kaiser Trajan regiert
250 Erste Christenverfolgung unter Kaiser Decius
303 Höhepunkt der Christenverfolgung unter Kaiser Diokletian
313 Edikt von Mailand garantiert Religionsfreiheit
455 Die Vandalen plündern Rom
476 Untergang des Römischen Reiches
568 Invasion der Langobarden
590–604 Papst Gregor I. regiert die Stadt
756 Gründung des Kirchenstaats
800 Der Langobardenkönig Karl der Große wird Kaiser von Rom; das Römische Reich wird dem Namen nach wiederhergestellt
1057 Stefan IX. wird ohne Zustimmung des Kaisers zum Papst gewählt
1075 Beginn der Konflikte zwischen Kirche und Staat
1122 Konkordat von Worms
1309 Klemens V. verlegt den Sitz des Papsttums nach Avignon
1585–1590 Unter Papst Sixtus V. rege Bautätigkeit (Barockstil)
ab 16. Jh. Rom verliert an politischer, wirtschaftlicher und kultureller Bedeutung
1809–1814 Rom ist Teil des napoleonischen Imperiums
1820–1861 Kampf um die Einigung Italiens
1870 Rom wird Hauptstadt des neuen Kaiserreichs Italien mit Sitz des Heiligen Stuhls
1922 Mussolini übernimmt die Macht in Italien
1926 Mussolini wird Regierungschef
1929 Lateranverträge zwischen dem Heiligen Stuhl und dem italienischen Staat
4. Juni 1944 Rom wird von den Alliierten befreit
1946 Italien wird Republik, unterteilt in 20 Regionen; Rom

wird Hauptstadt der Republik und der Region Latium
1960 Die XVII. Olympischen Sommerspiele finden in Rom statt
1962 Das Zweite Vatikanische Konzil unter Papst Johannes XXIII. bringt einige Reformen
1979 Der polnische Kardinal Karol Wojtyla wird zum Papst Johannes Paul II. berufen – der erste nicht-italienische Papst seit 1523
1984 Die Restaurierung der Sixtinischen Kapelle beginnt
1990 Fußball-Weltmeisterschaft in Rom
1992 Mit der Aktion »Mani pulite« beginnt eine neue Ära in Italien. Ermittlungen Mailänder Staatsanwälte führen zu ersten Verhaftungen hochrangiger Politiker und Wirtschaftsbosse; die obere Führungsriege Italiens ist nicht mehr unantastbar
Juni 1993 Die rechtsgerichtete Lega Nord gewinnt in Norditalien an Unterstützung
November 1993 Der Grüne Francesco Rutelli wird Bürgermeister von Rom
Winter 1993/1994 Immer mehr Politiker und Spitzenmanager müssen sich wegen Bestechung und Korruption verantworten. Der Mailänder Medienzar Silvio Berlusconi gründet eine neue Partei, die Forza Italia
27. März 1994 Forza Italia gewinnt die Parlamentswahlen, bildet eine rechte Allianz mit der Lega Nord und den Neofaschisten und stellt die Regierung. Berlusconi wird in Rom zum Regierungschef gewählt
Sommer 1994 Die Lira stürzt in den Keller, die deutsche Mark steigt auf Rekordhoch
November 1994 Demonstrationen, Streiks, Protestmärsche gegen Regierungsbeschlußvorlagen. Berlusconi wird wegen Korruptionsverdachts vor den Untersuchungsrichter Di Pietro zitiert
Dezember 1994 Regierung und Gewerkschaften erzielen einen Renten-Kompromiß
6. Dezember 1994 Italiens bekanntester Tangentijäger Di Pietro tritt aufgrund politischer Einmischung zurück, Ex-Staatschef Bettino Craxi wird in Abwesenheit – er hat sich nach Tunesien abgesetzt – zu 4 1/2 Jahren Gefängnis verurteilt
22. Dezember 1994 Berlusconi tritt nach nur sieben Monaten Amtszeit zurück; er kommt damit drei Mißtrauensanträgen, einer davon vom eigenen Koalitionspartner Lega Nord, zuvor – das Ende der 53. italienischen Nachkriegsregierung
Januar 1995 Lamberto Dini wird von Staatspräsident Scalfaro mit der Übergangsregierung betraut

Rom planen

Der Schein trügt: Die Piazza Venezia bildet nur die traumhafte Kulisse für eine traumatische Verkehrssituation

Ein ruhmreiches Nobelhotel, das schon viele erlauchte und betuchte Gäste beherbergen durfte: Das Hassler-Villa Medici gehört zur Elite der italienischen Nachtquartiere. Sein Direktor wurde kürzlich sogar zum besten Hotelmanager der Welt gekürt

Auf der Piazza Navona hat das Vergnügen Tradition: Wo man heute sitzt, um zu sehen und gesehen zu werden, fanden in der Antike athletische Spiele und Gladiatorenkämpfe statt. Eigentlich hat sich gar nicht soviel geändert…

Nein, auch ich erspare Ihnen den abgedroschenen Hinweis »Alle Straßen führen nach Rom« nicht, denn er trifft ganz einfach zu: Sie können die Ewige Stadt gar nicht verfehlen!

Mit dem Auto

Wer aus dem Norden kommt, nimmt ab Florenz die **Autostrada del Sole** (A 1), die bis auf die Ringautobahn, den **Grande Raccordo Anulare** (G.R.A.), führt. Über die Via Salaria, die Via Cassia oder die Via Flaminia kommen Sie ins Zentrum; folgen Sie immer dem Hinweisschild »**centro**«. Zu den Hauptverkehrszeiten und im Hochsommer sind die Straßen meist hoffnungslos verstopft. Wer aus dem Süden kommt, landet ebenfalls auf der Ringautobahn, oder er fährt über die Via Appia Nuova oder die Via Casilina ins Zentrum. Alle Autobahntankstellen sowie die meisten Tankstellen in der Stadt verkaufen bleifreies Benzin (**benzina senza piombo**).

Mit dem Flugzeug

Linienflüge aus Deutschland, Österreich und der Schweiz kommen auf dem Flughafen **Leonardo da Vinci** in Fiumicino, 26 Kilometer von Rom entfernt, an. Der bequemste Weg, um vom Flughafen in die Stadt zu kommen, ist der **Flughafenzug**, der alle 30 Minuten zum Bahnhof Roma Termini ohne Stopp durchfährt. Das Ticket kostet 13 000 Lire und kann vorher am Automaten oder direkt im Zug – allerdings mit Aufschlag – gelöst werden. Eine **Taxifahrt** ins Zentrum ist ein kostspieliger Ferienauftakt; Sie müssen mit ca. 65 000 Lire rechnen. Fallen Sie nicht auf »Schwarzfahrer« herein; die offiziellen römischen Taxis sind knallgelb.

Mit dem Zug

Züge aus dem In- und Ausland kommen in der Regel im Hauptbahnhof **Roma Termini** an. Von den meisten großen deutschen Städten gibt es wenigstens einmal täglich eine Direktverbindung. Fahrkarten **(biglietti)** zur Weiter- bzw. Rückfahrt und Platzkarten (**biglietti per posti prenotati**) sollten Sie sich möglichst vorher im Reisebüro besorgen. Denn an den Schaltern in der Bahnhofshalle erfolgt die Abfertigung im Schneckentempo. An den Bahnhöfen **Tiburtina** im Osten der Stadt und **Ostiense** halten nachts einige nationale Fernzüge, sonst nur Regionalzüge. Der Bahnhof Roma Termini ist mit den **Metrolinien A** (rot) und **B** (blau) verbunden; am Vorplatz, der Piazza dei Cinquecento, wo leider immer noch gebaut wird, warten Taxis und die orangefarbenen **ATAC-Busse**. Sowohl im Flughafen (Tel. 65 95 44 71) als auch im Bahnhof (Plattform 4; Tel. 4 87 12 70) befindet sich ein **EPT-Touristenbüro**.

Ein modernes Kunstwerk aus Glas, Marmor und Beton: Stazione Termini, der römische Hauptbahnhof

Unter dem Decknamen »Operation Schildkröte« hat die Lega Ambiente Ende November 1994 eine geheime »Verkehrsmittelprüfaktion« in Sachen Vorwärtskommen gestartet: Am Ende der Teststrecke zwischen Piazzale del Verano und Piazza Ungheria wurde unter Autos, Taxis, Motorrollern, Fahrrädern und der Tram der Sieger gekürt.

Gewonnen hat das Taxi, dicht gefolgt von Motorroller und Fahrrad, an dritter Stelle lag die Trambahn – und weit abgeschlagen das Auto. Zur Ehrenrettung von Roller und Fahrrad sei gesagt, daß der Radler mit einer herausgesprungenen Kette zu kämpfen hatte, der Rollerfahrer in einem Stau hängenblieb – und mit Achille Finamore einer der besten Taxifahrer von Rom am Steuer saß. Keine Entschuldigung gibt es jedoch für den Autofahrer. »Operation Schildkröte« hat also wieder einmal bewiesen: Mit dem Pkw kommen Sie in Rom am schlechtesten vorwärts!

Auto

Wer sich das Abenteuer »mit dem Auto durch die Straßen von Rom« dennoch nicht entgehen lassen möchte, muß folgendes beachten: Der **Centro storico** ist für den Privatverkehr von 6 bis 19.30 Uhr, Freitag und Samstag auch von 22 bis 2 Uhr gesperrt. Ausnahmegenehmigungen gibt es für Anwohner, Handwerker, Handelsvertreter – und für diejenigen, die die absolute Notwendigkeit der Durchfahrt beweisen können. Inzwischen ist der Smog aber so dicht, daß die Genehmigungen nur noch spärlich erteilt werden. Viele weitere Straßen sind nur für Busse, Taxis und Anwohner zugänglich. Übrigens: Die römische Polizei ist gnadenlos!

Im Zentrum gibt es zwei große **Parkgaragen**; eine befindet sich unter der Villa Borghese, nahe der Porta Pinciana, die zweite in der Via Ludovisi 60, eine weitere – riesige – unterirdische Parkanlage ist in Vorbereitung.

Fahrräder und Motorroller

Eine Fahrt auf dem Drahtesel durch Rom sollte man vom Wetterbericht abhängig machen. Denn bei Smogalarm kann der Ausflug auf zwei Rädern zum fragwürdigen Vergnügen werden, es sei denn, man rüstet sich mit einer Atemschutzmaske aus. Ausgeliehen werden Räder an der Piazza di Spagna (Ausgang Metro) und an der Piazza del Popolo (bei der

Quietschgelb, sündteuer – und »kaum zu fassen«: In Rom ein Taxi anzuhalten ist Glückssache. Bestellen Sie's besser per Funk

Radio
Taxi
3570
COMO 3

Bar Rosati) im Sommer von 18 bis 1 Uhr (sonst nur Sonntag vormittags) oder an der Piazza S. Lorenzo in Lucino (Via del Corso; im Sommer von 10 bis 2 Uhr, sonst von 10 bis 18 Uhr). Das Centro turistico (CTS) veranstaltet unter dem Motto »**Pedala Roma**« gelegentlich auch geführte Radtouren durch Rom – gratis. Informationen erhält man bei allen CTS-Stellen, zum Beispiel in der Via Genova 16, Tel. 4 67 92 52. Oder möchten Sie lieber auf dem Motorroller durch Rom fahren? Mieten kann man die Roller zum Beispiel in der Via Veneto 156, Tel. 3 22 52 40.

Öffentliche Verkehrsmittel

Es gibt Busse, Trambahnen und eine (noch) ziemlich »magere« Metro. Linie A und Linie B der **Metro** sind von 5.30 bis 23.30 Uhr in Betrieb. Bis zum Jahr 2000 ist der Bau von sieben weiteren Linien mit 80 Haltestellen geplant.

Die orangefarbenen **ATAC-Busse** sind ein gutes Transportmittel, wenn man nicht an Klaustrophobie leidet – sie sind meist völlig überfüllt – und es nicht besonders eilig hat. Pünktlichkeit ist nicht gerade ihre Stärke, der Fahrstil der Busfahrer ist erschreckend wagemutig, und seit der letzten Preiserhöhung Ende 1994 sind die Busse nicht einmal mehr billig. Ihre Fahrkarte müssen Sie vor der Fahrt lösen: Das einfache **biglietto** (gültig 75 Minuten) kostet 1500 Lire, ein Elferblock 15 000 Lire; ein Ticket, das den ganzen Tag gilt (**biglietto metrobus giornaliero**), kostet 6000 Lire. Außerdem gibt es noch eine Wochenkarte für 24 000 Lire, eine Monatskarte für 50 000 Lire sowie ein

Urbanes Abenteuer: Wer Rom per Bus durchstreifen will, sollte sich auf drangvolle Enge und eine halsbrecherische Fahrweise einstellen

Touristenticket (**biglietto circuito turistico**) für 15 000 Lire. Es gilt für eine dreistündige Rundfahrt, die am Bahnhof Termini beginnt. Fahrkarten sind in den ATAC-Büros (**Azienda Tramvie e Autobus del Comune di Roma**), in Fahrkartenautomaten und in den meisten Tabakläden (**tabacchi**), Bars und Zeitungskiosken erhältlich.

Wem es auf den Straßen zu voll ist, der kann aufs Wasser ausweichen, auf den **aquabus**. Eine Linie fährt von der Ponte d'Aosta bis zur Isola Tiberiana, eine weitere von der Ponte Marconi bis Ostia Antica. Die »Busse« starten zweimal am Tag, um 11 Uhr und um 16.30 Uhr; allerdings nur im Sommer. (Informationen erhalten Sie unter der Telefonnummer 4 46 34 81.)

Pferdedroschken

Per Pferdestärke durch Rom zu kutschieren, das geht auch noch im 20. Jahrhundert! Roß und Kutscher warten zum Beispiel an der Piazza San Pedro, Piazza Venezia, Piazza di Spagna und Piazza Navona.

Taxis

Braucht man keines, dann sieht man sie überall, die gelben römischen Taxis, doch sobald man vollbepackt mit neuer Fönfrisur in einen Regenschauer kommt, ist weit und breit keines in Sicht.

Taxifahren ist teurer als bei uns; der Grundpreis liegt bei 6400 Lire, dazu kommen Zuschläge fürs Gepäck (je Gepäckstück 1000 Lire) und ab 23 Uhr zusätzlich ein Nachtzuschlag. Bestellen können Sie ein Taxi per Funk unter folgenden Nummern: Tel. 35 70, 8 81 77, 66 45 oder 41 57.

Wer die Straßen der Stadt mit dem Motorroller erkundet, wird so eine feucht-frische Atempause besonders genießen

Mondscheinspaziergang

Die beste, mitunter wohl auch die schnellste Möglichkeit, Rom zu erkunden, ist immer noch per pedes. Beim Streifzug durch die engen Gassen entdeckt man immer wieder etwas Neues. In den Sommermonaten gibt es eine reizvolle Spaziergangs-Variante: einen Mondscheinbummel zwischen den Fori Imperiali. Die Führungen von Hobbyarchäologen durch die beleuchteten Foren beginnen um 21 und um 22 Uhr und werden jeden Mittwoch auch in englischer Sprache abgehalten. Wer sich am Mondscheinspaziergang beteiligen möchte, muß sich tagsüber an der Bigletteria dei Mercati di Traiano in der Via IV Novembre anmelden.

Von Diebstahlsicherung und anderen Vorsichtsmaßnahmen

Mit dem Auto nach Rom? Selbst weniger ängstlichen Naturen wird bei diesem Gedanken zweierlei. Gänzlich unberechtigt ist die Sorge sicherlich nicht, doch mit den gängigen Vorsichtsmaßnahmen wie Türen verriegeln und Fenster schließen, dem Parken in Garagen oder auf bewachten Plätzen kommen Sie – aller Voraussicht nach – ungeschädigt wieder nach Hause. Übrigens können die Besitzer von Nobelmarken ruhiger schlafen: Bevorzugtes Objekt der italienischen Langfinger ist der Kleinwagen.

Daß Sie Fotoapparate, Gepäck oder Wertgegenstände nicht unbedingt sichtbar im Wagen liegen lassen sollten, versteht sich fast schon von selbst.

Doch was sind das nur für eigenartige quadratische Kästen, die viele Italiener – so gar nicht passend zur eleganten Garderobe – unter dem Arm tragen? Ganz einfach: Es ist die simpelste Art von Diebstahlsicherung! Man nehme eben das Autoradio oder den Rekorder mit auf den Spaziergang – und muß mit keiner unliebsamen Überraschung rechnen... Ein nachahmenswertes Beispiel, doch wenn Ihnen das Verfahren zu umständlich und Ihre Anlage lieb und teuer ist, lassen Sie sie vor Ihrem Urlaub besser ausbauen.

Sie haben alle Vorsichtsmaßnahmen befolgt, kommen zurück – und Ihr Auto ist dennoch nicht mehr da? Dies muß nicht unbedingt das Schlimmste bedeuten, es könnte auch einfach nur abgeschleppt worden sein. Verkehrswidrig geparkte Autos werden rigoros in Depots der Gemeinde gebracht und erst gegen eine saftige Gebühr wieder zurückgegeben. Oder Ihr Wagen ist zwar noch da, hat aber keine Räder mehr? Die Einheimischen haben für solche Fälle vorgesorgt; kommt jemand auch nur in die Nähe ihrer **macchina**, stößt die Alarmanlage einen markerschütternden Ton aus.

Rom extra

Behalten Sie Ihr Gepäck im Auge – auch wenn die römischen An- und Aussichten Sie noch so sehr begeistern

Wer sein Auto liebt, der läßt es zu Hause. Die Handtasche am besten auch, doch das wird sich nur schwer verwirklichen lassen. Rom ist ein Tummelplatz der **scippatori**, der raffinierten Taschendiebe, die sich schneller Ihrer Tasche bemächtigen, als Sie sich umdrehen können. Den goldenen Familienschmuck sollten Sie also bei einem Spaziergang durch Rom nicht unbedingt anlegen, und auch die Krokotasche mit Bargeld könnte sich als falsche Wahl erweisen. Besondere Vorsicht ist bei dichtem Gedränge in der Trambahn, der Metro oder auf Festen geboten. Machen Sie es wie die Einheimischen, die die Tasche fest unter den der Straße abgewandten Arm klemmen. Schaurige Geschichten kursieren über die Motorroller-Diebe, junge Leute auf der Vespa, die den Passanten die Taschen entreißen. Sicher ist auch hier ein gesundes Maß an Vorsicht geboten – doch es ist keinesfalls so, daß jeden zweiten Tag ein Tourist an seinem Taschenriemen von einer Vespa durch die Straßen geschleift wird...

Wesentlich höher ist da schon die Wahrscheinlichkeit, von einem Zigeunerkind beklaut zu werden. Die Kleinen entlocken den Touristen mit mitleidheischendem Augenaufschlag ein paar Münzen und schnappen sich währenddessen den Geldbeutel. Es gibt in Rom gleich mehrere Banden, die sich auf diese Art von Diebstahl spezialisiert haben und mit Minderjährigen arbeiten, die nicht belangt werden können.

Rom ist nicht nur ein teures Pflaster, sondern auch ein kostspieliges Kopfkissen. Selbst in einem drittklassigen Hotel müssen Sie für eine Nacht im Doppelzimmer immer noch etwa 140 000 Lire berappen.

Die zentral gelegenen Hotels gehören fast alle zur gehobenen Preisklasse – sie haben jedoch vor allem im Hochsommer ihre nicht zu unterschätzenden Vorteile: Nach einem anstrengenden Vormittagsausflug können Sie sich auf eine schnelle mittägliche Duschpause im Hotel freuen, und in den heißen römischen Nächten werden Sie für die Klimaanlage mehr als dankbar sein.

Bei Größe und Ausstattung der Zimmer gibt es auch innerhalb eines Hotels Riesenunterschiede. Fragen Sie daher grundsätzlich nach einem Zimmer mit Balkon oder Terrasse und lassen Sie sich Ihre Unterkunft zeigen, bevor Sie die Anmeldung unterschreiben. Etwas Vorsicht ist bei den 2-Sterne-Hotels, die im Viertel um den Bahnhof an jeder Straßenecke zu finden sind, geboten – vor allem im Winter. Eiskalte Steinböden und oft ungeheizte »Badezimmer« machen sie zu äußerst unangenehmen Aufenthaltsorten.

In den Sommermonaten sowie an Ostern und Weihnachten empfiehlt es sich, das Hotelzimmer mindestens zwei bis drei Monate vorher zu buchen. Bleiben Sie länger in der Stadt, können Sie manchmal etwas günstigere Tarife aushandeln, das gleiche gilt fürs Wochenende.

Frische Hörnchen in der Bar an der Ecke

Der Italiener ist ein ausgesprochener Frühstücksmuffel. Ein Cappuccino, ein **caffè latte**, dazu ein paar Kekse (**biscotti**) oder ein Croissant (**brioche**) – das reicht ihm völlig, und am liebsten im Vorbeigehen in der Bar an der Hausecke. Von Schinken, Käse, Marmelade, Brötchen oder gar Müsli will er nichts wissen. Dementsprechend karg ist in der Regel auch das Hotelfrühstück, es sei denn, man hat sich mit Frühstücksbuffet oder üppigerem Frühstück auf den Geschmack der ausländischen Gäste eingerichtet. Doch eine **prima colazione** in der Bar ist allemal reizvoller; und die Croissants, frisch aus dem Ofen, haben einen unwiderstehlichen Duft…

Preisklassen

Die Preise gelten für eine Übernachtung im Doppelzimmer für zwei Personen ohne Frühstück.
Luxusklasse ab 450 000 Lire
Obere Preisklasse ab 260 000 Lire
Mittlere Preisklasse ab 150 000 Lire
Untere Preisklasse ab 80 000 Lire

Ein Anblick, der Romantikerherzen höher schlagen läßt: Das Hotel Raphaël schmückt ein Mantel aus Efeu

Hotels

Abruzzi ■ c 2, S. 120
Das Beste an diesem Hotel ist seine Lage direkt gegenüber dem Pantheon. Die Zimmer sind einfach eingerichtet, zum Platz hin ziemlich laut, nach hinten etwas besser.
Piazza della Rotonda 69
Tel. 6 79 20 21
Bus: 46, 62
25 Zimmer
Untere Preisklasse

De' Borgognoni ■ b 4, S. 79
Der Service wird hier großgeschrieben, und, was noch besser ist, viele Zimmer in dem kleinen Hotel haben eine eigene Terrasse oder einen kleinen Garten.
Via del Bufalo 126
Tel. 6 78 00 41, Fax 69 94 15 01
Bus: 61, 52
50 Zimmer
Obere Preisklasse (EC, Visa, DC, Amex)

Campo de' Fiori ■ b 2, S. 120
→ Die 10 kuscheligsten Hotels, S. 50/51

Cardinal Hotel ■ a 2, S. 120
Ein von Bramante entworfener Palast aus dem frühen 16. Jahrhundert, der in einer der schönsten Straßen Roms gelegen ist.
Via Giulia 62
Tel. 68 80 27 19, Fax 6 78 63 76
Bus: 23, 65
74 Zimmer
Obere Preisklasse (EC, Visa, DC, Amex)

Carriage ■ b 3, S. 79
Die Empfangshalle mit goldgerahmten Spiegeln und Kandelabern ist herrlich kitschig, die Zimmer sind teilweise mit Antiquitäten eingerichtet.
Via delle Carrozze 36
Tel. 6 99 01 24, Fax 6 78 82 79
Metro: Spagna
27 Zimmer
Mittlere Preisklasse (EC, Visa, DC, Amex)

Colonna Palace ■ a 4, S. 79
Das italienische Abgeordnetenhaus ist nahe, daher wohnt man hier oft in Gesellschaft von Politikern. Mit Dachgarten und Swimmingpool.
Piazza di Montecitorio 12
Tel. 6 78 13 41, Fax 6 79 44 96
Bus: 56, 62
110 Zimmer
Obere Preisklasse (EC, Visa, DC, Amex)

Columbus ■ e 3, S. 190
→ Die 10 kuscheligsten Hotels, S. 50/51

Eden ■ c 3, S. 79
Nach einer Verjüngungskur öffnete das Luxushotel im September 1994 wieder seine Pforten. Bei der Einweihungsfeier gab sich der internationale Jet-set die Klinke in die Hand.
Via Ludovisi 49
Tel. 4 74 24 01, Fax 4 82 15 84
Metro: Spagna
112 Zimmer
Luxusklasse (EC, Visa,DC, Amex)

L'Excelsior ■ c 3, S. 79
Kommt Arnold Schwarzenegger nach Rom, dann läßt er gerne vorher verbreiten, er habe eine Villa außerhalb Roms gemietet. Alles nur Tarnung – in Wirklichkeit residiert er im Excelsior.
Via Veneto 125
Tel. 47 08, Fax 4 82 62 05
Metro: Barberini
282 Zimmer, 45 Apartments
Luxusklasse (EC, Visa, DC, Amex)

Flora ■ c 3, S. 79
Superlage an der Via Veneto, mit schönen großen, etwas altmodisch eingerichteten Zimmern und leicht romantischem Flair.
Via Veneto 191
Tel. 48 99 29, Fax 4 82 03 59
Metro: Barberini
176 Zimmer
Obere Preisklasse (EC, Visa, DC, Amex)

Fontana ■ b 2, S. 228
→ Die 10 kuscheligsten Hotels, S. 50/51

Forum ■ b 1, S. 162
→ Die 10 kuscheligsten Hotels, S. 50/51

Wer im Hotel Fontana nächtigt, kriegt das Plätschern des Trevi-Brunnens als Schlaflied gratis dazu

Le Grand Hotel ■ d 1, S. 228
Wenn die Schmuckdynastie Bulgari mit ihrem Ehrengast Sophia Loren ein Jubiläum feiert, dann tut sie das im Grand Hotel, einem eleganten Luxushotel mit schönem Wintergarten.
Via Vittorio Emanuele Orlando 3
Tel. 47 09, Fax 4 74 73 07
Metro: Repubblica
171 Zimmer
Luxusklasse (EC, Visa, DC, Amex)

Gregoriana ■ b 3, S. 79
Aus einem ehemaligen Kloster wurde ein nettes kleines Hotel mit Zimmern im Einheitslook: Blümchentapete und schwarzlackierte Türen. Frühstücksservice auf dem Zimmer.
Via Gregoriana 18
Tel. 6 79 42 69, Fax 6 78 42 58
Metro: Spagna
19 Zimmer
Mittlere Preisklasse

Hassler-Villa Medici ■ b 3, S. 79
→ Die 10 kuscheligsten Hotels, S. 50/51

Nicht nur Hobby-Archäologen finden das Hotel Forum einfach traumhaft: Von hier aus hat man das antike Rom bestens im Blick

Hotel d'Inghilterra ■ b 3, S. 79
→ Die 10 kuscheligsten Hotels, S. 50/51

Locarno ■ a 2, S. 79
→ Die 10 kuscheligsten Hotels, S. 50/51

Lord Byron ■ b 1, S. 79
Eine Oase der Ruhe: Im Lord Byron, der kleinsten unter den Luxusherbergen, am Rande der Villa Borghese, wird Privatsphäre großgeschrieben. Das angeschlossene Restaurant (→ S. 106) zählt zu den besten Roms.
Via Giuseppe de Notaris 5
Tel. 3 22 45 41, Fax 3 22 04 05
Metro: Flaminio; Bus: 52
50 Zimmer und Suiten
Luxusklasse (EC, Visa, DC, Amex)

Majestic ■ c 3, S. 79
Hier nächtigt Elton John, wenn er in Rom ist. Beim letzten Besuch des Superstars warteten die Fans allerdings umsonst: Der Rockstar nutzte seine reservierte Majestic-Luxus-Suite lediglich zum Kleiderwechsel und flog dann nach Mailand. So eine Garderobe müßte man sich einmal leisten können...
Via Veneto 50
Tel. 48 68 41, Fax 4 88 09 84
95 Zimmer
Metro: Barberini
Luxusklasse (Visa, DC, Amex)

Margutta ■ a 3, S. 79
Fragen Sie nach einem Zimmer im obersten Stockwerk, denn nur dort wohnt man mit Terrasse. Ansonsten einfach, ruhig, zentral gelegen.
Via Laurina 34
Tel. 3 22 36 74, Fax 3 20 03 95
Metro: Flaminio
21 Zimmer
Mittlere Preisklasse (EC, Visa, DC, Amex)

Mozart ■ a 3, S. 79
Die Zimmer sind nicht besonders groß und nicht besonders luxuriös, aber der Service ist gut und die Hotelbar La Luna d'Oro auch nicht schlecht.
Via dei Greci 23b
Tel. 36 00 19 15, Fax 6 78 42 71
Metro: Flaminio
31 Zimmer
Mittlere Preisklasse (EC, Visa,DC, Amex)

Ponte Sisto ■ b 3, S. 120
Einfaches, sauberes und zweckmäßiges Hotel mit eigenen Parkplätzen und Garten. Wird hauptsächlich von Reisegruppen belegt, doch wenn Sie sich rechtzeitig anmelden, haben Sie vielleicht auch eine Chance...
Via dei Pettinari 64
Tel. 6 86 88 43, Fax 68 30 88 22
Bus: 23, 65
98 Zimmer
Untere Preisklasse (EC, Visa,DC, Amex)

Portoghesi ■ b 1, S. 120
Einfaches, kleines, frisch renoviertes Hotel nahe der Piazza Navona mit schöner Dachterrasse.
Via dei Portoghesi 1
Tel. 6 86 42 31, Fax 6 87 69 76
Bus: 70
27 Zimmer
Mittlere Preisklasse (EC, Visa)

Quirinale ■ d 2, S. 228
Traditionshotel in Bahnhofsnähe. Zimmer im Imperial-Stil, auf Wunsch mit Jacuzzi. Schöner Garten.
Via Nazionale 7
Tel. 47 07, Fax 4 82 00 99
Metro: Repubblica
200 Zimmer
Obere Preisklasse (EC, Visa, DC, Amex)

Raphaël ■ b 1, S.120
Der alte Palast hinter der Piazza Navona ist über und über efeubewachsen – das Richtige für Romantiker. Schön auch die Lage hinter der Piazza Navona. Unter Bettino Craxi war das Raphaël ein beliebter Sozialistentreff, aber diese Zeiten sind ja nunmehr vorbei...
Largo Febo 2
Tel. 4 88 43 42, Fax 4 74 49 05
Bus: 46, 62, 64
83 Zimmer
Obere Preisklasse (EC, Visa, DC, Amex)

La Residenza ■ c 3, S. 79
Hübsche Zimmer in einer kleinen umgebauten Stadtvilla mit gutbestücktem Frühstücksbuffet. Fragen Sie nach einem Zimmer mit Balkon.
Via Emilia 22
Tel. 4 88 07 89, Fax 48 57 21
Metro: Barberini
28 Zimmer
Mittlere Preisklasse (EC, Visa)

Sant' Anselmo ■ c 5, S. 207
Die schöne, ruhig gelegene Villa auf dem Aventinhügel wird von einem sympathischen Damenduo geführt! Wunderbarer Garten, in dem man herrlich frühstücken kann.
Piazza Sant' Anselmo 2
Tel. 5 78 32 14, Fax 5 78 36 04
Bus: 94
45 Zimmer
Mittlere Preisklasse (EC, Visa, DC, Amex)

Sole al Pantheon ■ c 2, S.120
→ Die 10 kuscheligsten Hotels, S. 50/51

Teatro di Pompeo ■ b 3, S. 120
→ Die 10 kuscheligsten Hotels, S. 50/51

Die 10 kuscheligsten Hotels

Campo de' Fiori ■ b 2, S. 120
...weil man auf der Dachterrasse dieses gemütlichen Hotels den ganzen Urlaub verbringen könnte und weil der schönste Markt von Rom zum Greifen nahe ist.
Via del Biscione 6
Tel. 6 87 48 86, Fax 6 87 60 03
Bus: 62, 64
27 Zimmer
Mittlere Preisklasse (EC, Visa)

Columbus ■ e 3, S. 190
...weil in dem Palazzo aus dem 15. Jahrhundert bevorzugt Kardinäle absteigen, der Vatikan gleich um die Ecke liegt und soviel Geistlichkeit in so freundlicher Atmosphäre etwas Beruhigendes hat.
Via della Conciliazione 39
Tel. 6 86 52 45, Fax 6 86 48 74
Bus: 41
100 Zimmer
Mittlere Preisklasse (EC, Visa, DC, Amex)

10x10

Fontana ■ b 2, S. 228
...weil sich's beim Rauschen des Trevi-Brunnens herrlich vom **dolce vita** träumen läßt.
Piazza di Trevi 96
Tel. 6 78 61 13, Fax 6 79 00 24
Metro: Barberini
25 Zimmer
Obere Preisklasse (EC, Visa, DC, Amex)

Forum ■ b 1, S. 162
...weil hier für Hobbyarchäologen kein Wunsch offen bleibt: Nach einem langen Tag in den Kaiserforen folgt das Abendessen mit Blick auf selbige.
Via Tor de' Conti 25
Tel. 6 79 24 46, Fax 6 78 64 79
Metro: Colosseo
76 Zimmer
Obere Preisklasse (EC, Visa, DC, Amex)

Hassler-Villa Medici ■ b 3, S. 79
...weil man sich irgendwann einmal eine Nacht in einem der phantastischsten Hotels der Welt gönnen sollte und weil in der Zimmerbar 15 verschiedenen Champagnermarken stehen.
Piazza Trinità dei Monti 6
Tel. 6792651, Fax 6789991
Metro: Spagna
103 Zimmer und Suiten
Luxusklasse (EC, Visa, DC, Amex)

Hotel d'Inghilterra
■ b 3, S. 79
...weil hier schon Hemingway sein müdes Haupt zwischen schönen Antiquitäten bettete und gleich nebenan die vornehmsten Einkaufsadressen warten.
Via Bocca di Leone 14
Tel. 6 99 81, Fax 69 92 22 43
Metro: Spagna
100 Zimmer
Luxusklasse (EC, Visa, DC, Amex)

Locarno ■ a 2, S. 79
...weil wohl die Nähe zum Goethe-Haus und der freundliche Service »schuld« daran sein müssen, daß es so viele Künstler und Intellektuelle in dieses gemütliche Hotel zieht.
Via della Penna 22
Tel. 3 61 08 41, Fax 3 21 52 49
Metro: Flaminio
38 Zimmer, 1 Suite
Mittlere Preisklasse (EC, Visa, DC, Amex)

La Scalinata di Spagna
■ b 3, S. 79
...weil man in der netten Pension im Sommer fast auf der Spanischen Treppe frühstücken kann und mittendrin im römischen Leben ist.
Piazza Trinità dei Monti 17
Tel. 6 79 30 06, Fax 69 94 05 98
Metro: Spagna
15 Zimmer
Mittlere Preisklasse (EC, Visa, DC, Amex)

Sole al Pantheon
■ c 2, S. 120
...weil die Aussicht, das Pantheon direkt vor der Türe zu haben – auch wenn es dafür manchmal etwas lauter ist –, schon seit 500 (!) Jahren die Gäste in dieses wohl älteste Hotel der Stadt lockt.
Piazza della Rotonda 63
Tel. 6 78 04 41, Fax 6 84 06 89
Bus: 46, 62
30 Zimmer
Mittlere Preisklasse (EC, Visa, DC, Amex)

Teatro di Pompeo
■ b 3, S. 120
...weil Sie hier beim Innenhof des Teatro di Pompeo schlafen, wo Cäsar vor über 2000 Jahren von Brutus ermordet wurde...
Largo del Pallaro 8
Tel. 6 87 25 66, 68 80 55 71
Bus: 46, 62, 64
12 Zimmer
Mittlere Preisklasse (EC, Visa, DC, Amex)

Hotelbuchen leichtgemacht: Über die gebührenfreie Telefonnummer 6 99 10 00 können Sie in zweihundert römischen Hotels ein Zimmer buchen

Villa Borghese ■ c 2, S. 79
Kleine, aber geschmackvoll eingerichtete Zimmer – und hinter dem Hotel ein Platz an der Sonne.
Via Pinciana 31
Tel. 8 54 96 48, Fax 8 41 41 00
Metro: Barberini
31 Zimmer
Mittlere Preisklasse (EC, Visa, DC, Amex)

Pensionen

Diskretes familiäres Ambiente, wenig Gäste, niedrige Preise – doch natürlich darf man keine allzu großen Ansprüche stellen.

Florida ■ e 1, S. 190
Via Cola di Rienzo 243
Tel. 3 24 18 72
Metro: Lepanto, Ottaviano
10 Zimmer
Untere Preisklasse

Davos ■ B 1, Klappe vorne
Via degli Scipioni 239
Tel. 3 21 70 12
Metro: Ottaviano
10 Zimmer
Untere Preisklasse

La Scalinata di Spagna ■ b 3, S.79
→ Die 10 kuscheligsten Hotels, S. 50/51

Privatunterkünfte

Eine gemütliche und günstige Unterkunft im Herzen der Stadt, mit oder ohne freundlichen Familienanschluß – es gibt zahlreiche Möglichkeiten, in Rom ein Zimmer zu mieten.

Auskünfte bekommen Sie beim **Fremdenverkehrsbüro** ■ d 1, S. 228
Via Parigi 11
Tel. 48 89 91

Residenze

Wenn Sie längere Zeit in Rom bleiben möchten, Wert auf Komfort und Service legen, gibt es die Möglichkeit, sich in ein Apartment-Hotel (Residenza) einzumieten. Je nach Ausstattung und Lage kostet der mehrwöchige Aufenthalt von 600 000 Lire bis zu 2 Millionen Lire pro Woche.
Auskünfte bekommen Sie beim Fremdenverkehrsbüro (→ Privatunterkünfte).

Campingplätze

Camping Fabulus
Für den Frischluftfreak stehen 4000 Plätze auf 300 000 Quadratmetern zur Verfügung. Eigener Swimmingpool.
Via C. Colombo, km 18
Tel. und Fax 5 25 93 54
Bus nach Casal Palocco (dem Fahrer Bescheid sagen, daß Sie am Campingplatz aussteigen wollen!)
Ganzjährig geöffnet

Flaminio
600 Plätze auf 100 000 Quadratmetern, mit Swimmingpool; einer der besten Campingplätze Roms.
Via Flaminia Nuova, km 8.2
Tel. 3 33 26 04, Fax 3 33 06 53
Bus: 200
Ab 10. März geöffnet

Jugendherbergen

Ostello del Foro Italico
350 Plätze, allerdings nur mit Jugendherbergsausweis. Im Sommer unbedingt vorher anmelden!
Viale delle Olimpiadi 61
Tel. 3 23 62 79, Fax 3 24 26 13
Bus: 32

YWCA ■ d 2, S. 228
Der Christliche Verein junger Frauen bietet Rom-Besucherinnen eine einfache Unterkunft in Bahnhofsnähe. Jugendherbergsausweis ist nicht nötig.
Via Cesare Balbo 4
Tel. 4 88 39 17
Metro: Termini

Klöster

Zimmer in Klöstern vermitteln folgende Stellen:

Pilgerbüro S. Maria dell'Anima ■ b 2, S. 120
Verschickt auf Anfrage eine Liste mit verschiedenen Unterkunftsmöglichkeiten. Man spricht Deutsch.
Via della Pace 20
Tel. und Fax 6 86 41 60

Pilgerbüro Via delle Conciliazione ■ e 2, S. 190
Verschickt ebenfalls eine Liste mit möglichen Klosterunterkünften, ebenfalls deutschsprachig.
Via della Conciliazione 50
Tel. 6 89 71 97, Fax 6 86 94 90

Hotels in der Umgebung

Vor allem im Sommer ist es nicht die schlechteste Idee, sich in einem Hotel etwas außerhalb von Rom einzuquartieren. Vorteile gibt es einige: keine Smogluft, kein Lärm, weit günstigere Preise, meist gute Verkehrsanbindung. Der Nachteil ist sicherlich, daß man etwas entfernt vom turbulenten Römerleben die Nacht verbringt.

Giovannella ■ c 2, S. 314
Die frische Landluft genießen, in einem schönen Garten essen, günstig übernachten – dies alles kann man in dem gemütlichen Hotel. Etwa 20 Kilometer von Rom entfernt, erreichbar über die Via Tuscolana nach Frascati; etwa drei Kilometer hinter Frascati liegt der Ort Monte Porzio.
Piazza Trieste 1
Monte Porzio
Tel. 9 44 90 38, Fax 9 44 91 09
40 Zimmer
Mittlere Preisklasse (EC, Visa, DC, Amex)

Villa Florence ■ b 2, S. 314
Liegt etwas abseits vom Getümmel, hat einen schönen Garten, eigene Parkplätze – und mit Salvatore den sympathischsten Rezeptions-Mann der Stadt. Etwa drei Kilometer von der Stadtgrenze Roms entfernt. Über die Via Salaria gut zu erreichen.
Via Nomentana 28
Tel. 4 40 30 36, Fax 4 40 27 09
25 Zimmer
Mittlere Preisklasse (EC, Visa, DC, Amex)

Villa Mercede ■ c 3, S. 314
Eigener Swimmingpool und schöne Terrasse mit traumhafter Aussicht. Alle Zimmer mit TV und Telefon. Etwa 16 Kilometer von Rom entfernt, zu erreichen über die Via Tuscolana.
Frascati
Tel. 9 42 71 10, Fax 9 41 64 61
52 Zimmer
Mittlere Preisklasse (Visa)

Wie man weiß, schmeckte schon den alten Römern das Essen. Es wurde serviert, bis sich die Tische bogen, im Liegen geschlemmt, bis der Bauch voll war, und per Federkiel wieder Platz für den nächsten Gang geschaffen.

Das Essen ist bis heute eine der Lieblingsbeschäftigungen der Römer geblieben – die Tischmanieren haben sich allerdings um einiges gebessert. Es wird auch nicht einfach gegessen, es wird zelebriert: **antipasto**, dann ein Teller **pasta**, ein **secondo**, ein **dolce** und ein **caffè** zum krönenden Abschluß sollte schon sein, am besten zweimal am Tag und jeweils nicht unter anderthalb Stunden – so erklären sich auch die langen Mittagspausen.

Gutes tun statt Gutes essen

Ein Aufschrei des Entsetzens ging im Winter 1994 durch die römischen Küchen, als der Papst **»meno cibo, più carità«**, weniger Essen, mehr Wohlfahrt, empfahl. »Il Papa fa bene a chiedere offerte per le chiese, ma ci lascia mangiare, per carità!« – »Der Papst hat recht, um Gaben zu bitten, doch er soll uns um Gottes willen essen lassen!« Wie gesagt, beim Essen hört der Spaß auf…

Die römische Küche ist ein einziger Anschlag auf die schlanke Linie, sie ist gehaltvoll, bodenständig, kalorienreich.

Eine unwiderstehliche Versuchung sind die **fettuccine al burro** (Bandnudeln mit Butter); im Nudelteig sollten Eier verarbeitet sein – das macht die **fettuccine** zur hausgemachten, goldgelben Spezialität. Auch **bucatini** (Röhrchennudeln) **con pancetta** (Speck) oder **gnocchi alla romana** (mit Butter und Parmesan überbackene Grießklößchen) gehören zu den typischen **primi piatti** (ersten Gängen). Letztere haben übrigens einen festen Termin: Donnerstags ist in Rom **gnocchi**-Tag. Die traditionelle römische Suppe **stracciatella**, aus Brühe, Ei, Nudeln und Käse, fällt in der Regel eher etwas geschmacklos aus. Das traditionelle Schlemmermahl könnte man dann mit einer **saltimbocca** (Kalbsschnitzel mit rohem Schinken und Salbei) fortsetzen, die längst über die Grenzen Italiens hinaus bekannt ist.

Deftige Hausmannskost

L'abbacchio, ein deftiges Lammgericht, wäre eine weitere römische Hauptspeisenspezialität, dazu vielleicht **carciofi alla guidía** (Artischokken, gekocht mit Knoblauch und Petersilie), **pomodori di riso**, (mit Reis gefüllte Tomaten) oder **piselli al prosciutto** (Erbsen mit Schinken). Charakteristische **secondi** (Hauptgerichte) sind außerdem **trippa**, Kutteln, **pagliata**, gefüllter Dünndarm von Kalb, Rind oder Lamm, und **baccalà**, Stockfisch, am liebsten fritiert. Beim Fisch sollten Sie sich erkundigen, ob er frisch (**fresco**) ist oder aus der Tiefkühltruhe kommt (**surgelato**). Besonders stolz sind die

Das stimmungsvolle historische Ambiente der Piazza della Rotonda verführt zu ausgedehnten kulinarischen Abenden

Römer auf eine Sprossen-Salatart, die es nur in Rom gibt: **puntarelle** – schmecken für einen Salat wirklich nicht schlecht, triefen aber vor Öl und Knoblauch!

Nach dem Hauptgericht folgt der Käse, **il formaggio**, oder das Dessert, **il dolce**. Beliebte Käsesorten sind: **pecorino** (Schafkäse, von mild bis würzig), **caciocavallo** oder **caciotta**, wozu man Saubohnen serviert.

Römische Nachspeisen

Die Römer sind nicht gerade große Süßschnäbel; das hat aber eine ganz praktische Erklärung: Die **antipasti** sind herzhaft, die **primi piatti** üppig, und die Hauptgänge gehören auch nicht immer zur leicht verdaulichen Kost. Wenn also der Nachtisch oder die süßen Sachen an der Reihe wären, mangelt es vielfach schlicht am Platz im römischen Bauche… Eine rühmliche Ausnahme machen die traditionellen Leckereien an Weihnachten, etwa der lockere Hefe-**panettone**; die **frittelle**, eine Krapfen-Art in Kreisform, die vor allem – aber nicht nur – zum Karneval gegessen wird, sowie die **colomba** (ebenfalls ein Hefegebäck) oder das Riesen-Schoko-Ei an Ostern.

Aber dann ist da ja noch das **gelato**! Für ein Eis in den ausgefallensten Sorten ist jeder Römer zu haben; am liebsten wird der zarte Schmelz beim abendlichen Stadtbummel genossen. Bei steigenden Temperaturen sorgt die **granita**, die kühle **gelato**-Schwester aus zerstoßenem Eis in verschiedenen Geschmacksrichtungen, für süße Erfrischung.

Die 10 empfehlenswertesten Restaurants

Dal Bolognese ■ a 2, S. 79
...weil hier viele Promis gerne Messer und Gabel schwingen, so auch Claudia Schiffer, wenn sie in der Stadt ist (→ S. 101).

La Campana ■ b 1, S.120
...weil sich Priester und Politiker hier schon seit hundert Jahren das **fritto alla romana** schmecken lassen (→ S. 133).

Checchino dal 1887 ■ c 6, S. 207
...weil die Familie von Mamma Ninetta die Römer schon in der fünften Generation bekocht – und die das immer noch toll finden (→ S. 219).

Checco er Carrettiere ■ b 2, S. 146
...weil im bescheidenen Landhausambiente Muschelspaghetti der Spitzenklasse serviert werden (→ S. 153).

Da Lucia ■ b 3, S. 146
...weil so gutes Essen in so angenehmem Ambiente zu so günstigen Preisen nicht mehr lange ein Geheimtip bleiben kann (→ S. 154).

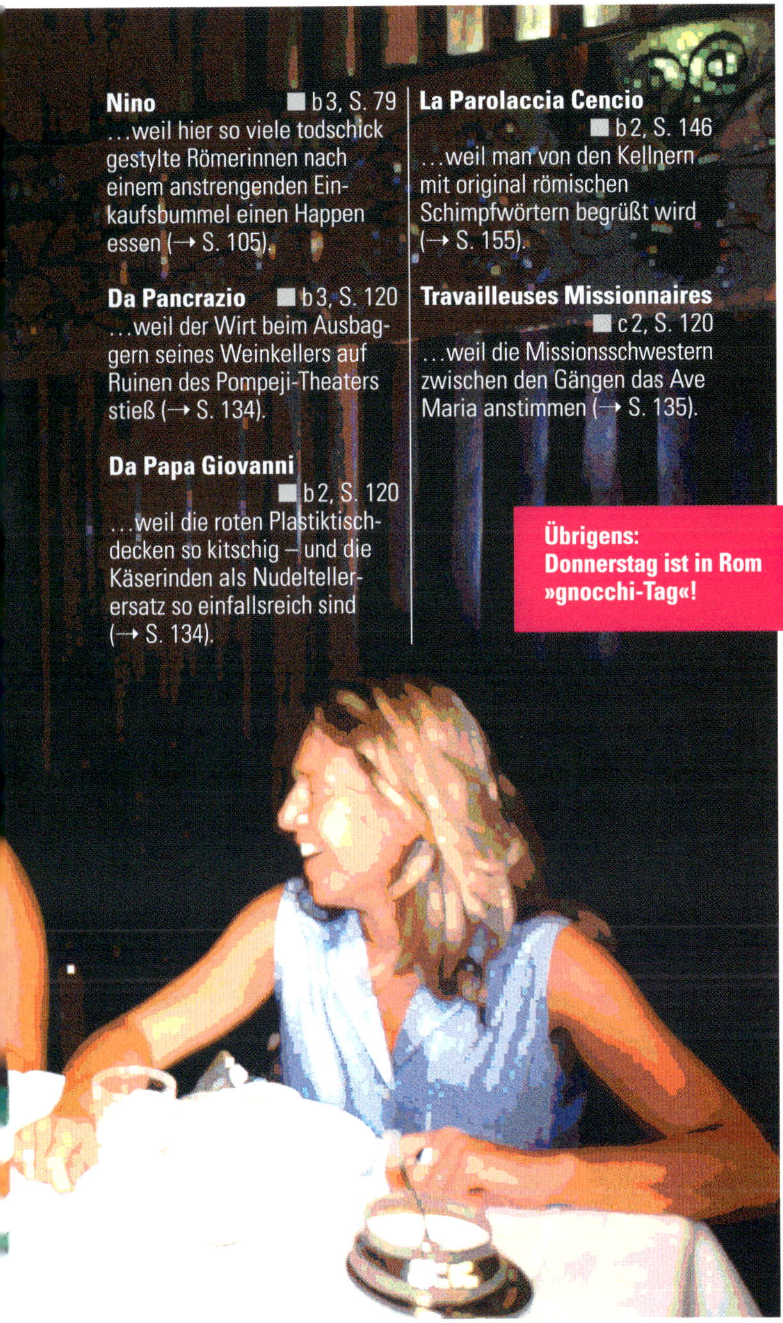

Nino ■ b3, S. 79
…weil hier so viele todschick gestylte Römerinnen nach einem anstrengenden Einkaufsbummel einen Happen essen (→ S. 105).

Da Pancrazio ■ b3, S. 120
…weil der Wirt beim Ausbaggern seines Weinkellers auf Ruinen des Pompeji-Theaters stieß (→ S. 134).

Da Papa Giovanni ■ b2, S. 120
…weil die roten Plastiktischdecken so kitschig – und die Käserinden als Nudeltellerersatz so einfallsreich sind (→ S. 134).

La Parolaccia Cencio ■ b2, S. 146
…weil man von den Kellnern mit original römischen Schimpfwörtern begrüßt wird (→ S. 155).

Travailleuses Missionnaires ■ c2, S. 120
…weil die Missionsschwestern zwischen den Gängen das Ave Maria anstimmen (→ S. 135).

Übrigens: Donnerstag ist in Rom »gnocchi-Tag«!

Bernsteinfarbene Weiße

Die Weinliste führen die trockenen Weißweine aus den Anbaugebieten der **Castelli Romani** an; schwere Rotweine heben sich die Römer für den Winter auf. Den Wein gibt es **sfuso**, also offen in der Karaffe, oder in der Flasche (**bottiglia**). Der Flaschenwein ist zwar etwas teurer, doch dafür können Sie sicher sein, das zu bekommen, was auf dem Etikett steht. Probieren Sie aber ruhig auch den offenen Tischwein, denn das, was die Einheimischen trinken, ist meist nicht das schlechteste...

Trattoria, Hosteria, Ristorante, Pizzeria...

Wollen Sie sich nicht unbedingt durch mehrere Gänge essen, sind Sie mit einer **hosteria** oder einer **trattoria** gut beraten. Dort wird Sie niemand mißmutig beäugen, wenn Sie nur einen oder zwei Gänge bestellen. In einer **enoteca** können Sie jede Menge Wein trinken und dazu einen kleinen Happen essen. Im eher feineren **ristorante** dagegen sollte es schon etwas mehr sein als ein kleiner gemischter Salat... Pizza ißt man in Italien in einer **pizzeria** und nur am Abend; für zwischendurch gibt es die **pizza al taglio**, Pizzastücke zum Mitnehmen. Eine **Bar** ist ebenfalls immer gut für einen leichten Mittagssnack, dort bekommen Sie **panini** (belegte Brötchen),Toast, **focaccia** oder **tramezzini** (äußerst schmackhafte belegte Weißbrotscheiben). Ein erfrischendes Eis als Snackabschluß gibt es in der **gelateria**, ein Törtchen zum Nachtisch in der **pasticceria**.

Gegessen wird in Rom mittags zwischen 13 und 15.30 Uhr und abends ab 20 Uhr.

Klein, stark, süß – und zu jeder Tages- und Nachtzeit zu empfehlen: un caffè, per favore!

Auf die Rechnung (**conto**) werden für Brot und Gedeck (**coperto**) je nach Qualität des Restaurants mindestens 2000 Lire aufgeschlagen. Hüten Sie sich vor **Touristenmenüs**, diese mögen zwar günstig erscheinen, doch wird nicht nur am Preis, sondern auch am Geschmack gespart...

Restaurants und andere Lokale sind bei den einzelnen Stadtvierteln im Kapitel »Rom und seine Stadtteile« beschrieben.

Preisklassen
Die Preise beziehen sich auf ein Hauptgericht ohne Getränke.
Luxusklasse ab 100 000 Lire
Obere Preisklasse ab 60 000 Lire
Mittlere Preisklasse ab 40 000 Lire
Untere Preisklasse ab 25 000 Lire

Eßdolmetscher

A

abbacchio: Lamm
– *alla cacciatora:* mit einer Sauce aus Knoblauch, Weißwein, Peperoni und Sardellen
acciughe: Sardellen
all'aceto: in Essig eingelegt
acqua: Wasser
– *gassata:* mit Kohlensäure
acquacotta: Brotsuppe mit Gemüseeinlage, manchmal mit Eiern und Käse
affettato: aufgeschnitten
affumicato: geräuchert
aglio: Knoblauch
agnolotti: Art Ravioli, gefüllt mit Fleisch, Gemüse, oft auch Knoblauch
agrodolce: süßsaures Dressing
albicocca: Aprikose
Aleatico: süßer Dessertwein
amabile: lieblich
anatra: Ente
anguilla: Aal
– *alla venezuela:* mit Thunfisch- und Zitronensauce
anguria: Wassermelone
antipasto: Vorspeise
– *di mare:* mit Meeresfrüchten
– *a scelta:* nach Wahl
aragosta: Languste
arancia: Orange
aranciata: Orangenlimonade
arrosto: Braten, gebraten
arsella: Muschelart, ähnlich wie Venusmuschel
asiago: harter Schnittkäse, süß, wenn er jung ist
asciutto: trocken
asparago: Spargel
assortito: gemischt
astice: Hummer

B

baccalà: Stockfisch
– *alla fiorentina:* in Öl herausgebacken
basilico: Basilikum
bel paese: weicher Butterkäse, leicht säuerlich
ben cotto: gut durch
besciamella: weiße Sauce
bevanda analcolica: alkoholfreies Getränk
bibita: Getränk
bigoli in salsa: dicke Spaghetti mit Sardellensauce
birra: Bier
– *in bottiglia:* in der Flasche
– *chiara:* leichtes Bier
– *scura:* dunkles Bier
– *alla spina:* vom Faß
biscotto: Keks
bistecca: Steak
– *alla pizzaiola:* mit einer Sauce aus Tomaten, Basilikum und Knoblauch
bocconcini: Häppchen, kleine Leckerbissen
bollito: gekocht
– *alla bolognese:* mit einer Tomaten-Hackfleisch-Sauce
alla brace: auf Holzkohlenglut gebraten
branzino: Seebarsch
brasato: Schmorbraten, geschmort
brodetto: Fischsuppe mit Zwiebeln und Tomaten
brodo: Bouillon
bruschetta: geröstetes Brot mit Knoblauch und Olivenöl
bucatini: kurze Röhrchennudeln
budino: Pudding
bue: Ochse
burrida: Fischeintopf
burro: Butter
busecca: Kuttelsuppe

C

alla cacciatora: mit einer Sauce aus Pilzen, Kräutern, Schinkenstückchen und Wein
cacciucco: pikante Fischsuppe
caciocavallo: Hartkäsesorte
caciotta: frischer Schafkäse
caffè: Espresso
– *decaffeinato:* koffeinfreier Kaffee
– *freddo:* kalter Kaffee
– *latte:* Milchkaffee
calamaro: Tintenfisch
caldo: heiß
calzone: gefüllte und zusammengeklappte Pizza
alla campagnola: mit Gemüse, Tomaten, Zwiebeln
cannelloni: Nudelröllchen gefüllt mit Fleisch, Käse oder Gemüse, mit weißer Sauce überbacken
– *alla laziale:* mit Fleisch- und Zwiebelfüllung, in Tomatensauce gebacken
– *alla napoletana:* mit Käse- und Schinkenfüllung in Tomatensauce
cannolo: Teigröllchen gefüllt mit Quark (süß), oft mit Nougat und kandierten Früchten
caponata: Eintopf mit Auberginen, Paprika, Tomaten, Knoblauch, Öl und Kräutern, gewöhnlich als Vorspeise kalt serviert
capperi: Kapern
cappuccino: Espresso mit aufgeschäumter Milch
capretto: Milchkitz
alla carbonara: mit einer Sauce aus Käse, Eiern, Schinken, Sahne und Butter
carciofo: Artischocke
– *alla guidía:* mit Knoblauch und Petersilie
– *alla romana:* mit Knoblauch, Weißwein und Öl
carne: Fleisch
carota: Karotte
della casa: Spezialität des Hauses
alla casalinga: nach Hausfrauenart
Castelli Romani: trockener Weißwein aus der Gegend um Rom
cassata: Eistorte mit kandierten Früchten
cavolo: Kohl
casserula: Eintopf aus Schweinefleisch, Sellerie, Zwiebeln, Kohl, Gewürzen
cece: Kichererbse
cena: Abendessen
cervella: Hirn
cervo: Hirsch
cetriolo: Gurke
Chianti: roter Tafelwein aus der Toskana
ciambella: Gebäckstück
ciliega: Kirsche
cinghiale: Wildschwein
cipolla: Zwiebel
coda di bue: Ochsenschwanz
colazione, pranzo: Mittagessen
coniglio: Kaninchen
contorno: Beilage
coppa: Becher, Glas; luftgetrockneter Schweinenacken
cornetti: Hörnchen
coscia: Schenkel
costata: Entrecote
– *alla fiorentina:* auf Holzkohle gegrillt mit Olivenöl, Zitrone und Petersilie
– *alla pizzaiola:* mit einer Sauce aus Tomaten, Majoran, Petersilie und Mozzarella
cotoletta: Kotelett
– *alla milanese:* paniertes Schnitzel
– *alla parmigiana:* mit Parmesan überbackenes Schnitzel
cotechino: Schlackwurst
cotto: gekocht
cozze: Muscheln
– *alla marinara:* in einer Sauce aus Weißwein, Knoblauch und Petersilie
crostata: Mürbeteigkuchen
crudo: roh

D

dattero: Dattel
dentice: Zahnbrasse
alla diavola: mit einer Sauce aus Pfeffer und Pfefferschoten
dolce: süß; Süßigkeit, Nachtisch
dolci: Gebäck, Kuchenteile

E

Est! Est! Est!: kräftiger Weißwein aus der nördlichen Umgebung von Rom

F

fagiolata: Schweineragout mit weißen Bohnen und Tomaten
fagiolini: grüne Bohnen
fagioli: weiße Bohnen
farcito: gefüllt
favata: Suppe mit Bohnen, Speck und Würstchen
fegato: Leber
– *alla veneziana:* mit Zwiebeln, Öl und Butter gebratene Leber
ai ferri: gegrillt
fettina: kleine Scheibe
fettuccine: Bandnudeln
fico: Feige
filetto: Filet
finocchio: Fenchel
focaccia: Brot mit Olivenölteig, oft belegt mit Zwiebeln oder Tomaten
formaggio: Käse
al forno: gebacken
forte: scharf, gut gewürzt
fragola: Erdbeere
frappè: Milchshake
Frascati: ein Castelli-Romani-Weißwein, trocken oder halbtrocken

Die vielen römischen »Schlaraffenläden« versprechen nicht nur himmlische Genießerfreuden, sie sind auch so richtig was fürs Auge

fresco: frisch
frittata: Omelett
frittella: Pfannkuchen
fritto: fritiert
– *misto:* meist fritierte Fische
frizzante: leicht sprudelnd
frutta: Obst
frutti di mare: Meeresfrüchte

G

gallina: Henne
gamberetti: Shrimps
gambero: Krebs
gelato: Eis
alla genovese: Sauce mit Basilikum, Pinienkernen, Knoblauch und Öl
ghiacciato: eisgekühlt
gnocchi: Kartoffel- oder Grießklößchen
– *alla romana:* mit Butter und Parmesan überbacken
gorgonzola: Edelpilzkäse
grana: Reibekäse, Parmesan
granita: zerstoßenes Eis in verschiedenen Geschmacksrichtungen
grappa: Tresterschnaps
grasso: fett
grattugiato: gerieben
alla griglia: vom Grill
grissini: knusprige Brotstangen

I

insalata: Salat
– *mista:* gemischter Salat
– *verde:* grüner Salat
involtini: Rouladen

L

Lacrima Christi: bekanntester Wein aus Kampanien; weiß, rot und rosé
Lambrusco: süßlicher Rotwein aus der Emilia Romagna
lampone: Himbeere
lasagne: geschichtete und überbackene Teigblätter mit Béchamel- und Tomatensauce
latte: Milch
legume: Gemüse
limone: Zitrone
linguine: flache Nudeln
lumaca: Schnecke

M

maccheroni: Nudelart
macedonia di frutta: Obstsalat
magro: mager
maiale: Schweinefleisch
– *ubrico:* in Rotweinsauce
mandorla: Mandel
manzo: Rindfleisch
– *brasato:* Schmorbraten
– *lesso:* gekocht
– *salato:* Corned beef
alla marinara: mit einer Sauce aus Tomaten, Oliven, Knoblauch, Muscheln und anderen Meeresfrüchten
marrone: Edelkastanie
Marsala: roter Dessertwein aus Sizilien
Martini: Wermut in rot und weiß
mascarpone: sahniger Frischkäse, wird für Tiramisù verwendet
mela: Apfel
melanzane: Auberginen
– *alla parmigiana:* mit Tomaten, Parmesan und Kräutern überbacken
– *ripiene:* gefüllte Auberginen
menta: Minze
meringa: Baiser
merluzzo: Kabeljau
miele: Honig

minestra: Suppe
– *in brodo:* Bouillon mit Nudeln oder Reis
minestrone: dicke Gemüsesuppe
– *verde:* mit Bohnen und Kräutern
mirtillo: Heidelbeere
misto: gemischt
mortadella: Wurstspezialität
– *di frutta:* Süßspeise aus gekochtem Most und Mehl
mozzarella: weicher Käse, im Original aus Büffelmilch

N

alla napoletana: mit einer Sauce aus Käse, Tomaten und Kräutern
nasello: Seehecht
nocciola: Haselnuß
noce: Nuß
– *di cocco:* Kokosnuß
nostrano: lokal, von uns

O

olio: Öl
orata: Goldbrasse
osso: Knochen
– *buco:* Kalbshaxe

P

alla paesana: mit einer Sauce aus Speck, Kartoffeln, Karotten und anderen Wurzelgemüsen
pagliata: gefüllter Dünndarm von Kalb, Rind oder Lamm
pan di Spagna: weicher Kuchen
pancetta: Speck
pandolce: schwerer Kuchen mit trockenen Früchten und Pinienkernen
pane: Brot
– *casareccio:* hausgemachtes Brot
– *integrale:* Vollkornbrot
– *scuro:* dunkles Brot
panettone: leichter Kuchen mit Rosinen und kandierten Früchten
panino: Brötchen
panna: Sahne
– *montata:* Schlagsahne
pappardelle: lange, breite Nudeln
parmigiano: Parmesankäse
passato: püriert
– *di verdura:* Gemüsepüree
pasta: Nudeln; der traditionelle erste Gang, in verschiedenen Formen, mit unterschiedlichen Saucen, gefüllt oder überbacken
– *asciutta:* jede Nudelart, die nicht in Bouillon gegessen wird
pasticcino: kleines Kuchen- oder Gebäckstück
patate: Kartoffeln
– *fritte:* Pommes frites
– *lesse:* gekochte Kartoffeln
– *novelle:* neue Kartoffeln
pecorino: fester Schafkäse
pepe: Pfeffer
peperonata: Paprika- und Tomatengemüse
pera: Birne
pesca: Pfirsich
pesce: Fisch
– *spada:* Schwertfisch
pesto: Sauce aus Basilikum, Knoblauch, Käse mit Pinienkernen und Olivenöl
petto: Brust
piatto: Teller
– *del giorno:* Tagesgericht
– *principale:* Hauptgericht
piccante: gut gewürzt
alla piemontese: mit Trüffeln und Reis
piselli: Erbsen
– *al prosciutto:* Erbsen mit Schinken
pistacchi: Pistazien
polenta: Maisbrei
pollo: Huhn
– *alla diavolo:* scharf gewürzt und gegrillt
polpetta di carne: Fleischbällchen
polpa: Fruchtfleisch
polpo: Krake

pomodoro: Tomate
pomodori di riso: mit Reis gefüllte Tomaten
porcini: Steinpilze
pranzo: Mittagessen
prezzemolo: Petersilie
prezzo: Preis
– *fisso:* fester Preis
prima colazione: Frühstück
primo piatto: erster Gang
profiterole: kleine gefüllte Windbeutel
prosciutto: Schinken
– *affumicato:* geräucherter Schinken
– *di cinghiale:* Wildschweinschinken
– *di Parma:* Parmaschinken
provolone: weicher, milder Büffelmilchkäse
prugna: Pflaume
puntarelle: feiner Blattsalat mit Sprossen
purè di patate: Kartoffelbrei

R

ragù: Fleischsauce für Nudeln
raviggiolo: Käse aus Schafmilch
riccio di mare: Seeigel
ricotta: weicher Schafmilchfrischkäse, ähnlich wie Quark
rigatoni: runde, längliche Nudelart
ripieno: gefüllt
risi e bisi: Risotto mit Erbsen und Schinken
riso: Reis
– *in bianco:* weißer Reis mit Butter
risotto: gekochter Reis mit unterschiedlichen Zutaten
rognoni: Nieren
alla romana: mit Gemüse, oft Zwiebeln, Minze, Sardellen

S

salame: Salami
sale: Salz
salmone: Lachs
salsa: Sauce
salsiccia: würzige Schweinewurst, wird gekocht serviert
saltimbocca: Kalbsschnitzel mit Schinken und Salbei in Weißweinsauce
Sangiovese: roter Tafelwein aus der Emilia Romagna
sardina: kleine Sardine
scaloppa: Schnitzel
– *alla fiorentina:* mit Spinat und weißer Sauce überbacken
– *di vitello:* Kalbsschnitzel
secco: trocken
seppia: Tintenfisch
servizio (non) compreso: Service (nicht) inbegriffen
sfogliatelle: gefülltes Gebäckteil
sogliola: Seezunge
spezzatino: Gulasch
spiedino: Fleischspieß
– *di mare:* Fischspieß
spigola: Seebarsch
spinaci: Spinat
spremuta: frisch gepreßter Fruchtsaft
spumante: prickelnd
di stagione: der Jahreszeit entsprechend
stoccafisso: Stockfisch
stracchino: cremiger, weicher Frischkäse
stracciatella: Consommé mit Ei und Käse; Eis mit Schokostückchen
stracotto, stufato: Schmorbraten
Strega: starker Kräuterlikör
succo: Saft
sugo: Sauce

T

tacchino: Truthahn
tagliatelle: flache Nudeln
tartufo: Trüffel
tè: Tee
– *al limone:* mit Zitrone
tonno: Thunfisch
torrone: Nougat-Art
torta: Kuchen
tortellini: runde Nudeln mit unterschiedlicher Füllung
tostato: getoastet
tramezzino: weiches Sandwich mit unterschiedlicher Füllung
trippa: Kutteln
– *alla romana:* in süßsaurer Sauce gekocht, mit Käse
trota: Forelle
tutto compreso: alles inbegriffen

U

uovo: Ei
– *alla fiorentina:* im Spinatbett gebackenes Ei
– *molla:* weiches Ei
– *sodo:* hart gekochtes Ei
– *strapazzato:* Rührei
uva: Traube

V

Valpolicella: leichter Rotwein vom Gardasee
alla veneziana: mit einer Sauce aus Zwiebeln und Weißwein
verdura: grünes Gemüse
vino: Wein
– *bianco:* Weißwein
– *del paese:* lokaler Wein
– *rosato:* Roséwein
– *rosso:* Rotwein
– *sfuso:* offener Wein
vitello: Kalbfleisch
vongole: kleine Muscheln

Frisch, bunt, knackig – zum Anbeißen (und Kaufen) schön: Früchte auf dem Mercato de' Fiori

Z

zabaglione: Dessert aus Eigelb, Zucker und Marsalawein, warm serviert
zucca: Kürbis
zucchero: Zucker
zuppa: Suppe
– *fredda:* kalte Suppe
– *di fruti di mare:* Suppe mit Meeresfrüchten
– *alla pavese:* Consommé mit Eiern, Croûtons und geriebenem Käse

Römische Mode schreibt sich mit einem großen V. V wie Valentino. Der italienische Topdesigner mit so repräsentativen Kunden wie Sophia Loren ist der Altmeister der römischen »alta moda« schlechthin – und einer der wenigen, der Rom die Treue gehalten hat und nicht nach Mailand abgewandert ist.

In Mailand wird Mode gemacht, in Rom wird Mode präsentiert. Für die großen Messen und aufwendigen Modelauftritte ist die Stadt im Norden zuständig, Rom setzt mit spektakulären Inszenierungen wie den Shows auf der Spanischen Treppe oder im Kapitol nur noch die kleinen, aber feinen Akzente.

Kreative Damenriege

Neben Valentino hält in Rom eine erlesene Damenriege hof: Laura Biagiotti, die Königin der konservativen, eleganten Mode, und die Schwestern Fendi, die über Pelz- und Lederkreationen zur **alta moda** wechselten.

Keine Sorge, Sie bekommen Ihr Versace- oder Krizia-Traumkleid dennoch auch in Rom, denn jeder Modemacher, der etwas auf sich hält, ist mit einem Laden natürlich auch im historischen Zentrum der italienischen Hauptstadt vertreten. Einen gut bestückten Geldbeutel braucht man auch beim Einkauf in der **Via Condotti** mit ihren Nebenstraßen **Via Borgognona**, **Via Bocca di Leone** und in der **Via Veneto**.

Wenn die Designer-Boutiquen Ihren Etat übersteigen – Mode für junge Leute zu erschwinglichen Preisen findet man in der **Via del Corso**, **Via Nazionale**, **Via del Tritone** und **Via Cola di Rienzo**. Modisches aus zweiter Hand gibt es in der **Via del Governo Vecchio**.

Ebenso lohnend kann ein Streifzug durch Trastevere oder das ehemalige Ghetto am Tiberufer sein, wo sich noch kleine traditionelle Läden und Handwerksbetriebe befinden.

Keine Stadt für Schnäppchenjäger

Doch grundsätzlich müssen Sie – leider – davon ausgehen, daß Rom nicht unbedingt die richtige Stadt für günstige Gelegenheitskäufe ist. Gleiches gilt für Kunst und Antiquitäten. Das Angebot ist groß, mitunter erstklassig – aber eben auch teuer.

Rund um die **Via del Babuino** ist die römische Kunstmarktszene mit hochkarätigen Galerien und Ausstellungshäusern, mit traditioneller und avantgardistischer Kunst zu Hause. Die **Via Margutta** ist seit Jahrzehnten eine lohnende Adresse für Kunst- und Antiquitätensammler, die **Via Giulia** steht ihr inzwischen kaum noch nach.

Bücherwürmer sollten auf der **Piazza Borghese** stöbern; in der **Via dei Coronari** können Trödelfans in alten Sachen wühlen und für den

Sonntagvormittag üben, für den großen Flohmarkt an der **Porta Portese** in Trastevere.

Feinschmecker werden sich auf dem **Campo de´ Fiori** wohl fühlen. Jeden Morgen füllt sich die Piazza mit Obst-, Gemüse-, Fisch-, Käse-, Fleisch- und Geflügelständen, Bäckereien und Delikatessenläden runden den Genuß ab. Für den gastronomischen Großeinkauf lohnt vor der Heimfahrt ein Abstecher in die Einkaufscenter vor der Stadt.

Achtung, Preissturz!

Der Römer wartet mit der Neuausstattung seiner Kleiderschränke auf die **saldi**. Im Januar und Februar sowie August und September ist Schlußverkauf angesagt; meist werden dann teilweise auch die teuren Stücke erheblich heruntergesetzt. Zum Auftakt in der ersten Januarwoche bilden sich Schlangen von Kaufinteressierten bis auf den Bürgersteig. Wenn Sie auf der Suche nach einem guten herabgesetzten Stück sind, reihen Sie sich in diese Schlangen ein – die Römer wissen, wo sich das Anstehen lohnt!

Schnäppchen versprechen auch Läden mit der Ankündigung **liquidazione**, Geschäftsaufgabe, während **vendite promozionale** und **sconti** eher unter die Rubrik Bauernfänger-Tricks fallen.

In der Via Condotti müssen sich die meisten Mode-Fans mit Window-Shopping begnügen...

Ruhetag wird abgeschafft

Die Geschäfte sind im Sommer in der Regel Montag bis Freitag 9.30 bis 13.30 und 16.30 bis 19.30, Samstag 9 bis 13 Uhr geöffnet; im Winter Montag 15.30 bis 19.30 Uhr, Dienstag bis Samstag 9.30 bis 13.30 und 15.30 bis 19 Uhr. Wenn Sie für ein verlängertes Wochenende nach Rom kommen, sollten Sie bedenken, daß die meisten Läden Montagvormittag und Sonntag, viele Lebensmittelläden Donnerstag, Samstagnachmittag und Sonntag geschlossen bleiben. Um eben diesem Umstand Rechnung zu tragen, hat die Regierung Rutelli Ende 1994 den Ruhetag freigegeben. Doch da auch der Römer ein Gewohnheitsmensch ist, werden Sie mit den obigen Richtlinien noch recht gut liegen.

Im Zentrum haben schon jetzt einige Läden durchgehend geöffnet, andere halten die Ladentüren bis in den späten Abend oder sogar an Sonntagen offen.

Geschäfte und Märkte sind bei den einzelnen Stadtvierteln im Kapitel »Rom und seine Stadtteile« beschrieben.

Die 10 lohnendsten Läden

Alinari ■ b 3, S. 79
...weil man im ältesten Fotoladen der Stadt die aufregendsten Fotoreproduktionen des alten Rom findet (→ S. 107).

Bulgari ■ b 3, S. 79
...weil man bei sooo schönen Steinen und sooo hohen Preisen sooo große Augen kriegt – und allein schon das Gucken sooo viel Spaß macht (→ S. 116).

Città del Sole ■ b 1, S. 120
...weil das Spielzeugparadies genau so aussehen muß (→ S. 139).

Curiosità e Magia ■ c 1, S. 120
...weil man nur ganz fest an den Zauberring glauben muß (→ S. 303).

Discount dell' Alta Moda ■ a 3, S. 79
...weil man mit ein bißchen Glück Designermodelle zum halben Preis findet – wenn man sich nicht daran stört, daß sie von der vorletzten Saison sind (→ S. 113).

Fausto Santini ■ b 4, S. 79
...weil es hier die gewagtesten Schuhe und die schönsten Schuhverkäufer von ganz Rom gibt (→ S. 116).

Pisoni ■ a 2, S. 120
...weil diese Kerzen und Fackeln seit fast 200 Jahren Roms vornehme Familien »erleuchten« – und den Vatikan (→ S. 138).

Rodriguez ■ b 2, S. 146
...weil eine handgefertigte Sonnenuhr jede Swatch in den Schatten stellt (→ S. 156).

Venanzio Conti ■ b 3, S. 120
...weil der Bäckermeister mit seinem Geheimrezept das beste Brot aus dem Holzofen holt (→ S. 139).

Via dei Cestari ■ c 2, S. 120
...weil sich hier die Kardinäle aus aller Welt mit purpurnen Socken eindecken (→ S. 138).

Rom und seine Stadtteile

Auf dem Ausgrabungsgelände des Forum Romanum ist Phantasie gefragt: Wo die Römer einst aus einem Sumpfgebiet das Zentrum ihres Weltreiches geschaffen hatten, sieht man heute nur noch Ruinen von Tempeln und Triumphbögen

Eines der kostbarsten Monumente der Antike: Die Ara Pacis Augustae galt zu Kaiser Augustus' Zeiten als Symbol des Friedens im Römischen Weltreich. Die figürlichen Reliefs an der Außenseite des Friedensaltars sind von eindrucksvoller Lebendigkeit

Im Palazzo Senatorio am Kapitolsplatz hat der Bürgermeister von Rom eine standesgemäße Residenz gefunden. Die beeindruckende Freitreppe vor dem Renaissancepalast schuf Michelangelo

Ob Sie in Rom dem Kunstrausch oder dem Einkaufswahn verfallen, in Altertum oder Religion schwelgen – eines ist Ihnen in jedem Fall gewiß: buon divertimento, viel Vergnügen!

Rom wurde auf und um die sieben Hügel Palatin, Aventin, Kapitol, Esquilin, Caelius, Quirinal und Viminal erbaut. Diese Hügel umfaßte im 4. Jahrhundert v. Chr. die **Servianische Mauer**. Die **Aurelianische Mauer**, sechs Jahrhunderte später von Kaiser Aurelian errichtet, schloß bereits ein weiteres Gebiet mit ein. Unter Augustus wurde Rom in vierzehn **rioni** (Bezirke) unterteilt, nach der Erhebung Roms zur Hauptstadt stieg ihre Zahl auf 22 an. Doch weder die Hügel noch die Bezirke sind für den Besucher von heute nützliche Orientierungshilfen. Denn die Spanische Treppe kennt sicherlich jeder – aber kaum ein Besucher weiß, daß die schönste aller »Aufstiegsmöglichkeiten« im Bezirk **Campo Marzio** liegt.

Daher habe ich die Stadt für Sie unter anderen Kriterien aufgeteilt: Wenn Rom für Sie Forum Romanum bedeutet, sollten Sie mit dem Kapitel **Das antike Rom** loslegen; wenn Sie es kaum noch erwarten können, bei Bulgari oder Valentino einen Großeinkauf zu starten, sind Sie im **Centro storico** richtig; und wenn Sie nichts so sehr interessiert wie die Sixtinische Kapelle, beginnen Sie am besten mit dem Kapitel **Vatikan**. In ein nicht ganz so bekanntes Stück Rom entführen Sie die Kapitel **Trastevere** und **An den Ufern des Tiber** – und mit **Via Appia Antica** und **Fuori le Mura** schließlich schicke ich Sie an den ehemaligen Stadtrand.

Eine Stadt zwischen Antike und Moderne

Rom hat in seinem Wappen zwar die Wölfin beibehalten und benutzt weiterhin die lateinische Formel S.P.Q.R. (Senatus Populusque Romanus), doch von der alten Pracht ist heute nicht mehr viel übriggeblieben. Die Rolle der Hauptstadt forderte ihren Tribut; Verwaltungsgebäude, Verkehrsmittel und Verkehrswege hatten Vorrang. Überlebt haben Kirchen, Palazzi, Brunnen, Obelisken und Ruinen, die Ihre ständigen Begleiter bei jedem Trip durch die Stadt sein werden.

Zu den weniger erfreulichen Begleiterscheinungen gehören die beliebten Motorroller: Sie tauchen meist schwarmartig auf, düsen über jede Piazza und hüllen den erschöpften Fußgänger in dunkle Abgaswolken. Nicht nur Entzücken wird wohl außerdem die römische Lässigkeit auslösen – etwa dann, wenn in einem Museum wegen »Mancanza Personale« vorübergehend geschlossen ist. Aber schließlich haben Museumswächter auch ein legitimes Recht auf ihren Espresso in der Bar nebenan!

Bringen Sie also für Ihren Rombesuch Zeit mit und viel **pazienza**…

Wer auf der Suche nach schönen Antiquitäten ist, sollte einmal die romantische Via dei Coronari entlangschlendern

DALI E TABACCHI

Das Centro storico, das elegante Barockviertel zwischen Piazza di Spagna, Piazza del Popolo und dem Regierungspalast Chigi, ist das eigentliche Herz von Rom – ein Viertel, das für seine Geschäftsstraßen ebenso bekannt ist wie für seine Geschichte.

Die berümteste von ihnen, die **Via dei Condotti,** verbindet die Piazza di Spagna mit dem Largo Goldoni und dem Corso. Sie verdankt ihren Namen den Wasserleitungen (**condotti**), die Papst Paul III. im 16. Jahrhundert hatte legen lassen.

Top-Design und Edel-Juwelen

Was im italienischen Designer-Olymp Rang und Namen hat, ist in der Via dei Condotti vertreten. Lederkünstler Gucci hat hier sein Stammhaus, ebenso Superdesigner Valentino und Edeljuwelier Bulgari, der hinter kugelsicheren Schaufenstern Schmuck vom Allerfeinsten ausstellt.

Das Centro storico ist das alte Rom in seiner ganzen Pracht: mit Renaissancepalästen, Barockplätzen, Brunnen, verwinkelten Gassen – und den wohl berühmtesten Stufen der Welt, der Spanischen Treppe. Die **Scalinata della Trinità dei Monti** ist ein pompöser Barockaufgang – und mehr oder weniger ein Affront gegen die Franzosen. Denn es war ein französischer Diplomat, der die ersten Gelder zum Treppenbau stiftete. Rund um die Spanische Treppe fühlten sich immer schon Fremde heimischer als die Römer selbst: »The English swarm everywhere... It seemed like a country town in England«, bemerkte 1820 der englische Schriftsteller Henry Matthews.

Das Viertel der Fremden

Das **Antico Caffè Greco** in der Via dei Condotti war bereits kurz nach seiner Gründung im Jahre 1760 Lieblingstreffpunkt berühmter Persönlichkeiten, die nach Rom kamen. Goethe, Wagner, Ibsen – irgendwann einmal haben sie alle ihren Kaffee dort getrunken. Heute lebt das Antico Caffè Greco allerdings nur noch vom Ruhm vergangener Zeiten.

Das Centro storico insgesamt ist ein ausländisches Viertel geblieben. Inmitten der Jugend Europas, die sich auf der Spanischen Treppe trifft, den reisenden Künstlern, die ihre handgefertigten Leder- und Schmuckarbeiten ausstellen, und den Touristen, die die Auslagen der eleganten Geschäfte bewundern, könnte man meinen, es werde kaum noch italienisch gesprochen.

Nicht umsonst begann die römische Stadtverwaltung vor wenigen Jahren gerade hier mit dem längst fälligen Experiment **Fußgängerzone**. Denn das Herz Roms leidet bekanntlich an akuten Rhythmusstörungen, der Verkehr treibt es zum Infarkt; in den engen Gassen stauen sich die Autos – und das, obwohl das Zentrum eigentlich die meiste Zeit für den Verkehr gesperrt ist.

Die Schönheitskur für das Centro storico geht weiter. Nicht genug mit

Fußgängerzone, roten Teppichen vor den Konsum-Tempeln und frischer Blumendekoration an den Fassaden – der nächste Geniestreich wird gerade vorbereitet: Wenn es nach Gianni Battistoni, dem Präsidenten der »Vereinigung Via Condotti«, geht, soll das Centro storico nämlich seinen Hollywood-Boulevard bekommen. Die Namen für den geplanten »Bürgersteig« stehen bereits fest: **Marciapiede Guttuso** und **Marciapiede De Chirico** soll er vom Largo Goldoni bis zur Piazza di Spagna heißen; **Marciapiede Fellini** und **Marciapiede Flaiano** von der Piazza Barberini zur Porta Pinciana. Doch noch tritt man Fellini und Co. nicht mit Füßen…

Die Buchstaben-Zahlen-Kombinationen im Text verweisen auf die Planquadrate dieser Karte.

Die Ewige Stadt und der deutsche Dichterfürst: Goethe in Rom

Johann Wolfgang von Goethe und Rom – das muß wohl Liebe auf den ersten Blick gewesen sein. Bereits am 5. November 1786, nur eine knappe Woche nach seiner Ankunft in Rom, schrieb der deutsche Dichterfürst seine erste Hymne an die Stadt: »…Wenn man so eine Existenz ansieht, die zweitausend Jahre und darüber alt ist, durch den Wechsel der Zeit so mannigfaltig und von Grund aus verändert, und doch noch derselbe Boden, derselbe Berg, ja oft dieselbe Säule und Mauer, und im Volk noch die Spuren des alten Charakters, so wird man Mitgenosse der großen Ratschlüsse des Schicksals… Und dieses Ungeheuere wirkt ganz ruhig auf uns ein, wenn wir in Rom hin und her eilen, um zu den höchsten Gegenständen zu gelangen. Anderer Orten muß man das Bedeutende aufsuchen, hier werden wir davon überdrängt und überfüllt. Wie man geht und steht, zeigt sich ein landschaftliches Bild aller Art und Weise, Paläste und Ruinen, Gärten und Wildnis, Fernen und Engen, Häuschen, Ställe, Triumphbögen und Säulen, oft alles zusammen so nah, daß es auf ein Zeichenbrett gebracht werden könnte. Man müßte mit tausend Griffeln schreiben, was soll hier eine Feder!«

Der damals knapp 40-jährige Goethe lebte vom 29. Oktober 1786 bis zum 22. Februar 1787 und vom 7. Juni 1787 bis zum 23. April 1788, insgesamt also fast fünfzehn Monate, in Rom. Alle Eindrücke und Momentaufnahmen des Italienaufenthaltes hat Goethe in seiner autobiographischen Beschreibung »Italienische Reise« festgehalten.

Im Antico Caffè Greco, in der Via Condotti, trank Goethe Kaffee, flirtete mit den schönen Römerinnen oder plauderte mit der »guten Angelika« (der Schweizer Malerin Angelika Kauffmann).

Vom Fenster seiner Wohnung in der Via del Corso Nr. 18 sah er dem römischen Karnevalstreiben zu – und machte sich darüber so seine eigenen Gedanken: »…Wenn uns während des Laufs dieser Torheiten der rohe Pulcinell ungebührlich an die Freuden der

Rom extra

Im Herzen ein Römer: Nach seinem Aufenthalt in der Ewigen Stadt wurde Goethe »nie wieder froh«

Liebe erinnert, denen wir unser Dasein zu verdanken haben, wenn ein Baudo auf öffentlichem Platze die Geheimnisse der Gebärerin entweiht, wenn so viele nächtlich angezündete Kerzen uns an die letzte Feierlichkeit erinnern, so werden wir mitten unter dem Unsinne auf die wichtigsten Szenen unseres Lebens aufmerksam gemacht. Noch mehr erinnert uns die schmale lange, gedrängt volle Straße an die Wege des Weltlebens, wo jeder Zuschauer und Teilnehmer mit freiem Gesicht oder unter der Maske mehr geschoben wird als geht, mehr aufgehalten wird als willig stille steht, nur eifriger dahin zu gelangen sucht, wo es besser und froher zugeht, und dann auch da wieder in die Enge kommt und zuletzt verdrängt wird.« In den fünfzehn römischen Monaten hat sich zwischen dem Germanen und der mediterranen Stadt offenbar eine tiefe Beziehung entwickelt, denn 1828 diktierte Goethe seine vielzitierten Worte: »Ich kann sagen, daß ich nur in Rom empfunden habe, was eigentlich ein Mensch sei. Zu dieser Höhe, zu diesem Glück der Empfindung bin ich später nie wieder gekommen, ich bin, mit meinem Zustand in Rom verglichen, eigentlich nachher nie wieder froh geworden.«

Auch Rom hat seinen berühmten Gast nicht vergessen; eine Tafel in der Hauptstraße Via del Corso Nr. 18 und ein kleines Museum in diesem Palazzo – zur Zeit leider geschlossen – erinnern noch heute an ihn.

Spaziergang

Dies ist ein Spaziergang, der mit einer »Sitzung« beginnt: auf der berühmten Spanischen Treppe an der **Piazza di Spagna** (→ Die 10 aufregendsten Plätze, S. 184/185) natürlich, dem Treffpunkt von **papagalli** und **paparazzi**, Touristen, Globetrottern und Vorstadtcasanovas – ein Ritual, das einfach zu jedem Rombesuch gehört, auch wenn die kunstliebenden Römer diese Angewohnheit mit Mißfallen betrachten. Vittorio Sgarbi, ein römischer Abgeordneter, schlug kürzlich gar vor, das Sitzen auf der Treppe gänzlich zu verbieten, ein zweiter machte sich für einen 15-Minuten-Takt stark – Spanische Treppe mit Stechuhr sozusagen...

Haben Sie Ihre Zeit abgesessen? Dann folgt jetzt der Aufstieg zur **Chiesa della Trinità dei Monti**. Rechter Hand kämen Sie zu Roms Top-Hotel Hassler-Villa Medici, dessen Direktor kürzlich zum besten Hotelmanager der Welt gekürt wurde.

Ein Park zum Wohlfühlen

Gehen Sie links weiter die Viale della Trinità dei Monti entlang und anschließend die Treppen hinauf zur Viale Belvedere. Sie betreten den Park der **Villa Borghese**, die beliebteste und abwechslungsreichste Grünanlage der Stadt. »Das Gesetz, sich wohl zu fühlen, soll das einzige Gesetz in Villa und Garten sein« – mit dieser Inschrift werden seit jeher die Besucher begrüßt.

Auf 78 Hektar gibt es hier Natur und Kunst satt: die Villa mit der berühmten Galerie, die **Villa Giulia** mit dem **Museo Nazionale d'Arte Etrusco**, dann das **Museo Nazionale d'Arte Moderna** und im Norden der **Zoologische Garten**.

Flirten im 15-Minuten-Takt? Römische Abgeordnete wollen den »Sitzungen« auf der Spanischen Treppe Grenzen setzen...

Außerdem finden Sie in der Gartenanlage viele kleine Tempel und Seen, Marmorstatuen, schattenspendende Schirmpinien und eine prachtvolle Wasseruhr, die tatsächlich noch funktioniert. In dem kleinen Häuschen nahe dem Eingang werden Fahrräder vermietet. Die prachtvolle Villa vor Ihnen ist übrigens die **Casina Valadier**, ein berühmtes Gartencafé mit Aussicht und meist mit Starbesetzung – wenn es gerade mal geöffnet ist.

Empfangshalle für Nordlichter

Von der **Piazzale Belvedere** auf dem **Pincio** genießen Sie einen der schönsten Blicke auf Rom, immer dominiert von Michelangelos Kuppel. Zu Ihren Füßen liegt die **Piazza del Popolo** (→ Die 10 aufregendsten Plätze, S. 184/185) – und genau dorthin führt Sie nun der Abstieg vom Pincio (→ Die 10 schönsten An- und Ausblicke, S. 212/213). Die Piazza war immer schon gewissermaßen die Empfangshalle für Nordlichter: »Nur unter der Piazza del Popolo war ich mir gewiß, Rom zu haben« – wie alle Besucher von jenseits der Alpen betrat auch Johann Wolfgang von Goethe die Ewige Stadt durch die **Porta del Popolo**, deren Außenseite im 16. Jahrhundert nach einem Entwurf von Michelangelo gestaltet wurde.

Ein Obelisk für Trendsetter

Als Ägypten im Jahr 31 v. Chr. Teil des Römischen Reiches wurde, waren Obelisken der letzte Schrei: Wer nach Ägypten reiste, brachte sich einen als Souvenir mit nach Hause. Den Obelisken auf der Piazza hatte Kaiser Augustus im Gepäck; 1585 ließ Papst Sixtus V. ihn auf der Piazza del Popolo aufstellen. Bei einem Aperitif im Rosati, einem der großen Traditionscafés von Rom, können Sie den Gesamteindruck der Piazza so richtig auf sich wirken lassen. Die **Via del Corso** bringt Sie anschließend wieder zurück in die Stadt. Die Straße verdankt ihren Namen den Pferderennen, die Papst Paul II. im 15. Jahrhundert zur Belebung der Straße veranstalten ließ. Heute muß den Pferdestärken dagegen Einhalt geboten werden; der Corso darf nur mit Sondergenehmigung befahren werden. Und dennoch ist er immer verstopft – irgendwie muß es da einen Sonderweg geben, um an die Sondergenehmigung zu kommen...

In dieser lebhaften Straße läßt sich's leben – das dachte sich wohl auch Goethe, der von 1786 bis 1788 im zweiten Stock des Hauses auf Nummer 18 zur Untermiete wohnte. 1990 erwarb eine deutsche Kulturinitiative Goethes Wohnung und richtete das **Museo di Goethe** darin ein.

Augustus und Mussolini

Eine Abzweigung über den **Largo dei Lombardi**, und Sie kommen zur **Via di Ripetta** und zur **Piazza Augusto Imperatore**. Dort sehen Sie das **Augustus-Mausoleum** beziehungsweise die Reste, die in den dreißiger Jahren freigelegt wurden, sowie die **Ara Pacis Augustae**, den Altar des Augusteischen Friedens – seit 1938 wird er durch eine gläserne Ummantelung geschützt.

Die Pizzeria **La Capricciosa**, Largo dei Lombardi 8, hat eine Gedenkminute verdient: Hier wurde zur kulinarischen Freude aller Feinschmecker die Pizza Capricciosa – wörtlich übersetzt »die launische

Kunst-Stücke im Verborgenen: Im Hinterhof der Via del Corso 525 gibt es Überraschendes zu entdecken

Pizza« – erfunden; ein Fladen, belegt mit Tomatensauce, Mozzarella und diversen anderen köstlichen Zutaten, gekrönt von einem Ei.

Das **Augustus-Mausoleum** aus dem Jahr 28 v. Chr. ist das bedeutendste antike Gebäude auf dem **Campo Marzio**, wie dieses Viertel auch heißt. Benannt ist es nach dem Kriegsgott Mars – und das, obwohl die alten Römer hier anfangs nur ihre Schafe hüteten.

Gehen Sie die Via di Ripetta weiter, biegen Sie dann in die **Via Fontanella di Borghese** ein, die zur gleichnamigen Piazza führt: Der prächtige **Palazzo Borghese** wird wegen seiner ungewöhnlichen Form von den Römern **Cembalo** genannt. Auf der Piazza findet jeden Tag ein Büchermarkt statt. Gegenüber dem Palast befand sich übrigens bis ins 19. Jahrhundert der Tiberhafen Ripetta, der später der Begradigung des Flußufers weichen mußte.

Weiter entlang der Via Fontanella di Borghese kommen Sie zurück zur Via del Corso. Jetzt steht, gleich um die Ecke in der Prachtstraße **Via Condotti**, eine Kaffeepause im Stammlokal von Goethe an. Das **Antico Caffè Greco**, das älteste Kaffeehaus der Stadt, ist sozusagen eine kulturelle Institution: Im Laufe von zwei Jahrhunderten ist hier wohl fast jede historische Persönlichkeit eingekehrt – wenn Kaffeetassen erzählen könnten...

Anschließend ist Shopping – oder zumindest Window-Shopping – angesagt, denn Sie befinden sich im besten und teuersten Einkaufsviertel von Rom. An der legendären **Via Condotti** reiht sich ein Top-Laden an den anderen, die **Via Borgognona** steht dem in nichts nach.

Dolce-Vita-Straße Via Veneto

Nun begleite ich Sie noch zur zweiten Prachtstraße der Stadt, der **Via Vittorio Veneto**. Dazu steigen Sie erneut die Spanische Treppe hinauf und biegen nach rechts ab. Über die Via Sistina kommen Sie zur **Piazza Barberini** mit ihren prachtvollen Brunnen. Und gleich an der Piazza beginnt auch die legendäre Via Veneto, die bis zur **Porta Pinciana** hinaufführt.

Das »süße Leben« hat hier Tradition: Im antiken Rom befand sich rund um die heutige Via Veneto ein schönes Viertel mit Gärten und Weinbergen, in dem sich auch die Villa des römischen Schriftstellers Lucullus (110 bis 34 v. Chr.) befand, der bekanntermaßen bevorzugt ausschweifende Gelage beschrieben hat.

Federico Fellini, bedeutender Künstler etwas jüngeren Datums, setzte der Straße in seinem berühmten Film »La Dolce Vita« (1960) ein Denkmal. Im Januar 1995 wurde er selbst hier verewigt: Bürgermeister Francesco Rutelli enthüllte an Fellinis 75. Geburtstag in der Via Veneto gegenüber dem Hotel Excelsior eine Ehrentafel.

Dauer: etwa 2 Stunden

Sehenswertes

Ara Pacis Augustae ■ a 3, S. 79

1568 tauchten bei Arbeiten in der Via del Corso einige Reliefplatten auf. Nicht ahnend, daß sie Teile des Altars des Augusteischen Friedens sein könnten, wurden sie zersägt und verkauft. Erst eine weitere Reliefplatte, die im 19. Jahrhundert gefunden wurde, identifizierten Archäologen als Teil des sagenhaften Altars. Unter dem heutigen Palazzo Almagià begann man mit der systematischen Suche und brachte bis 1938 die restlichen Stücke ans Tageslicht. Seit diesem Jahr steht der rekonstruierte Altar, eines der kostbarsten Monumente der Antike, in einem von Mussolini in Auftrag gegebenen Glashaus, das das Kunstwerk vor den Abgasen schützen soll. Die großartigen Reliefdarstellungen an der Außenseite vereinigen unterschiedliche Motive aus der Mythologie und dem Zeitgeschehen. Die Ara Pacis Augustae ist ein Monument des Friedens; der Altar wurde zu Ehren von Kaiser Augustus errichtet, der dem Römischen Reich inneren und äußeren Frieden gebracht hatte. Die beiden Außenseiten zeigen die Parade am 4. Juli 43 v. Chr., die zu Ehren von Augustus´ Heimkehr nach seinen erfolgreichen Feldzügen abgehalten wurde. Es lohnt ein genauer Blick auf die abgebildeten Szenen: das Schaf, das friedlich weidet, die wunderbar ausgearbeiteten Blumen – alles ist höchst realistisch dargestellt und zeigt die damalige römische Kunst in Perfektion.

Via Ripetta
Bus: 70, 81, 87
Tgl. außer So und Mo 9–13.30, Di und Do auch 17–20 Uhr
Eintritt 3750 Lire

Chiesa della Trinità dei Monti
■ b 3, S. 79
Im Hintergrund der Spanischen Treppe thront majestätisch die Kirche Trinità dei Monti, mit deren Bau Anfang des 16. Jahrhunderts unter dem französischen König Ludwig XII. begonnen wurde. Fertiggestellt wurde das Gotteshaus 1584. Die Fassade und die beiden charakteristischen Glockentürme werden Giacomo della Porta zugeschrieben, die Treppe mit doppelter Rampe, antiken Kapitellen und Flachreliefs stammt von Domenico Fontana. Die Verzierung des einschiffigen Innenraums läßt die Schule Raffaels und Michelangelos erkennen. Über dem Portal befindet sich ein marmornes Wappen mit den Insignien des Königs von Frankreich.
Piazza di Spagna
Tgl. 9–12 und 16–18 Uhr
Metro: Spagna

Fontana delle Api ■ c 4, S. 79
An der Ecke Piazza Barberini und Via Veneto steht die reizende Fontana delle Api (1644) von Gian Lorenzo Bernini. Hier gesellen sich zu der für Bernini typischen Muschelform drei gigantische Bienen, die an den Bekkenrand krabbeln. Bienen waren die Wappentiere von Papst Urban VIII. aus dem Barberini-Geschlecht. Er war ein begeisterter Schutzpatron der Insekten, und die kleinen Tiere – einige sogar mit päpstlicher Tiara und Schlüssel von St. Peter gekrönt – erschienen bald als eine Art Signatur auf fast allen religiösen und weltlichen Bauwerken, die er stiftete.
Im 17. Jahrhundert, als das Barberini-Geschlecht in Rom den Höhepunkt seiner Macht ansteuerte, soll die Stadt der Legende nach von einem Bienenschwarm überfallen worden sein. So erklärte man sich jedenfalls, warum die Florentiner Familie gerade Bienen als Symbol wählte.
Piazza Barberini
Metro: Barberini

Fontana della Barcaccia
■ b 3, S. 79
Ein ovales Becken, in welchem ein Marmorboot mit gleichem Bug und Heck zu sinken droht – der »alte Kahn« (**la barca**) auf der Piazza di Spagna wurde 1627 von Pietro Bernini geschaffen, dem Architekten der Rohrleitung Aqua Vergine, die heute noch den Brunnen versorgt. Das Brunnenmotiv ist eng mit dem Viertel verbunden; im Altertum fanden hier einige höchst spektakuläre Bootsschlachten statt. Auf der Außenseite des Kahns sind die Wappen von Papst Urban VIII. angebracht.
Piazza di Spagna
Metro: Spagna

Fontana della Palla di Cannone
■ b 3, S. 79
Als Königin Christina von Schweden einmal besonders ausgelassener Stimmung war, feuerte sie mit einer Kanone aus der Engelsburg in Richtung Villa Medici, wo ihr Geliebter sich aufhielt. Es gab gottlob keine Toten oder Verletzten, doch die Kanonenkugel wurde aufbewahrt. Soweit die Legende. Den achteckigen Brunnen in der Viale Trinità dei Monti mit der Kanonenkugel, die in einer Granitschale liegt, ließ 1588 Kardinal Ferdinando Medici anlegen.
Viale Trinità dei Monti
Metro: Spagna

Fontana del Tritone ■ c 4, S. 79
Eines der berühmtesten und frühesten Werke von Bernini ist die Fontana del Tritone (1637) auf der Piazza Barberini. Der Brunnen zeigt einen Halbgott, der auf zwei von Delphinen gezogenen Muscheln steht und in ein Horn bläst.
Piazza Barberini
Metro: Barberini

Giardino Zoologico ■ c 1, S. 79
Affen, Giraffen, Antilopen, Seehunde und gefräßige Elefanten; Rom hat eine – noch – relativ kleine, nicht besonders attraktive Zoo-Anlage. Die Kinder haben dennoch ihre Freude an den Tieren. Die Tage der Gitterkäfige sind übrigens gezählt: Für den Umbau des Zoos wurden 2,5 Milliarden Lire bereitgestellt, denn innerhalb der nächsten fünf Jahre soll aus dem Zoo ein »Bioparco« werden, wo man die Tiere in freier Wildbahn beobachten kann. Angeschlossen ist dem Giardino Zoologico das **Städtische Museum für Zoologie**, das unter anderem eine Sammlung von Reptilien, Amphibien und Fischen zeigt (gleiche Eintrittskarte).
Viale Belle Arti (Teil der Villa Borghese)
Tram: 196, 306
Giardino Zoologico: tgl. 8–18.15 (Sommer), 8–17 Uhr (Winter); 1. Mai geschl.
Museum: tgl. 9–13 und 14.30–17 Uhr
Eintritt 10 000 Lire, frei für Kinder unter 1,30 m Körpergröße sowie für Senioren über 60 Jahre

Mausoleo di Augusto ■ a 3, S. 79
Kaiser Augustus befahl den Bau seines Grabmals im Jahr 29 v. Chr., als er von der Eroberung Ägyptens zurückkehrte; als Vorbild diente ihm der runde Grabhügel Alexander des Großen.

Um Vorwürfen zu begegnen, er verschwende öffentliche Gelder, ließ Augustus das Grabmal auf eigene Kosten auf seinem Privatgrund errichten. Ein weiser Entschluß, denn immerhin stand es da wie eine riesige Geburtstagstorte, gekrönt mit einer vergoldeten Augustus-Statue in 44 Meter Höhe.

Die Reste des Augustus-Mausoleums ließ Diktator Mussolini von 1936 bis 1938 freilegen, um darin einst seine eigene Asche begraben zu lassen. Statt in Rom im Augustus-Mausoleum endete der Diktator freilich erschossen und erhängt in Mailand.

Begräbnisstätten hatten in der Antike übrigens keineswegs so traurige Bedeutung wie heute. Damals traf man sich jedes Jahr am Geburtstag sowie am Todestag des Verstorbenen und veranstaltete ein Fest. Das Augustus-Mausoleum muß einige dieser Feste gesehen haben, denn dort liegen wenigstens sechs Kaiser begraben – darunter auch Augustus' designierter Nachfolger Marcellus, der bereits in jungen Jahren starb. (Das Mausoleum wurde kürzlich renoviert; erkundigen Sie sich beim Hotelportier oder im EPT-Büro nach dem neuesten Stand der Öffnungszeiten.)
Via di Ripetta
Metro: Spagna; Bus: 119

NUOVA PIANTA DI
ROMA
NUOVA PIANTA DI

Obelisco Flaminio ■ a 2, S. 79
In der Mitte der Piazza del Popolo prangt Roms zweitältester Obelisk. Er stand ursprünglich (1232–1200 v. Chr.) vor dem Sonnentempel in Eliopolis und war von Kaiser Augustus nach Rom gebracht worden. 1589 ließ ihn Papst Sixtus V. vom Circus Maximus auf die Piazza del Popolo transportieren. Papst Leo XII. beauftragte 1823 den Baumeister Giuseppe Valadier damit, die Basis mit vier Becken und vier Marmorlöwen zu verschönern.
Piazza del Popolo
Metro: Flaminio

Palazzo Barberini ■ c 4, S. 79
Als Maffei Barberini im Jahre 1623 Papst Urban VIII. wurde, beauftragte er Roms beste Barockarchitekten, für seine Familie einen repräsentativen Palast zu errichten. Carlo Maderno, Gianorenzo Bernini und Francesco Borromini arbeiteten an dem imposanten päpstlichen Wohnsitz von 1625 bis 1633.

Im Palazzo ist heute die Galleria Nazionale d'Arte Antica (→ S. 96) untergebracht.
Via delle Quattro Fontane 13
Di, Do und Sa 9–19, Mi und Fr 9–14, So 9–13 Uhr; Mo geschl.
Eintritt 8000 Lire
Metro: Barberini

Majestät im Hintergrund: Im Trubel der Spanischen Treppe übersieht mancher die doppeltürmige Kirche Trinità dei Monti

Palazzo Borghese ■ a 4, S. 79
Mit dem Bau des riesigen Palastes wurde 1560 unter Monsignore Tommaso del Giglio begonnen; er gehörte dann einem spanischen Kardinal, und schließlich kaufte ihn Kardinal Camillo Borghese. Als dieser 1605 zum Papst Paul V. berufen wurde, schenkte er den Palast seinen Brüdern. Der Baumeister Carlo Rainaldi verpaßte dem Bau schließlich den letzten Schliff. Wegen seines ungewöhnlichen Grundrisses wird der Palazzo auch »Cembalo« genannt – die Schmalseite zur Via Ripetta hin bildet gewissermaßen die Tastatur.

Im Inneren verbirgt sich ein wunderbarer Hof mit antiken Statuen, darunter die »Bad der Venus« genannte Nymphengrotte, die mit drei Brunnen geschmückt ist.

Im unteren Stockwerk war die Kunstsammlung der Familie Borghese untergebracht, die heute in der Villa Borghese (→ S. 94) zu besichtigen ist.
Largo Fontanella Borghese 19
Metro: Spagna
Derzeit ist nur der Hof zu besichtigen

Palazzo Ruspoli ■ a 4, S. 79
In diesem Palast aus dem 16. Jahrhundert suchte nach der Niederlage Napoleons 1825 die ehemalige holländische Königin Hortense de Beauharnais Zuflucht. Unter ihrer Regie wurde der Palazzo zu einem stadtbekannten Salon, wo sich die römische Gesellschaft vergnügte, bis Hortense des päpstlichen Rom verwiesen wurde. Im übrigen haben die Römer augenscheinlich noch immer ein ganz besonderes Verhältnis zu Ägypten – auch nach den Zeiten des Obelisken-Transportes: Im Palazzo Ruspoli wurde Ende 1994 eine Nofretete-Ausstellung eröffnet – die Römer stan-

Rino Barillari – der König der Paparazzi

Er ist nicht auf der Jagd nach künstlerisch wertvollen Fotos – er will Schnappschüsse. Je peinlicher die Situation, desto lieber. Rino Barillari ist der **re dei paparazzi**, der ungekrönte König der Pressefotografen, der Dokumentarist des **dolce vita**.

Rino geht am liebsten nachts auf die Pirsch; wenn sich die Prominenz, nichts Böses ahnend, im römischen Nightlife vergnügt, dann schlägt er mit seiner Kamera zu – und steckt dafür auch mal was ein. Der 49jährige hat bereits allerhand Volltreffer gelandet: Liz Taylor schüttete ihm ein Glas Champagner ins Gesicht, Ava Gardners Stöckelschuh traf ihn an seiner empfindlichsten Stelle, von einem betrunkenen Peter O'Toole bezog er Prügel, von Marlon Brando ebenso. Er erwischte Margaret von England mit Mario d'Urso im Nightclub »Jackie O.« und handelte sich von ihrem Galan zwei Ohrfeigen ein. Barbara Streisand lichtete er bei einem Einkaufsbummel in der Via Condotti ab – und erntete wieder mal Prügel.

Von Frank Sinatras Bodyguards mußte er dagegen »nur« handfeste Drohungen einstecken, die »Gorillas« von Claudia Schiffer kühlten ihn mit Eiswürfeln ab, als er das deutsche Top-Model beim Mittagessen im »Bolognese« ablichten wollte. Aber seine Fotos, die hatte er immer im Kasten.

Sein Trick ist simpel, denn der Starfotograf setzt einfach auf den Überraschungseffekt: »Abdrücken, noch bevor das Opfer weiß, was geschieht.« Nach dem Schnappschuß heißt es, sofort den Film aus der Kamera ziehen und in die Tasche stecken – wo natürlich ein weiterer, leerer Film wartet; für den Fall, daß er dem Opfer seine »Beute« aushändigen muß.

Rino Barillari kam vor vierzehn Jahren mit 20 000 Lire in der Tasche aus Kalabrien nach Rom. »Rom kam mir damals vor wie Amerika«, erzählt der Fotoreporter, der heute für die linksliberale römische Tageszeitung »Il Messaggero« arbeitet. Er schuftete in der ersten Zeit als Tellerwäscher in einer Bar und besuchte nebenbei einen Fotokurs, den er allerdings bereits nach kürzester Zeit hinwarf. Das richtige Fotografieren, erzählt er, brachten ihm die »fliegenden

Voll erwischt: Irgendwie kriegt der Starfotograf des »Messaggero« (fast) jeden Promi vor die Linse

Fotografen« am Trevi-Brunnen bei, die ihn ohne viel Aufhebens mit einer Kamera losschickten.

Rino kennt denn auch bis heute keine Skrupel, ist mit Leib und Seele bei der Arbeit und 24 Stunden im Einsatz; wenn es schnell gehen muß, zieht er mit seiner Nikon sogar im Pyjama los: Anziehen kostet nur unnötig Zeit. Sein Wahlspruch lautet: »La guerra e guerra« – Krieg ist Krieg. Und in der Tat sind auf seinen Fotos mehr Prominente mit eindeutigen Drohgebärden als mit strahlendem Lächeln zu sehen.

Die Bilanz seiner Karriere: Jede Menge Ohrfeigen, über 60 ruinierte Fotoapparate, rund ein Dutzend Krankenhausaufenthalte, 170 ambulante medizinische Behandlungen – das ist die negative Seite; 250 Auszeichnungen und kaum einen Prominenten, den Rino während dessen Romaufenthalt nicht vor der Linse gehabt hätte – das ist die positive Seite.

Zwei Fotos allerdings gibt es, die Rino unbedingt noch schießen möchte: Silvio Berlusconi beim Jogging – und den Papst in den Bergen, mit Stock und Hut vor einem Baum, einem nur allzu menschlichen Bedürfnis nachgehend. Für das Berlusconi-Foto hat er noch Hoffnung, den Papst allerdings – wenn ihm dieser Schnappschuß eines Tages gelänge, so gelobt er, dann werde er Priester.

Und so wird Rino Barillari der Prominenz wohl noch einige Zeit erhalten bleiben…

den noch Monate nach der Eröffnung geduldig Schlange bis zur nächsten Straßenecke. (Die durchschnittliche Wartezeit betrug etwa drei Stunden.) Versuchen Sie Ihr Glück, die Ausstellung wurde wegen des großen Erfolges verlängert. Doch auch alle anderen Austellungen im Palazzo sind einen Besuch wert.
Via del Corso 418
Tgl. 10–20 Uhr
Eintritt 1000 Lire
Metro: Spagna; Bus: 81, 90

Santa Maria dei Miracoli und Santa Maria in Montesanto

■ a 2, S. 79

Die beiden Gotteshäuser sollten als »Bühnenhintergrund« die Pilger begrüßen, die über die Piazza del Popolo Rom betraten. Obwohl zwei Grundstücke unterschiedlicher Ausdehnung zur Verfügung standen, mußten die darauf geplanten Kirchen genau gleich aussehen – eine Aufgabe, die Carlo Rainaldi um 1665 zu lösen hatte. Santa Maria in Montesanto wurde 1671 bis 1675 von Bernini fertiggestellt; Santa Maria dei Miracoli gab Carlo Fontana von 1677 bis 1679 ihr endgültiges Aussehen. Daß die Zwillingskirchen nicht gleich groß sind, fällt nur am Außenbau bei den Kuppeln auf: Die Kuppel von Santa Maria in Montesanto ist zwölf-, jene von Santa Maria dei Miracoli achteckig.
Piazza del Popolo
Tgl. 8–12 und 16–19 Uhr
Metro: Flaminio

Santa Maria del Popolo

■ a 2, S. 79

Um die bösen Geister von Kaiser Nero zu verscheuchen, wurde 1099 ein Gotteshaus über dem vermutlichen Grab des verhaßten Kaisers errichtet. 1477, unter Papst Sixtus IV.,

Spottverse für die Mächtigen: Bis heute nutzen die Römer ihre »sprechenden Statuen«, um Kritik zu äußern

rekonstruierte man die Kirche. Einige der größten Künstler der Renaissance waren daran beteiligt: etwa Bramante, der die Apsis verlängerte, und Raffael, der mit dem Wiederaufbau der zweiten Kapelle im linken Schiff beauftragt war.

Im Inneren befinden sich Denkmäler, Statuen und wunderschöne Fresken von Pinturicchio (im Gewölbe des Chorhauses) und von Caravaggio (in der linken Querhauskapelle).

Begraben liegen hier der große Kunstmäzen Agostino Chigi sowie die Kurtisane von Papst Alexander VI., Vanozza Cattanei. Sie war die Mutter der mörderischen Geschwister Cesare und Lucrezia Borgia.
Piazza del Popolo
Tgl. 7–12 und 16–19 Uhr
Metro: Flaminio

Erbaut, um das Volk vom bösen Geist des Tyrannen Nero zu befreien: Santa Maria del Popolo

Scalinata di Spagna ■ b3, S. 79
Bis zum 17. Jahrhundert war die Fläche, auf der sich heute die berühmteste Treppe der Welt erhebt, ein von Gestrüpp überwucherter Abhang. Zwei enge Fußwege verbanden die französische Kirche **Trinità dei Monti** mit dem Spanischen Platz. Wegen des extremen Höhenunterschiedes war es unmöglich, eine befahrbare Straße zu bauen – es blieb nur eine Treppe. 1660 spendete ein französischer Diplomat eine beträchtliche Summe für den Treppenbau, doch erst etwa 50 Jahre später entschied Papst Clemens XI., die Spende anzunehmen und den Bau zu veranlassen. Mit einem Entwurf von Francesco de Santis machte man sich ans Werk, 1726 wurde das barocke Meisterstück fertig. Als Symbol für die beiden Staaten sind neben dem Wappen von Papst Innozenz auch die französischen Lilien an der Treppe zu sehen.
Piazza di Spagna
Metro: Spagna

Via del Babuino ■ a 3/b 3, S. 79
Papst Clemens VII. weihte die Straße 1525 ein. Ihren Namen erhielt sie von einer Silenius-Statue, die man in einem derart häßlichen Zustand aufgefunden hatte, daß sie von den Römern mit einem **babuino**, einem Pavian, verglichen wurde. Heute befindet sie sich neben dem Brunnen an der Ecke bei der Kirche Sonatanasio.

Solche Statuen nutzten die Römer früher, um Kritik und Spott an der Obrigkeit loszuwerden: Sie schrieben sich ihren Unmut von der Seele und steckten den Zettel einfach an die Figuren, die man daher auch »sprechende Statuen« nannte.
Metro: Spagna; Bus: 119

Villa Borghese ■ b 2/c 2, S. 79
Roms größter öffentlicher Park ist nicht nur eine Grünoase in der Großstadt mit Museen und einer Kunstgalerie, sondern viel mehr noch eine kuriose Mischung aus Natur und vielen kleinen Kostbarkeiten, die man bei einem Bummel durch den Park entdecken kann: Man nehme also eine romantische Seenlandschaft und einen prachtvollen Blumengarten, schmücke sie mit Imitationen antiker Statuen sowie mit einem mittelalterlichen Schloß, einem **Tempel von Antonius und Faustina** aus dem späten 18. Jahrhundert, einem **Seepferdbrunnen**, einem **Dianatempel** und der **Casina dell'Orologio**, einem »Uhrenhäuschen«. Man gestalte ferner eine schöne Piazza – die **Piazza di Siena** (→ Die 10 aufregendsten Plätze, S. 184/185), benannt nach der Geburtsstadt der Familie Borghese und berühmt für ihre Reitveranstaltungen – und kröne diese Schöpfung schließlich mit dem

In den Gärten der Villa Borghese kann man herrlich relaxen – aber das wissen eigentlich nur die Römer…

Giardino del Lago, einem See, dessen Wasser die Säulen eines kleinen **Äskulaptempels** reflektiert – und fertig ist das grüne Kunstwerk im Herzen Roms! Entstanden ist dieser Park im 17. Jahrhundert: Um seine wunderbare antike Skulpturensammlung auszustellen, benötigte Kardinal Scipione Borghese, ein Neffe von Papst Paul V., einen angemessenen Ort. Also wurde vor den Toren der antiken Stadtmauern eine Villa mit großem Park für ihn angelegt. Sein Erbe Camillo Borghese, verheiratet mit Napoleons Schwester Pauline, verkaufte einen Großteil der prachtvollen Kunstsammlung an seinen Schwager, einen weiteren Teil tauschte er gegen ein Landgut in Norditalien ein. Heute ist im Palast die **Galleria Borghese** untergebracht.
Haupteingang an der Piazza del Popolo
Metro: Spagna

Villa Giulia ■ a 1, S. 79
Papst Julius III. war ein lebenslustiger Mensch, der Spiele und Gastmahle liebte – eine Geisteshaltung, die auch die schöne Sommerresidenz des Papstes aus dem 16. Jahrhundert widerspiegelt. Besonders sehenswert sind der Innenhof und das Nymphäum. Die Gärten ließ er mit Hunderten von Statuen prachtvoll schmücken, welche leider von weniger kunstsinnigen Päpsten wieder entfernt wurden. In der Villa ist das **Museo Nazionale Etrusco** (→ S. 100) untergebracht.
Piazzale di Villa Giulia 9
Tram: 19 b, 30 b
Tgl. außer Mo 9–14, Mi 9–19, So und Fei 9–13 Uhr
Eintritt 8000 Lire

Villa Medici ■ b 3, S. 79
Wo sich einst der Garten von Roms Schlemmerpoet Lucullus erstreckte, ließ sich Kardinal Ricci di Montepulciano 1570 eine Renaissancevilla errichten. 1576 ging die Villa in den Besitz von Ferdinando dei Medici über. 1666 beauftragte Ludwig XIV. seinen Minister Colbert mit der Gründung einer Kunstakademie, welche 1803 von Napoleon in die Villa Medici verlegt wurde. Noch heute wählt das Kultusministerium jährlich 25 junge Künstler aus, die ein Jahr lang hier ausgebildet werden.

Die Villa Medici kann nur während öffentlicher Ausstellungen besichtigt werden.
Viale Trinità dei Monti
Metro: Spagna

Museen und Galerien

Galleria dell' Accademia Nazionale di Santa Luca ■ b 4, S. 79
Die Gemäldegalerie hat sich auf Werke von Mitgliedern der Römischen Künstlerakademie spezialisiert, darunter etliche von Raffael und Tizian. In Saal drei befinden sich zwei Gemälde von Goethe-Freundin Angelika Kauffmann: ein Selbstporträt der Malerin sowie eine Kopie ihres Porträts nach Joshua Reynolds.
Piazza dell'Accademia di S. Luca 77
Bus: 56, 58, 61
Mo, Mi, Fr u. letzter So im Monat 10–13 Uhr; Juli und Aug. geschl.

Galleria Borghese ■ c 2, S. 79
Die Galleria Borghese beherbergt einen Teil der Kunstsammlung von Kardinal Scipione Borghese, einem bedeutenden Kunstsammler seiner Zeit. Im oberen Stockwerk sind Gemälde aus dem Borghese-Palazzo – unter anderem von Raffael, Botti-

celli, Caravaggio – zu besichtigen sowie zwei Porträts des Kardinals, ausgeführt von Gian Lorenzo Bernini höchstpersönlich, den der Kardinal entdeckt haben soll. Im unteren Stockwerk befindet sich die Skulpturensammlung mit bedeutenden Frühwerken von Bernini, zum Beispiel »Apoll und Daphne« und »Raub der Proserpina«. Sehenswert auch die Skulptur »Venus Vincitrix« von Antonio Canova, für die Napoleons Schwester Pauline Modell gesessen haben soll.

Zur Zeit ist leider nur die Skulpturensammlung zugänglich.
Piazzale Scipione 5 (Villa Borghese)
Metro: Spagna
Tgl. außer Mo 9–13 (Sommer), 9–14 (Winter), So 9–13 Uhr
Eintritt 4000 Lire

Galleria Comunale d'Arte Moderna ■ b3, S. 79

Nach 30 Jahren hat Rom wieder eine städtische Galerie: Im ehemaligen Kloster der Carmelite Scalze wurde im Januar 1995 die kommunale Kunstgalerie eröffnet. Ausgestellt sind 140 Werke vom 18. Jahrhundert bis 1943, unter anderem von Carrà, Guttuso, de Pisis und Trombadori. Noch 1995 soll die Kunstsammlung, die laufend erweitert wird, ihre endgültige Heimat in der ehemaligen »Birreria Peroni« in der Via Reggio Emilia finden – das zumindest versprach Bürgermeister Rutelli bei der Einweihung.
Casa della Città
Via Francesco Crispi 7
Metro: Barberini, Spagna
Tgl. außer Mo 10–17, So 9–12.30 Uhr
Eintritt 10 000 Lire

Galleria Nazionale d'Arte Antica ■ c4, S. 79

Im Palazzo Barberini ist eine der bedeutendsten Gemäldesammlungen Roms untergebracht; die Bilder stammen vorwiegend aus dem Besitz der Familien Torlonia und Corsini. Pietro da Cortonas Deckenfresko »Triumph der göttlichen Vorsehung« zählt zu den wichtigsten Werken der illusionistischen Barockkunst.

Das berühmteste Gemälde ist vermutlich »La Fornarina« von Raffael. Der Künstler malte das Bild der Bäckerin, das seine Geliebte darstellt, im Jahr seines Todes, 1520.
Palazzo Barberini
Via delle Quattro Fontane 13
Metro: Barberini
Tgl. außer Mo 9–14,
So und Fei 9–13 Uhr
Eintritt 8000 Lire

Galleria Nazionale d'Arte Moderna ■ b1, S. 79

Ein Querschnitt durch die bildende Kunst der Moderne sowie die größte Sammlung italienischer Kunst des 19. und 20. Jahrhunderts. Skulpturen unter anderem von Rodin und Klimt, surrealistische Werke von Mirò. Drei Räume sind der visuellen Kunst gewidmet.
Viale delle Belle Arti 131
Metro: Flaminio; Bus: 119
Tgl. außer Mo 9–19,
So und Fei 9–13 Uhr
Eintritt 8000 Lire

Istituto Nazionale per la Grafica ■ b4, S. 79

Grafiken aus dem 15. bis 19. Jahrhundert.
Via della Stamperia 5
Metro: Barberini
Tgl. außer So und Fei 9–13 Uhr
Eintritt frei

Schwungvoller Parcours durch die Malerei und Skulptur der letzten beiden Jahrhunderte: Galleria Nazionale d'Arte Moderna

Museo Canonica ■ b 1, S. 79
Das ehemalige Atelier des Bildhauers Pietro Canonica (1869–1959) ist heute seinem Andenken gewidmet.
Viale Pietro Canonica 2
(Villa Borghese)
Metro: Spagna
Tgl. außer Mo 9–13.30, So 9–13, Di und Do auch 15–18.30 Uhr; im Aug. geschl.
Eintritt 3750 Lire

Museo Francescano dei Padri Cappuccini ■ c 3, S. 79
Eine makabre Hinterlassenschaft fein herausgeputzter Leichen und Skelette: Totenschädel und Knochen von 4000 zwischen 1528 und 1870 verstorbenen Ordensleuten wurden hier zu Ornamenten, Lampen und Altären zusammengefügt. Die Bastelarbeiten der Kapuzinermönche kann man in den Kapellen der Krypta, unter der Kirche Santa Maria della Concezione (1626 errichtet), besichtigen.
Via Veneto 27
Metro: Barberini
Tgl. 9–13 und 15–17 Uhr
Eintritt frei, Spende erwünscht

Museo di Goethe ■ a 3, S. 79
Ein deutscher Kulturverein hat 1990 die Wohnung gekauft, in welcher Johann Wolfgang von Goethe 1786 bis 1788 inkognito logierte und dem munteren Treiben auf dem Corso zusah. Die Räume wurden in ein Museum umgewandelt, das leider zur Zeit immer noch renoviert wird – ein Ende ist nicht abzusehen (→ Die Ewige Stadt und der deutsche Dichterfürst: Goethe in Rom, S. 80/81).
Via del Corso 18
Metro: Flaminio; Bus: 119

Die 10 spannendsten Museen

Capella Sistina ■ c 2, S. 190
…weil sich bei Michelangelo ohnehin jede Begründung erübrigt (→ S. 198).

Museo delle Anime del Purgatorio ■ C 2, Klappe vorne
…weil die Brandabdrücke auf der Bettwäsche beweisen: Das Fegefeuer hinterläßt Spuren (→ S. 152).

Museo Baracco ■ b 2, S. 120
…weil der kunstsinnige Baron zwar nur eine kleine, aber dafür um so sehenswertere Sammlung angelegt hat (→ S. 131).

Musei Capitolini ■ a 2, S. 162
…weil ein Sprung im Oberschenkel der kapitolinischen Wölfin ihre Echtheit beweist (→ S. 181).

Museo della Civiltà Romana ■ b 2, S. 314
…weil man sich hier den »Comicstrip« auf der Trajanssäule genauer ansehen kann – wenn auch nur als Nachbildung (→ S. 327).

Museo delle Mura Romane ■ F6, Klappe vorne
…weil Sie bestimmt schon immer mal wie ein Legionär über die Aurelianische Mauer wandeln wollten (→ S. 257).

Museo Nazionale delle Paste Alimentari ■ b2, S. 228
…weil es höchste Zeit war, Spaghetti & Co. ein Denkmal zu setzen (→ S. 242).

Museo Nazionale Etrusco di Villa Giulia ■ a1, S. 79
…weil die geheimnisvollen Etrusker den alten Römern in Sachen Emanzipation meilenweit voraus waren (→ S. 100).

Museo Nazionale Romano ■ d1, S. 228
…weil die Geburt der Aphrodite nicht schöner hätte dargestellt werden können (→ S. 242).

Museo Francescano dei Padri Cappuccini ■ c3, S. 79
…weil die Knochenkunstwerke der Kapuzinermönche etwas ungemein Makaberes haben (→ S. 97).

Und denken Sie daran: Montags sind viele römische Museen geschlossen

Museo Keats Shelley ■ b 3, S. 79
Der englische Lyriker John Keats starb 1821 im Alter von nur 25 Jahren in Rom qualvoll an Tuberkulose. In seinem Sterbezimmer sind Dokumente, Briefe, Manuskripte sowie seine Totenmaske zu besichtigen.
Piazza di Spagna 26
Eintritt 5000 Lire
Tgl. außer Sa und So 9–13 und 15–18 (Sommer), 9–13 und 14.30–17.30 Uhr (Winter)
Metro: Spagna

Museo Nazionale Etrusco di Villa Giulia ■ a 1, S. 79
Die Etrusker siedelten sich gegen Ende des 8. Jahrhunderts v. Chr. auf der italienischen Halbinsel zwischen Arno und Tiber an. Vom Ende des 7. Jahrhunderts v. Chr. an regierten sie Rom und errichteten ein Königreich beachtlichen Ausmaßes, das bis an die Atlantikküste reichte. Gegen Ende des 6. Jahrhunderts v. Chr. begann der etruskische Stern zu sinken; Rom befreite sich von der Fremdherrschaft, begann sich auszubreiten und die etruskischen Städte anzugreifen. Im 1. Jahrhundert v. Chr. wurden die Etrusker römische Bürger.

Niemand weiß genau, woher die Etrusker ursprünglich stammten; von ihrer bereits hochentwickelten Zivilisation sind leider nicht mehr viele Zeugnisse vorhanden. Einzig die Gräber und Grabbeigaben vermitteln einen kleinen Eindruck von der etruskischen Gesellschaft. Eben dieser geheimnisvollen Zivilisation ist das Nationalmuseum in der Villa Giulia gewidmet. Das berühmteste Stück des Museums ist der Sarkophag der Ehegatten aus Cerveteri, der ein junges Paar während seines gemeinsamen Opfermahles zeigt. Bei den Römern, die niemals ihren Speisediwan mit ihren Frauen geteilt hätten, galt das etruskische Kunstwerk im höchsten Maße als schockierend.
Piazzale di Villa Giulia 9
Tram: 19b, 30b
Tgl. außer Mo 9–14, Mi 9–19, So und Fei 9–13 Uhr
Eintritt 8000 Lire

Essen und Trinken

Alfredo Imperatore ■ a 3, S. 79
Die magischen Hände Alfredos zaubern die besten Nudeln der Welt – um diesen Anspruch zu unterstreichen, nennt sich der Besitzer auch ganz bescheiden »Kaiser der Fettuccine«.
Piazza Augusto Imperatore 30
Tel. 6 87 87 34
Metro: Spagna; Bus: 119
Tgl. außer So 12.30–15 und 19.30–23 Uhr
Obere Preisklasse (Visa, Amex)

Antica Enoteca ■ b 3, S. 79
Der richtige Ort für einen herzhaften Snack, zum Beispiel die würzig eingelegten Oliven, und ein ausgezeichnetes Glas Frascati.
Via della Croce 76
Tel. 6 79 08 96
Metro: Spagna; Bus: 119
Tgl. außer So 11–23 Uhr
Mittlere Preisklasse (EC, Visa, DC, Amex)

Antico Caffè Greco ■ b 3, S. 79
Goethe war hier – und so ziemlich jeder Tourist, der jemals Rom besucht hat. Im rückwärtigen Raum hängt eine ganze Porträt-Serie seiner berühmtesten Gäste (→ Antico Caffè Greco, S. 102/103).
Via dei Condotti 86
Metro: Spagna; Bus: 119
Tgl. außer So 8–20.30 Uhr

Babington's Tea Room ■ b 3, S. 79
Der Service läßt zu wünschen übrig, die Sitze sind unbequem und die Preise hoch – doch immerhin: Es gibt original englisches Frühstück, natürlich mit Tee.
Piazza di Spagna 23
Metro: Spagna; Bus: 119
Tgl. außer Di 9–20.30 Uhr

Dal Bolognese ■ a 2, S. 79
Für einen Schlemmerauftakt empfehlen sich frische Feigen oder ein ausgezeichnetes **carpaccio**, papierdünn geschnitten, mit gehobeltem Parmesan. Dann sollten Sie ein Fleischgericht bestellen: Die grüne Sauce, die dazu serviert wird, ist stadtbekannt.
Piazza del Popolo 1
Tel. 3 61 14 26
Metro: Flaminio
Tgl. außer Sa und So abends 12.45–15 und 20.15–23 Uhr (im Winter Mo geschl.); im Aug. teilw. geschl.
Obere Preisklasse (Visa, DC, Amex)

La Capricciosa ■ a 3, S. 79
Der Geburtsort der gleichnamigen Pizza, die allerdings nur abends serviert wird. Mittags könnte man die ausgezeichneten Büffel-Mozzarella kosten.
Largo dei Lombardi 8
Tel. 6 87 86 36
Metro: Spagna oder Flaminio;
Bus: 119
Tgl. außer Di 12.30–15 und 19–1 Uhr; zwei Wochen im Aug. geschl.
Mittlere Preisklasse (Visa, Amex)

You don't like coffee? In Babington's Tea Room stillen nicht nur britische Touristen ihren Teedurst

Antico Caffè Greco

König Ludwig I. von Bayern war Stammgast, allerdings nur im Winter, im Sommer war dem hochherrschaftlichen Besucher die Gefahr der Malaria in Rom zu groß. Johann Wolfgang von Goethe, Arthur Schopenhauer, Richard Wagner, Hans Christian Andersen, Gabriele d'Annunzio – die Liste der illustren Gäste des ältesten Cafés der Stadt, des Antico Caffè Greco in der Via Condotti, ist ebenso lang wie seine Tradition.

Als Gründer des Cafés gilt Nicola della Maddalena. Anno Domini 1760 bekam der Grieche aus Rodi eine Aufforderung des päpstlichen Kirchenstaates, seine Steuerschuld zu begleichen. Für den Griechen ein Dokument des Ärgers, für die Nachwelt eine Bescheinigung über die frühe Existenz des »Greco«.

1824 machte Papst Leo XII. dem fröhlichen Kaffeehaustreiben aus moralischen Gründen ein vorübergehendes Ende. Das Lokal mußte verriegelt, der Kaffee durch das offene Fenster gereicht werden. Bei Nichtbeachtung drohte eine Gefängnisstrafe.

Ein Aquarell aus dem Jahre 1842 zeigt das Café als gemütliche Taverne, die es zu den Zeiten seiner illustren Klientel war. Heute hat das Greco dagegen eher den Charakter eines Teesalons. Die meisten Gäste sind nicht mehr Dichter und Maler, sondern Touristen, die darauf warten, daß ein berühmtes Gesicht auftaucht.

Der italienische Schriftsteller Enrico Falqui lobte das Café in seinem »Caffè Letterari« (1962) in den höchsten Tönen: Mit dem Florian in Venedig und dem Procope in Paris gehöre das Greco zu den drei Kaffeehäusern, die in großer Tradition und im Glanz ihrer ruhmreichen Vergangenheit weiterlebten – und damit bis heute ein gutes Auskommen haben. Das Antico Caffè Greco war seit jeher ein Stammplatz für Fremde und ist es bis heute geblieben. Kaum ein Einheimischer, der sich in die traditionellen hinteren Hallen verirrt,

Rom extra

Ein Treffpunkt für Geistesgrößen wie Goethe ist das Greco heute nicht mehr – aber der Espresso schmeckt vorzüglich…

die von boshaften Römern wegen ihres schlauchartigen Charakters »Omnibus« genannt werden. Dennoch lohnt ein Besuch in Roms ältestem Kaffeehaus, denn zum – übrigens ausgezeichneten – Espresso gibt es eine Extraportion Geschichte.

Den Hauch seiner romantischen Vergangenheit spürt man nicht so sehr im ersten Saal, wo man heute eher kurz einkehrt und im Stehen einen **caffè** und eine **brioche**, ein Gebäckstück, zu sich nimmt.

In den hinteren Sälen kann man dagegen so richtig schön im Erinnerungsrausch schwelgen. Man kann die Bilder, Urkunden, Medaillons hinter Glas begutachten, die mittelmäßigen Ölbilder betrachten, den Espresso aus Porzellantässchen schlürfen und bei rot gedämpftem Licht an ziemlich unbequemen Marmortischchen in weichen und verschossenen Polsterplüschsesseln sitzen, in denen sich die bekannten und weniger bekannten Gäste bereits seit zwei Jahrhunderten wohl fühlen.

Man glaubt sie beinahe noch zu sehen, die genialen Geister, die an diesem Ort des Müßiggangs pfeifenrauchend dem **dolce far niente**, dem süßen Nichtstun, frönten. Und dann wird man sich unweigerlich fragen, worin der unbestrittene Zauber dieses Kaffeehauses eigentlich liegt…

Antico Caffè Greco

■ b3, S. 79

Via dei Condotti 86
Metro: Spagna; Bus: 119
Tgl. außer So 8–20.30 Uhr

Ciampini ■ a 4, S. 79
Bekannter Eistreffpunkt von jung und alt. Besonders gut ist die Kombination Joghurt- und Zitroneneis, obwohl das nach römischer Ansicht ein Fauxpas ist, denn Milch- und Fruchteis vereint man nicht auf einer Waffel.
Piazza S. Lorenzo in Lucina 28
Bus: 90
Tgl. außer So 7.30–21 Uhr

Doney ■ c 3, S. 79
Das Caffè Doney in der Via Veneto lebt ebenso wie das Antico Caffè Greco vom Ruhm vergangener Zeiten – und von seiner schönen Lage.
Via Veneto 145
Metro: Barberini; Bus: 52, 53, 56
Tgl. außer Mo 8–24 Uhr

Edy ■ a 3, S. 79
Umgeben von Luxuslokalen verteidigt Edy seine gute traditionelle Trattoria. Seine Argumente können sich sehen und vor allem genießen lassen: super die **spaghetti al cartoccio** (in der Folie zubereitet) und ausgezeichnet das **abbacchio**, das Lamm.
Vicolo del Babuino 4
Tel. 36 00 17 38
Metro: Spagna oder Flaminia; Bus: 119
Tgl. außer So 12.30–15 und 19–23 Uhr; im Aug. geschl.
Mittlere Preisklasse (Visa, Amex)

Fiaschetteria Beltramme ■ b 3, S. 79
Eine typische Trattoria, in der Promis und Durchschnittsrömer Seite an Seite den **piatto del giorno** genießen.
Via della Croce 39
Kein Telefon
Metro: Spagna; Bus: 119
Tgl. außer So 12.30–15 und 19–23 Uhr; im Aug. geschl.
Untere Preisklasse

George's ■ c 3, S. 79
Hier speiste schon die Dolce-Vita-Schickeria zu Fellinis Zeiten. Auch heute sieht man noch gelegentlich ein bekanntes Gesicht hinter einer Flasche Champagner.
Via Marche 7
Tel. 48 45 75
Metro: Barberini; Bus: 52, 53
Tgl. außer So 12.30–15 und 19–24 Uhr; im Aug. geschl.
Luxusklasse (EC, Visa, DC, Amex)

Gioa Mia ■ c 4, S. 79
Ein Tip für Fleischfreunde; ausgezeichnet ist die **saltimbocca**. Übrigens: Sie speisen umgeben von nackten Babys, die Weingläser auf »ganz natürliche Art« füllen.
Via degli Avignonesi 34
Tel. 4 88 27 84
Metro: Barberini
Tgl. außer So 13–15 und 19–23 Uhr; 15. Juli–15. Aug. geschl.
Mittlere Preisklasse

Le Grotte ■ b 4, S. 79
Man verspeist seine Pizza in engen, grottenähnlichen, mit Wandmalereien verzierten Ecken – so richtig schön kitschig! Wohl deswegen trifft man hier vorwiegend Touristen...
Via della Vite
Tel. 6 79 53 36
Metro: Spagna
Tgl. außer Mo 12–15.30 und 19–23 Uhr
Untere Preisklasse

Krechel ■ b 4, S. 79
Süße italienisch-österreichische Verbindung, mit traumhaftem Sachereis. Nußkranz, Apfel- und Himbeer-Streuselkuchen.
Via Frattina 134
Bus: 81, 90
Tgl. 8.30–20.30 Uhr

Il Leoncino ■ a 4, S. 79
Extra dünne Pizzen mit extra dickem Belag – am besten mit einer Extraportion Mozzarella, die armlange Fäden zieht. Einen Versuch wert sind auch die Desserts: alle hausgemacht.
Via del Leoncino 28
Tel. 6 67 63 06
Bus: 90
Tgl. außer Mi, Sa und So 13–14.30 und 18–24 Uhr
Untere Preisklasse

Maneschi ■ a 3, S. 79
Wenn nicht einmal mehr ein Eis für Abkühlung sorgt, hilft nur noch eines: ein frisches, frostiges Zitronensorbet.
Via del Corso 88
Bus: 90, 119
Tgl. 7–22 Uhr

I Tre Moschettiere ■ c 4, S. 79
Anständige römische Küche und eine super-würzige **insalata di puntarelle**, Blattsalat mit Sprossen.
Via San Nicola da Tolentino 23
Tel. 4 81 48 45
Metro: Barberini
Tgl. außer Fr abends und Sa 12.30–15 und 19–23 Uhr
Mittlere Preisklasse (EC, Visa, DC, Amex)

Nino ■ b 3, S. 79
Erschöpft vom Bummel durch die Fendi-Läden, kann man sich hier mit Florentiner Köstlichkeiten stärken. Versuchen Sie **pasta e ceci**, Nudeln mit Kichererbsen.
Via Borgognona 11
Tel. 6 79 56 76
Metro: Spagna; Bus: 119
Tgl. außer So 12.30–15 und 19–23.15 Uhr; im Aug. geschl.
Obere Preisklasse (Visa, DC, Amex)

Osteria Santa Ana ■ a 2, S. 79
Kunst und Küche gehen hier eine Verbindung ein. Die Wände dieser In-Osteria zieren Gemälde zeitgenössischer Künstler. Übrigens: Die köstlichen Appetitmacher sind nicht etwa ein Geschenk des Hauses, sondern werden extra berechnet...
Via della Penna 68
Tel. 3 61 02 91
Metro: Flaminio
Tgl. außer So 12.45–14.45 und 19–23 Uhr; Sa mittags geschl.
Mittlere Preisklasse (EC, Visa, DC, Amex)

Porto di Ripetta ■ a 3, S. 79
Mario Romani gilt als einer der besten Köche von Rom. In Sachen kulinarische Kreativität verdient er sicherlich den Spitzenplatz: **involtini di melanzane ripiene di filetti di sogliola**, Auberginen gefüllt mit Seezungenfilet, oder **scampi con cipolla, menta e pomodorini**, Scampi mit Zwiebeln, Minze und Tomaten, finden sich nicht auf jeder Speisekarte.
Via di Ripetta 250
Tel. 3 61 23 76
Metro: Flaminio; Bus: 119
Tgl. außer So 13–14.30 und 20–23 Uhr; im Aug. geschl.
Obere Preisklasse (EC, Visa, DC, Amex)

Ranieri ■ b 3, S. 79
Römisches In-Lokal, hier trifft sich die feine Gesellschaft wohl vor allem, um gesehen zu werden – denn sooo toll ist das Essen absolut nicht.
Via Mario de' Fiori 26
Tel. 6 79 15 92
Metro: Spagna; Bus: 119
Tgl. außer So 12.30–15 und 19–24 Uhr
Obere Preisklasse (EC, Visa, DC, Amex)

Relais le Jardin dell' Hotel Byron ■ b 1, S. 79
Der Olymp römischer Kochkunst, kreativ bis in die Beilagen wie gebratene Feigen oder Kroketten aus Mandelmehl; exzellenter Service.
Via Giuseppe de Notaris 5
Tel. 3 22 45 41
Metro: Flaminio; Bus: 52
Tgl. außer So 12–15 und 20–23 Uhr; im Aug. geschl.
Luxusklasse (EC, Visa, DC, Amex)

Rosati ■ a 2, S. 79
Cappuccino mit Blick auf die Piazza del Popolo – genau an der Stelle, wo einst Neros Gemahlin in einer Pyramide bestattet worden ist.
Piazza del Popolo 5 A
Metro: Flaminio
Tgl. außer Di 7.30–24 Uhr

Trattoria da Settimio al' Arancio ■ a 4, S. 79
Egal, wann man kommt, das Lokal ist immer voll. Dennoch lohnt sich der Versuch, einen Platz zu ergattern und die **fusilli alla melanzana**, Nudeln mit Auberginen, zu kosten.
Via dell'Arancio 50
Tel. 6 87 61 19
Metro: Spagna; Bus: 119
Tgl. außer So 12.30–15 und 19–24 Uhr
Mittlere Preisklasse (Visa)

Vanni ■ b 4, S. 79
Eine süße Pause beim Stadtbummel; versuchen Sie die **vannini**, gefüllt mit Creme oder Schokolade – himmlisch! Doch der Mensch lebt auch bei Vanni nicht von **dolci** allein: Zum Aperitif gibt es schnelle Nudeln, Gemüse und **pizzette**.
Via Frattina 95
Metro: Spagna
Tgl. außer Mo 7–24 Uhr

Vini Birra Buffet ■ a 4, S. 79
Hier drängt sich die römische Jugend bei Papiertischdecken und guter Hausmannskost zu günstigen Preisen.
Piazza della Torretta 60
Metro: Spagna; Bus: 119
Tgl. außer So 12.30–15 und 19–23 Uhr
Untere Preisklasse

Wiener Bierhaus ■ b 3, S. 79
Wenn Sie urplötzlich die Sehnsucht nach Sauerkraut oder Weißwurst packt – Luise Geissauf stillt hier seit 1939 kulinarisches Heimweh. Und das gefällt nicht nur den Touristen…
Via della Croce 21
Tel. 6 79 55 69
Metro: Spagna
Tgl. außer Mi 12–24 Uhr
Mittlere Preisklasse (EC, Visa, DC, Amex)

Zi Umberto ■ c 3, S. 79
Fragen Sie Mamma Elena, was sie heute empfiehlt, Sie werden nicht enttäuscht sein. »Zi« (italienisch zio) ist übrigens römischer Dialekt und bedeutet »Onkel«.
Via Sicilia 150
Tel. 4 88 45 19
Metro: Barberini; Bus: 52, 53
Tgl. außer So 12–15 und 18.30–23 Uhr
Untere Preisklasse

Einkaufen

Antiquitäten

Antiquitätenläden gibt es in Rom an beinahe jeder Ecke, doch die besten konzentrieren sich in der **Via del Babuino**, der **Via Margutta** und rund um die **Via di Ripetta**. Haben Sie keine Schwellenangst, und betreten Sie die Galerien und Ausstellungsräume einfach – auch wenn Sie nichts kaufen möchten. So manche Galerie gleicht ohnehin eher einem Museum als einem Laden…

Adolfo Di Castro b 3, S. 79
Antike Gemälde, Möbel aus Napoleons Zeiten und phantasievolle Mosaikgebilde.
Via del Babuino 80
Metro: Spagna; Bus: 119

Alinari b 3, S. 79
Das älteste (seit 1852) noch bestehende Foto-Studio Italiens. Alinari ist spezialisiert auf Reproduktionen alter Fotos auf Holz oder Leinwand.
Via Alibert 16 a
Metro: Spagna; Bus: 119

Amadeo di Castro b 3, S. 79
Antike Skulpturen und Terrakottaarbeiten. Mit Adolfo Di Castro (siehe oben) weder verwandt noch verschwägert.
Via del Babuino 77
Metro: Spagna; Bus: 119

Antique Shop a 4, S. 79
Spezialisiert auf die Jahre zwischen 1700 und 1860. Porzellanstücke, die Geschichten erzählen könnten, schöne Silber-, Bronze- und Elfenbeinarbeiten.
Via di Monte Brianzo 73
Bus: 119

Apopoloni b 3, S. 79
Einer der angesehensten Antiquitätenläden Roms mit Gemälden alter Meister und wunderbaren Silberarbeiten.
Via del Babuino 132–134
Metro: Spagna; Bus: 119

Armenia Antiquaria b 3, S. 79
Eigenartiges kleines Lädchen mit antikem Militärzubehör, alten Uniformen, Helmen und Gewehren.
Via del Babuino 161
Metro: Spagna; Bus: 119

Condotti Fine Arts b 3, S. 79
Einer der ungewöhnlichsten Antiquitätenläden Roms; Skulpturen, kleine Brunnen – und gesalzene Preise.
Via Condotti 32
Metro: Spagna; Bus: 119

Licia Romano b 3, S. 79
Spezialisiert auf Gemälde aus dem 17. und 18. Jahrhundert.
Via del Babuino 142
Metro: Spagna; Bus: 119

Turchi b 3, S. 79
Ein Antiquitätenpalast, der schon allein wegen seiner Ausstattung einen Besuch wert ist.
Via Margutta 91 A
Metro: Spagna; Bus: 119

Beauty

Antica Drogheria Condotti
b 3, S. 79
Kräuter für kleine Wehwehchen, süße Düfte, schöne Seifen, Honig, Ginseng und vieles mehr, was vielleicht weniger gut schmeckt, dafür um so gesünder ist.
Via Mario de´ Fiori 24 A
Metro: Spagna; Bus: 119

Wem die Stunde schlägt – ein Uhrmacher in Rom

Es war einmal vor über 200 Jahren: Der deutsche Uhrmachermeister Ernst Hausmann verläßt Duisburg, flüchtet in den sonnigen Süden und eröffnet 1794 in Rom – ausgerechnet in der unpünktlichsten Stadt der Welt – einen Uhrenladen.

Drehen wir die Zeiger der Uhr zwei Jahrhunderte weiter: Am 23. November 1994 feierte Ernesto Hausmanns Uhrenladen, der einzige in ganz Rom, der ausschließlich Uhren verkauft, in der Via del Corso 406 ein rundes Jubiläum.

»Hausmann & Co.« ist eines der ältesten Geschäfte der Ewigen Stadt, einzig das Antico Caffè Greco dürfte noch älteren Datums sein.

Sein 200jähriges Bestehen hat der Laden mit einer wundervollen Privatsammlung von Patek Philipe gekrönt, dessen Prachtstück eine 18-Karat-Gold-Taschenuhr ist, die sich früher im Besitz des legendären Startenors Enrico Caruso befand.

Die Römer und die Pünktlichkeit, das ist ein Kapitel für sich. Im 18. Jahrhundert, als noch Kanonenschüsse oder Kirchengeläut die Mittagspause ankündigten, hielt Rom den europäischen Uhrenrekord. Über 60 Zeitmesser zählte man damals an öffentlichen oder kirchlichen Gebäuden.

In jenen Zeiten trugen die Damen ihre Uhren wie Schmuckstücke um den Hals, die Verkäufer waren in einen Gehrock gekleidet, und jedes Jahr zu Weihnachten wurde bei Uhrmacher Hausmann die goldene Taschenuhr in »Zwiebelform« für den Offizier vom Dienst bestellt, der in der Heiligen Nacht Wache halten mußte. Jahrzehnte später, als eine Armbanduhr schier unerreichbarer Luxus war, drückten sich die Passanten ihre Nasen an der Fensterscheibe platt, um die Zeit erkennen zu können.

Heute stehen die Zeichen auf Eile, der Fortschritt hat auch die Zeit erfaßt, die farbenfrohe Swatch die traditionelle Taschenuhr abgelöst – und von den einst 60 städtischen Uhren sind gerade mal sechzehn übriggeblieben. Von

Rom extra

Auch die schönste Uhr von Hausmann & Co. kann eines nicht verhindern: In Rom vergeht die Zeit wie im Flug...

diesem guten Dutzend gehen die meisten auch noch falsch – oder, besser gesagt, anders. In Rom zwei Uhren zu finden, die die gleiche Zeit angeben, grenzt an einen echten Zufall. Dafür hat man die wohl einmalige Gelegenheit, möglicherweise sämtliche Zeitzonen der Welt auf den Zifferblättern der Stadt vertreten zu sehen – nur steht unglücklicherweise nicht dabei, um welchen Ort es sich bei welcher Zeitangabe handelt. 1988 wurde seitens der Stadtverwaltung ein ernsthafter Versuch unternommen, die Uhren gleichzustellen. Was für ein ungewohnter Anblick für die Römer, beim Bummel durch die Straßen die richtige Uhrzeit ablesen zu können! Die Freude war allerdings nur von kurzer Dauer. Im Grunde aber kümmert's den Römer wenig, denn der einzige richtige Zeitmesser für ihn war und ist sein Bauch: Ein Magenknurren sagt mehr als jeder Uhrzeiger...

Auch Ernesto Hausmann muß sich wohl kaum Gedanken machen; eine gute Uhr ist schließlich auch heute noch ein Statussymbol. Die Chancen stehen also gut, daß in der Via del Corso auch noch das 300jährige Jubiläum gefeiert werden kann. Sohn Francesco ist bereits willens, den Uhrenladen zu übernehmen. Denn das Geschäft mit der Zeit läuft – aller italienischen Unpünktlichkeit zum Trotz – glänzend.

Orologiai Hausmann & Co.,
■ b 3, S. 79
Via del Corso 406,
Bus: 81, 90

Beauty 3 ■ c3, S. 79
Ein bißchen Luxus für einen schönen Abend zu zweit oder nur für Sie allein; die »Schönen Drei« kümmern sich um Ihre Haare, Ihre Nägel und Ihre Beine – und sind trotz der noblen Adresse gar nicht mal sooo teuer.
Via Veneto 34 A
Tel. 4743650
Metro: Barberini; Bus: 52, 53

Sergio Valente ■ b3, S. 79
Niemand schneidet die Haare so kunstvoll wie die Italiener: Bei Sergio können Sie sich davon überzeugen; außerdem gibt es Massagen, Körper- und Gesichtsbehandlungen und Algenpackungen.
Via Condotti 11, 2. Stock
Metro: Spagna; Bus: 119
Mo geschl.

Bücher

La Borghese ■ a4, S. 79
Ein wunderbar »antiker« Buchladen, in dem sich die römische Prominenz ihre Literatur besorgt. Seit neuestem liegen hier »Hochzeitslisten« aus für junge Paare, die sich zur Hochzeit statt Pfannen und Geschirr Stendhal oder Umberto Eco schenken lassen.
Via Fontanella di Borghese
Bus: 90

Franco Maria Ricci ■ b3, S. 79
Die schönsten Kunstbände von Rom. Der Mailänder Ricci gibt außerdem sein eigenes Kunstmagazin »FMR« heraus.
Via Borgognona 4/D
Metro: Spagna; Bus: 119

Lion Book Shop ■ a3, S. 79
Große Auswahl an Reiseführern und Kochbüchern.
Via del Babuino 181
Metro: Spagna; Bus: 119

Rizzoli ■ b4, S. 79
Roms größter Buchladen mit einer reichen Auswahl an fremdsprachigen Büchern.
Largo Chigi 15
Bus: 50, 52

Geschenke

C.U.C.I.N.A. ■ b3, S. 79
Wirkliche Küchen-Kunst; wunderbare Kochutensilien für die Dame und den Herrn des Hauses.
Via del Babuino 118 A
Metro: Spagna; Bus: 119

Geneviève Lathu ■ b3, S. 79
Die Kunst des edlen Speisens – und alles, was dazugehört: Geschirr, Gläser, Tischdecken, Kerzen...
Via delle Carrozze 28
Metro: Spagna; Bus: 119

Olivi ■ b3, S. 79
Schöne alte Bücher und Drucke.
Via del Babuino 136
Metro: Spagna; Bus: 119

Optificio Romano ■ b1, S. 120
Suchen Sie ein ausgefallenes Geschenk? Die Werkstatt fertigt Mosaike nach antiken Mustern an.
Via Gigli d'Oro 9
Bus: 70, 119

Pitti ■ c4, S. 79
Dekorative, witzige und manchmal auch nützliche Geschenkartikel.
Via Sistina 56
Metro: Barberini

Kaufhäuser

Croff ■ a 3, S. 79
Designerabteilung mit schönen Glas- und Möbelstücken, außerdem Wäsche und alles fürs Bad.
Via Tomacelli 137
Metro: Spagna

La Rinascente ■ b 4, S. 79
Italiens High-Class-Kaufhaus: In vier Stockwerken gibt es qualitativ wirklich gute Kleidung für die ganze Familie, darunter auch Designerstücke.
Largo Chigi
Bus: 52, 53

Für Kinder

Cicogna ■ b 4, S. 79
Kleine Mädchen stecken die Italiener zu gerne in niedliche Kleidchen, die Jungs bekommen einen Anzug mit Fliege verpaßt – all das gibt es bei Cicogna.
Via Frattina 138
Metro: Spagna; Bus: 119

Prénatal ■ b 3, S. 79
Der klassische Laden für die umständliche Zeit vor dem freudigen Ereignis – für den Nachwuchs gibt's natürlich auch die schönsten Sachen.
Via della Croce 48/49
Metro: Spagna; Bus: 119

Punto Panda WWF ■ a 3, S. 79
Der erste vom WWF (World Wildlife Fund) geführte Laden in Italien verkauft Spielzeug, Kunststücke aus Recyclingpapier, naturbelassene Lebensmittel – eigentlich etwas für die ganze Familie.
Via di Ripetta 22
Metro: Flaminio; Bus: 90

Kunst

L'Artistica ■ b 3, S. 79
Seit kurzem hat der historische Künstlertreff im Herzen von Rom wieder geöffnet. Hier legte einst ein Japaner umgerechnet 23 000 DM für ein Gemälde auf den Tisch; der libysche Botschafter besorgte Festdekorationen für Gaddafi im Wert von 30 000 DM; Künstler in psychischen Krisen holten sich Hilfe bei Mario Tardivo – und schenkten ihm dafür eines ihrer Werke. Jetzt will man an die große Tradition des Gebens und Nehmens wieder anknüpfen.
Via del Babuino
Metro: Spagna; Bus: 119

Lebensmittel

Aurelia ■ a 4, S. 79
Keine frische, getrocknete oder exotische Frucht, die es bei Aurelia nicht gäbe.
Via del Leoncino 23
Bus: 81, 90

Azienda Agricola ■ a 4, S. 79
Klein, aber fein – und vor allem das beste Olivenöl der Stadt! Und erst die Olivenpaste…
Vicolo della Torretta 3
Bus: 90

Centro Macrobiotico Italiano ■ b 4, S. 79
Naturbelassene und biodynamische Produkte. Die gesunde Kost findet auch in Rom immer mehr Anhänger: Die Zeiten, als die Italiener schon beim Wort »integrale« – Vollkorn – Reißaus nahmen, sind weitgehend passé.
Via della Vite 14
Bus: 119

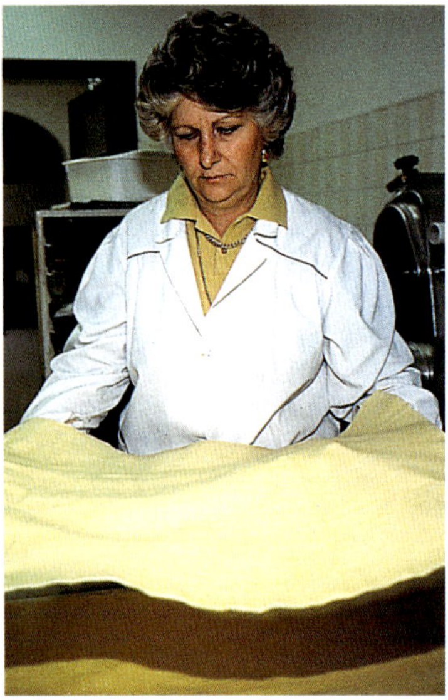

Der Stoff, aus dem man Nudeln macht: Pastabäckerei in der Via delle Croce

Delucci ■ b 3, S. 79
Die Früchte präsentieren sich hier wie Gemälde – kleine Kunstwerke zum Anbeißen. Selbst wenn Sie nichts kaufen möchten, sollten Sie einen Blick in den hübschen Laden werfen.
Via della Croce 75
Metro: Spagna; Bus: 119

Fior Fiori ■ a 3, S. 79
Nudeln, **pasta**, in allen Variationen: rund, breit, dick, dünn, lang, kurz, glatt, gerippt. Außerdem Käse und andere Leckerbissen wie zum Beispiel die kleinen Mandelblätterteigkuchen.
Via della Croce 17/18
Metro: Spagna; Bus: 119

Gargani ■ c 3, S. 79
Gargani ist in Rom ein fester Begriff in Sachen Salami und Käse; es gibt aber auch Kaviar und Lachs, außerdem Öl, Essig und Wein.
Via Lombardia 15
Metro: Barberini; Bus: 52, 53

Palombi ■ c 3, S. 79
Inmitten der **alta moda** und den explodierenden Ladenmieten kämpft die Konditorei tapfer ums Überleben. Unwiderstehliche Süßigkeiten!
Via Veneto 114
Bus: 52, 53

Lederwaren

Bottega Veneta ■ b 3, S. 79
Elegante, wunderbar verarbeitete Lederwaren – leider nicht billig.
Via San Sebastianello 16 b
Metro: Spagna

Gucci ■ b 3, S. 79
Weltbekannte Leder-Markenwaren – vom Schlüsselbund bis zum Kofferset.
Via Condotti 8
Metro: Spagna; Bus: 119

Luis Vuitton ■ b 3, S. 79
Das liebste Objekt der Straßenhändler im Metro-Untergrund sind gefälschte Vuitton-Ledertaschen – hier gibt es natürlich nur Originale.
Via Condotti 15
Metro: Spagna; Bus: 119

Markt

Mercato delle Stampe ■ a 4, S. 79
Eine Fundgrube für Liebhaber alter Bücher, Stiche und Magazine.
Largo della Fontanella di Borghese
Tgl. außer So 7–13 Uhr
Metro: Spagna

Mode

Balloon ■ b 3, S. 79
Chinesische Seide mit italienischem Chic zu moderaten Preisen bietet diese Modekette mit insgesamt zehn Geschäften in ganz Rom. Hier gibt es die größte Auswahl.
Piazza di Spagna 35
Metro: Spagna

Battistoni ■ b 3, S. 79
Im Reich von Gianni Battistoni, dem König der Hemden, gibt es traumhaft verarbeitete und phantasievoll designte Oberbekleidung.
Via Condotti 61 a
Metro: Spagna; Bus: 119

Benetton ■ b 3, S. 79
Junge, bunte Mode – aber wer kennt sie nicht, die Colors of Benetton! Spätestens seit der Skandalwerbung…
Via Condotti 59
Metro: Spagna; Bus: 119

Discount dell' Alta Moda ■ a 3, S. 79
Hier können Sie ein Haute-Couture-Schnäppchen machen; Kollektionsteile der verschiedenen Designer werden am Ende der Saison für die Hälfte verkauft.
Via di Gesù e Maria 16
Metro: Spagna; Bus: 119

Emporio Armani ■ b 3, S. 79
Willkommen im Modewunderland; klassische Top-Mode zu klassischen Preisen.
Via del Babuino 140
Metro: Spagna; Bus: 119

Fendi ■ b 3, S. 79
Die Schwestern Fendi sind die ungekrönten Modeköniginnen Roms. Ihr Königreich, bestückt mit Kleidung, Lederwaren, Schuhen und Pelzmänteln, erstreckt sich über fünf Läden in der Via Fendi – Verzeihung, Via Borgognona.
Via Borgognona 4/E, 4/L, 38B, 39, 40
Metro: Spagna; Bus: 119

Genny ■ b 3, S. 79
Mode für die Karrierefrau, praktisch und elegant; Nobellinie von Donatella Girombelli.
Piazza di Spagna 27
Metro: Spagna

Gente ■ b 3, S. 79
Exklusive Kollektionen von den »bösen Buben« der großen Mode: Jean Paul Gaultier, Dolce & Gabbana und Moschino.
Via del Babuino 82
Bus: 119

Giorgio Armani ■ b 3, S. 79
Mode – elegant, qualitativ hochwertig und vor allem zeitlos. Das hat natürlich seinen Preis.
Via Condotti 77
Metro: Spagna; Bus: 119

Laura Biagiotti ■ b 3, S. 79
Zeitlos elegante Strickwaren, diskret-konservative Mode, die keinem Trend unterworfen ist – und natürlich Roma-Parfum.
Via Borgognona 43–44
Metro: Spagna

Moda ■ b 3, S. 79
Die Einkäufer von Moda sind ständig in den Metropolen der Welt unterwegs, um die modischsten Stücke einzukaufen. Hier gibt es dann die neuesten Minikleider und die heißesten Höschen für den Sommer.
Via Borgognona 31
Metro: Spagna

Olivier ■ b3, S. 79
Die jüngere – und erschwinglichere – Valentino-Linie.
Via del Babuino 61
Metro: Spagna; Bus: 119

Piatelli ■ b3, S. 79
Wo Nadel und Faden Tradition haben: Piatelli ist Roms ältester Herrenschneider; doch auch an der Dame wird inzwischen das Maßband angelegt.
Via Condotti 29
Metro: Spagna; Bus: 119

Roberto Capucci ■ b3, S. 79
Roberto Capucci kreiert Stoffskulpturen! Der Meister fertigt in seinem Atelier nur Unikate.
Via Gregoriana
Metro: Spagna

Serra Boutique ■ b3, S. 79
Designermode zum Minimaltarif – es sind aber alles nur Kopien.
Via Bocca di Leone 51
Metro: Spagna; Bus: 119

Valentino ■ b3, S. 79
Die Damen-Boutique des römischen Couturiers. Herren werden in der Via Condotti/Via Mario de' Fiori bedient, und Valentino Haute Couture – das ist allerdings wirklich nur etwas für ganz dicke Geldbeutel oder außergewöhnlich spendable Ehemänner – gibt es an der Piazza Mignanelli 22.
Via Bocca di Leone 15
Metro: Spagna; Bus: 119

Versace ■ b3, S. 79
Ein Klassiker der Modebranche.
Via Borgognona 29
Metro: Spagna; Bus: 119

Via del Corso ■ a2–b4, S. 79
Boutiquen, Jeansläden, Designermode, Schuhe – und das in allen Preislagen: Die Via del Corso ist eine der belebtesten Modestraßen von Rom. Voll wird's vor allem, wenn Schlußverkauf angesagt ist: Dann reihen sich die Schlangen schon mal bis auf den Bürgersteig.
Bus: 90

Musik

Discoteca Frattina ■ b4, S. 79
Die neuesten italienischen Hits, die bei uns erst – wenn überhaupt – ein halbes Jahr später zu haben sind.
Via Frattina 50/51
Metro: Spagna

Porzellan und Keramik

Carlo Lampronti ■ b3, S. 79
Hübsche Porzellanstatuen für ein kleines Vermögen.
Via del Babuino 54
Metro: Spagna

Due Pi ■ a4, S. 79
Geschirr und Glas für den Haushalt.
Piazza Nicosia 30
Bus: 90

Pot ■ a3, S. 79
Wunderbare handbemalte Teller und Terrakotta-Töpfe. Schön sind auch die Mosaiktische, die nach eigenen Muster-Entwürfen gefertigt werden.
Via della Frezza 12
Bus: 90

Selbst wenn die Verkäuferin gestylt ist wie ein Fotomodell: In einer römischen Boutique können Sie unbesorgt auch »nur mal schauen«

Schmuck

Bulgari ■ b3, S. 79
Die Königin der italienischen Juwelierkunst mit unvergleichlich schönen Stücken – leider zu schwindelerregenden Preisen. Auch für Männer wäre etwas dabei: wunderbar gewichtige Golduhren.
Via Condotti 11
Metro: Spagna; Bus: 119

Burma ■ b3, S. 79
Für Bulgari hat es nicht ganz gereicht? Für Burma bestimmt – hier gibt es schönen Modeschmuck.
Via Condotti 27
Metro: Spagna; Bus: 119

Massoni ■ a3, S. 79
Eines der ältesten Juweliergeschäfte von Rom. Seit 1790 gehen Massonis ausgesuchte Pretiosen über den Ladentisch.
Largo Carlo Goldoni 48
Bus: 90

Petocchi ■ b3, S. 79
Eine hochherrschaftliche Adresse: Die Familie Petocchi war Hofjuwelier des Königshauses Savoyen.
Piazza di Spagna
Metro: Spagna

Siragusa ■ b3, S. 79
Mehr ein kleines Museum als ein Schmuckladen: Siragusa ist spezialisiert auf antike Stücke und Münzen, die in handgefertigte Ketten eingearbeitet werden.
Via delle Carrozze 64
Metro: Spagna; Bus: 119
Sa geschl.

Schuhe

Bruno Magli ■ b4, S. 79
Traumhafte Riemchensandalen für schlanke Fesseln, atemberaubend hohe Stöckelschuhe zum kleinen Schwarzen...
Via del Gambero 1
Bus: 90

Diego della Valle ■ b3, S. 79
Modische Schuhe für Sie und Ihn.
Via Borgognona 45
Metro: Spagna; Bus: 119

Fausto Santini ■ b4, S. 79
Claudia Schiffer kauft sich hier Ballerinas, Isabella Ferrari Stiefel – für schlappe 500 000 Lire.
Via Frattina 121
Metro: Spagna; Bus: 119

Herzel ■ b3, S. 79
Die flippigsten Schuhe der Stadt, auch passend zur Grunge-Mode.
Via del Babuino 123
Metro: Spagna; Bus: 119

Raphael Salato ■ c3, S. 79
Es gibt Fetischisten, die nur Schuhe von Raphael tragen – natürlich braucht es dazu auch das nötige Kleingeld.
Via Veneto 104
Metro: Barberini; Bus: 52, 53

Rosetti ■ b3, S. 79
Kunstwerke für die Füße, Schrecksekunden für den Geldbeutel...
Via Borgognona 5/a
Metro: Spagna; Bus: 119

Stoffe

L'Angelo ■ b4, S. 79
Farbenprächtige Dekorationsstoffe von den Geschwistern Missoni – den Meistern des leuchtenden Designs.
Via del Corso 510
Bus: 81, 90

Cesari ■ b3, S. 79
Ausgesprochen feine Stoffe zur Innendekoration.
Via del Babuino 195
Metro: Spagna; Bus: 119

Frette ■ b3, S. 79
Luxusleinen für Betten und Bäder, Villen und Yachten...
Piazza di Spagna 11
Metro: Spagna

Designerboutiquen, Jeansboutiquen, Schuhboutiquen – und das für jeden Geldbeutel: Die Via del Corso ist ein Paradies für Shopping-Fans

Wäsche

Brighenti ■ b4, S. 79
Viele römische Film- und Fernsehstars besorgen sich hier raffinierte Dessous für verführerische Stunden.
Via Frattina 7–8
Metro: Spagna

Intimità ■ b4, S. 79
Junge Unterwäsche für Damen, Bodies in vielen Farben und Formen, nicht allzu teuer.
Via Frattina 16
Metro: Spagna

Zeitungen und Zeitschriften

Der **Messaggero**, Roms meistgelesene Zeitung, hat seinen Sitz in der Via del Tritone 152; vor dem Eingang steht einer der schönsten Zeitungskioske von Rom.

Einen weiteren Kiosk mit großer Auswahl an ausländischen Presseerzeugnissen finden Sie an der Piazza di Spagna (Via Borgognona).

Wie ein satter, wohlgenährter Bauch liegt Roms Altstadt geruhsam im Tiberknie – vollgepackt mit schönen Plätzen, eindrucksvollen Palästen und der prachtvollsten Barockbühne von Rom, der Piazza Navona.

Im Mittelpunkt der **Piazza Navona** thront wie eine gigantische Requisite der theatralisch inszenierte 4-Flüsse-Brunnen mit den Gestalten des Nil, des Ganges, der Donau und des Rio de la Plata, geschaffen von Baumeister Gian Lorenzo Bernini. Die Piazza Navona ist ein Ort, auf dem das Vergnügen Tradition hat: In der Antike fanden hier athletische Spiele und Gladiatorenkämpfe statt, im 17. Jahrhundert hatten die Römer ihren feucht-fröhlichen Spaß, indem an den Wochenenden der konkave mittlere Bereich des Platzes unter Wasser gesetzt wurde und die Höflinge des Papstes sowie der Fürsten sich Kutschenwettrennen im Wasser lieferten.

Heute läuft das Vergnügen unter eigener Regie. Hauptdarsteller und Zuschauer zugleich sind Straßenmusikanten, Showgrößen, Schauspieler, Politiker, Nonnen, Touristen mit sonnenverbrannten Schultern, Großmütter, Maler, afrikanische Geldbeutelverkäufer. Für die musikalische Untermalung sorgen Gitarristen, Sänger, Trommler und Akkordeonspieler.

Gedränge, Gelächter und grausame Erinnerungen

In der Altstadt liegt auch die zweite Prachtpiazza, der **Campo de' Fiori**. Tagsüber von Gedränge, Gelächter und dem Geschrei des Wochenmarktes erfüllt, abends von den Touristen in den Terrassenlokalen bevölkert, die hier ihren Sightseeing-Tag beschließen.

Doch wie in jedem guten Stück hat auch der pralle Altstadtbauch seine tragischen Momente gesehen: Auf der Piazza Campo de' Fiori gab es rauschende Feste, aber auch grausame Hinrichtungen. Berühmtestes Opfer war der Mönch Giordano Bruno, den die Kirche im Jahre 1600 bei lebendigem Leibe verbrennen ließ. An der Piazza stand einst die Taverne von Vannozza Catanei, der Kurtisane des Borgia-Papstes Alexander VI. und Mutter des berühmt-berüchtigten Mördergeschwisterpaares Cesare und Lucrezia. Julius Cäsar gab an den Iden des März 44 v. Chr. im Theater von Pompeji gleich um die Ecke seine letzte Vorstellung.

Außerdem gehört zur Altstadt die **Via Giulia**. Die schönste Renaissancestraße der Stadt führt an Kunstgalerien und Antiquariaten vorbei, die fast so berühmt sind wie die Paläste, die die Straße säumen.

Und schließlich das **Pantheon**. Trotz wiederholter Ausschlachtung durch verschiedene Päpste ist es der am besten erhaltene römische, »allem Göttlichen geweihte« Tempel.

Auf der Piazza della Rotonda ist immer etwas los. Wenn alle Caféhausstühle besetzt sind, läßt man sich einfach auf den Brunnenstufen nieder

Spaziergang

Für unseren Spaziergang sollten Sie früh aufstehen, denn er beginnt an der **Piazza Campo de' Fiori**, mit dem farbenfrohen Obst-, Gemüse- und Fischmarkt (→ Die 10 aufregendsten Märkte, S. 184/185). Hier kauft man Kräuter, Salate, Pilze und vieles mehr, alles italienischer Eigenanbau. Wenn Sie allerdings auf dem »Blumenfeld« ein Blütenmeer erwarten, muß ich Sie enttäuschen: Die Blumenabteilung des Marktes wurde in die Via Angelica hinter den Vatikan verbannt. Bei Om Shanti auf der Piazza könnten Sie Ihren Frühstückskaffee trinken und dem geschäftigen Treiben zusehen.

Die berühmten letzten Worte

Über die Via del Biscione kommen Sie dann zum Schauplatz eines der berühmtesten Morde der Geschichte; zum **Teatro di Pompeo**, wo Julius Cäsar seine letzten Worte sprach: »Auch Du, mein Sohn Brutus.« Das geschah an den Iden des März im Jahr 44 v. Chr., und Cäsar war gerade dabei, der wichtigste Mann in Rom zu werden. Er hatte die Macht des Senates und die Zahl der Senatoren beschnitten, den Kalender umgestaltet, indem er dem Monat seiner Geburt den Namen Juli (Julius) gab – und er war kurz davor, sich zum Gottkönig erheben zu lassen. Trotz

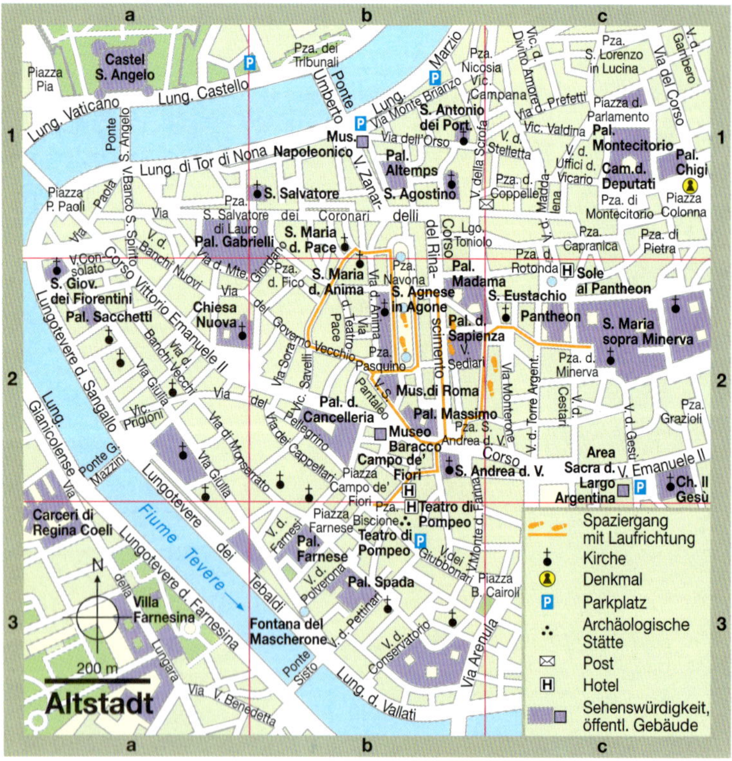

Die Buchstaben-Zahlen-Kombinationen im Text verweisen auf die Planquadrate dieser Karte.

aller Warnungen ging der Julier an diesem Morgen ins Theater, wo er von einer Gruppe von Verschwörern, darunter auch sein Adoptivsohn Brutus, erstochen wurde.

Von dem U-förmigen Theater, das vom Campo de' Fiori bis hinunter zum Largo Argentina verlief, gibt es leider nur noch unterirdische Spuren. Das abgerundete Ende müssen Sie sich ungefähr dort vorstellen, wo die Via del Biscione auf die Piazza del Biscione trifft. Die Grundmauern des Theaters sind möglicherweise noch erhalten, doch allein schon die Vorstellung, Hunderte von Häusern und ein halbes Dutzend Kirchen abzureißen, erstickt verständlicherweise jede Ausgrabungsidee im Keim.

Über den belebten Corso Vittorio Emanuele II., am **Palazzo Massimo** vorbei, dessen Krümmung exakt den Rundungen des Zuschauerraumes einer antiken Bühne zu folgen scheint, gehen Sie zur Piazza di San Pantaleo.

Päpstliche Circenses

Die Via Pantaleo führt zum **Palazzo Braschi**, dem letzten römischen Palast, der Ende des 18. Jahrhunderts für die Familie eines Papstes errichtet wurde. Im Palazzo finden häufig kulturelle Veranstaltungen statt; außerdem ist hier das Museo di Roma untergebracht, das jedoch leider zur Zeit geschlossen ist.

Weiter geht es zur **Piazza di Pasquino** (→ Die 10 aufregendsten Plätze, S. 184/185) mit der **Statua Pasquina** von 1501, einer der berühmten »sprechenden Statuen« von Rom. Es war damals Brauch, Zettel und Schilder mit Kritiken am Papst, Politsatiren oder einfach nur Spottverse an den Statuen anzubringen. Wurden die »Pasquinaten« allerdings erwischt, verging ihnen das Lachen – Papst Benedikt XIV. arbeitete Anfang des 17. Jahrhunderts sogar an einem Dekret, das dafür die Todesstrafe per Enthauptung vorsah. Pasquino erhielt seinen Namen übrigens nach einem Schneider im Viertel, der für seine besonders scharfzüngigen Spottverse berühmt war.

Sprachrohr für Spottverse

Die »sprechenden Statuen« waren meist beschädigte Bildsäulen, die keinen Sammler mehr interessierten, doch noch vage menschliche Formen erkennen ließen. Pasquino etwa ist das Fragment der Kopie einer antiken Skulpturengruppe, die Menelaos zeigt, während er die Büste Patrokolos' stützt. Gelegentlich hängt auch heute noch ein Zettel an den Statuen – falls Sie also an Ihrem Rombesuch etwas auszusetzen haben…

Für eine Weinprobe im **Cul de Sac** wird es wohl noch etwas zu früh sein, doch merken Sie sich diese empfehlenswerte Weinenklave für einen späteren Besuch vor.

Gleich stehen Sie vor Roms Paradeplatz, der **Piazza Navona**, dem traditionellen Ort des römischen Vergnügens. Die langgestreckte Form der Piazza verrät ihre Ursprünge: Hier befand sich einst das Stadion des Diokletian.

Paparazzi auf Promi-Suche

Auch heute ist der Platz zu jeder Tageszeit belebt, er ist Treffpunkt und Freilufttribüne zugleich. Für Fotografen auf Prominentensuche ist die Piazza üblicherweise die erste Station. Hoch her geht's im Dezember auf dem **Weihnachtsmarkt** (→ Die 10 charakteristischsten Märkte, S. 292/293).

Buden und Stände besetzen dann den ganzen Platz. Zum richtig lauschigen Weihnachtsfeeling fehlen eigentlich nur noch Schnee, Glühwein und Lebkuchen. Doch dafür stellen die Cafés rund um den Platz Stühle und Bänke ins Freie – und spitzt die Sonne heraus, kann man zur Mittagszeit sogar schon im Winter draußen essen.

»Unlauterer Wettbewerb«

In der Mitte der Piazza steht der schönste Barockbrunnen Roms, ein Werk Berninis – wenn auch nicht ganz rechtmäßig. Papst Innozenz X. hatte eigentlich Francesco Borromini, einen Konkurrenten Berninis, für den Brunnenbau vorgesehen. Bernini kochte vor Wut, fertigte kurzerhand ein Modell des Brunnens aus reinem Silber an und bestach damit die Schwägerin des Papstes...

Biegen Sie dann links in die Via dei Lorenesi ein, und Sie kommen zur **Chiesa di Santa Maria dell'Anima**. Ist es gerade Sonntag – und zehn Uhr? Dann ist Ihnen zwar der werktägliche Markt entgangen, doch dafür können Sie in der Kirche einen Gottesdienst in deutscher Sprache miterleben.

Im Vicolo della Pace sehen Sie die Barockfassade der **Chiesa di Santa Maria della Pace**, die, getragen von Säulen, wie ein Tempel wirkt. Jetzt haben Sie sich eine Kaffeepause aber redlich verdient; in der Via della Pace befindet sich das berühmte **Antico Caffè della Pace**, ein Jugendstilcafé aus dem 18. Jahrhundert, in dem es einen wunderbar cremigen Cappuccino gibt.

Frisch gestärkt gehen Sie dann durch die Via di Parione bis zur Via del Governo Vecchio und über die Piazza Pasquino wieder zurück zur Piazza Navona.

Über die Corsia Agone und den Corso Rinascimento kommen Sie zum Palazzo Madama, dem Sitz des Senates. Diese heiligen Hallen können übrigens seit November 1994 an jedem ersten Samstag im Monat besichtigt werden.

Der Corso del Rinascimento bringt Sie schließlich wieder zurück zum Corso Emanuele. Gehen Sie nun weiter zur Piazza San Andrea della Valle. Befänden wir uns noch im 16. Jahrhundert, dann würde Ihnen jetzt das Wasser bis zum Halse stehen. Denn dort, wo später die Kirche **Sant' Andrea della Valle** errichtet wurde, befand sich bis ins 16. Jahrhundert ein Tal, das Kaiser Augustus mit einem künstlichen See hatte füllen lassen.

Wie eine Theaterkulisse

Fällt Ihnen auf, daß an der Fassade der Kirche nur auf der linken Seite ein Engel thront? Papst Alexander VII. hatte das Werk des Künstlers Cosimo Fancelli derart negativ kritisiert, daß dieser sich weigerte, einen zweiten Engel zu schaffen.

Die Via del Teatro della Valle bringt Sie zur **Piazza Sant'Eustachio**, einem der bezauberndsten Plätze des Zentrums; Häuser und Paläste fügen sich wie eine Theaterkulisse zusammen. Hier wäre eigentlich schon die nächste Kaffeepause angesagt, denn im Sant'Eustachio gibt es den besten Cappuccino der Stadt. Was in Deutschland an der Tagesordnung ist, gilt hier als Spezialität: **cappuccino con panna**, mit Schlagsahne. Falls Sie Ihren Koffeinspiegel nicht weiter erhöhen möchten, werfen Sie wenigstens einen Blick in das Lokal.

Die kleine Via Palombello geleitet Sie anschließend zum **Pantheon** auf der Piazza Rotonda. Jetzt wünsche ich Ihnen ein gewaltiges Gewitter mit Blitz und Donner: Das helle Blitzlicht im offenen Pantheon ist nämlich ein unvergleichliches Spektakel!

Dauer: etwa zwei Stunden

Sehenswertes

Area sacra del Largo Argentina

■ c 2, S. 120

In der kleinen Absenkung hinter dem Eisengitter geht es hinunter in Roms früheste Geschichte. Auf dem Ausgrabungsgelände der heiligen Zone des Largo Argentina kamen bei Ausgrabungen 1928 vier Tempelruinen zum Vorschein, wovon sich zumindest eine auf das 5. Jahrhundert v. Chr. zurückdatieren läßt. Der Tempel wurde mit dem gleichen Tuffstein errichtet, aus dem auch die erste Stadtmauer von Rom, die Servianische Mauer, gebaut ist.

Sonst weiß man wenig über ihn – weder, welchem Gott er geweiht war, noch seinen Namen. So benannte man die vier Tempelruinen einfach mit den ersten vier Buchstaben des Alphabets, A, B, C und D (von rechts nach links). Tempel A ist noch in relativ gutem Zustand; von Tempel B, der sich von den anderen durch seine Rundbauweise abhebt, sind nur noch sechs Säulen und ein Podium sichtbar; von Tempel C und D steht noch das Podium. Auch wenn sie heute unterhalb der Straße liegen, waren die Tempel einmal ebenerdig angelegt. Angehäufter Schutt und Schmutz hat das Niveau der Straße im Laufe der Jahre angehoben.

Die Ausgrabungsstätte wird im Volksmund auch Foro dei gatti (→ La Gattara – die römischen Wildkatzen und ihre Katzenmutter, S. 142/143) genannt, denn zwischen den Tempelruinen leben unzählige typische Bewohner von Rom, die Stadtkatzen. Sie gehören zur Gattung streunender Wildkatzen, denn jeglicher Domestizierungsprozeß erweist sich als erfolglos.

Vor dem Hungertod retten sie alte Damen, die regelmäßig mit Futter vorbeikommen. Was die Katzen am liebsten mögen? Natürlich Spaghetti mit Tomatensauce!

Largo di Torre Argentina
Bus: 46, 62, 64
Frei zugänglich

Fontana dei Fiumi

→ Piazza Navona, S. 126

Fontana del Mascherone

■ b 3, S. 120

Eine große Granitwanne aus einem römischen Badehaus und eine Maske, die Wasser aus einer Muschel schüttet: Der Masken-Brunnen in der Via Giulia ist einer der kleineren und unbekannteren Brüder des Trevi-Brunnens – aber nicht weniger sehenswert.

Er wurde 1626 zusammen mit den Brunnen der Piazza Farnese von Carlo Rainaldi geschaffen, doch bis 1630 stand er im Trockenen, denn das Aquädukt Aqua Vergine reichte gerade mal bis zur Piazza Campo de' Fiori. Der Masken-Brunnen konnte erst plätschern, als eine Anbindung an das Aquädukt Aqua Paola erfolgt war.

Via Giulia
Bus: 23

Fontana del Moro

→ Piazza Navona, S. 126

Obelisco Piazza della Rotonda
■ c 2, S. 120
Ursprünglich stand hier ein Brunnen mit vier Gruppen von Masken und Delphinen, die Wasser in das Becken spritzten. 1711 beschloß Papst Clemens XI., den Brunnen mit dem Obelisken zu verschönern, der sich vor der Kirche San Marcuto befand. Architekt Filippo Barigioni ersetzte das mittlere Brunnenteil durch einen Felsen und entwarf für den Obelisken eine Standfläche, die mit Delphinen und päpstlichem Wappen dekoriert wurde. Die Hieroglyphen an den Seiten erinnern an den Pharao Ramses II.
Piazza della Rotonda
Bus: 70, 81, 90

Palazzo della Cancelleria
■ b 2, S. 120
In einer Nacht am Spieltisch soll Bauherr Raffaele Riario, Kardinal und Neffe von Papst Sixtus IV., die fehlenden Gelder für den Bau eines der prachtvollsten Renaissancepaläste (1485 bis 1513) gewonnen haben.

Trotz seiner imposanten Größe wirkt das Gebäude durch seine harmonischen Proportionen elegant. Einziger Wermutstropfen: Für den Bau hat man tonnenweise Marmor vom antiken Teatro di Pompeji abtransportiert. Kardinal Riario wurde wenig später von Papst Leo X. der Teilnahme an einer Verschwörung gegen den Papst beschuldigt, und der Palazzo wurde beschlagnahmt. Seit dem 16. Jahrhundert ist in dem Palast die päpstliche Kanzlei (**cancelleria**) untergebracht, die im Besitz des Vatikanstaates ist.

In den Palazzo della Cancelleria ist **San Lorenzo di Damaso** integriert, das im Jahr 1495 eine Kirche aus dem 4. Jahrhundert ersetzen sollte. Das ursprüngliche Gotteshaus (gegründet von Papst Damaso) mußte dem Palastbau weichen.

Gelegentlich finden im Palazzo della Cancelleria klassische Konzerte statt; zu diesen Anlässen ist die Besichtigung möglich.
Piazza della Cancelleria
Bus: 46, 62, 64

Palazzo Farnese ■ b 3, S. 120
Kardinal Alessandro Farnese, dem späteren Papst Paul II., hat Rom seinen schönsten Renaissancepalast zu verdanken. Antonio di Sangallo d.J. begann 1514 mit dem Bau, nach seinem Tod 1546 übernahm Michelangelo die Arbeiten. Der Florentiner schuf die Fensterkonsolen, das zentrale Balkonfenster, den Kaminsims der ersten Etage sowie die Galerie, welche mit schönen Fresken von Annibale und Agostino Caracci ausgeschmückt ist.
Piazza Farnese
Bus: 23, 65
Besichtigung nach telefonischer Information unter Tel. 68 60 11

Palazzo Madama ■ b 2, S. 120
»Madama« Margarethe von Österreich, zuerst Gattin von Alessandro de' Medici, später von Ottavio Farnese, ist die Namensgeberin dieses Palazzos mit typisch barocker Fassade. Bischof Sinulf ließ den Palast Ende des 15. Jahrhunderts errichten, die florentinische Familie Medici sorgte für Ausbau und Erweiterung. Seit 1871 ist der Palazzo Madama Sitz des italienischen Senats.

Neuerdings kann man den Palazzo jeden ersten Samstag im Monat besichtigen.
Corso del Rinascimento
Bus: 70, 81, 90
Jeden ersten Sa im Monat 10–18 Uhr; im Sommer geschl.

Palazzo della Sapienza
■ b 2, S. 120
Im Innenhof des Palazzo – bis 1935 Sitz der römischen Universität – steht ein Meisterwerk Francesco Borrominis: die Kirche **Sant´ Ivo alla Sapienza** (1642 bis 1660).

Die Fassade des Gotteshauses wird durch ein wechselhaftes Spiel von konkaven und konvexen Formen sowie durch die spiralförmig ansteigende Dachform über der Kuppel derart belebt, daß das Auge des Betrachters kaum zur Ruhe kommt. Borromini errichtete die Kirche 1660 im Auftrag von Papst Urban VIII.
Corso del Rinascimento
Bus: 26, 70, 81
Tgl. 10–12 und 16–19 Uhr; die Kirche ist leider meistens geschl.

Palazzo Spada ■ b 3, S. 120
Der wunderbare Manierismus-Palazzo wurde um 1540 von Giulio Mersi da Caravaggio erbaut. Im 17. Jahrhundert kaufte Kardinal Spada den Palast und ließ ihn von Francesco Borromini restaurieren und ausbauen. Die berühmte perspektivische Galerie des Palazzo Spada ist ein Meisterwerk Borrominis: Auf der linken Seite des Hofes blickt man in die Bibliothek und von dort wieder in die Galerie. Die Galerie erscheint so unglaublich lang – obwohl sie gerade mal acht Meter mißt – und täuscht eine Scheinperspektive vor, die durch die fortschreitende Verkleinerung der Säulen zum Hintergrund und das ansteigende Bodenniveau hervorgerufen wird. Die optische Täuschung gelingt so perfekt, daß eine am Ende des Korridors in einem Hof stehende, kleine Statue kolossale Dimensionen annimmt.

Die Fassade des Prachtpalazzos sowie der Galleria Spada (→ S. 131), heute Sitz des italienischen Staats-

Reizvoll bis ins barocke Detail: der Palazzo Madama, heute Sitz des italienischen Senats

rates, ist mit acht Nischen ausgestattet, die mit Statuen römischer Könige und Kaiser besetzt sind.
Piazza Capo di Ferro 3
Bus: 23, 65
Tgl. außer Mo 9–19, So und Fei 9–13 Uhr
Eintritt 4000 Lire

Pantheon ■ c 2, S. 120
»Disegno angelico e non umano« (von Engeln, nicht von Menschenhand entworfen) – dieses Lob bekam das Pantheon aus berufenem Munde: Es war kein Geringerer als Michelangelo, der hinter dem Entwurf für das Pantheon höheren Zeichengenius vermutete. Tatsächlich gilt der Prachtbau als schönster und genialster Ausdruck römischer Architektur. Sein Ursprung geht zurück auf Agrippa, der zwischen 27 und 25 v. Chr. einen Tempel für alle Götter schaffen wollte. Von der agrippinischen Version ist nicht mehr viel zu sehen, denn zwischen 120 und 125 n. Chr. ließ Kaiser Hadrian den Tempel völlig umgestalten. Von den ersten Kaisern geschlossen, von den Barbaren geplündert, wurde das Pantheon im Jahre 609 zur Kirche von »Sankt Marien und allen Märtyrern« geweiht.

Vor allem das Innere des Bauwerkes ist von außergewöhnlicher Schönheit und perfekter Harmonie der Formen; Durchmesser und Raumhöhe sind gleich, ebenso die Höhe der Wand und der Kuppel. Die Kuppel, ursprünglich innen wie außen mit vergoldeten Bronzeplatten verkleidet, ist mit über 43 Metern Durchmesser die größte, die je gemauert wurde; durch eine neun Meter große Öffnung fällt Licht ins Innere. Die Wandverkleidung aus Marmor sowie der Fußboden entsprechen noch weitgehend dem Originalzustand.
Piazza della Rotonda
Bus: 46, 62, 64
Tgl. 9–14, So 9–13 Uhr
Eintritt frei

Piazza Navona ■ b 2, S. 120
Papst Innozenz X. wünschte sich zu seiner Residenz an der Piazza Navona, dem Palazzo Pamphili, ein angemessenes Umfeld, also beauftragte er den herausragenden Barockarchitekten Gian Lorenzo Bernini mit dem Bau eines Brunnens. Dieser kreierte die **Fontana dei Fiumi**, die die vier Flußgötter (Nil, Ganges, Donau, Rio della Plata) als Vertreter von vier Erdteilen sowie Löwen und Phantasiegebilde darstellt.

Den Obelisken besorgte Innozenz von der Via Appia; 1651 wurde der Brunnen fertiggestellt. Um seinem ewigen Rivalen Borromini eins auszuwischen, ließ Bernini – so will es die Legende – seine Brunnenfiguren gen San' Agnese in Agone blicken, gerade so, als erwarteten sie den Einsturz der Kirche. Der Haken an dieser Geschichte: Die Kirche wurde erst Jahre nach dem Brunnen errichtet...

Die **Fontana del Moro**, der Mohrenbrunnen, stammt aus dem späten 16. Jahrhundert. Auf Wunsch von Papst Innozenz X. wurde er von Bernini verschönert; der Mohr ist sein Werk. Der **Neptunbrunnen**, dritter im Bunde, wurde Ende des 16. Jahrhunderts errichtet (→ Die 10 aufregendsten Plätze, S. 184/185).
Bus: 70, 81, 90

Logenplatz für einen Gott: Von seinem Wasserthron über der Piazza Navona hat Neptun das weltliche Treiben gut im Blick

Tummelplatz für (Lebens-) Künstler: Piazza Navona

Sant' Agnese in Agone
■ c 2, S. 120

Die heilige Agnes wurde der Legende nach im Jahre 304 auf der Piazza Navona nackt an den Pranger gestellt. Wie durch ein Wunder wuchs ihr langes Haar und verhüllte sie vor den Blicken der Zuschauer. An der Stelle dieses wundersamen Ereignisses wurde eine Kirche errichtet. Das heutige Gotteshaus baute 1652 Francesco Borromini.

Die Fassade beeindruckt durch ihre Plastizität und den reizvollen Hell-Dunkel-Effekt, der durch den Wechsel von konkaven und konvexen Elementen entsteht. Im Innenraum öffnen sich vier Altäre in den Nischen der Kapellenpfeiler und formen ein Achteck. Die Säulen der Kapellen stammen aus San Giovanni in Laterano, die Kuppelfresken wurden von Cirri Ferri geschaffen. In der Krypta sehen Sie die Statue der heiligen Agnes.
Piazza Navona
Bus: 46, 62, 64
Tgl. 9.30– 12.30 und 16–18 Uhr

Sant' Agostino ■ b 1, S. 120

Die Renaissancekirche mit der eher schlichten Fassade wurde 1479 bis 1483 von Pietrasanta erbaut; ihre wahren Schätze verbergen sich im Inneren.

Über der dritten Säule links befindet sich eine der berühmtesten Fresken Raffaels, der »Prophet Jesaja« (1512). Auf dem Hochaltar von Bernini (1627) hängt ein Madonnenbild, das der Evangelist Lukas gemalt haben soll.

In der Seitenkapelle kann man die »Madonna dei Pellegrini« von Caravaggio (1605) bewundern. Bei den Zeitgenossen des Künstlers stieß die Madonna auf Kritik: Sie sehe aus wie eine einfache Frau aus dem Volk, hieß es.
Piazza Sant' Agostino
Bus: 46, 62, 64
Tgl. 7.45–12 und 16.30–19.30 Uhr

Sant' Andrea delle Valle

■ b 2, S. 120

Bis zum 16. Jahrhundert befand sich hier noch ein künstlicher See aus der Zeit des Augustus. 1591 begann Giovanni Francesco Grimaldi mit dem Bau des Gotteshauses »im Tal« für den Theatinerorden. Die Kuppel von Sant' Andrea ist nach der des Petersdoms die zweithöchste in Rom, und das imposante Innere des Gotteshauses gehört zu den schönsten der Stadt. Die prachtvollen Fresken an der Decke wurden Anfang des 20. Jahrhunderts von verschiedenen Künstlern erneuert.

Die Barockfassade mit ihren übereinandergestellten Säulen, 1608 bis 1623 von Carlo Maderna fertiggestellt, kommt nach einer intensiven Reinigung wieder richtig schön zur Geltung.

Corso Vittorio Emanuele II
Bus: 46, 62, 64
Tgl. 7.30–12.30 und 16.30– 19.30 Uhr

Sant' Eustachio ■ c 2, S. 120

Am Ort des Martyriums des heiligen Justus soll Kaiser Konstantin einst eine Kirche errichtet haben – sofern diese Überlieferung zutrifft, handelt es sich bei Sant' Eustachio um eine der ältesten Kirchen der Welt. Im 12. Jahrhundert hat man das Gotteshaus wieder aufgebaut – der Glockenturm zeugt noch von dieser Zeit –, und 1724 wurden weitere Veränderungen vorgenommen.

Sant' Eustachio, der heilige Justus, war ein leidenschaftlicher Jäger und soll in den Wäldern eines Tages einen riesigen Hirsch getroffen haben, der ein leuchtendes Kreuz auf seinem Geweih trug – über dem Giebel der Fassade ist ein Hirschkopf mit Kreuz zu erkennen... Im Inneren der Kirche befindet sich ein mit Marmor und Bronze geschmückter Hochaltar von Nicola Salvi (1739).

Piazza Sant' Eustachio
Bus: 70, 81, 90
Tgl. 9–12 und 16–18.30 Uhr

Santa Maria dell' Anima

■ b 2, S. 120

Im 15. Jahrhundert stand an dieser Stelle ein Pilgerhospiz für Gläubige aus Deutschland. Die enge Beziehung zu den Besuchern aus dem Norden blieb erhalten: Heute befindet sich hier die Nationalkirche der deutschsprachigen Katholiken.

Das Gotteshaus aus dem Jahre 1510 wurde immer wieder schwer verwüstet, so daß im 19. Jahrhundert eine Restaurierung nötig war. An der Renaissancefassade öffnen sich drei aus farbigem Marmor gemeißelte Türen, der Glockenturm ist mit mehrfarbigen Dachziegeln gedeckt. Der Innenraum hat den Grundriß einer Saalkirche spätgotischer Herkunft.

Via Santa Maria dell' Anima
Bus: 46, 62, 64
So 10 Uhr Messe in deutscher Sprache

Santa Maria della Pace

■ b 1, S. 120

Die Kirche wurde 1482 im Auftrag von Papst Sixtus V. errichtet und 1665 im Namen Papst Alexander VII. restauriert. Die Aula im Inneren der Kirche aus dem 15. Jahrhundert ist noch vollständig erhalten. Über dem Kapellenbogen befinden sich die Sibyllen Raffaels. Das Kloster ist ein berühmtes Beispiel für Barockarchitektur und das erste von Donato Bramante in Rom ausgeführte Werk (1500 bis 1504).

Vicolo della Pace
Bus: 46, 62, 64
Tgl. 9–12 und 16–18 Uhr

Santa Maria sopra Minerva

■ c 2, S. 120

Die ursprüngliche Kirche wurde im 8. Jahrhundert auf einem der Minerva gewidmeten Tempel errichtet. 1280 wurde das Gotteshaus wieder aufgebaut und ist damit eines der wenigen gotischen Bauwerke der Heiligen Stadt. Die marmornen Portale an der Fassade aus dem 18. Jahrhundert stammen noch aus dem 15. Jahrhundert. An der linken Seite der Außenwand erinnern sechs Tafeln an die Tiberüberflutungen zwischen 1598 und 1870.

In der **Capella Carafa** im rechten Querschiff befinden sich Fresken (1489 bis 1492) von Filippino Lippi, im Chorraum die von Michelangelo gefertigte Statue des »Auferstandenen Christus«. Die Abschlußarbeiten (1519 bis 1520) hatte der große Meister ursprünglich Pietro Urbano überlassen, doch dieser arbeitete so wenig zufriedenstellend, daß Michelangelo das Werk selbst beendete.

Vor der Kirche steht ein kleiner **Elefant**, der einen **Obelisken** trägt, den der Volksmund **il pulcino** (kleiner Floh) nennt. Ein Spitzname, den er nicht wegen seiner Größe verpaßt bekam, sondern weil man der Ansicht war, er habe mehr Ähnlichkeit mit einem Schweinchen (**porcino**) als mit einem Elefanten. Ursprünglich sollte den Obelisken ein Riese halten, doch die Dominikanermönche, die im Besitz des Obelisken waren, bestanden auf einem Elefanten. Gian Lorenzo Bernini, der die Skulptur entworfen hatte, war über die Einmischung derart erbost, daß er den Elefanten mit dem Hinterteil zum Konvent der Dominikaner ausrichtete.

Piazza della Minerva
Bus: 46, 62, 64
Tgl. 8–12 und 16–19 Uhr

Die einzige gotische Kirche von Rom ruht auf den Resten eines Tempels: Santa Maria sopra Minerva

Via Giulia ■ a 1/b 2, S. 120
Papst Julius II. ließ Anfang des 16. Jahrhunderts von Bramante und anderen namhaften Architekten die schönste Renaissancestraße Roms schaffen – und setzte damit ein politisches Zeichen. Die lange, gerade Straße, die die mittelalterlichen Gassen trennt, sollte zum Symbol der Erneuerung Roms werden, das zu jener Zeit ziemlich heruntergewirtschaftet und von Inflation und Malaria heimgesucht war. Zudem sollte die breite Zugangsstraße die Pilger, die in den engen Gassen zu sehr Taschendieben und Wegelagerern ausgeliefert waren, sicher zum Vatikan geleiten.

Im Laufe der Jahrhunderte entwickelte sich die Via Giulia zum Salon der Stadt, zur Vorzeigemeile. Heute wird sie von Antiquariaten und Kunstgalerien gesäumt, die beinahe ebenso bekannt sind wie die benachbarten Paläste. Kunst hat Tradition in der Via Giulia; im Haus Nr. 85 lebte der berühmte Maler Raffael. An der Nr. 66, dem **Palazzo Sacchetti**, bestätigt eine Inschrift links vom Balkon, daß der Architekt Antonio da Sangallo d. J. das Gebäude entworfen und auch dort gelebt hat. Schön ist vor allem der Innenhof des Palazzo.
Bus: 23, 41

Museen und Galerien

Galleria Spada ■ b 3, S. 120
Im 17. Jahrhundert gehörte es unter den reichen Familien der Stadt zum guten Ton, eine eigene Kunstsammlung zu besitzen. Die Galleria Spada, angelegt von Kardinal Spada, verfügt über eine der wenigen noch komplett erhaltenen Privatsammlungen Roms. Besonders sehenswert sind die Porträts des Kardinals von Guercino und Guido Reni sowie etliche schöne Gemälde von Domenichino und Tizian.
Piazza Capo di Ferro 3 (Palazzo Spada)
Bus: 23, 65
Tgl. außer Mo 9–19, So und Fei 9–13 Uhr
Eintritt 4000 Lire

Museo Baracco ■ b 2, S. 120
Baron Giovanni Baracco war ein begeisterter Sammler von assyrischen, ägyptischen, griechischen und römischen Skulpturen. 1902 vermachte er seine Schätze der Stadt. Eine kleine, aber qualitativ hochwertige Sammlung, darunter der Kopf eines Pharaos, der vermutlich Ramses II. darstellt. Das Prachtstück steht in Raum 2: die älteste ägyptische Statue Italiens (→ Die 10 spannendsten Museen, S. 98/99).
Via dei Baullari 1
Bus: 62, 64
Tgl. außer Mo 9–13, Di und Do auch 17–20 Uhr; im Aug. geschl.
Eintritt 3750 Lire

Museo Napoleonico ■ b 1, S. 120
Gemälde und Erinnerungsstücke an Napoleons Zeit in Rom. Die Bewunderung des kleinen Korsen für die Ewige Stadt ging so weit, daß er seinen Sohn König von Rom nennen ließ. Der erste und zweite Raum ist Napoleon I. gewidmet, der dritte

Napoleon III. Auch Napoleons Mutter Letizia wird gewürdigt; das beste Stück ist jedoch zweifellos ein Gipsabdruck vom Busen von Napoleons Schwester Pauline Bonaparte Borghese.
Via Zanardelli 1
Bus: 26, 90
Tgl. außer Mo 9–13.30, Do auch 17–20, So 9–13.30 Uhr
Eintritt 7500 Lire

Museo di Roma ■ b 2, S. 120
Zeichnungen, Gemälde – unter anderem von den Unterwasser-Kutschwettrennen auf der Piazza Navona – und Dokumente zur Geschichte der Ewigen Stadt. Außerdem ein offener Zug, 1858 in Frankreich gebaut, den Papst Pius IX. als Fortbewegungsmittel nutzte. Zur Zeit ist das Museum leider wegen Renovierungsarbeiten geschlossen. Während Ausstellungen ist der Palazzo geöffnet.
Piazza di San Pantaleo 10
Bus: 62, 64

Essen und Trinken

Acchiappafantasmi ■ b 2, S. 120
So eigenwillig wie der Name sind hier auch die Pizzakreationen. Besonders gut ist die Version mit gemischtem gegrillten Gemüse (**verdure miste**).
Via dei Cappellari 66
Tel. 6 87 34 62
Bus: 62, 64
Tgl. außer Di 19–24 Uhr
Untere Preisklasse

Antico Caffè della Pace ■ b 2, S. 120
Wundervolles antikes Kaffeehaus, das tatsächlich – fast – jeder Filmstar besucht, wenn er in Rom weilt. Sogar der Papst hat hier schon gefrühstückt, als er in der Kirche della

Sie möchten hier einfach nur einen Cappuccino oder einen Cocktail genießen? Kein Problem: Im Antico Caffè della Pace kommen nicht nur Filmstars und Models auf ihre Kosten

Pace eine Messe hielt. Barinhaber Bartolo Cuomo hat über sein bewegtes Leben und die illustren Gäste der Pace-Bar übrigens erst kürzlich ein Buch geschrieben.
Via della Pace 5
Tel. 6 86 12 16
Bus: 46, 62, 64
Tgl. außer Mo 15–2 Uhr

Da Baffetto ■ b 2, S. 120
Eine der historischen römischen Pizzerien, mit einer hauchdünnen, aber dickbelegten Pizza. Immer voll, reservieren hat auch keinen Sinn, aber wenn Sie schließlich einen Platz erringen, ist der Pizzagenuß groß!
Via del Governo Vecchio 114
Kein Telefon
Bus: 62, 64
Tgl. außer So 12–15 und 19–23 Uhr
Untere Preisklasse

La Campana ■ b 1, S. 120
Früher speisten hier Priester und hohe Persönlichkeiten, heute kommen auch »gewöhnliche« Römer in den Genuß des ausgezeichneten frischen Fisches und der exzellenten **torta di ricotta**, einer Art Käsekuchen.
Vicolo della Campana 18
Tel. 6 87 52 73
Bus: 70, 186
Tgl. außer Mo 12.30–15 und 19.30–23 Uhr; im Aug. geschl.
Obere Preisklasse (EC, Visa, DC, Amex)

Il Cul de Sac ■ b 2, S. 120
Mehr als 1100 Weinsorten liegen hier zur **degustazione** bereit. Um nicht gleich nach der ersten Runde schlappzumachen, gibt es dazu ein bestens bestücktes Buffet. Traumhaft gut ist der Schafkäse in Kräuteröl.
Piazza Pasquino 73
Tel. 68 80 10 94
Bus: 62, 64
Tgl. außer Mo 12.30–15 und 19–24 Uhr
Mittlere Preisklasse

Fiocco di Neve ■ c 2, S. 120
Der Eispalast mit den ausgefallensten Sorten: Hier gibt es – Sie lesen richtig – **gelato alla birra**, Eis mit Biergeschmack...
Via del Pantheon 51
Bus: 70, 119
Tgl. außer Mo 8–1 Uhr

Giolitti ■ c 1, S. 120
Roms Eispalast Nummer eins mit einer Riesenauswahl an gekühlten Leckereien.
Via degli Uffici del Vicario 40
Bus: 52, 56, 61
Tgl. außer Mo 7–1 Uhr

Grotte del Teatro di Pompeo ■ b 2, S. 120
Die **spaghetti alle vongole** sind ein Erlebnis – und treffen wohl auch den französischen Geschmack, denn viele Angestellte der benachbarten französischen Botschaft pflegen hier zu speisen.
Via del Biscione 73
Tel. 68 80 36 86
Bus: 60, 62, 64
Tgl. außer Mo 12.30–15 und 19.30–23 Uhr
Mittlere Preisklasse (Visa, Amex)

Hosteria Farnese ■ b 2, S. 120
Hier kosten die Nudeln kein Vermögen, aber sie schmecken so!
Via Baullari 109
Tel. 68 80 15 95
Bus: 60, 62, 64
Tgl. außer Do 12–15.30 und 19–24 Uhr
Untere Preisklasse (Visa, DC, Amex)

Hosteria Romanesca ■ b 2, S. 120
Den Fischmarkt gleich vor der Nase – da muß der Fisch ja frisch sein! Ist er auch – und preiswert noch dazu.
Piazza Campo de' Fiori 40
Tel. 6 86 40 24
Bus: 60, 62, 64
Tgl. außer Mo 12.30–14.30 und 19.30–22.30 Uhr
Untere Preisklasse

Jazz-Café ■ b 1, S. 120
Es war einmal ein New Yorker Fotomodell, das in Rom Karriere machte, doch irgendwann von Pasta & Co genug hatte. Da eröffnete es sein eigenes Lokal und servierte Hamburger – aber was für welche! Gelegentlich finden sich hier auch amerikanische Filmstars ein.
Via Zanardelli 12
Tel. 6 86 19 90
Bus: 70, 81
Tgl. außer So 21.30–2.30 Uhr
Obere Preisklasse (EC, Visa, DC, Amex)

La Montecarlo ■ b 2, S. 120
Eine schnelle Pizza zum Auftakt der römischen Nacht oder zur Stärkung zwischen zwei Barbesuchen...
Vicolo dei Savelli 12
Tel. 6 86 18 77
Bus: 62, 64
Tgl. außer Mo 12–15 und 18.30–1 Uhr
Untere Preisklasse

Della Palma ■ c 1, S. 120
Hier kommen Eisfreaks so richtig auf ihre Kosten: Der kühle Schmelz in allen möglichen Variationen, bleibt nur noch die Qual der Wahl zwischen hundert Sorten...
Via della Maddalena 20/23
Bus: 119
Tgl. 8–24 Uhr

Da Pancrazio ■ b 3, S. 120
Seit 1911 thront das Lokal auf einem Stück Geschichte – denn genau hier befand sich im Alten Rom das Pompeji-Theater. Im unteren Raum kann man noch einen Originalstein bewundern – und natürlich kann man bei Pancrazio auch einfach nur gut essen.
Piazza del Biscione 92
Tel. 6 86 12 46
Bus: 62, 64
Tgl. außer Mi 12.30–15 und 19.30–23 Uhr
Mittlere Preisklasse

Da Papa Giovanni ■ b 2, S. 120
In intimer Atmosphäre wird hier die Pasta in einer ausgehöhlten Käserinde (!) serviert.
Via dei Sediari 4
Tel. 6 86 53 08
Bus: 62, 64, 70
Tgl. außer So 13–14.15 und 20–23 Uhr
Obere Preisklasse (EC, Visa, DC, Amex)

Pascucci ■ c 2, S. 120
Ein Erdbeereisshake an einem heißen Sommertag... frischer geht's nicht! Die gemixten Köstlichkeiten nennen sich übrigens **frullati**.
Largo di Torre Argentina 20
Bus: 60, 65
Tgl. 6–24 Uhr

Sant' Eustachio Café ■ c 2, S. 120
Der beste **caffè** in ganz Rom – sagen die Römer. Ja, die Unterschiede sind klein, aber fein...
Piazza di Sant' Eustachio 82
Tel. 6 86 13 09
Bus: 70, 81
Tgl. außer Mo 8.30–1 Uhr

Trattoria la Carbonara
■ b 2, S. 120
Hier treffen sich Journalisten, Politiker und Künstler auf einem der schönsten Plätze Roms zu einem Schwätzchen und einem Teller Spaghetti – natürlich **alla carbonara**.
Campo de' Fiori
Tel. 6 86 47 83
Bus: 60, 62, 64
Tgl. außer Di 14–15 und 19–23 Uhr
Mittlere Preisklasse (Visa, Amex)

Ihr Pflichtgang im »La Carbonara«? Natürlich die gleichnamigen Spaghetti mit Käse, Eiern, Schinken und Sahne!

Travailleuses Missionnaires/ L' Eau Vive ■ c 2, S. 120
Sie werden von Missionarinnen bedient – echt oder verkleidet? –, die graziös durch die Tischreihen gleiten. Gelegentlich wird das Essen durch ihren Gesang (!) unterbrochen. Serviert wird französische Küche mit täglich wechselnden Spezialitäten.
Via Monterone 85
Tel. 68 80 10 95
Bus: 70, 81
Tgl. außer So 12.30–14.30 und 20–21.30 Uhr
Obere Preisklasse (Visa, Amex)

Tre Scalini ■ b 2, S. 120
Die berühmte Bar an der Piazza Navona muß einen schier endlosen Vorrat an **tartufo** haben. Denn kaum ein Reiseführer, der nicht den Genuß der cremigen Schokoeis-Spezialität empfiehlt... Dieser auch!
Piazza Navona 28–32
Bus: 42, 60
Tgl. außer Mi 8–1 Uhr

Einkaufen

Antiquitäten

Via Giulia, Via Monserrato und **Via dei Coronari** – das sind die drei großen Antiquitätenstraßen. Wobei letztere angesichts 40 Läden mit antiker Kunst – Originale und Kopien – geradezu vollgepackt ist. In der Via Giulia läßt sich gelegentlich Kunst mit Kulinarischem verbinden. Wenn in den Kunstgalerien Vernissagen angesagt sind, wird den Besuchern in der Regel auch Wein angeboten, dazu gibt's ein paar Snacks. Termine erfahren Sie aus den Tageszeitungen oder bei den Galerien selbst.

Antiquariato Valligiano ■ a 2, S. 120
Echt rustikale italienische Bauernmöbel aus dem 19. Jahrhundert.
Via Giulia 193
Bus: 23, 41

Le Antiquarie ■ a 2, S. 120
Schöne Kunstobjekte und Möbel – zum Großteil venezianisch.
Via del Consolato 19
Bus: 23, 41

Cose Cosí ■ b 2, S. 120
Silber, Uhren, Schmuck, Rahmen, Vasen von 1800 bis 1940 – ein richtiges kleines Schmuckkästchen.
Via del Governo Vecchio 89
Bus: 46, 62, 64

Gea Arte Antica ■ b 1, S. 120
Für umgerechnet 20 000 DM bekommen Sie hier eine echt antike Vase – ein Meisterstück mit Expertise; die ganz kleine Ausführung gibt es ab 200 DM.
Via dell´Orso 82
Bus: 70, 119

Nardecchia ■ b 2, S. 120
Der Meister der alten Drucke; ein wunderbarer Laden, auch nur so zum Stöbern.
Piazza Navona 25
Bus: 70, 81

Piero Talone ■ a 1, S. 120
Lichtspender von Barock bis Liberty.
Via dei Coronari 135
Bus: 70, 119

Bücher

La Libreria delle Donne ■ b 3, S. 120
Ein agiles Damentrio führt diesen Buchladen, in dem sich selbstverständlich auch Männer einen Roman kaufen können. Die Schriftstellerin, deren Werke hier am meisten verkauft werden, ist übrigens Virginia Woolf.
Piazza Farnese
Bus: 60, 62, 64

Libreria Fahrenheit 45 ■ b 2, S. 120
Für die Nachtschwärmer unter den Bücherwürmern – dieser Buchladen bleibt bis 23 Uhr geöffnet!
Piazza Campo de' Fiori
Bus: 62, 64

Rund 40 Antiquitätenläden – und jeder einzelne eine Fundgrube für Fans schöner alter Dinge: Via dei Coronari

ANTICHITA
DINERS CLUB INTERNATIONAL
AMERICAN EXPRESS
Cards Welcome

Geschenke

Fontana Arte ■ a2, S. 120
Wunderbare italienische Möbel und traumhafte Lampen.
Vicolo Sugarelli 96
Bus: 70, 119

Fratelli Berton ■ b 1, S. 120
Versteinerungen, Mineralien, Muscheln und sogar Jagdtrophäen – für den, der schon alles hat.
Via Sant´Agostino 5
Bus: 70, 119

Marmor In ■ a 2, S. 120
Sie haben beim Sightseeing ein besonders schönes Mosaik entdeckt? Silvana Fiore fertigt auf Bestellung alte Stücke nach. Oder soll's vielleicht lieber doch eine Marmorsäule sein?
Via dell' Orso 63
Bus: 70, 119

Pietro Simonelli ■ a 2, S. 120
Pietro kreiert wunderschöne Masken aus Pappmaché, für den Karneval oder einfach als Mitbringsel zum An-die-Wand-hängen. Sie können dem Künstler bei seiner Arbeit gerne zusehen.
Via Banchi Vecchi 125
Bus: 62, 64

Pisoni ■ a 2, S. 120
Kleine Geschenke mit großer Tradition: Seit rund zweihundert Jahren stattet Familie Pisoni die vornehmen Familien Roms sowie den Vatikan mit Kerzen aus.
Corso Vittorio Emanuele 127
Bus: 62, 64

Studio Punto Tre ■ a 2, S. 120
Eine richtige Geschenkekiste! Der Laden ist vollgestopft mit den außergewöhnlichsten Dingen – zum Beispiel extravagant bemalten Kommoden und fernöstlichen Kunstgegenständen.
Via Giulia 145
Bus: 23, 41

Kunst

L'Ariete ■ a 2, S. 120
Erstklassige Kunstgalerie, in der auch Vernissagen stattfinden.
Via Giulia 140 E
Bus: 23, 41
Tgl. außer Mo 16–20 Uhr

Galleria Giulia ■ a 2, S. 120
Eine der bekanntesten Kunstgalerien, unter anderem mit Arbeiten von Klee und Kokoschka; auch Kunstbücher.
Via Giulia 148
Bus: 23, 41

Sculptor Jeweler ■ a 2, S. 120
Designer-Schmuckstücke, aber auch wertvolle Skulpturen in Gold oder Bronze.
Via Giulia 101
Bus: 23, 41

Kurioses

Via dei Cestari ■ c 2, S. 120
Hier treffen sich Kardinäle aus aller Welt zum Shopping. Die Läden entlang der Straße bieten religiöse Artikel rund um Rosenkranz und Marienstatue an – natürlich auch schwarze Schuhe und purpurne Socken.
Bus: 62, 64

Für Kinder

Città del Sole ■ b 1, S. 120
Ein Geschäft mit wunderbarem altem Holzspielzeug und anderen tollen Spielsachen. Für Kinder und für das Kind in Mann und Frau.
Via della Scrofa 65/66/66 a
Bus: 70, 119

Al Sogno ■ b 2, S. 120
Stofftiere quer durch den Zoologischen Garten, niedliche Puppen und vieles andere, was den Kleinen Freude macht.
Piazza Navona 53
Bus: 70, 81

Für Ästhetiker geht in diesem Laden die Sonne auf: Sculptor Jeweler verkauft Schmuck und Skulpturen aus Gold oder Bronze

Lebensmittel

Antica Norcineria Viola ■ b 2, S. 120
Es gibt Salamifans, die sich Sammler nennen – hier in einer der besten Metzgereien Roms finden Sie garantiert das fehlende Stück! Kaufen Sie sich hier die Salami, bei Ruggeri (→ unten) das Brot – und das Picknick kann beginnen.
Piazza Campo de' Fiori 43
Bus: 60, 62, 64

Fornaio ■ b 2, S. 120
Phantasievolle Backkunst sowohl die Form als auch den Geschmack betreffend – und die besten Törtchen in der ganzen Stadt.
Via dei Baullari 4
Bus: 60, 62, 64

Ruggeri ■ b 2, S. 120
Sie können das ewige italienische Weißbrot nicht mehr sehen? Hier gibt es auch andere Brotsorten. Und dazu Leckeres für obendrauf!
Piazza Campo de' Fiori 2
Bus: 60, 62, 64

Venanzio Conti ■ b 3, S. 120
Das beste Brot, das man aus einem Holzofen holen kann. Es heißt, Conti habe ein eigenes Rezept entwickelt, das er ebenso gut bewacht wie seinen Ofen.
Via dei Pettinari 70
Bus: 46, 81

Er muß bestimmt nicht lange auf Kundschaft warten: Der fröhlich-bunte Markt auf dem Campo de' Fiori erfreut sich größter Beliebtheit

Lederwaren

Sirni ■ c 1, S. 120
Elegante Taschen, klassische Aktenkoffer – und alles garantiert handgefertigt.
Via della Stelletta 33
Bus: 70, 81, 90

Markt

Campo de' Fiori ■ b 2, S. 120
Der schönste, farbenprächtigste, lebendigste Markt überhaupt. Mit einer Riesenauswahl an knackfrischen Früchten, Gemüsearten, Fischen, Blumen… Wie es in Italien üblich ist, entsprechen Früchte und Gemüse immer der Saison. Wassermelonen im Dezember werden Sie also nicht finden – dafür aber Salat in ungeahnten Variationen. Es gibt keine Festpreise, auf dem »Blumenfeld« ist Handeln angesagt.
Piazza Campo de´Fiori
Bus: 62, 64
Tgl. außer So 7–13.30 Uhr

Mode

Die **Via del Governo Vecchio** ist nicht nur die Straße der alten Regierung, sondern auch die der alten Kleider: die Hochburg der Secondhand-Kleidung.

Maga Morgana ■ b 2, S. 120
…fertigt auf Bestellung Reprisen alter Modelle – wie wäre es mit einer Toga?
Via del Governo Vecchio 27
Bus: 46, 62, 64

Moon ■ b 2, S. 120
Mode, Hüte und Schmuck aus den Zwanzigern.
Via del Governo Vecchio 89 A
Bus: 46, 62, 64

Sempreverde ■ b 2, S. 120
Mäntel, Taschen, Schuhe und Secondhand-Kleidung aus den vierziger und siebziger Jahren.
Via del Governo Vecchio 26
Bus: 46, 62, 64

L'una e l'altra ■ b 2, S. 120
Todschicke Designermodelle, die nicht gleich ein Vermögen kosten.
Via del Governo Vecchio 105
Bus: 46, 62, 64

Porzellan und Keramik

Farnese ■ b 3, S. 120
Wenn Sie aus Ihrem Haus einen kleinen Palazzo zaubern möchten – hier gibt es die Zutaten, zum Beispiel Marmor oder Mosaiken.
Piazza Farnese 52
Bus: 23, 60, 64

Restauro Farnese ■ b 3, S. 120
Sollte Ihnen die sündteure neue Keramikskulptur zu Boden gefallen sein – hier wird ihr bzw. Ihnen geholfen.
Piazza Farnese 43
Bus: 23, 60, 64

Schmuck

Arsenale ■ b 2, S. 120
Raffinierte Schmuckkreationen in nostalgischem Stil.
Via del Governo Vecchio 64
Bus: 46, 62, 64

Massimo Maria Meli ■ b 2, S. 120
Der Goldschmied kopiert die zeitlosen Formen der Antike.
Via dell' Orso 57
Bus: 70, 119

Schuhe

Borino ■ b 3, S. 120
Fußbekleidung als Gebrauchsgegenstand: Borino ist der Spezialist für einfache, unspektakuläre Schuhe.
Via dei Pettinari 86
Bus: 60, 65

Wäsche

Riccoli ■ b 2, S. 120
Hier führt man Italiens Nobelmarke La Perla und fertigt auf Wunsch seidene Pyjamas – allerdings ist das nicht ganz billig.
Via del Governo Vecchio 36
Bus: 46, 62, 64

Zeitungen und Zeitschriften

Piazza Navona ■ b 2, S. 120
Am Newsstand auf der Piazza Navona bekommen Sie neben den italienischen **giornali** und **riviste** auch die Fernausgaben der Süddeutschen Zeitung und der FAZ.
Bus: 70, 81

La Gattara – die römischen Wildkatzen und ihre Katzenmutter

»Cicci, Giò-Giò, pss, venite venite« – wenn Signora Elena ruft, kommen die römischen Katzen auf samtenen Pfoten angeschlichen: schwarze, weiße und rötlich gefärbte, große und kleine…

Roms typische Bewohner sind keine Streuner, auch keine verwilderten Katzen; sie gehören vielmehr zur Gattung »wilde Stadtkatze«, bei der sich jeglicher Versuch der Umwandlung in eine Schmusekatze als erfolglos erweisen würde. Sie leben in Gärten und Parks, am allerliebsten aber zwischen den antiken Ruinen. Daß sie dennoch meist einen recht gesunden und wohlgenährten Eindruck machen, verdanken sie tierliebenden Römern, die täglich zum Füttern vorbeikommen – so wie Signora Elena, genannt **La Gattara**.

Aus dem Heer der vielen unbekannten Katzenmütter wurde Signora Elena von der New York Times gehoben. Im Januar 1995 lobte die amerikanische Tageszeitung die besondere Tierliebe der Römerin als seltenes Beispiel der Hingabe an herrenlose Tiere. Schon seit über 50 Jahren kümmert sich Elena, Kind amerikanischer Einwanderer, die zusammen mit ihrer Tochter Stella in der Via del Teatro di Marcello eine Bar besitzt, um die römischen Katzen – gerade so, als seien sie ihre Kinder. Hunderte hat sie vor dem Hungertod bewahrt.

Es begann mit einem kleinen Kätzchen mit rötlichem Fell und weißen Pfötchen, das Signora Elena jeden Morgen an der Bushaltestelle an der Piazza Monte Savello erwartete, ihr auf Schritt und Tritt folgte und schnurrend um die Beine strich. Bald begann die inzwischen 83jährige, dem Kätzchen Reste vom Abendessen mitzubringen, und so wurden es täglich mehr hungrige Mäuler, die sie an der Bushaltestelle erwarteten.

Seit ein paar Jahren muß die Königin der Katzen die Fütterung schon in aller Frühe vor Tagesanbruch erledigen. Nachbarn hatten sich über die große Katzenschar vor ihren Haustüren beschwert und Signora Elena beschuldigt, sie

Rom extra

würde die Straßen verschmutzen.

Wenn die alte Dame nun um fünf Uhr morgens aufsteht, warten die Katzen schon auf sie. Einige reiben ungeduldig mit den Pfoten gegen das Glas der Eingangstüre, als wollten sie sie öffnen. Sie verzehren gierig die herangeschafften Essensreste – und verziehen sich sofort wieder. An Streicheleinheiten sind sie nicht interessiert.

Doch eigentlich, meint Signora Elena, sei das noch gar nichts. Und erzählt von einem gewissen Signor Mariani, der 70 Katzen auf einmal versorgt. Jedem Vierbeiner hat er einen eigenen Teller zugeteilt, jeden dirigiert Signor Mariani auf den Platz, der ihm zusteht: »Annibale, du hier, Cesare, du hier, Nerone, was machst du, komm her…«

Ein Platz an der Sonne: Die wilden Stadtkatzen von Rom sind nicht unbedingt bemitleidenswerte Kreaturen

Einen Blick auf die eigenwilligen Bewohner Roms können Sie übrigens am besten in der **Area Sacra del Largo Argentina**, der Heiligen Zone des Largo Argentina – im Volksmund auch **Foro dei Gatti** genannt –, werfen. Zwischen den antiken Tempelresten ist derzeit der absolute »In-Treff« der römischen Stadtkatzen.

Um aber eine echte Gattara oder einen Gattaro auf dem Weg zur Katzenfütterung zu treffen, müssen Sie früh aufstehen – und Ausschau nach einem Zeitgenossen mit braunen Papiertragetaschen halten, der zielstrebig die Straße entlanggeht und seltsame Laute von sich gibt…

Area sacra del Largo Argentina, Largo di Torre Argentina
Bus: 46, 62 ■ c 2, S. 120

Die Trasteverini behaupten von sich, die wahren Römer zu sein: Hier gäbe es die stärksten Gladiatoren, die härtesten Straßenschlachten, die schönsten Frauen, die trinkfestesten Gesellen – dies alles und noch mehr nehmen die Bürger von trans tiberim, »jenseits des Tiber«, für sich in Anspruch.

Kleine Gassen mit Handwerksbetrieben, die Mamma vor der Haustüre mit dem Strickzeug in den Händen, laternenbeleuchtete, mit künstlichen Blumen geschmückte Madonnenstatuen in den entlegensten Winkeln oder schiefen Mauersimsen. Kleine heilige Stätten als Ausdruck einer anspruchslosen Frömmigkeit, die mit der päpstlichen Pracht wenig gemein hat – und natürlich die Obstverkäufer, die mit ihren sorgsam aufgereihten Früchten bunte Akzente setzen: Alles zusammen macht den Charme Trasteveres aus, des ehemaligen Hafenviertels, das anfangs noch nicht einmal zu Rom gehörte.

»Schiffe versenken« im Hafenviertel

Trastevere war einmal das Tor zum Etrusker-Gebiet und Kaiser Augustus der erste, der **trans tiberim** irgendwie ins römische Leben mit einbezog – zumindest spielerisch: Er ließ nahe **San Cosimato** riesige Wasserbecken aufstellen und darin spektakuläre Seeschlachten simulieren. Die Nähe zum Hafen und zur Tiberinsel zog vor allem Händler, Künstler und Seeleute in das Viertel. Letztere schätzten die Nähe zum **Kolosseum**, ihrem Arbeitsplatz auf dem Trockenen, wo sie zum Aufziehen des Sonnendaches engagiert waren.

Für die »Eingemeindung« Trasteveres sorgte die von Kaiser Aurelian im 3. Jahrhundert n. Chr. errichtete Mauer – fortan war das Hafenviertel ein Teil von Rom.

Respektloses mit langem »O«

Trastevere, nur durch Wasser von der Innenstadt getrennt, unterscheidet sich in der Tat bis auf den heutigen Tag in Aussehen, Atmosphäre, Sitten und Traditionen – und sogar im Dialekt vom »anderen« Rom: Noch bis vor wenigen Jahrzehnten sprachen die Bewohner des Viertels einen eigenen Dialekt, dessen Feinheiten sogar für Italiener unverständlich waren. Und noch heute verrät sich ein echter Trasteverino durch ein ungewöhnlich langgezogenes »O«.

Zu einem nächtlichen Streifzug durch die romantischen alten Gassen von Trastevere, dem römischen Madonnenviertel, gehören Lust und Laune – aber auch ein wenig Zufall

VICOLO
DELLA
RENELLA

Rom und seine Stadtteile

Berühmt über Trasteveres Grenzen hinaus sind die Poeten des Viertels, denen im **Museo del Folclore** ein Denkmal gesetzt wurde. Denn die Dichter jenseits des Tiber sind Meister der Respektlosigkeit: »Er Papa ride? Male, amico! È ssegno ch'a momenti er su' popolo ha da piaggne...« – (Der Papst lacht? Schlecht, mein Freund! Das bedeutet, daß sein Volk weinen muß…, lästerte einst Giocchino Belli).

Heute indes wandelt sich Trastevere vom Arbeiter- zum Schicki-Micki-Viertel. Immer mehr Werkstätten werden umgebaut, die Grundstückspreise schnellen in die Höhe, und italienische wie ausländische Schickeria vertreibt die alteingesessenen Trasteverianer.

Die Buchstaben-Zahlen-Kombinationen im Text verweisen auf die Planquadrate dieser Karte.

Flanierpiazza der größten Charmeure

Doch zum Glück ist der volkstümliche Charakter Trasteveres noch nicht ganz verschwunden. Die meisten abendlichen Spaziergänge durch die von Lokalen gesäumten Gassen enden im Herzen des alten Flanierviertels. Dieses Herz schlägt rund um die **Piazza di Santa Maria in Trastevere** (→ Die 10 aufregendsten Plätze, S. 184/185) bei der gleichnamigen, mit Goldmosaiken geschmückten Kirche – und je später der Abend, desto schneller geht sein Puls...

Zum Auftakt einer langen römischen Nacht im alten Hafenviertel führt der Kavalier – schick gestylt, mit frisch pomadisiertem Haar und dem neuesten Valentino-Hemd – seine Eroberung zum späten Nachtmahl unter freiem Himmel. Ein Abstecher in die Eisdiele, ein Plausch am rauschenden Brunnen – und dann ein Streifzug durch das »Schwabing von Rom«.

Trastevere verdient übrigens einen Besuch mit »hocherhobenen« Blicken, denn viele Häuser im Viertel sind mit traumhaften Dachgärten und -terrassen versehen. Grüne Großstadtoasen, die im Sommer zum Wohnzimmer umfunktioniert und liebevoll dekoriert werden: Bougainvillea im Keramiktopf, Palmen im Kübel, Heckenrosen am Spalier – und dazu ein Wellensittich im Holzkäfig...

Spaziergänge

Tour 1

Beginnen Sie Ihren Spaziergang rund um die Piazza di Santa Maria in einem der volkstümlichsten Viertel von Rom an der Piazza Sonnino. Im Juli ist dort, rund um die Kirche **San Crisogono**, Feststimmung angesagt. Die **Festa dei Noantri**, das Volksfest der Trasteverianer, lockt jung und alt auf die Straßen. Die Restaurantbesitzer stellen ihre Tische auf die Straße, und eine Woche lang stehen **porchetta** und Spaghetti, Wein und Gesang auf dem Programm.

Der Turm, den Sie sehen, ist die **Torre degli Anguillara**, der Turm eines Palazzos aus dem 13. Jahrhundert, der sich einst im Besitz einer der mächtigsten Familien von Rom befand. Heute werden hier Dante-Studien betrieben.

Gehen Sie dann über die Via Lungaretta bis zur Piazza in Piscinula, und sehen Sie sich etwas in den Gassen rund um den Platz um. Hier bekommt man noch einen guten Eindruck vom mittelalterlichen Trastevere. Über die Via dei Salumi und die Via dei Vascellari kommen Sie zur Piazza Santa Cecilia.

In der **Chiesa Santa Cecilia in Trastevere** befindet sich die liegende Statue der heiligen Cäcilia, deren zusammengekrümmte Körperhaltung an ihre grausame Hinrichtung erinnert.

Spuk im Armenhaus

Anschließend geht es vorbei an der Piazza dei Mercanti, deren Name an jene Zeiten denken läßt, als noch der Hafen Trastevere die Händler anzog. Dann biegen Sie in die Via di San Michele ein. Die Straße ist nach dem

Istituto di San Michele benannt, das im päpstlichen Rom die Armen und Alten versorgte. Früher soll es hier ordentlich gespukt haben, denn das Anwesen gehörte einst einer gewissen Donna Olimpia, die ihren Schwager Innozenz auf dem Sterbebett beraubte. Die habgierige Olimpia soll daraufhin nach ihrem eigenen Tod keine Ruhe gefunden haben – so mancher hat angeblich ihre Haube in der Luft schweben gesehen...

Weiter dann zur **Porta Portese**. Wenn hier der Duft von gegrillter **porchetta** (Ferkel) und fritierten Krapfen in Ihre Nase weht, dazu neapolitanische Schnulzen an Ihr Ohr dringen, dann ist es Sonntagmorgen, und das heißt Flohmarkt-time an der Porta Portese. (→ Flohmarkt Porta Portese: Fundgrube für Sachensucher, S. 158/159).

Michelangelos Moses aus Gips

Im Angebot sind Hemden, Socken, Röcke aus synthetischen Fasern, Quarzuhren, Modeschmuck aus Blech mit falschen Brillanten, Tische, Schränke und Stühle – teils fachmännisch, teils dilettantisch restauriert. Außerdem Michelangelos Moses aus Gips, das Kolosseum als Aschenbecher und vieles mehr.

Wir spazieren nun weiter über die Via Porta Portese, zur Piazza San Francesco d'Assisi mit der **Chiesa San Francesco a Ripa**; im angrenzenden Kloster soll sich 1210 der heilige Franziskus aufgehalten haben. Die gleichnamige Straße bringt Sie schließlich zur Piazza di Santa Maria in Trastevere, dem Schauplatz einer richtigen Kleinstadtidylle: Kinder kurven auf Fahrrädern um den Platz, während ihre Mammas ein Pläuschchen halten.

Die älteste Marienkirche von Rom

Besagter Brunnen in der Mitte des Platzes stammt von Carlo Fontana (nomen est omen!), und die Kirche mit dem wunderbaren Goldmosaik ist die älteste Marienkirche der Stadt. In den Palast rechter Hand, den **Palazzo Moroni,** flüchteten die Benediktinermönche einst jeden Sommer aus Angst vor der Malaria.

Hat Sie der Spaziergang hungrig gemacht? Wie wäre es also mit einer Portion hausgemachter **fettuccine**: Die gibt es im **Ristorante Sabatini**. Frisch gestärkt können Sie dann die **Basilica di Santa Maria in Trastevere** besichtigen. Weiter führt der Weg zur Piazza Sant´Egidio. In dieser Gegend sieht es beinahe noch so aus wie vor 200 Jahren – barocke Kirche, Renaissancehäuser und kleine Plätze.

Ein Denkmal für den Spottpoeten

In Trastevere, das bis 1860 unabhängig von Rom war, sprach man lange Zeit einen Dialekt, den selbst Italiener nicht verstanden. Die Werke und Geschichten der einheimischen Poeten, weit über die Grenzen des Viertels hinaus bekannt, kann man im **Museo del Folclore** kennenlernen. Einem der geistreichsten und witzigsten Trastevere-Poeten – Alberto Salustri, der unter dem Pseudonym Trilussa die Feder schwang – wurde 1954 auf der Piazza Trilussa gleich in der Nähe ein Denkmal gesetzt.

Biegen Sie nun in die Via di Ponte Sisto, dann in die Via Santa Dorotea ein. In der Hausnummer 20 an der Ecke mit den hübsch dekorierten Fenstern im zweiten Stock soll einst Bäckerstochter Fornarina, die Geliebte Raffaels, gewohnt haben.

Der Künstler hat die pausbäckige Schönheit auf einem seiner berühmtesten Gemälde verewigt; es ist im Palazzo Barberini zu sehen.

In der Via Porta Settimiana 8, im **Ristorante Romolo,** könnten Sie nun zur wohlverdienten Mittagspause einkehren.

Dauer: etwa 2,5 Stunden

Tour 2

Raus aus dem Smog, dem Lärm, dem Großstadtgedränge: Machen Sie es wie die Römer, und erklimmen Sie den **Gianicolo**, das sonntägliche Ausflugsziel vieler römischer Familien, auf dem die **Fontana dell'Acqua Paola** stolz wie der Trevi-Brunnen thront. Es erwartet Sie gute Luft – und Garibaldi!

Einer der ältesten römischen Überlieferungen zufolge ist der Hügel dem doppelgesichtigen Gott Janus geweiht, der hier eine Stadt gegründet und einen Sohn namens Tiber gezeugt haben soll. Belegbare Tatsache ist jedenfalls, daß der Gianicolo außerhalb des Stadtgebietes des alten Rom lag.

Entlang der Via Garibaldi kommen Sie zunächst zur Kirche **San Pietro in Montorio**. Mit ein wenig Glück sehen Sie hier – vor allem an Sonntagen – einen Rolls-Royce oder eine Kutsche mit einem Brautpaar vorfahren; es gilt als ausgesprochen schick, in San Pietro zu heiraten.

Genießen Sie die Ruhe, das Grün, die frische Luft. Hier oben scheint Rom so fern und ist dabei doch so nahe. Vielleicht gönnen Sie sich ein cremiges Eis vom Kiosk, lesen ein gutes Buch oder schreiben die schon längst fällige Ansichtskarte... Der Herr auf der Reiterstatue ist übrigens Nationalheld **Giuseppe Garibaldi**,

Sonntagsvergnügen der Römer: ein Ausflug auf den Gianicolo – der Aussicht wegen

der hier im Jahr 1849 gegen die Franzosen kämpfte. Und es lebe die Gleichberechtigung: Man hat auch Garibaldis Gattin ein Denkmal gesetzt! Wenn Sie dem Spazierweg folgen, kommen Sie zum **Monumento ad Anita Garibaldi**, einer Amazone hoch zu Roß.

An der uralten Eiche, zu der Sie der Weg weiter führt, erinnert eine Inschrift an den Dichter Torquato Tasso (»da dachte er so im Stillen an all seine Mißgeschicke«)... In der **Chiesa di Sant' Onofrio**, nicht weit von der Eiche entfernt, verbrachte der an Verfolgungswahn und religiöser Manie leidende Tasso die letzten Tage vor seinem Tod 1595 (→ Die 10 schönsten An- und Ausblicke, S. 212/213).

Dauer: etwa 1 Stunde

Leuchtende Goldmosaike aus dem 12. Jahrhundert und ein prächtiger Marmorfußboden: Santa Maria in Trastevere

Sehenswertes

Casa Borgia ■ a 1, S. 146
Hier trieb Cesare Borgia, ein Sohn von Papst Alexander VI., sein Unwesen. Unter dem Haus verliefen zwei unterirdische Gänge: Einer führte zum Vatikan, zum Vater; der zweite zum Tiber. Auf diesem Wege beseitigte Cesare unliebsame Gäste – darunter auch seinen Bruder...
Via della Lungara 46
Bus: 23, 41
Nur von außen zu besichtigen

Fontana dell' Acqua Paola ■ a 3, S. 146
Der Brunnen in Gestalt eines dreifachen Triumphbogens wurde 1612 für Papst Paul V. von Flaminio Ponzio als Kopie der Fontana dell' Acqua Felice im Quirinalsviertel errichtet. Ganz oben sieht man Drachen und das Adler-Wappen der Familie Borghese.
Gianicolo
Bus: 41

Giardini Botanici ■ a 2, S. 146

Auf diesen Wegen lustwandelte schon Königin Christina von Schweden, denn der gesamte heutige Botanische Garten gehörte einst zu den Parkanlagen des **Palazzo Corsini**. In den Gewächshäusern gedeihen exotische Pflanzen, an denen die Botanikstudenten ihre Forschungen betreiben. Leider hat der eisige Winter 1985 einen Teil der tropischen Pflanzen zerstört, dennoch ist der Park mit seiner Mittelmeerflora vor allem im Sommer ein angenehmer Aufenthaltsort.

Largo Cristina di Svezia 24
Bus: 23, 41
Tgl. außer So und Fei 9–15,
Sa 9–11 Uhr
Eintritt 4000 Lire

Palazzo Corsini ■ b 2, S. 146

Papst Sixtus IV. schenkte diesen Palazzo seinem Neffen Girolamo Riario, der hier vorübergehend mit seiner Gattin Caterina Sforza lebte, einem Mitglied der Mailänder Herrscherfamilie. Als die Sforza-Truppen bei Forli geschlagen wurden, steckte man Caterina ins Gefängnis Castel Sant' Angelo. 1662, nach ihrer Abdankung, zog Königin Christina von Schweden in den Palast, wo sie fast vierzig Jahre später starb. 1729 schenkte Clemente XII. den Palazzo seinem Neffen Kardinal Neri Corsini, nach dem der Bau benannt ist. Ferdinando Fuga gab der Fassade 1736 ihr heutiges Gesicht.

Im Palazzo sind die Corsini-Bibliothek und die Nationale Kunstgalerie mit Werken von Caravaggio, Rubens und Van Dyck untergebracht.

Via della Lungara 10
Bus: 23, 41
Tgl. außer Mo 9–13 Uhr
Eintritt 8000 Lire

Santa Cecilia in Trastevere
■ c 3, S. 146

Stefano Maderno schuf um 1600 das bekannteste Kunstwerk der Kirche: die heilige Cäcilie, zusammengekrümmt unter dem Altar liegend, als schreckliches Beispiel einer grausamen Hinrichtung. Dem Henker war es nicht gelungen, ihren Kopf mit den gesetzlich vorgeschriebenen drei Schlägen vom Körper zu trennen; die Ärmste starb erst drei Tage später den Märtyrertod. Der Legende nach erhob sich bereits seit dem 4. Jahrhundert eine Kirche über dem Wohnhaus der Cäcilie. Portikus und Glockenturm wurden im 12. Jahrhundert, Fassade und Innenraum im 18. Jahrhundert erneuert, die Säulen des breiten Mittelschiffs im 19. Jahrhundert eingemauert.

Piazza di Santa Cecilia
Bus: 56, 60
Tgl. 10–12 und 16–18 Uhr

Santa Maria in Trastevere
■ b 3, S. 146

In einem Streit zwischen Tavernenbesitzern und Christen um den Besitz der Piazza di Santa Maria mußte Kaiser Alexander Severus im Jahr 222 n. Chr. ein Machtwort sprechen: Gottesverehrung sei wichtiger als »Kneipenwirtschaft« – und so entstand hier die erste Kirche, die offiziell für den »Kult der Christenheit« zugänglich war. Die ursprüngliche Kirche wurde zerstört; Papst Innozenz II., der aus Trastevere stammte, ließ sie 1130 wieder errichten. Die Fassade ziert ein prächtiges Mosaik, das Maria mit ihrem Kind und zehn Jungfrauen zeigt. Der Marmorfußboden stammt von Künstlern der Familie Cosmati.

Piazza di Santa Maria in Trastevere
Bus: 56, 60
Tgl. 8–12.30 und 15.30–19 Uhr

San Pietro in Montorio

■ b 3, S. 146

San Pietro verdanken die Römer einer falschen Legende: An dieser Stelle, so erzählte man einst, sei der Apostel Petrus gekreuzigt worden. Am vermeintlichen Hinrichtungsort errichtete Donato Bramante 1502 einen Tempel – liebevoll **Tempietto di Bramante** genannt. Das »Tempelchen« im Kreuzgang des Klosters ist in der Tat ein besonders schönes Werk des Künstlers. Es strahlt, obwohl fast schmucklos, würdevolle Ruhe aus.
Via Garibaldi 33
Bus: 41, 44

Villa Farnesina

■ b 2, S. 146

Der Renaissance-Bankier Agostino Chigi war ein Feinschmecker – seine Feste, an denen auch Papst Leo X. teilnahm, waren berühmt –, und er war ein Kunstliebhaber. Von 1512 bis 1518 beherbergte er Raffael, der wundervolle Fresken für ihn malte. In der Galerie stellte der Künstler unter anderem die Legende von Amor und Psyche dar. Rechts der Eingangshalle sollen einige Malereien von Michelangelo stammen; sie waren angeblich als Beweis dafür gedacht, daß Raffaels Figuren zu klein geraten sind. 1580 ging dem Bankier dann allerdings das Geld aus; er mußte seinen Palast an die Familie Farnese verkaufen.
Via della Lungara 230
Bus: 23, 65
Mi–Sa 9–13 Uhr

Museen und Galerien

Galleria Nazionale di Pittura

■ b 2, S. 146

Gemälde aus dem 16. und 17. Jahrhundert, darunter Meisterwerke von van Dyck, Rubens, Tizian und Caravaggio – und außerdem ein Porträt mit Seltenheitswert: Meister Bernini auf einem Gemälde von Baciccia.
Via della Lungara 10 (Palazzo Corsini)
Tel. 6542323
Bus: 23, 41
Tgl. außer Mo 9–13 Uhr
Eintritt 8000 Lire

Museo delle Anime del Purgatorio

■ C 2, Klappe vorne

Im Museum der »Seelen im Fegefeuer« sind Spuren zusammengetragen, welche die gepeinigten Höllenbewohner auf irdischen Materialien hinterlassen haben sollen, als da wären Brandzeichen auf Bettüchern, Kissen oder Büchern. Ein Pater hat diese »Beweise« gesammelt und nach der Jahrhundertwende das Museo delle Anime gegründet.
Chiesa Sacra Cuore del Suffragio
Lungotevere Prati 12
Bus: 50, 81
Tgl. 8–12 und 17–18.30 Uhr
Spende erwünscht

Museo del Folclore e dei Poeti Romaneschi

■ b 3, S. 146

Unterhaltsames aus dem römischen Alltagsleben des 18. und 19. Jahrhunderts, dazu Werke einheimischer Poeten. Außerdem gibt es Nachbildungen von berühmten römischen Statuen zu sehen.
Piazza San Egidio 1/b
Bus: 26, 44, 75
Tgl. außer Mo 9–13.30, Di und Do auch 17–19.30, So 9–13 Uhr
Eintritt 3750 Lire

Essen und Trinken

Alberto Ciarla ■ b3, S. 146
Elegantes Fischrestaurant mit ausgezeichnetem Essen und hervorragendem Service. Etwas besonders Feines sind die mit Fisch gefüllten Ravioli.
Piazza San Cosimato 40
Tel. 5 81 86 68
Bus: 56, 60
Tgl. außer So 20.30–23 Uhr
Obere Preisklasse (Visa, DC, Amex)

Antica Pesa ■ b3, S. 146
Im Sommer ist die Atmosphäre hier fast nicht zu überbieten: gegrillter Fisch unter schattigen Bäumen und riesigen Sonnenschirmen...
Via Giuseppe Garibaldi 18
Tel. 5 80 92 36
Bus: 23, 41
Tgl. außer So 20–24 Uhr
Obere Preisklasse (EC, Visa, DC, Amex)

Carlo Menta ■ c3, S. 146
Elegantes Lokal im Herzen von Trastevere; guter Service und wunderbarer Fisch.
Via della Lungaretta 101
Tel. 5 80 37 33
Bus: 56, 60
Tgl. außer Mo 19.30–23 Uhr
Obere Preisklasse (EC, Visa, DC, Amex)

La Casa del Tramezzino
■ b3, S. 146
Zwei Scheiben Weißbrot, dazwischen Fleisch, Fisch, Käse, Gemüse oder Schinken: **tramezzini**, diese Sandwiches schmecken nirgendwo so gut wie in Rom, heißt es. Und hier können Sie alle Sorten durchprobieren.
Viale di Trastevere 52
Bus: 780
Tgl. 9–22 Uhr

Checco er Carrettiere
■ b2, S. 146
Ein »er« (die römische Version von »il«) im Namen eines Restaurants ist gewöhnlich ein Hinweis auf traditionelle römische Küche – so auch hier. Einfaches Ambiente, angemessene Preise.
Via Benedetta 10/13
Tel. 5 80 09 85
Bus: 65
Tgl. außer Mo 13.30–15.30 und 18.30–23 Uhr; So abends geschl.
Mittlere Preisklasse (EC, Visa, DC, Amex)

Destinity Astroclub ■ b2, S. 146
Kristallkugeln und Kartenlegen – und dazu ein Glas Prosecco: (Nicht nur) die römische High-Society läßt sich hier gerne in die Zukunft blicken. Das Essen bleibt da Nebensache.
Via del Cipresso
Bus: 65
Tgl. ab 19 Uhr bis nach Mitternacht, je nach Andrang

Il Giardino dei Cilieghi
■ b3, S. 146
Erlebnisgastronomie der magischen Art, Teil zwei: Chef Massimo bietet seinen Gästen zu Crêpes und Törtchen Kartenlesen und Horoskope.
Via dei Fienaroli
Bus: 44, 75
Tgl. 17–2.30, So ab 20 Uhr

Da Gigi il Moro ■ b2, S. 146
Eine echte römische Trattoria, in der Riesenportionen aufgetischt werden. So bleibt nach einem Teller Nudeln kaum mehr Platz für ein **dolce**.
Via del Moro 43
Tel. 5 80 91 65
Bus: 56, 60
Tgl. außer Mo 12–1 Uhr
Untere Preisklasse

Immer laut und grundsätzlich überfüllt – aber einfach wunderbar: Ivo ist die beliebteste Pizzeria von Trastevere

Da Gildo ■ b 2, S. 146
Wenn Sie Heißhunger haben, sind Sie hier richtig: Die Pizza ist so groß, daß sie über den Tellerrand hinausragt. Doch es gibt kaum jemanden, der auch nur einen Krümel übrigläßt.
Via della Scala 31a
Tel. 5 80 07 33
Bus: 170, 719
Tgl. außer Mi und Fr 19.30–1.30 Uhr
Untere Preisklasse

Gino in Trastevere ■ c 3, S. 146
Ein paar Schritte von der Piazza Santa Maria in Trastevere entfernt gibt es die besten **calamari fritti** der Stadt.
Via della Lungaretta 85
Tel. 5 80 34 03
Bus: 56, 60
Tgl. außer Mi 18–24 Uhr
Mittlere Preisklasse (EC, Visa, DC, Amex)

Ivo ■ b 3 S. 146
Ivo ist ein Klassiker der römischen Pizza-Szene: Der Teig ist immer gleich knackdünn und wird immer gleich freundlich serviert – daher ist es bei Ivo leider auch immer gleich voll. Bei schönem Wetter kann man auch draußen sitzen.
Via San Francesco a Ripa 158
Tel. 5 81 70 82
Bus: 780, 170
Tgl. außer Di 13–15.30 und 18–1.30 Uhr
Untere Preisklasse

Da Lucia ■ b 3, S. 146
Ein echter Geheimtip – aber bringen Sie Zeit mit: Schon auf der Speisekarte wird darauf hingewiesen, daß eilige Gäste hier ein wenig fehl am Platz sind – denn alles wird frisch gekocht!
Vicolo Mattonato 2/B
Tel. 5 80 36 01
Bus: 23, 41
Tgl. außer Mo 20–23.15 Uhr
Mittlere Preisklasse

Da Luigi ■ b 2, S. 146
Ein schneller Snack? Dann holen Sie sich bei Luigi am besten ein **tramezzino**, ein mit Salami, Käse, Schinken, Fisch, Salat oder Tomaten pikant gefülltes Sandwich-Dreieck.
Via della Lungara 14
Bus: 23, 41
Tgl. außer So 8–22 Uhr

L'Oasi ■ b 4, S. 146
Nichts ist erfrischender als ein Zitroneneis von L'Oasi! Hier gibt's auch **frullati**, Mixgetränke, und wunderbare Crêpes.
Viale di Trastevere 284/288
Tel. 5 80 33 48
Bus: 780
Tgl. außer Mi 18–1 Uhr

Panattoni ■ b 3, S. 146
In dieser Spaghetteria gibt es Nudeln bis zum Umfallen – und das bis drei Uhr morgens! Aber es kommt noch besser: Panattoni ist eine der empfehlenswertesten Pizzerien von Rom.
Viale di Trastevere 53
Tel. 5 80 09 19
Bus: 780
Tgl. außer Mi 18.30–3 Uhr
Untere Preisklasse

Panzanera ■ b 4, S. 146
Mit der Pizza Napoli hat alles angefangen… Daher sollte man die »Mutter aller Pizze« wenigstens einmal – zum Beispiel hier – kosten: Tomatensauce, Mozzarella, Kapern und Sardellen – ein herrlich würziger Belag.
Viale di Trastevere 84
Tel. 5 81 85 45
Bus: 170, 719
Tgl. außer Mi 12–16 und 19–1 Uhr
Untere Preisklasse

La Parolaccia Cencio ■ b 2, S. 146
»Domenica magnte a casa semo chiusi« (Am Sonntag eßt gefälligst zu Hause, da haben wir geschlossen) – hier ist eines der wenigen Lokale, wo die Beschimpfung der Gäste im Service inbegriffen ist. Und siehe da, je unfreundlicher die Kellner, je unflätiger die Schimpfworte, desto zahlreicher strömen die Gäste.
Vicolo del Cinque 3
Tel. 5 80 36 33
Bus: 65
Tgl. außer So 18–23 Uhr
Mittlere Preisklasse (Visa)

Romolo ■ b 2, S. 146
In einer uralten Taverne – sie ist etwa 350 Jahre alt – gibt es eine bemerkenswert köstliche **saltimbocca**, zarte Kalbsschnitzel mit hauchdünnem Parmaschinken und Salbei.
Via di Porta Settimiana 8
Tel. 5 81 38 73
Bus: 23, 41
Tgl. außer Mo 13–15 und 20.30–23.30 Uhr
Obere Preisklasse (EC, Visa, DC, Amex)

Sabatini ■ b 3, S. 146
Das kulinarische Angebot des einst ruhmreichen Gourmettempels ist nicht mehr so, wie es einmal war – doch der wunderbare Blick auf die Kirche Santa Maria in Trastevere macht vieles wieder wett.
Piazza di Santa Maria in Trastevere 13
Tel. 5 81 20 26
Bus: 41, 65
Tgl. 12.30–15 und 19.30–24 Uhr; zwei Wochen im Aug. geschl.
Obere Preisklasse (EC, Visa, DC, Amex)

Einkaufen

Bücher

Libreria Lungaretta Nova ■ c 3, S. 146
Hier bekommen Sie auch noch die traditionelle Literatur des Viertels.
Via della Lungaretta 90
Bus: 56, 60

Geschenke

La Lungara ■ b 2, S. 146
Schöne Uhren, edle Gefäße, teure Gemälde – eben feine Geschenke für größere Anlässe.
Via della Lungara 44 A
Bus: 23, 65

Rodriguez ■ b 2, S. 146
Mach es wie die Sonnenuhr, zähl die heiteren Stunden nur… Adrian Rodriguez fertigt selbige, auch im Kleinformat für unterwegs.
Via del Moro 59
Bus: 23

Studio Elp ■ c 3, S. 146
In diesem Studio haben sich mehrere italienische Designer zusammengetan. In Verkaufsausstellungen zeigen sie von Zeit zu Zeit ihre ungewöhnlichen und sehr raffinierten Kreationen – von Stoffen bis Schmuck.
Via dell' Arco dei Tolomei 2
Bus: 23

Kaufhaus

Standa ■ b 4, S. 146
Kaufhauskette mit Kleidern, Kosmetik, Lebensmitteln und und und…
Viale di Trastevere 62
Bus: 170, 774

Für Kinder

Marameo Cucu'
Wunderbares altes Spielzeug – für Gameboy-Freaks bestimmt nicht die richtige Adresse.
Via della Farnesina 99/101
Bus: 23

Lebensmittel

Il Forno Amico ■ b 3, S. 146
Das beste dunkle Brot in Rom – doch Sie müssen früh aufstehen: Spätestens gegen Mittag ist es ausverkauft.
Piazza San Cosimato 53
Bus: 774, 780

Frontoni ■ b 4, S. 146
Ein Paradies für Naschkatzen: Frontoni hat das größte Angebot an süßen Sachen, dazu Brot und Pizza.
Viale di Trastevere 52
Bus: 774, 780

Innocenti ■ c 3, S. 146
Ein Riesenofen produziert Leckeres am laufenden Band: Torten, Gebäck und Kekse für Süßschnäbel, **pizzette** für die Fans von Herzhaftem.
Via della Luce 21
Bus: 774, 780

Lederwaren

Marinucci ■ c3, S. 146
Handgemachte Einzelstücke aus Leder.
Via della Lungaretta 65/B
Bus: 23, 280

Nino Salomone ■ c3, S. 146
Nino fertigt Taschen und Schuhe nach Maß, wobei Sie ihm über die Schulter sehen können.
Via della Lungaretta 89/A
Bus: 23, 280

Märkte

Mercato di Piazza di San Cosimato ■ b3, S. 146
Einer der kleinen Obst- und Gemüsemärkte, auf denen die Händler selbst den einfachsten Salatkopf noch dekorativ präsentieren. Außerdem gibt es verführerisch duftende Salami – und erst die Auswahl an Käse…
Bus: 44, 75
Mo–Sa 7–13 Uhr

Mercato di Porta Portese ■ c4, S. 146
Gebrauchtes und Neues, Nützliches, Wertvolles und Kitschiges… Der Markt an der Porta Portese ist der größte und farbenfroheste Markt von Rom. Liedermacher Claudio Baglioni hat ihm sogar ein Lied gewidmet. Stehen Sie aber früh auf, denn die besten Schnäppchen macht man in aller Herrgottsfrühe!
Bus: 23
So von Sonnenaufgang bis 14 Uhr

Moderne Kunst

Alessandra Bonomo ■ b3, S. 146
Innovative Galerie, die junge italienische und ausländische Künstler fördert.
Piazza di Sant' Appollonia 3
Bus: 23, 280

Galeria Salon Privé Arti Visivi ■ b3, S. 146
Computerkunst, auch mit Lichtspielen und Musikkompositionen. Gelegentlich interessante Ausstellungen.
Via Natale del Grande 39
Bus: 280, 710, 717

Immart Gallery ■ b2, S. 146
Wer zeitgenössische Malerei sucht, ist hier richtig.
Vicolo del Cinque 24 B
Bus: 23, 280

Porzellan und Keramik

Galleria del Batik ■ b3, S. 146
Mein Favorit in diesem Laden sind die riesigen handbemalten Spaghettischüsseln. Wer so etwas nicht transportieren kann, findet unter vielen wunderbar verzierten Keramikstücken sicher etwas anderes, das in den Koffer paßt.
Via della Pelliccia 30
Bus: 23, 280

Sarti Ceramic ■ b2, S. 146
Wunderbare Statuen, die aber leider fast unerschwinglich teuer sind. Eine Schüssel oder eine Lampe dagegen – das ist im Urlaubsbudget möglicherweise noch drin.
Via Santa Dorotea 21
Bus: 23, 280
Sa geschl.

Flohmarkt Porta Portese: Fundgrube für Sachensucher

An dieser Stelle habe ich einen richtigen Geheimtip für Sie – sagen Sie's aber bloß nicht weiter! Der sonntägliche Flohmarkt an der Porta Portese in Trastevere ist nämlich tatsächlich eine echte Fundgrube; zwischen Unnützem und Kitschigem verstecken sich mitunter ungeahnte Schätze: Im Januar 1995 etwa entdeckten kunstsinnige **carabinieri** hier drei Leinwandgemälde aus dem 16. Jahrhundert, die aus der Schule Caravaggios stammen und zu dem Zyklus »Via Crucis« gehören. Die Kunstwerke im Gesamtwert von über fünf Millionen DM waren 1992 aus einer Kirche bei Catania auf Sizilien gestohlen worden. Der wohl weniger kunstverständige Flohmarkthändler bot die Gemälde für jeweils 900 000 Lire an – Verhandlungsbasis, versteht sich!

Zu den Fundstücken der carabinieri gehörten außerdem ein Gemälde aus dem 17. Jahrhundert, das aus einer Kirche nahe Neapel verschwunden war, eine Christusstatue aus dem 16. Jahrhundert, die man in einer Basilika bei Salerno vermißte – und außerdem an die hundert sakrale Statuen, Möbelstücke und Einrichtungsgegenstände.

Die neapolitanische Staatsanwaltschaft interessiert sich schon seit langem für den Flohmarkt – vor nicht allzu langer Zeit waren hier bereits Kunstwerke neapolitanischer Meister aus dem 17. Jahrhundert aufgetaucht –, denn sie vermutet auf den Holzständen der Porta Portese wertvolle Fundstücke aus dem Museo Archeologico.

Natürlich werden die »heißen« Kunstwerke nicht offen angeboten; die Diebesbeute wird vielmehr leichten Veränderungen unterzogen: Wertvolle Reliquienbehältnisse, eingearbeitet in Möbelstücke oder umgewandelt in scheinbar wertlosen Nippes; kleine Gemälde, versteckt in großen Kunstschinken – damit sind die im Computer aufgeführten Charakteristika der gestohlenen Werke ausgelöscht, ein Diebstahl nicht mehr nach-

Rom extra

Nippes und »dicke Fische«: An der Porta Portese geben sich Kitsch und Kunst ein Stelldichein

weisbar. Offenbart sich aber ein potentieller Käufer als kunstinteressiert und finanzkräftig, enthüllt der Flohmarkthändler das wahre Gesicht seines Angebots. Der Coup, der den carabinieri kürzlich gelungen ist, war freilich eher ein Zufallstreffer: Einem kunstverständigen Polizisten war beim zufälligen Bummel über den Flohmarkt ein in dunklen Farben gehaltenes Leinwandgemälde aufgefallen, das ihn stark an den Stil des 16. Jahrhunderts erinnerte. Er entdeckte darauf Figuren in spanischen Soldatenuniformen, die charakteristisch für die Arbeit Caravaggios sind. Dabei sollte das Bild nur ein paar 100 000 Lire kosten…

Als er zusammen mit anderen Marktbesuchern, die sich inzwischen dazugesellt hatten, das Gemälde betrachtete und der Kreis der Interessenten immer größer wurde, zog der Händler aus seinem Wagen schließlich zwei weitere Gemälde hervor, die zur gleichen Serie zu gehören schienen. Der Verdacht wurde zur Gewißheit – und der Händler verhaftet.

Neben den dicken Fischen aus den Museen tauchen an der Porta Portese auch immer wieder Kunstwerke aus kleineren Kirchen oder größeren Villen auf – wer weiß, wieviel scheinbar wertloser Nippes auf dem buntesten aller Flohmärkte eine ungeahnte Vergangenheit hat! Untersuchen Sie es also ganz genau, Ihr Schnäppchen vom römischen Wühltisch…

Porta Portese ■ c 4, S. 146
Bus: 23
So von Sonnenaufgang bis 14 Uhr

Spricht man vom alten oder antiken Rom, dann meint man vor allem drei Wahrzeichen: den Kapitolinischen Hügel, den Palatin und das Forum Romanum. Ein winziges Gebiet nur, das allerdings mehr Einfluß auf die Entwicklung Europas hatte als ganze Staaten. Ein Areal voller historischer Erinnerungen – hier wurde die Stadt Rom geboren!

Das **Kapitol**, einst religiöses und politisches Zentrum der Stadt, mit der ältesten öffentlichen Kunstsammlung der Welt; das **Forum Romanum**, eine der größten archäologischen Fundstätten überhaupt, wohlvertraut vom Titelfoto unzähliger Reiseführer und Geschichtsbücher – und doch ein Anblick, der selbst den größten Geschichtsmuffel in andächtiges Schweigen versinken läßt. Und schließlich der **Palatin**, auf dem immer noch die imposanten Grundmauern der kaiserlichen Paläste thronen.

Sich heute ein Bild vom Rom der Cäsaren zu machen, sich vorzustellen, wie die alten Römer lebten, wie sie den Lauf der Welt beeinflußten – das ist nicht einfach in einer Stadt, die über vierzehn Jahrhunderte Kriege, Brände, Zerstörungen und Neuanfänge durchlebt hat.

Das antike Rom ist deshalb nicht unbedingt leichte Urlaubskost, und auch mit einer mehrtägigen Besichtigung hat man nur einen kurzen Blick auf seine reichhaltige und wechselhafte Geschichte geworfen. Aber trösten Sie sich: Selbst die großen Geister wie Goethe, Gogol und Stendhal brauchten Monate, wenn nicht Jahre, um sich mit dem Geheimnis des alten Rom auseinanderzusetzen.

Spaziergang

Ihren Bummel durch die Antike beginnen Sie am besten an der **Piazza del Colosseo**, wohin Sie die Metro bringt.

Und hier haben Sie den ersten Höhepunkt bereits vor sich, das **Kolosseum**. Der untere Teil des antiken Prachtstückes kann umsonst besichtigt werden, doch ich empfehle Ihnen, auch einen Blick auf die oberen Etagen zu werfen. Setzen Sie sich am besten für eine Weile auf die Steintreppen, und lassen Sie den eigenartigen Zauber des Monumentes auf sich wirken. Der Geist der Antike scheint dann plötzlich greifbar…

Zwei Arten von Schauspielen fanden in der Arena statt: Am Vormittag traten Gladiatoren gegen wilde Tiere an, am Nachmittag kämpften die Gladiatoren gegeneinander. Für einen absoluten Rekord sorgte Kaiser Trajan: Er hetzte 11 000 wilde Tiere gegen 10 000 Gladiatoren!

Was das Kolosseum mit dem Ende der Welt zu tun hat

Um sich im Eifer des Gefechtes keinen Sonnenstich zu holen, haben die alten Römer sogar ein Sonnenschutzdach konstruiert; über 1000 Matrosen wurden eingeschifft, um ein riesiges Segeltuch in einem präzise kalkulierten System auf- und zuzuziehen.

»Solange das Kolosseum steht, wird Rom stehen; wenn das Kolosseum fällt, fällt Rom. Wenn Rom fällt, ist das Ende der Welt gekommen.« Seit den düsteren Prophezeiungen eines englischen Geschichtsschreibers im 8. Jahrhundert ist man um den Erhalt des Monumentes doppelt bedacht…

Gleich gegenüber breitet sich das **Forum Romanum** aus – oder besser gesagt, das, was davon noch übrig ist. Zwischen Kolosseum und dem Forum liegen Steinanhäufungen frei; dies sind die Reste eines antiken Brunnens, der vor dem Amphitheater stand. Daneben thronte eine überdimensionale Bronzestatue von Kaiser Nero.

Die kleine Straße bergauf, die **Via Sacra**, ist heute eine heilige Sackgasse. In der Antike zog der erfolgreiche Kaiser – mit Lorbeerkranz und Purpurtoga angetan, vor ihm seine Quadriga mit der Kriegsbeute und den Gefangenen – die Via Sacra entlang durch das Forum Romanum direkt zum Kapitol, um Jupiter für den Sieg zu danken. Die Gefangenen erwartete der Henker im Marmertinischen Kerker.

Manche sagen, dies sei der schönste Platz der Welt – wen wundert´s: Der Schöpfer der Piazza del Campidoglio heißt Michelangelo

Romulus' Grundsteinlegung

An Konstantins Triumphbogen vorbei, dem **Arco di Costantino** – übrigens der größte und besterhaltene Bogen Roms –, die Via di San Gregorio entlang, gelangen Sie zum Eingang der Geburtsstätte Roms (und des Forum Romanum), die Sie für mindestens zwei Stunden in ihren Bann ziehen wird.

Auf dem **Palatin**, einem der sieben Hügel der antiken Stadt, können Sie inmitten von Grün und Zypressen einen angenehmen kleinen Spaziergang auf höchst geschichtsträchtigem Boden genießen. Am 21. 4. 753 v. Chr. soll Romulus hier den Grundstein für das römische Imperium gelegt haben.

Und ganz in der Nähe, im Forum Romanum, begann das große Abenteuer unserer Zivilisation – wenngleich es beim ersten Anblick der Säulen-, Basilika- und Tempelruinen zugegebenermaßen nicht ganz leichtfällt, die Bedeutung dieses Ortes in unseren Tagen richtig einzuschätzen. Schließen Sie also die Augen, und versetzen Sie sich zurück in die Zeit, als dies hier das pulsierende Zentrum von Rom war, der Schauplatz für Wahlen und Siegesfeiern, Prozesse und Prozessionen.

Die Buchstaben-Zahlen-Kombinationen im Text verweisen auf die Planquadrate dieser Karte.

Die Meister des Mundwerks

Mich zieht immer wieder die **Rostra**, die ehemalige Rednertribüne des Forum, in ihren Bann. Sie war einst mit den Bugspitzen (**rostre**) erbeuteter Schiffe geschmückt; wer genau hinsieht, kann im Sockel noch die Dübellöcher der Schiffsschnäbel erkennen. Von dieser Rostra herab sprachen Senatoren und Kaiser zu ihrem Volk. Hier lieferten sich die alten Römer die größten Redeschlachten, hier war die Bühne der »Meister des Mundwerks«, die mit einer Rede den Lauf der Welt verändern konnten.

Übrigens: Wie wäre es zum Schluß mit einem Mini-Kolosseum für Ihren Schreibtisch oder einer Cäsarenbüste als Briefbeschwerer? Der Einfallsreichtum an kitschigen Souvenirs kennt keine Grenzen – doch den größten Umsatz machen die fliegenden Händler vor dem Forum ohne Frage mit ihren Erfrischungsgetränken, die sie zu Wucherpreisen an durstige Palatin-Bummler verkaufen.

Liebster Spielplatz der Antike

So, nun geht es weiter die Via San Gregorio entlang, an der belebten Piazza di Porta Capena vorbei, und schließlich biegen Sie rechts in die Via dei Cerchi ein. Zu Ihrer Rechten sehen Sie den Palatin, die Grünfläche linker Hand war beliebtester Spielplatz der Antike, der **Circus Maximus**. Er bot Platz für 250 000 Zuschauer und wurde an 240 Tagen im Jahr benutzt. Viel mehr als eine Grünfläche ist davon allerdings nicht geblieben. Heute vergnügen sich hier nur noch Jogger und verhinderte Fußballprofis – und viele Vierbeiner.

Antiker Lügendetektor

Nun schlägt Ihnen die Stunde der Wahrheit, denn auf der **Piazza Bocca della Verità** (→ Die 10 aufregendsten Plätze, S. 184/185) wartet die **Bocca della Verità**: Der berühmt-berüchtigte Mund – es heißt, Lügnern werde in die Hand gebissen – befindet sich in der **Chiesa di Santa Maria in Cosmedin**. Hinter der Legende vom »antiken Lügendetektor« steckt freilich nichts Übersinnliches: Vielmehr wartete früher im dunklen Kämmerlein ein Priester; und wenn ein ihm bekannter Lügner zur Beichte kam, biß er eben zu...

Die Kirche ist seit dem 8. Jahrhundert in griechischem Besitz. Die Griechen flüchteten damals aus Angst vor Verfolgungen aus Konstantinopel und siedelten sich im einstigen Forum Boarium an, dem antiken Rindermarkt. Auch der runde **Vesta-Tempel** gegenüber der Kirche trägt griechische Züge. Eine Tradition, die weiterlebt: Santa Maria in Cosmedin ist bis heute Sitz der griechischen Gemeinde von Rom.

Die Via del Teatro di Marcello bringt Sie nun zum nächsten Höhepunkt, dem **Campidoglio** oder Kapitol, einem weiteren politischen und religiösen Zentrum des antiken Rom. Dort stand nämlich mit dem **Tempel di Giove Ottimo Massimo** der bedeutendste Kultbau des Reiches. Immer wieder wurde er vom Feuer zerstört – und jedesmal noch reicher und schöner wieder aufgebaut. Im Mittelalter verfiel die Kultstätte; im 16. Jahrhundert gestaltete Michelangelo die Piazza del Campidoglio neu. Allein die kunstvolle Treppe des Künstlers zum **Senatorenpalast** hinauf zu erklimmen, vorbei an **Santa Maria d'Aracoeli**, ist ein Erlebnis.

Endstation für Hochverräter

Der Senatorenpalast ist heute Sitz von Teilen der Stadtverwaltung; ein Arbeitsplatz mit Breitwandblick aufs Forum Romanum sozusagen. Über die Treppe kommen Sie zum Park der Via Tempio di Giove und zum **Tarpeischen Felsen**: Hochverräter stieß man einst von hier oben in den Abgrund. Linker Hand sehen Sie Säulenreste des Saturntempels, quasi ein Safe für den Staatsschatz.

In den **Kapitolinischen Museen** befindet sich das Wahrzeichen von Rom, das Bildnis der Wölfin mit den Zwillingen Romulus und Remus. Im **Palazzo Nuovo** holt Sie der längst vergessene Lateinunterricht wieder ein, denn im Saal der Philosophen können Sie Büsten von Cicero, Homer, Sokrates und Euripides studieren.

Mussolinis »Prachtstraße«: die Via dei Fori Imperiali

Über die Piazza Venezia, die von Vittorio Emanueles protzigem Denkmal beherrscht wird, gelangen Sie in die Via dei Fori Imperiali. Trotz ihres antik anmutenden Namens wurde die Straße erst 1932 gebaut. Diktator Mussolini wollte eine breite Straße für seine Paraden – und so ganz nebenbei noch den freien Blick von seinem Balkon im Palazzo Venezia zum Kolosseum...

Dem Bau seiner »Prachtstraße« mußten nicht wenige mittelalterliche **palazzi** und Kirchen weichen. Entlang der Via dei Fori Imperiali – zwischen Piazza Venezia und Kolosseum – befinden sich Reste der Kaiserforen von Cäsar, Trajan, Augustus und Vespasian.

Donald Duck läßt grüßen

Das Glanzstück aber steht auf dem Trajansforum: die **Trajanssäule**, die immer wieder gerne als antiker Comic strip bezeichnet wird. Statt Donald Duck ist Kaiser Trajan der Star – über sechzigmal erscheint die Figur des Herrschers auf dem Säulenvlies, das Szenen aus den Dakerkriegen darstellt.

Wenn Sie nach so viel Geschichte ordentlich Magenknurren bekommen haben, machen Sie doch einen Abstecher in die Via Cavour. Bei **Valentino** (Nr. 293) wird ausgezeichnete traditionelle römische Küche serviert; in der **Enoteca Cavour 313** (Nr. 313) gibt es an langen Tischen nicht nur etwas zu essen, sondern auch und vor allem ein gutes Glas Wein.

Dauer: etwa 4 Stunden

Sehenswertes

Arco di Constantino ■ c 2, S. 162
Der Bogen des Konstantin ist das besterhaltene antike Monument von Rom. Es wurde in den Jahren 312 bis 315 zur Erinnerung an den Sieg Konstantins über seinen Rivalen Maxentius an der Milvischen Brücke errichtet. Als Vorbild für den 21 Meter hohen und 26 Meter breiten Triumphbogen diente der rund 100 Jahre ältere Bogen des Septimius Severus im Forum Romanum.
Piazza del Colosseo
Metro: Colosseo

Campidoglio (Kapitol) ■ a 1/a 2, S. 162
Das Kapitol stand im Zeichen der Sieger und der Wahrsagepriester; hier endeten Triumphzüge, hier wurden Weissagungen unters Volk ge-

Grandioses Zeugnis des antiken Rom: der Konstantinsbogen. Er steht übrigens mitten auf der Straße

bracht. Das wichtigste Monument auf dem Kapitolshügel war der **Tempel di Giove Ottimo Massimo**, der mehrmals vom Feuer zerstört, doch jedesmal noch reicher und schöner wiederaufgebaut wurde. Im Mittelalter verfielen die Monumente; im 12. Jahrhundert errichtete man auf den Ruinen des römischen Staatsarchives den Senatorenpalast. 1537 legte Michelangelo künstlerische Hand an den Platz; von ihm stammt auch die Freitreppe vor dem Palast.

In der Mitte der Piazza befand sich ein Reiterstandbild von Kaiser Marc Aurel, das 1538 von Papst Paul III. vom Lateranspalast hierher gebracht worden war. Die Statue hatte nur deshalb den Zerstörungssturm der Christen überlebt, weil man Marc Aurel irrtümlich für Konstantin, den ersten christlichen Kaiser, gehalten hatte.

Das Reiterstandbild war ursprünglich ganz mit Gold überzogen gewesen. Einer römischen Legende nach soll das Ende der Welt gekommen sein, wenn der goldene Mantel gänzlich von dem Standbild verschwunden ist. Nur gut, daß Marc Aurel mittlerweile in den Kapitolinischen Museen steht, denn viel ist vom Gold seines Mantels wirklich nicht übriggeblieben…

Piazza del Campidoglio
Bus: 56, 62, 64

Carcere Mamertino ■ a 2, S. 162

Römische Staatsgefangene wurden in der Antike zuerst während des Triumphzuges zur Schau gestellt und anschließend in ein dunkles, feuchtes Verlies geworfen. Auf die zum Tode Verurteilten wartete im sogenannten Tullianum die Hinrichtung.

Über dem antiken römischen Staatsgefängnis (300 v. Chr.) wurde 1598 die Kirche **San Giuseppe dei**

Falegnami errichtet, da der Legende nach auch Petrus und Paulus hier gefangengehalten wurden. Unter den Opfern, die in dem düsteren Kerker den Tod fanden, waren der Numiderkönig Jugurtha und der Gallierkönig Vercingetorix.

Vor der Fassade der Kirche ist noch ein Teil des Kerkers mit einer Inschrift zu erkennen.
Via del Foro Romano
Bus: 56, 62, 64, 95
Tgl. 9–12 und 14.30–18 Uhr
Spende erwünscht

Circo Massimo ■ b 3, S. 162
An wilde Pferde- und waghalsige Wagenrennen erinnern nur noch die historischen Überlieferungen – und Filme wie »Ben Hur«. Vom größten und berühmtesten Rennplatz der Antike (600 Meter lang, 200 Meter breit, Platz für 250 000 Zuschauer) ist nicht viel übriggeblieben. Die ersten Pferderennen auf diesem Gelände sollen übrigens schon zu Lebzeiten von Romulus stattgefunden haben.

In der Antike war der Circus Maximus ein gesellschaftlicher Treffpunkt; man kam, um zu sehen und gesehen zu werden. Gelegenheit dazu gab es an 240 Tagen im Jahr. Unter Augustus standen zwölf Rennen am Tag auf dem Programm, unter Flavius sogar 100. Zu den Zeiten von Cäsar und Augustus erfreute man sich übrigens auch an Elefantenrennen.
Zwischen Via dei Cerchi und Via del Circo Massimo
Metro: Circo Massimo
Frei zugänglich

Colosseo ■ c 2, S. 162
Mit dem Bau des Kolosseums, das eigentlich **Anfiteatro Flavio** heißt, wurde 72 v. Chr. unter Vespasian begonnen; acht Jahre später – unter Kaiser Titus – wurde das Theater eingeweiht. Das Kolosseum hatte drei Stockwerke, war 188 Meter lang und 156 Meter breit.

Während der Bauzeit herrschte auf der Via Tiburtina ein reges Kommen und Gehen: Für die Konstruktion des Amphitheaters mußten 50 000 Wagenladungen mit insgesamt 100 000 Kubikmetern Baumaterial herangeschafft werden. Täglich waren 200 Wägen mit 400 Rindern im Einsatz. Bleibt die ungeklärte Frage, warum ein derart ruhmvoller Bau des Namens seines Erbauers beraubt wurde...
Piazza del Colosseo
Metro: Colosseo
Tgl. 9–16, Mi und So 9–13 Uhr
Eintritt 8000 Lire

Domus Aurea ■ c 2, S. 162
Nach dem gewaltigen Brand, der im Jahr 64 n. Chr. halb Rom verwüstete, ließ sich Kaiser Nero einen imposanten Palast errichten. Es sollte der größte und teuerste Palast der Antike werden, ausgestattet mit Gold, Perlmutt und Edelsteinen, und er sollte passenderweise Domus Aurea, »Goldenes Haus«, heißen.

Perfekte Bühnentechnik: Aus den engen Kellergängen des Kolosseums konnten Tiere und Kulissen per Flaschenzug nach oben befördert werden

Festspielhalle der Grausamkeiten: das Kolosseum

Es war ein spektakulärer Auftakt: Im Jahr 80 v. Chr. wurde das Anfiteatro Flavio, wie das Kolosseum damals noch hieß, mit einem 100 Tage währenden gigantischen Fest eingeweiht; an die 2000 Gladiatoren und 9000 wilde Tiere wurden im Verlauf der Feierlichkeiten getötet.

Die Vorstellungen in der neuen »Festspielhalle« waren nicht gerade etwas für empfindliche Naturen. Die Besucher sahen ein Spektakel, dessen Erfolg vom Blut, das dabei floß, abhing: je grausamer die Spiele, desto höher das Ansehen des Veranstalters in der Gunst des römischen Volkes.

Im Angebot waren zwei Varianten: Gladiatoren gegen wilde Tiere – und Gladiatoren gegeneinander. Die »erfolgreichsten« Veranstalter waren die Kaiser Domizian, Trajan und Hadrian. Letztere nahmen gelegentlich sogar selbst an den Spielen teil. Von Hadrian hieß es, er habe in der Arena einen Löwen mit bloßen Händen getötet…

Die prachtvollsten Spektakel indes sah Rom unter Kaiser Commodus, dessen Vater nicht Marc Aurel, sondern ein Gladiator gewesen sein soll. Commodus hatte die Gladiatorenschule besucht und rühmte sich, 1000 Kämpfe gewonnen zu haben.

Ein Anlaß für die Kampfspiele war immer schnell gefunden: der Geburtstag eines Kaisers, die Feier historischer Geschehnisse, Triumphe – sogar Begräbnisse.

Auf Steinbänken im Rund der Zuschauerränge wartete das sensationshungrige Publikum auf die Schlachten und lechzte nach Blut.

Weibliche Zuschauer – sogar Vesta-Priesterinnen wohnten den grausamen Spektakeln bei – mußten sich mit den oberen Rängen begnügen. Nicht etwa, um das »schwache Geschlecht« vor dem blutigen Anblick zu verschonen – nein, man wollte schlichtweg »amouröse Zwischenfälle« vermeiden…

In den Gängen unterhalb der Arena standen die Gladiatoren bereit. Zusammen mit den wilden Tieren warteten sie auf ihren – möglicherweise

Je blutrünstiger, desto besser: Bei den »Spielen« im Kolosseum war bestenfalls das Mondlicht sanft

letzten – Auftritt. Löwen und Tiger – unter Antonius Pius auch Elefanten und Krokodile – wurden mittels eines raffiniert ausgeklügelten Systems von Seilzügen, Toren und Falltüren in die Arena gehievt. So hatten die Bestien keine Möglichkeit, die Wärter anzufallen. Das unterirdische Labyrinth war abgedeckt, darüber befand sich eine Sandschicht, die das viele Blut aufsog.

In der Arena selbst gab es nur zwei Türen: Aus der einen kamen die Gladiatoren, oft noch etwas mitgenommen vom traditionellen Festmahl am Abend zuvor; sie reihten sich auf und begrüßten den Kaiser mit den bedeutungsschwangeren Worten: »Ave Caesar, morituri te salutant!« – »die dem Tode Geweihten grüßen Dich«. Durch die andere Türe wurden die getöteten Gladiatoren hinausgetragen.

Um die Zuschauer vor der gleißenden Sonne zu schützen, hatte man sich ein kompliziertes System aus Segeltuch ausgedacht. 1000 Matrosen standen ständig bereit, um den raffinierten Sonnenschutz zu bedienen. Schließlich war das Hissen des Sonnensegels – bedenkt man die breite Fläche, das Gewicht der Schnüre und des Segeltuchs sowie die statischen Probleme – eine weitaus kompliziertere Aufgabe als etwa das Aufstellen eines Obelisken.

Piazza del Colosseo
■ c 2, S. 162
Metro: Colosseo
Tgl. 9–16, Mi und So 9–13 Uhr
Eintritt 8000 Lire

Eine wahrhaft futuristische Luxuskonstruktion: Der große Speisesaal drehte sich fortwährend um seine eigene Achse, der kleinere Saal war mit einer Decke aus Elfenbein geschmückt, aus welcher Blumen »regnen« konnten und wohlriechende Düfte auf die Gäste strömten.

Nach Neros Tod (86 v. Chr.) – der Kaiser kam mit seinem Selbstmord dem Volkszorn zuvor – ließ Trajan an gleicher Stelle eine riesige Thermenanlage errichten. Im 15. Jahrhundert entdeckte man die Reste des Goldenen Hauses; unterirdische Räume mit guterhaltenen Fresken und Malereien, die vielen Renaissancekünstlern als Vorbild dienten.
Viale della Domus Aurea
Metro: Colosseo

Fori Imperiali b 1, S. 162
Das republikanische Forum Romanum wurde für die Verwaltung des Imperiums bald zu eng. Mit der Ausdehnung des Römischen Reiches erhöhte sich auch das Repräsentationsbedürfnis des alten Rom. So begann Cäsar 51 v. Chr. direkt neben dem Forum Romanum mit dem Bau einer neuen Anlage.

Das Zentrum des Cäsar-Forums bildete der **Tempel der Venus Genetrix** – die Liebesgöttin Venus galt als Stammutter der Familie der Julier, zu der Cäsar gehörte. Gleich daneben schloß sich das letzte und prächtigste Forum an: das **Foro Traiano** (107 n. Chr.), ein 300 mal 185 Meter großer Hort des Personenkults. Man betrat die Anlage durch einen Triumphbogen und stand damit auf einem säulengesäumten Platz, in dessen Mitte ein Reiterstandbild Kaiser Trajans thronte. Für so viel Herrlichkeit mußten allerdings mehrere Privathäuser und ein Hügel beseitigt werden. Die Höhe der **Trajanssäule** (38 Meter) hinter den Ruinen der Basilika Ulpia entspricht der Höhe des Hügels, der abgetragen werden mußte. Das Reliefband der Säule schildert mit über 2500 Figuren in 155 Szenen – ursprünglich farbig bemalt – die Dakerkriege (Anfang des 2. Jahrhunderts). Im Inneren des Sockels wurde die Urne mit der Asche des Kaisers aufbewahrt. Durch seine fünf triumphalen Siege hatte er das Recht auf eine Bestattung innerhalb der Stadtmauern erworben.

Auch Kaiser Augustus schuf sich sein eigenes Forum. Er verschonte allerdings die Staatskasse und finanzierte seine Anlage aus der Kriegsbeute. Das Zentrum bildete ein dem Kriegsgott Mars Ultor geweihter Tempel. Leider sind davon nur noch das Podium, drei Säulen und Säulenreste erhalten. Eine massive Mauer hinter dem Tempel grenzte die Foren gegen die dichtbesiedelten Viertel der Proletarier ab und diente als Schutz vor Feuersbrünsten.

Von dem sich anschließenden **Nerva-Forum** (Ende 1. Jahrhundert) stehen nur noch zwei Säulen auf einem langen Platz, der einst von hohen Mauern umgeben war. In der Mitte des Forums befand sich ein der Göttin Minerva geweihter Tempel, der im frühen 17. Jahrhundert auf Anweisung von Papst Paul V. abgerissen wurde – das Baumaterial wurde gebraucht...

Schließlich folgt das Vespasians- oder Friedensforum aus dem 1. Jahrhundert. Eine Halle auf diesem Forum wurde im 6. Jahrhundert in die Kirche **Santi Cosma e Damiano** umgewandelt.
Via dei Fori Imperiali
Metro: Colosseo

Foro Romano ■ b 2, S. 162

510 v. Chr. ließ der letzte etruskische König von Rom, Tarquinius Superbus, das sumpfige Gebiet in der Talsenke durch die Cloaca Maxima entwässern. Nach dem Bau des Jupiter-Tempels auf dem Kapitol wurden auch im Forum Romanum die ersten Tempel errichtet. Bald folgten ein Platz für Versammlungen, eine Senatshalle und Rednertribünen.

391 wurde das Christentum zur Staatsreligion, die Tempel im Forum Romanum blieben jedoch bis 394 geöffnet. Anschließend dienten die Statuen, Säulen und Kapitelle des Forum Romanum als Baumaterial für das neue, christliche Rom.

Im 17. Jahrhundert verkam das Forum zum **campo vaccino**, zur Kuhweide. Mitte des 19. Jahrhunderts begann man mit Ausgrabungen, die zwar durchaus einiges zutage gebracht haben – dennoch benötigt man heute etwas Phantasie, um sich das einstige Machtzentrum vorstellen zu können.

Von den zahlreichen Funden auf dem Forum seien hier nur diejenigen erwähnt, die seinen politischen und religiösen Aspekt verdeutlichen.

Für ersteren stehen Curia, Comitium und Rostra. Die **Curia** war das Sitzungsgebäude des römischen Senates; sie ist antiken Ursprungs, eine Tradition, die auf Tullio Ostillio zurückgeht, den dritten König von Rom. Die Curia wurde mehrmals zerstört und wieder aufgebaut. Das gegenwärtige hohe Gebäude geht zurück auf Diokletian (303 n. Chr.); die Bronzetür ließ Papst Alexander VII. abtransportieren und an den Haupteingang der Basilika San Giovanni in Laterano (→ San Giovanni in Laterano

Sinnbild der Ästhetik: Auf dem Gelände des Forum Romanum lohnt der Blick auf Details

– die Mutter aller Kirchen, S. 176/177) anfügen. An den Längswänden des Innenraumes befanden sich Bänke für die 300 Senatoren. Die Befürworter eines Antrags setzten sich auf die eine, seine Gegner auf die andere Seite. Hier wurden die bedeutendsten Entschlüsse für die Geschichte der Stadt gefaßt.

Das **Comitium**, an das heute nur noch wenige Pflastersteine erinnern, war der Platz der Volksversammlungen. In seiner Mitte stand der heilige Feigenbaum, unter welchem Romulus und Remus der Legende nach von einer Wölfin genährt wurden. Die Curie und das Comitium waren der Inbegriff des SPQR (Senatus Populusque Romanus), des Leitspruchs »dem Senat und dem Volke von Rom«. Die **Rostra** schließlich war seit Julius Cäsar der Schauplatz politischer Redeschlachten. An der Rednertribüne hatte man die Bugspitzen (**rostre**) der erbeuteten Schiffe angebracht; die Dübellöcher sind bei genauem Hinsehen noch zu erkennen.

Den **Arco di Septimius Severus** zwischen Rostra und Curia ließ Settimo Severo 203 n. Chr. zur Feier seiner ersten zehn Regierungsjahre und zur Erinnerung an seine großen Siege errichten. Er widmete ihn seinen Kindern Caracalla und Geta. Caracalla »beseitigte« später seinen Bruder Geta – und dann auch dessen Namen aus dem Bogen.

Der **Arco di Tito** (Titusbogen) am Eingang – und damit am höchsten Punkt der Via Sacra – ist ein Meisterstück an architektonischer Eleganz. Nüchterne, einfache Formen verleihen ihm eine feierliche Wirkung. Der Bogen wurde von Titus´ Nachfolger Diokletian 81 n. Chr. errichtet, um den Triumph des Kaisers im Jahr 70 n. Chr. über Galiläa zu feiern.

Das Relief der rechten Innenseite zeigt lorbeerkranzgeschmückte Soldaten mit siebenarmigen Leuchtern und silbernen Trompeten aus dem Jerusalemer Tempelschatz. In der Inschrift wird Titus als »divo« geehrt, ein Name, den der Senat nur den Kaisern mit den größten Verdiensten verlieh.

1899 wurde bei Ausgrabungen ein Stück schwarzen Marmorfußbodens entdeckt, darunter aufgereihter Tuffstein und ein Stiel mit bis heute nicht entzifferter Inschrift. Die Forscher datierten ihren Fund, den **Laps Niger**, auf das 6. Jahrhundert v. Chr. zurück. In der Antike war diese Stelle Romulus geweiht, dem sagenhaften Gründer der Stadt, und galt als sein Grab.

Vor der **Basilica Emilia** verlief die **Via Sacra**, die erste und wichtigste Stadtstraße, die das Forum vom Saturntempel bis zum Titusbogen teilte.

Drei Tempel vereinten gewissermaßen den religiösen Aspekt: der Kastor-und-Pollux-Tempel, der Vesta-Tempel und der Tempel des Cäsar. Der **Kastor-und-Pollux-Tempel** (Templum Dioscorum) - die Zwillinge galten als Schutzgötter der römischen Ritter) stammt aus dem Jahr 484 v. Chr., er wurde mehrere Male rekonstruiert. Die drei wunderbaren Säulen, die bis heute übriggeblieben sind, stammen aus den Zeiten des Tiberius (1. Jahrhundert v. Chr.).

Der **Vesta-Tempel** (Aedes Vestae) ist uralt, möglicherweise noch erbaut vom zweiten König der Stadt, der zugleich Begründer des Vesta-Kultes war. In diesem Tempel hüteten die vestalischen Jungfrauen das heilige Feuer – ein Symbol der Stadt Rom, das nie erlöschen durfte. Sechs Jungfrauen wurden für diese Aufgabe aus den nobelsten Familien der Stadt ausgewählt; sie mußten Ent-

Die Dekorateure der Antike hatten ein Faible für Statuen: Forum Romanum

haltsamkeit geloben und blieben für 30 Jahre im Dienst. Erfüllten sie ihre Aufgabe mangelhaft oder brachen sie gar ihr Gelübde, wurden sie lebendig begraben... Eine anschauliche Beschreibung dieser Todesstrafe findet man bei Plutarch: »...die unglückliche Schuldige steigt über eine Treppe ins Grab, die Treppe wird weggenommen, die Öffnung wird mit einem großen Stein und Erdmassen verschlossen, bis man jede Spur des tragischen Ortes beseitigt hat.«

Schließlich gab es noch den **Cäsar-Tempel** (Templum Divii Juli), von welchem man lediglich noch die Reste des Podiums erkennen kann, auf dem Antonius Cäsars Nachruf verlas. Der Bogen des Augustus bildet den Eingang, er wurde anläßlich des Sieges bei Actium (31 v. Chr.) errichtet.

Um das Bild zu vervollständigen, muß man sich zwischen diesen Hauptbauten mehrere kleine Gebäude, Tempel und Brunnen – aber auch Gasthäuser, Geschäfte und öffentliche Bedürfnisanstalten vorstellen. Und nicht zu vergessen die prachtvollen dekorativen Elemente, mit denen man das Forum über die Jahrhunderte hinweg anreicherte: Säulen, Statuen, Bögen... Das Forum Romanum war und blieb eben das wahre Herz des antiken Rom.

Via dei Fori Imperiali
Bus: 27, 85, 87
Tgl. 9–19 (Winter 9–15), So 9–13 Uhr
Eintritt 12 000 Lire (inklusive Palatin)

Forum Boarium ■ a 2, S. 162

Wo früher Rinder ihren Besitzer wechselten, ist heute einer der malerischsten Plätze von Rom. Auf dem ehemaligen Forum Boarium (Rindermarkt) steht der antike Tempel **Fontana Virilis**, der um 100 v. Chr. im

griechisch-römischen Stil errichtet wurde. Der runde Marmortempel ist fälschlicherweise nach dem Vesta-Tempel im Forum Romanum benannt, denn eigentlich war das Gebäude dem Schutzgott der Ölhändler geweiht, die auch das Material dazu gestiftet hatten.
Piazza Bocca della Verità
Bus: 15, 23

Mercati Traianei ■ b 1, S. 162
Die Trajansmärkte als antike Vorläufer des modernen Einkaufszentrums: Es gab eine zweigeschossige Verkaufshalle und eine Ladenpassage mit Platz für rund 50 Läden. Um das Volk bei Laune zu halten, wurden die Grundnahrungsmittel in den Trajansmärkten – 100 bis 110 n. Chr. unter Kaiser Trajan errichtet – an Bedürftige umsonst verteilt.
Via Quattro Novembre
Bus: 56, 62, 64
Tgl. außer Mo 9–13 Uhr
Eintritt 3750 Lire

Palatino ■ a 2/b 3, S. 162
Hier oben erwartet Sie nicht nur ein angenehmer Spaziergang im Schatten der Zypressen, sondern auch – und vor allem – die Geburtsstätte Roms. Beeindruckend, majestätisch, unbeschreiblich, so sollte der erste Eindruck für die Besucher sein, wenn sie sich von der Via Appia Antica der Stadt näherten – und genauso war es wohl auch...

500 Meter über dem Meeresspiegel, 40 Meter über dem Tiber, wurde die Stadt am 21.4. 753 v. Chr. von Romulus gegründet – nachweisbar durch die Entdeckung der ältesten Siedlungsspuren am Abhang zum **Teatro di Marcello**.

Im 1. Jahrhundert n. Chr. war der Palatin das bevorzugte Wohngebiet der reichen und vornehmen Römer – darunter auch Crassus und Catilina. Die Reste der Gebäude vermitteln noch heute einen guten Eindruck von der Größe der Paläste.

Kaiser Domitian ließ das Gelände schließlich ebnen und durch Mauern erweitern; Diokletian und seine Nachfolger errichteten prunkvolle Paläste. Nach dem Untergang des Römischen Reiches verfielen die Gebäude, im Mittelalter wurden die Ruinen als Fundamente für Festungen genutzt.

Im 16. Jahrhundert errichtete die Familie Farnese eine prachtvolle Villa auf dem Palatin, von der freilich gerade noch die **Ucceleria Farnese**, das Gartenhaus, geblieben ist. Alles andere mußte Ausgrabungen weichen. Dabei kamen Reste des Hauses der **Livia** mit antiken Wandmalereien zum Vorschein, die **Domus Augustea**, das Wohnhaus von Kaiser Augustus, der 63 v. Chr. auf dem Palatin geboren worden war; außerdem der gewaltige **Kaiserpalast** und das **Stadion des Domitian**. Weiter entdeckte man eine Gartenanlage, die auch als Pferderennbahn genutzt wurde, die **Domus Flavia** und die **Domus Severiana** mit Thermenanlage. Von den Thermen hat man übrigens einen schönen Blick auf den Circus Maximus.
Via di San Gregorio
Metro: Colosseo
Tgl. 9–18 (Winter 9–16),
Di und So 9–13 Uhr
Eintritt 12 000 Lire (inklusive Foro Romano)

San Giovanni in Laterano ■ F 5, Klappe vorne

San Giovanni ist die älteste Papstkirche der Stadt – sie wird als »Haupt und Mutter der Kirchen Roms und des Erdkreises« bezeichnet (→ San Giovanni in Laterano – die Mutter aller Kirchen, S. 176/177). Außerdem zählt sie zu den fünf Patriarchalkirchen, ist Sitz des Bischofs und die ranghöchste der sieben römischen Pilgerkirchen.

Kaiser Konstantin schenkte die Basilika im Jahr 312 der römischen Christengemeinde unter Papst Melchior; bis zum Exil der Päpste in Avignon, 1305, blieb der Lateran Sitz des Pontifikats. Anläßlich des heiligen Jahres 1650 gestaltete Francesco Borromini das Innere im barocken Stil um. In dem käfigähnlichen Aufsatz des **Altarbaldachins** sollen die Köpfe der Apostel Petrus und Paulus ruhen.

An die Basilika grenzt der **Palazzo Lateranense** mit dem **Museo Storico del Vaticano** (→ S. 182), in dem 1929 die Lateranverträge, welche die Unabhängigkeit des Vatikanstaates garantieren, unterschrieben wurden. Im Gebäude gegenüber wird die heilige Treppe **Scala Santa** verehrt, die Christus im Haus des Pilatus hinaufgestiegen sein soll. Sie wurde im 4. Jahrhundert zusammen mit den Kreuzreliquien von der heiligen Helena aus Jerusalem nach Rom gebracht.

Die Treppe, die viele Gläubige auf den Knien rutschend erklimmen, führt zur **Capella Sancta Sanctorum**, (1585 bis 1590), der früheren Privatkapelle der Päpste. Auf dem Altar befindet sich ein Bildnis Christi (um 600), das als »imago archeropita« (nicht von Menschenhand gemalt) gilt. »Non est in toto sanctior orbe locus« – »auf der ganzen Welt gibt es keinen heiligeren Ort«, steht auf der Altarschranke geschrieben.

Der **Obelisk** vor dem Lateran ist mit 3500 Jahren der älteste und mit 31 Metern Höhe auch der höchste von Rom. Das Schmuckstück aus rotem Granit wurde im Jahr 357 vom Sohn Kaiser Konstantins vom Amuntempel in Karnak mit einem extra angefertigten Schiff nach Rom gebracht und zunächst im Circus Maximus aufgestellt. Auf Geheiß von Papst Sixtus V. wurde der Obelisk zur Piazza San Giovanni in Laterano transportiert. In Ägypten verkörperte ein Obelisk übrigens einen Sonnenstrahl – Sixtus indes interpretierte ihn als Licht Gottes.

Piazza di San Giovanni in Laterano
Metro: San Giovanni
Tgl. 7–19 Uhr

San Pietro in Vincoli ■ c 1, S. 162

Als der Apostel Petrus auf Geheiß von Herodes in Jerusalem in Ketten gelegt wurde, erschien eines Nachts ein Engel und befreite ihn – so will es zumindest die Legende. Petrus kam daraufhin nach Rom, wo er später gekreuzigt wurde. Für seine Fesseln **(vincoli)**, die aus Jerusalem nach Rom gebracht worden waren, stiftete die Gattin des Kaisers Valentian im 5. Jahrhundert eine Kirche in den Mauern eines antiken Palastes.

Im 15. und im 18. Jahrhundert wurde San Pietro in Vincoli mehrmals umgebaut; das dreischiffige Innere hat dennoch seinen frühchristlichen Charakter behalten. Das berühmteste Werk der Kirche ist **Michelangelos Moses**. Die Figur zeigt ihn nach seiner Rückkehr vom Berg Sinai mit den Gesetzestafeln Gottes unter dem Arm. Wutentbrannt blickt er auf das Volk Israel beim Tanz um das Goldene Kalb. Das Kunstwerk ist Teil eines

San Giovanni in Laterano – die Mutter aller Kirchen

Nicht der Petersdom, sondern die Basilika San Giovanni in Laterano ist die Bischofskirche der Stadt Rom – und außerdem das erste Gotteshaus der katholischen Welt. Hier fanden die Konzile des Mittelalters statt, von hier aus haben die Päpste 1000 Jahre lang ihre geistliche Herrschaft ausgeübt. Erst als sie vom Exil aus Avignon zurückkehrten, zogen sie in den vatikanischen Palast. Bis heute ist ein Papst in vollem Umfang seines Amtes erst dann das Oberhaupt der katholischen Kirche, wenn er auf dem Bischofsthron der Lateranskirche Platz genommen hat.

Die Basilika hat eine bewegte Geschichte, wurde oft zerstört – und doch tragen sie immer noch die Steine, die Kaiser Konstantin einst legte. Den frühesten Bau verwüsteten die Vandalen; das zweite Gotteshaus zerstörte im 8. Jahrhundert ein Erdbeben, 1308 brannte es völlig ab. 53 Jahre später legte ein zweiter Brand die Basilika in Schutt und Asche. Die nächsten 300 Jahre überstand sie nodürftig renoviert – und unter Papst Innozenz X. schließlich gab der Barockarchitekt Francesco Borromini dem Gotteshaus sein heutiges Gesicht. Besonders eindrucksvoll war seine Umgestaltung des Innenraums im barocken Stil in nur drei Jahren (1847–1850). Die dem Petersdom nachempfundene Fassade mit den weithin sichtbaren Statuen, die Johannes den Täufer, Johannes den Evangelisten und die Kirchenväter darstellen, errichtete 1735 Alessandro Galileo.

Im Mittelalter wurde der Basilika als Zeichen der Heiligkeit die **Scala Santa** eingefügt. Über diese heilige Treppe, die Kaiserin Helena aus der Burg Antonia in Jerusalem mitbrachte, soll Christus der Überlieferung nach bei seiner Verurteilung geschritten sein. Die 22 marmornen Stufen füh-

Rom extra

Oberstes Gotteshaus der katholischen Welt: Die Lateranbasilika ist für gläubige Christen ein Ort von größter Heiligkeit

ren zur Privatkapelle **Sancta Sanctorum**, dem einzigen Gebäudeteil aus dem alten Lateranspalast, der noch erhalten ist. Dort endet die Scala Santa vor einer Wand mit einem vergitterten Fenster, das den Blick auf eine schwach beleuchtete Kapelle freigibt – ein Ort spürbarer Heiligkeit, an dem der größte Reliquienschatz der Kirche aufbewahrt wird: ein Dorn aus Jesus' Dornenkrone; das Rohr, mit dem man ihm den Essigschwamm reichte, ein Teil des Abendmahltisches – und außerdem Reliquien von Johannes dem Täufer und anderen römischen Heiligen, die in Behältern aus Gold und Silber aufbewahrt werden.

Über dem Altar der Capella Sancta Sanctorum steht mit goldenen Lettern geschrieben: »Non est in toto sanctior orbe locus« – »es gibt auf der ganzen Erde keinen heiligeren Ort als diesen«.Im rechten Seitenschiff befindet sich ein Denkmal für Papst Sylvester II. – ein Grab, das von den Römern mit größtem Argwohn betrachtet wird: Eine 1000 Jahre alte Legende berichtet nämlich, daß immer dann, wenn ein Papst im Sterben liegt, durch die Grabplatte ein unnatürlicher Dampf entströme und ein verdächtiges Rasseln zu hören sei – gerade so, als würden die Gebeine eines Gerippes zusammenschlagen…

Piazza San Giovanni in Laterano ■ F5, Klappe vorne
Metro: San Giovanni

Der älteste Lügendetektor der Welt: Die Bocca della Verità soll Schwindlern einst die Hand abgebissen haben...

unvollendeten Grabmals für Papst Julius II. Dieser hatte den ehrgeizigen Plan, ein Monument zu schaffen, das alle anderen Gräber im Petersdom übertreffen sollte – doch mit diesem Anspruch war selbst Michelangelo überfordert.

Im linken Seitenschiff ist **Nikolaus von Kues**, einer der ersten Humanisten Deutschlands, beigesetzt. Sein Grab ziert eine schöne Reliefplatte von Andrea Bregno.
Piazza di San Pietro in Vincoli
Metro: Via Cavour
Tgl. 7–12.30 und 15.30–19 Uhr

Santa Maria d'Aracoeli

■ a1, S. 162

Am höchsten Gipfel des Kapitols soll Kaiser Augustus einst eine weibliche Gestalt auf einem Altar erschienen sein, die ein Kind auf dem Arm trug. Eine Stimme verkündete: »Dies ist der Altar des Erstgeborenen Gottes.« Der Name der Kirche, Aracoeli (»Himmelsaltar«), erinnert bis heute an diese Legende. Am Ort der Weissagung wurde im 7. Jahrhundert die erste Kirche errichtet; 1250 ersetzten Franziskanermönche sie durch einen Neubau.

Die **Capella Bufalini** im rechten Seitenschiff, die den heiligen Bernhardin von Siena ehren sollte, wurde 1485 von Bernardino Pinturicchio mit Fresken ausgeschmückt. Die **Marienikone** des Hauptaltars ist eine Kopie der Madonna von San Sisto – und gleichzeitig die Schutzpatronin der Römer; es heißt, bei einer drohenden Gefahr breche sie zur Warnung in Tränen aus. Im Querhaus links befindet sich eine Urne aus rotem Marmor, die die Gebeine der heiligen Helena enthält; dies ist auch die Stelle, an der Augustus einst die Vision von Christi Geburt überkam.
Piazza d'Aracoeli
Bus: 56, 62, 64

Santa Maria in Cosmedin

■ a3, S. 162

Die Hauptattraktion dieser Kirche, die man im 6. Jahrhundert in einen Säulengang hineinbaute, befindet sich in der Vorhalle: die berühmte Maske des wahrheitsliebenden Mundes, die **Bocca della Verità**, von der es hieß, sie würde Lügnern die Hand abbeißen. Der antike »Lügendetektor« trägt die Züge des Faunus, des Gottes der Landwirtschaft; bis heute ist nicht geklärt, wozu die Maske in der Antike wirklich gedient hatte.

Papst Adrian I. schenkte die Kirche mit ihrem siebenstöckigen Glockenturm im 8. Jahrhundert der griechischbyzantinischen Gemeinde, die am Tiberufer vor den Christenverfolgungen in Konstantinopel Zuflucht gesucht hatte. Die Griechen schmückten das Gotteshaus mit prächtigen Ornamenten und Ikonen.

Die Fresken an den Seitenwänden des Langhauses sowie antike Säulen und wunderbare Cosmatenarbeiten (schöne Mosaikverzierungen einer Steinmetzfamilie aus Como) gehören zu den weiteren Sehenswürdigkeiten im Inneren der Kirche.
Piazza Bocca della Verità
Bus: 15, 23
Tgl. 9–13 und 14.30–19 Uhr

Santo Stefano Rotondo

■ c 3, S. 162

Eine runde Kirche, ein Gotteshaus ohne Anfang und Ende, in welchem der Gläubige zwangsläufig selbst zum Mittelpunkt wird: Santo Stefano Rotondo auf dem Monte Celio ist eine der seltenen Kirchen mit Kreiswandelgang – und eine Kirche, die den Historikern bis heute viele Rätsel aufgibt. Sie wurde über einer früheren römischen Konstruktion – möglicherweise Neros Macellum Magnum – errichtet, möglicherweise aber auch im 5. Jahrhundert im Auftrag von Papst Simplicius gebaut. Sowohl Papst Hadrian als auch Papst Nicholas V. waren sehr auf das Kirchlein bedacht und bewahrten es durch Renovierung vor dem Zusammenbruch. Im Inneren herrscht eine einzigartige Atmosphäre – man scheint von den religiösen Kunstwerken geradezu eingekreist. Der Kreiswandelgang ist durch 22 ionische Säulen vom Zentralbereich abgetrennt.

Nicht übersehen sollten Sie einen fein gearbeiteten **Bischofsstuhl**, der im 6. Jahrhundert dem heiligen Gregorius gehört haben soll, sowie ein **byzantinisches Fresko** aus dem

Gotteshaus ohne Anfang und Ende: Santo Stefano Rotondo verdankt seinen Ruhm einer absolut ungewöhnlichen Architektur

7. Jahrhundert, das Christus nicht am, sondern über dem Kreuz zeigt.
Monte Celio
Metro: Colosseo
Tgl. 9–12 und 16–19 Uhr

Terme di Caracalla

■ E5/E6, Klappe vorne

Ein altes römisches Sprichwort definiert einen Ignoranten als einen Menschen, der weder lesen noch schwimmen kann. Demzufolge besaßen die meisten Römer private Bäder in ihren Villen, und es gab ein öffentliches Schwimmbad, worin auch der jeweilige Kaiser das Schwimmen lernte. Das alte Rom verfügte über elf öffentliche und 926 private Thermen und gut 2000 Brunnen. Über 14 Aquädukte wurden diese Anlagen mit Wasser gespeist.

Einst Tummelplatz für 1500 Badebegeisterte, bis vor kurzem eine einzigartige Kulisse für Opernaufführungen: Terme di Caracalla

Den besten Eindruck vom antiken Badevergnügen bekommt man bei einem Besuch der Caracalla-Thermen. Kaiser Marco Aurelio Bassiano, 186 n. Chr. geboren, war gallischer Herkunft und pflegte einen traditionellen Mantel aus seiner Heimat zu tragen, den man Caracalla nannte – damit hatte der Gallier seinen Spitznamen weg. Der größte Verdienst des Kaisers, der 217 n. Chr. starb und im Mausoleum von Hadrian beigesetzt wurde, ist der Bau der Thermen.

Im Jahre 212 n. Chr. wurde damit begonnen, vier Jahre später weihte sie der Kaiser höchstpersönlich mit einem Kopfsprung ins kühle Naß ein. Die hohen Mauern und die weiten Gewölbe vermitteln heute noch einen guten Eindruck von den gigantischen Ausmaßen des antiken Bades – in der Anlage war Platz für 1600 Gäste!
Piazzale Numa Pompilio
Metro: Circo Massimo
Tgl. 9 Uhr bis eine Stunde vor Sonnenuntergang, So und Mo 9–13 Uhr
Eintritt 8000 Lire

Villa Celimontana ■ c 3, S. 162
Der **Monte Celio** ist genau das richtige für einen Spaziergang unter Palmen und Pinien, vorbei an Marmorsäulen, antiken Statuen und sogar einem Obelisken. Der Park rund um die Villa, der die Westhänge des Celio mit üppiger Vegetation bedeckt, entstand im Jahr 1582 und ist weitaus interessanter als das Gebäude aus dem 19. Jahrhundert, das heute Sitz der Nationalen Geographischen Gesellschaft ist.
Via Claudia
Metro: Colosseo
Tgl. 7 Uhr bis Sonnenuntergang

Museen und Galerien

Antiquarium Forense ■ b 2, S. 162
Hier können Sie Fundstücke aus dem Forum Romanum besichtigen.
Piazza Santa Maria Nova 53
Metro: Colosseo
Tgl. 9 Uhr bis eine Stunde vor Sonnenuntergang
Eintritt im Forum Romanum-Ticket (→ S. 171) enthalten

Antiquarium del Foro d'Augusto ■ b 1, S. 162
Hier sind Fundstücke aus dem Augustus-Forum zu sehen. (Zur Zeit ist das Museum wegen Restaurierung geschlossen; es soll allerdings noch vor Ende des Jahres 1995 wiedereröffnet werden. Erkundigen Sie sich beim Fremdenverkehrsbüro oder bei Ihrem Hotelportier nach dem neuesten Stand.)
Via Tor de' Conti 3
Metro: Colosseo

Musei Capitolini ■ a 2, S. 162
Das erste öffentliche Museum der Welt wurde 1471 von Papst Sixtus IV. auf dem Kapitol eingerichtet. Im **Palazzo Nuovo** – ein Werk Michelangelos – befindet sich eine der ältesten Skulpturensammlungen überhaupt; berühmtestes Stück ist der »Sterbende Gallier«, eine römische Kopie. Unbestrittenes Highlight ist jedoch die **kapitolinische Venus**, seit 2000 Jahren ein Sinnbild der Schönheit.

Eine Art Ruhmeshalle für die wichtigsten Römer der Antike ist der **Kaisersaal** mit seinen 65 Marmorbüsten, allesamt faszinierende Porträts der »Hauptdarsteller im Historienkrimi«. Im **Philosophensaal** können Sie mit Homer, Sokrates und Sophokles in die höheren geistigen Sphären entfliehen.

Im **Konservatorenpalast** steht das Wahrzeichen von Rom, die **Kapitolinische Wölfin**, um 500 v. Chr. von Vulca di Veio geschaffen. Die Zwillinge Romulus und Remus wurden erst im 15. Jahrhundert von Antonio del Pollaiolo angefügt. Bemerkenswert ist eine Marmor-Statue von Bernini, die Papst Urban VII. darstellt.

Die **Kapitolinische Pinakothek** zeigt eine Sammlung vorwiegend italienischer Maler des 14. bis 18. Jahrhunderts, darunter Arbeiten von Tizian, Tintoretto und Caravaggio.

Der **Palazzo Nuovo** ist zur Zeit wegen Restaurierung geschlossen.
Piazza del Campidoglio
Bus: 56, 62, 64, 95
Tgl. außer Mo 9–14, Di und Sa auch 17–20 (Sommer Sa bis 23), So und Fei 9–13 Uhr
Eintritt 10 000 Lire; am letzten So des Monats frei

Die Marmorbüsten der Kapitolinischen Museen – Charakterköpfe par excellence

Museo Storico del Vaticano
Das Museum im **Palazzo Lateranense** besteht aus zwei Abteilungen: Das **Apartamento Papale** umfaßt zehn Säle, ausgeschmückt mit schönen Fresken von Künstlern des 15. Jahrhunderts. Im letzten Saal wurden die Lateranverträge zwischen der Kirche und Mussolini unterzeichnet. Im **Museo Storico** erfährt man alles über die Geschichte der Päpste.
Piazza San Giovanni in Laterano 6a
Metro: San Giovanni
Jeden ersten So des Monats 8.45–13.45 Uhr; Auskunft über geführte Touren bekommen Sie im Pilgerbüro des Vatikans (→ S. 340)
Eintritt 6000 Lire

Essen und Trinken

Albalonga
Von früh am Morgen bis tief in die Nacht kann man hier das cremige, sahnige, tiefdunkle Schokoladeneis genießen.
Via Albalonga
Metro: Re di Roma; Bus: 9
Tgl. 6–2 Uhr

Alvaro al Circo Massimo ■ b3, S. 162
Der Name, die Lage – das kann doch nur eine Touristenfalle sein? Keineswegs: Fragen Sie Alvaro nach den Spezialitäten des Tages, und folgen Sie seinem Rat – es lohnt sich!
Via dei Cerchi 53
Tel. 6786112
Metro: Colosseo
Tgl. außer Mo 12.30–15 und 19.30–23 Uhr; So abends und zwei Wochen im Aug. geschl.
Obere Preisklasse (EC, Visa, Amex)

Angelino ai Fori ■ b2, S. 162
Auf ein Ereignis ist der Wirt unglaublich stolz: Bobby Kennedy veranstaltete hier 1962 eine Geburtstagsparty für seine Frau Ethel – dafür müssen die Gäste heute noch bezahlen...
Largo Corrado Ricci 40
Tel. 6791121
Metro: Colosseo
Tgl. außer Di 12–13.30 und 19–23 Uhr
Obere Preisklasse (EC, Visa)

Cannavota ■ F5, Klappe vorne
Sante Funari, der Besitzer dieses Lokals, ist vor einigen Jahren auf mysteriöse Weise verschwunden – seine Rezepte muß er aber hier vergessen haben, denn die Gerichte sind schmackhaft wie schon immer – und vor allem mit reichlich Knoblauch

und **peperoncini** gewürzt.
Piazza San Giovanni in Laterano 20
Tel. 77 20 50 07
Metro: San Giovanni
Tgl. außer Mi 12.30–15 und 20–23 Uhr; im Aug. geschl.
Mittlere Preisklasse (DC, Amex)

Enoteca Cavour 313 ■ b 1, S. 162
Herzhafte Snacks an langen Tischen – und der Wein fließt in Strömen.
Via Cavour 313
Tel. 6 78 54 96
Metro: Colosseo
Tgl. 12.30–14.30 und 19.30–0.30 Uhr
Untere Preisklasse

Il Gelato di San Crispino
Ein echter Gourmet-gelato-Tempel: Jede Sorte ist eine Versuchung aber wenn es mal etwas anderes sein soll, versuchen Sie das Eis mit Honig, **con miele**.
Via Acaia 55/56, östlich der Porta Latina
Bus: 47, 87, 671
Tgl. außer Di 15–2 Uhr

Roof Restaurant ■ b 1, S. 162
Der Blick über die kaiserlichen Foren ist fast noch spektakulärer als das Essen!
Via Tor de' Conti (im Hotel Forum)
Tel. 6 79 24 46
Metro: Colosseo
Tgl. außer So 12.30–14.30 und 19.30–22.30 Uhr
Obere Preisklasse (EC, Visa, DC, Amex)

Valentino ■ b 1, S. 162
Donnerstag ist in Rom **gnocchi**-Tag. Bei Valentino schmecken die kleinen Kartoffelklößchen allerdings die ganze Woche, die Hauptgerichte können sich ebenfalls sehen lassen – und die niedrigen Preise stehen in keinem Verhältnis zur Qualität!
Via Cavour 293
Tel. 4 88 13 03
Metro: Colosseo
Tgl. außer Fr 12–15 und 19–22 Uhr
Untere Preisklasse

Vecchia Roma ■ a 2, S. 162
Die **alici** – Sardellen mit Öl und Zitrone angemacht – sind vielleicht auch Ihr kulinarischer Auftakt zu einem Schlemmermenü?
Piazza Campitelli 18
Tel. 6 86 46 04
Bus: 87
Tgl. außer Mi 13–14.30 und 20–23 Uhr; zwei Wochen im Aug. geschl.
Obere Preisklasse (DC, Amex)

Einkaufen

Lebensmittel

Piastra ■ c 2, S. 162
Seit 1895 wird hier Brot gebacken, werden Süßigkeiten gezaubert – und alles vom Feinsten: Probieren Sie das **pane alla polenta** und die **torta di ricotta**.
Via Labicana 12/14
Bus: 81, 85

Markt

Mercato di Via Sannio
Hinter der San-Giovanni-Basilika geht es jeden Vormittag ziemlich irdisch zu: An improvisierten Ständen werden Gürtel, Schuhe, Schmuck, Haushaltswaren und Kosmetika verkauft, außerdem billige Secondhandklamotten und Reste aus Militärbeständen.
Via Sannio, südöstlich der Basilika S. Giovanni in Laterano
Metro: San Giovanni
Tgl. außer So 8–13 Uhr

Die 10 aufregendsten Plätze

Piazza Campo de' Fiori ■ b 2, S. 120
...weil die Kellner auf dem »Blumenfeld« am Abend ebenso geschäftig sind wie die Marktfrauen am Morgen (→ S. 120).

Piazza di Montecitorio ■ a 2, S. 228
...weil man im Parlamentsviertel jeden Moment zum Augenzeugen eines politischen Machtwechsels werden kann (→ S. 229).

Piazza Navona ■ b 2, S. 120
...weil der allabendliche Jahrmarkt der Eitelkeiten den alljährlichen Weihnachtsmarkt noch um einiges übertrifft (→ S. 126).

Piazza di Pasquino ■ b 2, S. 120
...weil hier eine »sprechende Statue« heute noch scharfzüngige Spottverse verbreitet (→ S. 121).

Piazza del Popolo ■ a 2, S. 79
...weil sie schon immer der barocke »Empfangssalon« für alle Nordlichter war (→ S. 83).

10x10

Piazza di San Pietro
■ d2/d3, S. 190
...weil hier nicht nur besichtigungshungrige Touristen, sondern auch Mönche, Priester und Nonnen aus aller Welt auf der Suche nach dem Papst sind (→ S. 197).

Piazza di Santa Maria in Trastevere ■ b3, S. 146
...weil man hier jeden Abend die schönsten Römerinnen und Römer beim Balzen beobachten kann (→ S. 147).

Piazza di Siena ■ c2, S. 79
...weil eine Verschnaufpause im Grünen unter Pinien und Zypressen einfach wunderbar ist (→ S. 94).

Piazza di Spagna
■ b3, S. 79
...weil die berühmte Treppe von Jugendlichen aus aller Welt und römischen **papagalli** aus den Vorstadtvierteln belagert wird (→ S. 93).

Piazza Bocca della Verità
■ a2, S. 162
...weil selbst die größten Skeptiker hier ihre Hand in den antiken »Lügendetektor« stecken (→ S. 163).

Sie sind in göttlicher Mission unterwegs, die Nonnen, Priester und Mönche aus aller Welt, die in geschäftiger Eile und angemessener Würde zugleich über den Petersplatz schreiten. Ihre Aktenkoffer erinnern daran, daß der Vatikan nicht nur Sitz des Heiligen Vaters und ein eigener Staat ist, sondern auch das Zentrum eines Wirtschaftskonzerns und einer weltweiten politischen Organisation.

Der Vatikan – das ist ein Staat der Superlative: Zum einen ist er der jüngste europäische Staat, denn erst am 11. Februar 1929 besiegelten zwei Unterschriften auf den Lateranverträgen seine Gründung. Er ist auch der kleinste: Die Fläche der **Città del Vaticano** beträgt gerade mal 0,44 Quadratkilometer.

Weiter ist er der letzte europäische Staat, der noch von einem absoluten Herrscher regiert wird: Chef des Vatikans ist der Bischof von Rom. Er ist der einzige, der mehr Angestellte (3600) als Staatsbürger (1000) hat – und er ist wohl auch der einzige, zu dessen Haupteinnahmequellen Postkarten und Briefmarken gehören. Der beste Superlativ aber kommt zum Schluß: Nirgendwo sonst auf der Welt findet sich eine so unermeßlich hohe Konzentration an Kunst- und Glaubensschätzen wie im Vatikan.

Schweizergarde in Michelangelo-Uniform

Ansonsten ist aber alles ganz normal: Es gibt einen Bahnhof, einen eigenen Ausweis und ein unverwechselbares Autokennzeichen (SVC); eine Tiefgarage, einen Supermarkt, eine Post, eine Zeitung (»L'Osservatore Romano«), eine Druckerei, einen Radiosender (man überträgt in 26 Sprachen rund um die Welt), natürlich auch eigene Münzen und eine eigene Flagge. Und nicht zuletzt ein eigenes Militär: die 100 Mann starke Schweizergarde mit ihren farbenprächtigen gelb-blauen, von Michelangelo entworfenen Uniformen...

Fremden ist der Zugang zur Vatikanstadt eigentlich verwehrt. Eine Ausnahme bilden Petersplatz und Petersdom – und der **Campo Santo Teutonico**, der deutsche Friedhof (799 erstmals erwähnt). Auf das entsprechende Stichwort läßt Sie der Schweizergardist links neben der Kirchenfassade passieren. Der Dreh- und Angelpunkt des Vatikans aber ist der wohl schönste Platz der Welt (schon wieder ein Superlativ!): die **Piazza di San Pietro**.

Die Schweizergarde des Vatikans trägt Designerklamotten – kreiert von Michelangelo persönlich

Päpstliches

Sie sind schon einmal in Rom gewesen – und haben den Papst nicht gesehen? Unvorstellbar! Damit Ihnen ein solcher Fauxpas nicht noch einmal passiert, habe ich einige Tips für Sie: Jeden Mittwoch hält »il Papa« eine Audienz – im Sommer um 17 Uhr auf dem Petersplatz, im Winter um 11 Uhr in der Nervi-Halle (Eintrittskarten gibt es am Vortag im **Ufficio Informazioni Pelegrini**, Piazza San Pietro, Mo–Sa 8.30–13 und 14–18.30 Uhr. Oder beim **Pilgerbüro Santa Maria dell'Anima**, Via della Pace 24, Tel. 6864160; hier müssen Sie eine Woche vorher reservieren).

Ganz ohne Ticket kann man den Pontifex maximus freilich auch bestaunen: jeden Sonntag um 12 Uhr, wenn er aus dem Fenster seines Arbeitszimmers zu den Gläubigen auf dem Petersplatz spricht.

Sollten Sie an einem Blick auf das Oberhaupt der katholischen Kirche weniger interessiert sein, so möchten Sie vielleicht erfahren, daß der heutige Papst Johannes Paul II. von November 1946 bis Juni 1948 an der Università dell'Angelicum Theologie studierte und mit der Höchstzahl an Punkten und einer These über »La dottrina della fede in San Giovanni della Croce«, die Glaubensdoktrin in San Giovanni della Croce, seinen Abschluß machte. (Diese Kirche liegt außerhalb des Zentrums, in der Via Camerata Picena 385.)

Oder wollen Sie sich lieber an Giovannis neuestem Werk erfreuen? Der Papst ist nämlich unter die Schriftsteller gegangen: Sein Buch »Varcare la soglia della speranza« war in den römischen Buchläden Ende 1994 sofort ein Renner, da hatte sogar Umberto Ecos neues Buch das Nachsehen. Schon in den ersten Tagen nach seinem Erscheinen waren von dem Titel 100000 Exemplare verkauft. Und auch

Rom extra

Sie haben keine Ahnung, wie man zu einer Papst-Audienz kommt? Lesen Sie mal – dann »klingelt's« auch bei Ihnen...

der deutschen Ausgabe, die unter dem Titel »Die Schwelle der Hoffnung überschreiten« erschien, war ein prompter Erfolg beschieden. Sogar bei den Rom-Besuchern, die der italienischen Sprache nicht mächtig sind, stehen vom Papst verfasste Bücher, insbesonders das genannte, als Mitbringsel hoch im Kurs.

Sie könnten natürlich auch den Männern, die für das päpstliche Outfit verantwortlich sind, einen Besuch abstatten. Annibale und Francesco Gammarelli kleiden Seine Heiligkeit von Kopf bis Fuß ein. Schon seit fast zwei Jahrhunderten lassen sich die Päpste in der »Sartoria per Ecclesiatici« in der Via Santa Chiara 34 feierliche Meßgewänder, aber auch ganz »alltägliche« Kleidung schneidern. Kardinäle kommen meist höchstpersönlich in die Sartoria, der Papst hingegen erledigt die Anprobe im Vatikan.

Selbst das hat Sie dem Papst noch nicht nähergebracht? Dann bleibt wirklich nur noch ein Glöckchen mit seinem Konterfei als Souvenir – und die Hoffnung, daß es vielleicht beim nächsten Rombesuch klappt. Johannes Paul II. plant nämlich, noch einige Zeit im Amt zu bleiben: »Eh! Questo vecchio Papa, con tutti i suoi dolori, arriva al 2000!« – »Dieser alte Papst mit all seinen Schmerzen regiert bis ins Jahr 2000«, soll der Heilige Vater zu scherzen pflegen...

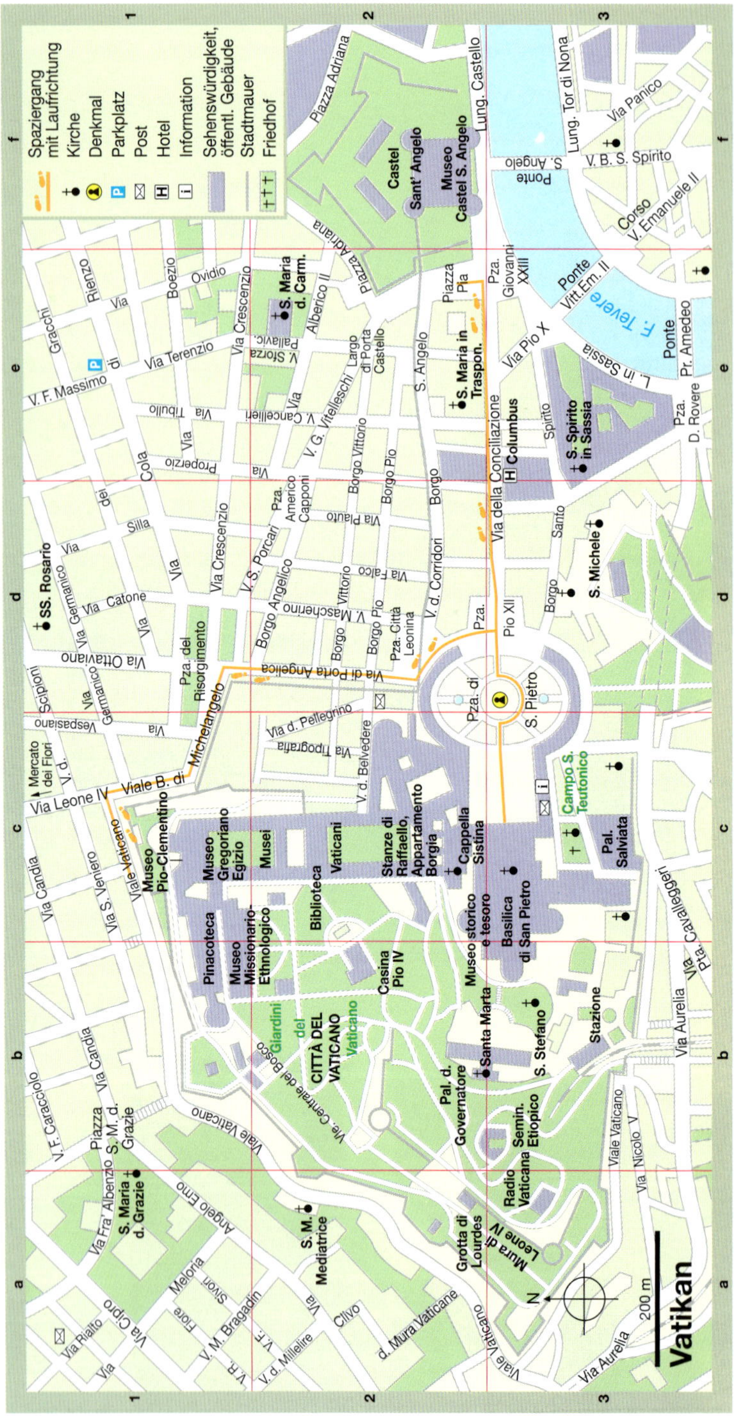

Die Buchstaben-Zahlen-Kombinationen im Text verweisen auf die Planquadrate dieser Karte.

Spaziergang

Für den Besuch im Reich des Heiligen Vaters sollten Sie sich angemessen kleiden; bedeckte Schultern und bedeckte Knie gehören zu den Eintrittsbedingungen. An der **Piazza Pia** kann es dann losgehen: Mit dem Petersdom bereits in Sichtweite spazieren Sie die Via della Conciliazione entlang. Sie bewegen sich hier übrigens auf einer Straße, die trotz ihres versöhnlichen Namens als eine der größten Bausünden des italienischen Faschismus gilt. Können Sie sich vorstellen, daß dies hier Anfang der dreißiger Jahre noch ein hübsches Stadtviertel mit kleinen, engen Gassen und malerischen Plätzen war? Mussolini ließ alles niederwalzen, um seine Pläne von einem kolossalen und mächtigen Rom zu verwirklichen. Der Name »Straße der Versöhnung« erinnert an den Abschluß der Lateranverträge (1929) zwischen Mussolini und Papst Pius XI.

Berninis optischer Trick

Die Via della Conciliazione also bringt Sie direkt zur **Piazza di San Pietro**, einem der prächtigsten Plätze der Welt, der gleichzeitig ein architektonischer Geniestreich ist. Architekt und Bildhauer Gian Lorenzo Bernini schuf 1667 im Auftrag von Papst Alexander VII. einen scheinbar rechteckigen Vorplatz – in Wirklichkeit ist er trapezförmig –, dessen Flügel zur Fassade des Petersdoms hin jedoch auseinanderlaufen. So wirkt die Front höher, als sie tatsächlich ist. Der 25 Meter hohe **Obelisk** in der Mitte der Piazza stammt vom Circus des Nero und wurde bereits 1586 hierher versetzt. Berninis von 284 Säulen getragene Kolonnaden öffnen sich weit zur Stadt hin; sie scheinen die Christenheit zu umarmen und die Besucher willkommen zu heißen.

Bevor Sie sich dem Petersdom widmen, sollten Sie sich die **Vatikanischen Museen** ansehen, denn sie schließen bereits gegen Mittag, wohingegen der Dom bis zum Abend geöffnet bleibt.

Zu den Museen kommen Sie von der Piazza über die Via di Porta Angelica, die Piazza Risorgimento und Via Leone IV zur Viale Vaticano.

Sieben Kilometer Kunst

Wenn Sie in Anbetracht der Meilen, die Sie in den Vatikanischen Museen zurücklegen müssen, keine Lust haben, zu Fuß zu gehen, können Sie übrigens auch den Bus nehmen. Er pendelt von 8.45 bis 12.45 Uhr alle halbe Stunde zwischen der Piazza di San Pietro und den Museen. Haltestellen sind vor dem Ufficio Informazioni auf dem Petersplatz beziehungsweise vor dem Ufficio Postale dei Musei; die einfache Fahrt kostet 2000 Lire.

Die Direktion des Museums hatte erfreulicherweise Erbarmen mit jenen Besuchern, die nicht die Zeit oder Lust haben, den sieben Kilometer langen Kunstparcours auf einmal zurückzulegen; sie hat vier Routen angelegt: **Weg A**, die Sixtinische Kapelle, dauert etwa eineinhalb Stunden, **Weg B** durch etruskische, römische und frühchristliche Sammlungen sowie die Pinakothek etwa drei Stunden, **Weg C**, der ägyptische und römische Sammlungen, Raffaels Zimmer, das Borgia-Appartement und die Bibliothek umfaßt, dauert etwa dreieinhalb Stunden. Für **Weg D**, der durch alle Museen führt, rechnet man etwa fünf Stunden.

San Pietro, die größte Kirche der Christenheit, prunkt mit einer gigantischen Kuppel. Das architektonische Meisterwerk stammt – wie könnte es anders sein? – von Michelangelo

Für behinderte Besucher gibt es ebenfalls einen extra gekennzeichneten Weg.

Aber nun steht natürlich der Petersdom auf dem Programm. Er bietet Platz für 60 000 Gläubige und ist damit das größte christliche Gotteshaus der Welt.

Kletterpartie auf Michelangelos Kuppel

Zum krönenden Abschluß sollten Sie sich das Reich des Heiligen Vaters noch von oben ansehen. Rechts neben dem Dom können Sie die Kuppel erklimmen, ein architektonisches Meisterwerk, das Michelangelo im Alter von 72 Jahren vollbrachte. Zuvor allerdings empfiehlt sich eine ehrliche Einschätzung der eigenen Kondition, denn der Aufzug bringt Sie nur bis zur Höhe des Dachs über Mittelschiff und Querschiff. Dann beginnt der Aufstieg per pedes. Die Kuppel ist zweischalig, zwischen den beiden Schalen windet sich eine Treppe nach oben. Sind Sie erst einmal so weit gekommen, gibt's kaum mehr ein Zurück: Die Spirale wird enger, die Neigung der Wände stärker. Konnte man anfangs noch zu zweit nebeneinander gehen, haben nun die Schultern Wandkontakt. Während des Aufstiegs fragt man sich unweigerlich, wie es vor über 350 Jahren ohne Computer und Baumaschinen möglich war, eine solche Kuppel zu konstruieren... Wenn Sie aber schließlich unter freiem Himmel in 136 Metern Höhe stehen, entschädigt die atemberaubende Aussicht wirklich für alle Mühen.

Dauer: etwa 1 Stunde (ohne Museumsbesuch)

Sehenswertes

Basilica di San Pietro

■ c 3, S. 190

Kaiser Konstantin war der erste Kaiser, der zum christlichen Glauben übertrat; in seinem Auftrag begannen 315 die Arbeiten zur ersten Peterskirche. Sie sollte an derselben Stelle errichtet werden, wo der Apostel Petrus nach seiner Kreuzigung im Jahr 64 im benachbarten Circus des Kaiser Nero bestattet worden war. 349 war die Kirche fertiggestellt, und sie war schon damals beinahe so groß wie der heutige Petersdom.

Papst Julius II. stellte sich jedoch einen angemesseneren Ort für seine Grabstätte vor, die Michelangelo gerade in Arbeit hatte. Daher beauftragte er Bramante, die alte Kirche zu zerstören und eine neue zu errichten. Die Arbeiten begannen 1506, doch weder Bramante noch der Papst erlebten die Fertigstellung der Kirche. Über 30 Jahre lang legten unterschiedliche Künstler Hand an den Dom, darunter auch Michelangelo und Raffael. 1614 beendete Carlo Maderno die Fassade.

Die größte christliche Kirche der Welt ist 211 Meter lang, bis zu 186 Meter breit und 132 Meter hoch; Michelangelos Kuppel hat einen Durchmesser von 42 Metern. Sie besteht aus einer inneren und einer äußeren Schale, dazwischen ist Platz für eine Treppe.

Zweimal im Jahr – an Ostern und Weihnachten – steht der Papst am zentralen Balkon der Peterskirche und segnet die Welt mit den berühmten Worten **»urbi et orbi«**. Im Inneren der Basilika, über dem Hochaltar und dem Grab des Apostels Petrus (eine Marmortreppe führt hinunter zu seiner letzten Ruhestätte), sollte Bernini im 17. Jahrhundert im Auftrag von Papst Urban VIII. einen **bronzenen Baldachin** bauen. Die Bronze stammte von Querbalken aus dem Pantheon. Der Papst, er stammte aus der Familie Barberini, ließ diese einschmelzen und für seine Zwecke verwenden – was den Volksmund lästern ließ: »Quod non fecerunt barbari, fecerunt Barberini« – »Was die Barbaren nicht taten, tat Barberini«. Die vier Säulen des Baldachins ruhen auf Marmorsockeln, die das Wappen des Papstes Urban VIII. tragen. Auf diesen Wappen fallen nicht nur die Barberini-Bienen auf: Bei genauerem Hinsehen entdeckt man einen Frauenkopf, der zusammen mit dem Wappenschild einen weiblichen Körper bildet. Die Formen des Leibes verändern sich von Wappen zu Wappen: in neun Bildern wird hier eine Schwangerschaft bis zur Geburt äußerst realistisch dargestellt. Der Papst hatte den Altar für den – wider Erwarten – glücklichen Verlauf einer schweren Geburt seiner Nichte gestiftet. Seither bitten schwangere Frauen den Apostel Petrus an dieser Stelle um eine problemlose Geburt.

1628, sechzehn Jahre vor seinem Tod, beauftragte Papst Urban VIII. Bernini mit dem Bau seines Grabes. Zwei Marmorfiguren – Gerechtigkeit und Barmherzigkeit – flankieren den Sarkophag. Über der **Tomba di Urban VIII** sitzt der Tod und schreibt den Namen des Papstes nieder...

Der meistgeküßte Fuß der Welt gehört der **Bronzestatue des heiligen Petrus**. Seit 1857 wird der rechte Fuß des Apostels, dessen Gestalt hier an antike Philosophenbildnisse erinnert, mit Küssen bedacht. Die Statue ist am Pfeiler des heiligen Longinius zu sehen.

Die höllische Szene von Rom

Don Gabriele Amorth hat einen wahrhaft höllischen Beruf: Er ist der einzige Vollzeit-Exorzist in Rom. Der Padre führt einen erbitterten Kampf gegen das Böse – und kann über Arbeitslosigkeit nicht klagen: Etwa fünfzehn »Patienten« suchen täglich seine Hilfe. 30000 Besessene hat er bereits behandelt. »Wo der Papst seinen Sitz hat, ist auch der Teufel nicht weit« – so zumindest erklärt sich Amorth den erhöhten Bedarf an Teufelsaustreibungen in Rom... Der Padre selbst bleibt von den teuflischen Attacken natürlich auch nicht gänzlich verschont: Freundliche Ankündigungen (»Heute nacht werfe ich Dich aus Deinem Bett«) oder handfeste Drohungen (»In der Nacht komme ich als Schlange zu Dir«) bucht der Exorzist jedoch gelassen unter Berufsrisiko.

Bevor der »Teufelskerl« mit 29 Jahren eine Karriere als Pater startete, erntete er Lorbeeren und Auszeichnungen – als Widerstandskämpfer im Zweiten Weltkrieg. Zehn Jahre lang kümmerte er sich anschließend um die Zeitschrift »Madre di Dio« – und 1986 wurde er von Kardinal Poletti zum Exorzisten bestellt.

Woran aber erkennt Don Gabriele, daß sein Gegenüber reif ist für eine Teufelsaustreibung? Wie jeder Film-Freak weiß, ist der erste Hinweis auf das Böse eine unüberwindbare Panik vor dem Kreuz und anderen kirchlichen Gegenständen. Wer zudem in eigenartigen Sprachen spricht oder Dinge weiß, die er eigentlich nicht wissen dürfte – der ist bei Amorth gut aufgehoben.

Der Padre hat aber auch Patienten behandelt, die wegen unerklärlicher Symptome von Arzt zu Arzt zogen und schließlich eine Art »Schizophrenie mit apathischem Phänomen« diagnostiziert bekamen. Diese Fälle sind die größten Erfolgserlebnisse des Padre: In der Klinik als hoffnungsloser Fall aufgegeben – bei Don Amorth als geheilt entlassen!

Hat sich die Besessenheit als Fehlalarm herausgestellt – oder ist es lediglich der Ehe-

Ein Padre in Rom – Spießrutenläufer zwischen Himmel und Hölle?

gatte, der dem Patienten das Leben zur Hölle macht –, schickt Don Amorth diesen mit einem kleinen Scherz nach Hause: »Se ha qualche male, si cerchi un buon veterinario« – »Wenn Ihnen wieder einmal etwas weh tut, suchen Sie sich einen guten Tierarzt«. – Bei allem teuflischen Ernst weiß sich der Padre doch seinen Humor zu wahren...

Neben dem Chefaustreiber Amorth – der 69jährige ist gleichzeitig Vorsitzender der internationalen Exorzistenvereinigung – gibt es übrigens noch vier weitere offizielle Teufelsaustreiber in Rom.

Die Nähe zum Heiligen Vater scheint auch den Okkultismus zu schüren: Schwarze Messen werden inzwischen an über 100 Orten in der Stadt zelebriert. Daraus ergibt sich für die römischen Kirchen ein Diebstahlproblem ungewöhnlicher Natur: Statt Münzen aus dem Klingelbeutel werden heutzutage Hostien mitgenommen, da für eine gelungene schwarze Messe die Entweihung des Abendmahls vorgeschrieben ist...

»Objekte« der okkulten Begierde sind außerdem ehemalige Pfarrer. Da sie selbst als Ex-Diener Gottes noch über die Macht der Abendmahl-Weihe verfügen, werden solche »Berufswechsler« mit Handkuß in der dunklen Szene aufgenommen. Don Amorth kennt etliche römische Pfarrer, die ein Bündnis mit dem Beelzebub eingegangen sind.

Es gibt also ziemlich viel zu tun in der »höllischen Szene« Roms. Verabredungen nimmt Padre Amorth in der Via Alessandro Severo gerne entgegen.

Das wohl berühmteste Werk des Petersdoms ist die **Pietà**: Ganze 25 Jahre war Michelangelo alt, als er diese Marmorstatue der Jungfrau Maria schuf, die Jesus' toten Körper in ihren Armen hält. Kritikern, die Marias Jugendlichkeit bemängelten, entgegnete der Künstler, die Mutter Gottes sei in ihrer Reinheit alterslos. Die Pietà ist übrigens das einzige Werk, das Michelangelo signierte: quer über die Brust der Madonna.

Bis zum Jahr 1972, als ein geistesgestörter Mann mit einem Hammer auf das Kunstwerk einschlug, konnte man die Marmorstatue noch aus der Nähe betrachten. Die Bruchstücke, so auch die Nase der Jungfrau, konnten wieder zusammengefügt werden – doch seitdem sitzt sie leider hinter Glas.
Piazza San Pietro
Metro: Ottaviano; Bus: 64
Aufstieg zur Kuppel tgl. 8–18 (im Winter bis 17) Uhr; an Ostern und am 25. Dez. geschl.
Eintritt 5000 Lire für Fußgänger; 6000 Lire bei Benutzung des Aufzuges

Campo Santo Teutonico

■ c 3, S. 190

Durch das Glockenportal auf der linken Seite der Peterskirche gelangen Sie zum Campo Santo Teutonico. In der deutschen Grabstätte vor der Scuola Francorum ruhen unter anderen Königin Charlotte Friederike von Dänemark und Ludwig Curtis. Die deutsche Grabstätte im Vatikan wurde 799 erstmals erwähnt.
Piazza San Pietro
Metro: Ottaviano; Bus: 64
Tgl. außer So 9–13 und 15.30–18.30 Uhr

Città e giardini del Vaticano

■ a 3/b 2, S. 190

Mehr Kunstwerk als Gartenanlage – mit dezentem Bekenntnis zur Wunderheilung: Im nordöstlichen Teil der Gärten befindet sich eine genaue Nachbildung der Grotte von Lourdes. Seit einigen Wochen kann man hier auch ein 3,60 Meter langes Stück der Berliner Mauer besichtigen, das vom Papst mit dem Kommentar »Non abbiate paura« – »Habt keine Angst« bedacht wurde.
Metro: Ottaviano; Bus: 64
Führungen tgl. 10 Uhr (nach Anmeldung unter Tel. 6982)
Eintritt 16 000 Lire

Grotte Vaticane ■ c 3, S. 190

Beim Neubau der Peterskirche wurde der Fußboden um etwa drei Meter höher gelegt als beim Vorgängerbau; es blieb ein Zwischenraum. In den schmalen Gang, den man über eine Treppe erreicht, kamen bereits im Mittelalter die Pilger, um am Scheitelpunkt ihr Gebet zu sprechen. Rechts zweigt ein Gang zum Grab des Apostels Petrus ab. In weiteren Räumen befinden sich Monumente und Grabmäler aus der alten Basilika. Der Eingang befindet sich im rechten vorderen Vierungspfeiler.
Tgl. 7–18 (Winter 7–17 Uhr)
Eintritt frei

Besichtigt werden können auch die Ausgrabungen, die das Petrusgrab und der umliegende Friedhof zutage brachten, die sogenannten **Necropoli Vaticana**, dies erfordert allerdings etwas Vorarbeit: Sie füllen ein Formular im **Ufficio Scavi di San Pietro** (tgl. außer So und Fei 9–17 Uhr, Zugang links von der Peterskirche) aus, das Ihre Telefonnummer in Rom, den Tag des Besuchs und die bei der Führung gewünschte Sprache enthält. Außerdem muß eine Anzahlung von 5000 Lire geleistet werden (Gesamteintritt 10 000 Lire). Fotoapparate und Taschen dürfen nicht mitgeführt werden; der Zutritt für Kinder unter 14 Jahren ist untersagt.

Piazza di San Pietro

■ d 2/d 3, S. 190

Der römische »Star-Architekt« Gian Lorenzo Bernini begann mit dem Bau des Petersplatzes 1656 unter Papst Alexander VII.; fertiggestellt wurde er elf Jahre später. Bernini hatte den Auftrag, einen querovalen Platz mit rechteckigem Vorplatz zu schaffen, dessen Flügelbauten zur Fassade des Petersdoms auseinanderlaufen – im Grunde ist der Platz also trapezförmig. Die von 284 Säulen getragenen Kolonnaden sind mit 140 Heiligenstatuen gekrönt und gelten als Symbol für den Herrschaftsanspruch der Päpste. Sie öffnen sich zur Stadt hin und scheinen die ganze Welt umarmen zu wollen.

Der **Obelisk** in der Mitte des Platzes steht auf dem Rücken von zwei bronzenen Löwen und wird von zwei prachtvollen Brunnen flankiert. Der rechte Brunnen stammt von Carlo Maderna, der linke von Bernini. Das ägyptische Schmuckstück wurde zu Caligulas Zeiten aus Eliopolis nach Rom gebracht, um zunächst den später nach Kaiser Nero benannten Circus Maximus zu schmücken. Papst Sixtus ließ den Obelisken 1568 mit Hilfe von 900 Männern und 140 Pferden auf den Petersplatz transportieren; er war einer der ersten, die im Mittelalter umgesetzt wurden. Das Emblem an seiner Spitze enthält – als Zeichen der Christianisierung – eine Reliquie des Heiligen Kreuzes. Zuvor hatte man darin die Asche Julius Cäsars vermutet.
Metro: Ottaviano; Bus: 64

Ein Bild für Götter: der Petersplatz aus himmlischer Perspektive

Museen

Musei Vaticani ■ c 1/c 2, S. 190
Sieben Kilometer Kunst in vierzehn Museen: Die Vatikanischen Sammlungen sind – als Einheit gesehen – das größte Museum der Welt. Für einen (relativ) ausführlichen Besuch müßte man mindestens drei Tage veranschlagen; einen »Fast-food-Kunst-Trip« können Sie in einer guten Stunde absolvieren – Hauptsache, Sie werfen einen schnellen Blick in die Sixtinische Kapelle, einen der absoluten Höhepunkte des Vatikans. Empfehlenswert ist so eine »Hauruck-Tour« freilich nicht unbedingt…

Ein Kunstführer, den Sie am Eingang kaufen können, wird Ihnen in jedem Fall gute Dienste leisten. Nachfolgend seien nur einige Highlights erwähnt:

Appartamento Borgia
Borgia-Papst Alexander VI. beauftragte 1492 Pinturicchio mit den Fresken für das päpstliche Appartement. Die schönsten Fresken, unter anderem mit dem Borgia-Familienwappen an der Decke, befinden sich im vierten Raum. Für das Porträt der heiligen Catharina soll passenderweise seine Tochter Lukrezia Borgia (die Dame mit dem Giftbecher) Modell gestanden haben.

Biblioteca Apostolica Vaticana
Die wertvollste Bibliothek der Welt wurde 1450 von Papst Nikolaus V. gegründet. Sie enthält rund 25 000 handgeschriebene Bücher aus dem Mittelalter, 7000 Wiegendrucke und 60 000 Manuskripte.

Cappella Sistina (Sixtinische Kapelle)
Der Moment, als Adams Hand Gott zu berühren sucht, die fast spürbare Spannung zwischen den beiden Fingern – Michelangelos Meisterwerk an der Decke der Sixtinischen Kapelle – gilt als ausdrucksvollster Gemäldeausschnitt aller Zeiten, das **Deckenfresko** in seiner Gesamtheit mit über dreihundert Figuren als größtes Kunstwerk der Menschheit.

In der Tat liegt in der Sixtinischen Kapelle eine unbeschreibliche Intensität. Die Figuren scheinen von der Decke zu springen – ein Effekt, den Michelangelo mit Hilfe tiefer Schatten bewirkte. Eine aufwendige Restaurierung in den achtziger Jahren hat die von Ruß getrübten grellen Farben wieder richtig zum Leuchten gebracht.

Papst Sixtus IV. hatte Ende des 15. Jahrhunderts die besten Künstler der Zeit verpflichtet – Botticelli, Ghirlandaio, Signorelli –, um sie die Wände der Kapelle schmücken zu lassen; die Decke überließ er Michelangelo. Die Geschichte, die dort erzählt wird, ist aufgeteilt in drei Perioden: die Zeit, bevor Moses die Gesetze Gottes erhält, die Zeit danach sowie die Zeit nach Christi Geburt. In den vier Jahren zwischen 1508 und 1512 arbeitete Michelangelo, die meiste Zeit auf dem Rücken liegend, geradezu fanatisch an seinem Werk – und das, obwohl er wegen eines vorangegangenen Streits anfangs gar nicht erfreut über den päpstlichen Auftrag war. Die Malerei an der Decke schien dem Florentiner Künstler deshalb zunächst als pure Zeitverschwendung. Erst als der Papst mit einem Krieg gegen Florenz drohte, fügte sich Michelangelo in sein Schicksal.

Über 2000 Jahre alt – und von ergreifendem Realismus: die Laokoon-Gruppe in den Vatikanischen Museen

Jahrzehnte nach dem Deckenfresko begann Michelangelo »**Das Jüngste Gericht**« hinter dem Altar zu malen. Nach sieben Jahren wurde das Werk enthüllt – und entfachte einen Skandal: Christus war nackt, und er trug einen Bart... 23 Jahre später beauftragte Papst Pius IV. den Maler Daniel da Volterra, die bloßen Stellen zu verhüllen. Bei den Restaurierungsarbeiten des »Jüngsten Gerichts« stellte sich daher die Frage, ob man Volterras Arbeit entfernen sollte oder nicht. Nach genauerer Überprüfung des Werkes löste sich das Problem allerdings von selbst: Denn schon vor der Verhüllung muß offenbar ein Zensor am Werk gewesen sein, der die intimen Teile »entfernt« hatte...

Museo Gregoriano Egizio
Eines der wenigen Museen, wo man echte Mumien besichtigen kann; außerdem Statuen, die in römischen Villen und der Hadrian-Villa in Tivoli (→ S. 331) gefunden wurden.

Zusätzlich ist der Thron von Pharao Ramses II. zu sehen sowie eine riesige Statue seiner Mutter, der Königin Tuia.

Museo Missionario-Ethnologico
3000 Ausstellungsstücke dokumentieren außereuropäische Kulturen und Religionen – unter anderem China, Persien, Afrika und Polynesien.

Museo Pio-Clementino
Das Highlight dieses Museums ist die Arbeit mehrerer Künstler aus dem 1. Jahrhundert v. Chr.: die **Laokoon-Gruppe**, die den Priester Laokoon zusammen mit seinen beiden Kindern im Todeskampf gegen Schlangen zeigt. Das Leiden der Figuren ist in großer Eindringlichkeit dargestellt, die vor allem Michelangelo stark beeinflußte.

Michelangelos Meisterwerk: die Sixtinische Kapelle

Die Sixtinische Kapelle ist das Herzstück des Vatikans – ein Ort von atemberaubender Intensität. Es bedurfte allerdings auch einiger Mühen, dieses Wunder entstehen zu lassen: Den Anfang machte Papst Sixtus IV., der dem Vatikan 1475 eine Palastkapelle schenken wollte. Giovanni de' Dolci schuf für ihn eine einfache Halle; außen wie eine Festung, innen schmucklos. An der Decke war ein blauer Himmel mit goldenen Sternen zu sehen. Sixtus berief 1482 die besten Künstler Italiens in den Vatikan, um die Wände der Kapelle mit fünfzehn gleich großen Fresken zu schmücken: Perugino, Botticelli, Ghirlandaio, Pinturicchio, Signorelli und Rosselli bekamen einen Themenkatalog mit ihren Motiven vorgelegt und hatten ihre Arbeit bis zu einem bestimmten Tag zu beenden. Julius II. weihte die Kapelle im August 1483 der Himmelfahrt Christi. Aus der Sixtina war ein schöner, stiller Raum geworden, der den Betrachter erfreute – aber mehr auch nicht.

Bis Michelangelo eingriff: Als der Papst auf den Künstler traf, war er sofort vom Genius des weltberühmten Bildhauers fasziniert – und beauftragte ihn zunächst mit dem Bau eines Grabmals, wie es die Welt noch nie zuvor gesehen hatte. Begeistert machte sich Michelangelo ans Werk, beschaffte bereits den Marmor aus Carrara. Bramante, der damalige Haus- und Hofkünstler des Papstes und verantwortlicher Architekt für den Neubau von Sankt Peter, fürchtete die Konkurrenz Michelangelos und überredete den Papst zu einem Aufschub des Grabmalbaus. Michelangelo kehrte erbost nach Florenz zurück.

Erst als Papst Julius mit einem Krieg gegen Florenz drohte, kam Michelangelo erneut nach Rom. Vom Grabmal allerdings war nun nicht mehr die Rede: Der Papst verlangte ein 1000 Quadratmeter großes Fresko mit zwölf Aposteln an der Decke der Sixtinischen Kapelle. Michelangelo hatte noch nie ein Fresko gemalt und schlug daher seinen Konkurrenten Raffael für die Arbeit vor; dieser war jedoch gerade in den **Stanzen** (→ S. 202)

Rom extra

Die Schöpfungsgeschichte als gigantisches Fresko: Die Capella Sistina ist ein Ort, den man nie wieder vergißt

beschäftigt. So fügte sich Michelangelo 1508 in den unvermeidlichen Auftrag, empfahl dem Papst aber statt der Apostel eine Komposition aus 100 Feldern mit 300 Figuren.

Die nächsten vier Jahre lag Michelangelo also auf dem Rücken und malte, zunächst unterstützt von Künstlern aus Florenz, die er jedoch nach Hause schickte, sobald er eine gewisse Sicherheit in der Freskentechnik erworben hatte. Der Meister blieb allein auf dem Gerüst – und arbeitete bis zur Erschöpfung. Gelegentlich besuchte ihn der Papst und trieb ihn noch mehr zur Eile an. Vier Monate nach Fertigstellung der Decke, Allerheiligen 1512, starb Papst Julius II.

Mehr als ein Jahrzehnt später beauftragte Paul III. Michelangelo mit einer Darstellung des Jüngsten Gerichts an der Altarwand der Sixtinischen Kapelle. Der Künstler hatte wohl immer noch auf eine Fertigstellung des Grabmals für Julius gehofft und machte sich im Dezember 1535 nur unwillig an die Arbeit. Das Kunstwerk stieß wegen der Nacktheit der Körper auf herbe Kritik. Pauls Nachfolger Pius IV. gab schließlich den Auftrag zur Bedeckung der Blößen. Ein Schüler Michelangelos, Daniele da Volterra, richtete mit seiner Verhüllungsmalerei freilich großen Schaden an; er wurde von den Römern daraufhin nur noch »Hosenmaler« genannt.

Michelangelo hat die Verschandelung seines Werkes nicht mehr erlebt; er starb am 18. Februar 1564 in Rom.

Musei Vaticani ■ c 2, S. 190
Eingang Viale Vaticano
Metro: Ottaviano

Hervorzuheben sind in dieser Sammlung griechischer und römischer Skulpturen weiter der **Apollon Belvedere** sowie der **Torso von Belvedere**. Und schließlich können Sie hier vielen antiken Persönlichkeiten ins steinerne Gesicht sehen: In der **Galleria delle Statue** warten unter anderem Julius Cäsar, Cleopatra, Augustus, Hadrian, Antonius...

Museo Sacra
Im christlichen Museum sind Funde und Kunstwerke aus den Katakomben sowie aus den frühchristlichen Museen ausgestellt.

Pinacoteca
18 Räume, die einige der bedeutendsten Kunstwerke der Welt beherbergen. Die Namen der Künstler lesen sich wie das »Who is Who« der Malerei – von Leonardo da Vinci über Tizian bis Caravaggio und Raffael.

Stanze di Raffaello
Weil Papst Julius II. nicht in den unteren Borgia-Appartements wohnen wollte, wo zuvor der ihm verhaßte Alexander VI. logiert hatte, beauftragte er Raffael, neue Gemächer für ihn zu gestalten. Von 1508 bis zu seinem Tod 1520 arbeitete der Künstler an diesen vier Zimmern: der **Stanza dell'Incendio di Borgo**, der **Stanza della Segnatura**, der **Stanza di Eliodoro** sowie der **Sala da Constantino**.

Eingang zu allen Vatikanischen Museen: Viale Vaticano
Metro: Ottaviano
Tgl. außer So 8.45–13.45 Uhr; Einlaß jeweils bis 13 Uhr;
jeden letzten So im Monat sind die Museen bei freiem Eintritt geöffnet; am 1. und 6. Jan., 11. Feb., 19. März, Ostersonntag und -montag, 1. Mai, 29. Juni, 15. und 15. Aug., 1. Nov. sowie 8., 25. und 26. Dez. geschl.
Eintritt 12 000 Lire

Museo storico e tesoro
■ c 2, S. 190

Die reichste Schatzkammer des Abendlandes befindet sich in der Basilika San Pietro, im Petersdom: Das Museum enthält Geschenke, die der Kirche von Päpsten, Königen und Kaisern übergeben worden waren – wunderbare Silber- und Goldarbeiten, bestückt mit Diamanten. Zu sehen ist außerdem das Grab von Sixtus IV. (1493), eine gigantische Bronzearbeit von Antonio del Pollaiuolo, das zu den schönsten Renaissancegrabmälern Italiens zählt.
Basilika San Pietro (Eingang im rechten Kirchenschiff)
Metro: Ottaviano
Tgl. 9–18 (Winter 9–17) Uhr
Eintritt 5000 Lire

Essen und Trinken

Alfredo a San Pietro
■ d 2, S. 190

Gut für einen Teller Pasta nach dem Museumsmarathon.
Via dei Corridori 60
Tel. 6 86 95 54
Bus: 64
Tgl. außer Fr 12–15 und 18.30–22 Uhr
Mittlere Preisklasse (EC, Visa, DC, Amex)

Caffè San Pietro
■ e 3, S. 190

Hier hat angeblich der Papst-Attentäter seinen letzten Espresso getrunken, bevor er den Anschlag auf den Heiligen Vater verübte...
Via della Conciliazione 40
Bus: 64
Tgl. 8–20 Uhr

Hostaria Orfeo da Cesaretto
■ e 2, S. 190
Ausgezeichnete, solide Hausmannskost zu angemessenen Preisen, am Abend gibt's auch verschiedene Sorten Pizza.
Vicolo dell´ Orfeo 20
Tel. 6 87 92 69
Bus: 23, 64
Tgl. außer Mo 12–15 und 20–24 Uhr
Mittlere Preisklasse (Visa, Amex)

Pellacchia ■ e 1, S. 190
Haben Sie schon einmal Wassermeloneneis geschleckt? Probieren Sie's! Leider gibt es das Gelato à la anguria hier nur im Hochsommer, ansonsten müssen Sie sich – was aber nicht schwerfällt – mit den anderen köstlichen Sorten trösten.
Via Cola di Rienzo 23
Bus: 81
Tgl. 14–23 Uhr

Pierdonati Restaurant
■ e 3, S. 190
Pseudoantikes Ambiente für erschöpfte und ausgehungerte Pilger – aber das Essen ist auch nicht schlecht.
Via della Conciliazione 39
Tel. 68 80 35 57
Bus: 62, 64
Tgl. außer Do 12–14 und 19–22.30 Uhr
Mittlere Preisklasse (EC, Visa, Amex)

Einkaufen

Bücher

Libreria Belardetti ■ e 3, S. 190
Außer Literatur und Postkarten gibt es hier auch Souvenirs.
Via della Conciliazione 4
Bus: 64

Libreria Paoline ■ e 3, S. 190
Große Auswahl an religiöser Literatur und Kunstbänden.
Via della Conciliazione 18
Bus: 64

Markt

Mercato dei Fiori
Ein duftender Markt mit Blumen und anderen blühenden Gewächsen nördlich des Vatikan.
Übrigens: Komponieren Sie Ihren Strauß aus drei, fünf, sieben... Rosen – in Italien bringt es Unglück, wenn man Blumen in einer geraden Zahl kauft!
Via Trionfale
Bus: 23, 31, 70
Jeden Di 10.30–13 Uhr

Souvenirs

Al Pellegrino Cattolico
■ d 2, S. 190
Religiöser Bedarf und jede Art von Andenken für Laien, aber auch Geistliche.
Via di Porta Angelica 83
Bus: 64

Die alten Römer wählten zur Gründung ihres Imperiums einen Platz am Wasser, um Güter und Menschen bewegen zu können. Einem träge dahingleitenden, heute schmutzig-verfärbten Fluß also verdanken wir Rom…

Während andere Städte auch heute noch mit ihren Wasseradern leben, der Fluß zum Naherholungsgebiet oder zum Schmuckstück der Stadt gestaltet wird und die Ufer mit Promenaden und Straßencafés verschönert werden, hat man den Tiber in hohe Mauern gezwängt. Gedankt hat man es ihm also nicht, dem Tevere… Wenn man sich nicht die Mühe macht, über die Mauern hinunterzublicken, sieht man über den Fluß hinweg zum anderen Ufer. Erst zwischen den Platanen ist zu erkennen, daß sie nicht eine Allee beschatten, sondern daß zwischen ihnen Wasser fließt.

Brückenbauer Pontifex Maximus

Seine besten Zeiten erlebte der Tiber in der Antike: Damals wurde er als Gott verehrt. Priester waren mit der Oberaufsicht über die Brücken betraut – man nannte sie **pontiffs**, Brückenbauer. Die Vorfahren des heutigen **Pontifex maximus** waren also Handwerker…

Die erste Brücke über den Tiber war der **Ponte Sublicio** (600 v. Chr.), per Gesetz aus Holz; kam ein Feind in Sicht, wurde sie einfach niedergerissen.

Der Tiber sicherte die Nahrungsversorgung der Römer, er sorgte für kühles Naß in den Kehlen – bis zum Jahr 312 v. Chr. und dem Bau des Aquäduktes trank man nur sein Wasser –, und er war ein wichtiger Verkehrsweg: Ohne den Tiber besäße Rom nicht einen einzigen Obelisken, und Cäsar und Cleopatra wären einander niemals begegnet.

Bedrohung durch Hochwasser

Der Tiber bedeutete aber auch Verderben, denn seine Hochwasser brachten Überschwemmungen und Krankheiten. An vielen Häusern der Stadt kann man noch heute an Tafeln die einstigen Hochwasserstände des Flusses ablesen.

Besonders geplagt war das sogenannte **Judenghetto**, das durch eine Mauer am Tiberufer eingeschlossen und seinem Schicksal in menschenunwürdigen hygienischen Verhältnissen ausgeliefert war. Papst Pius IX. ließ das Gefängnis im Herzen Roms 1847 niederreißen; heute leben noch rund 2000 Juden im ehemaligen Ghetto – dazwischen immer mehr Ausländer, die sich hier elegante Penthouse-Wohnungen einrichten.

Von Mauern bedrängt: die Fluten des Tiber. Obwohl der Fluß nicht gerade als Schmuckstück anzusehen ist, gilt es als ausgesprochen trendy, an seinen Ufern – in Testaccio oder im ehemaligen Judenghetto – zu wohnen

Die Römer indes besuchen das Viertel, um einzukaufen, koscher zu essen – vor allem aber ist der **Forno del Ghetto** ein beliebter Treffpunkt für Süßschnäbel. Von weit her kommen die Römer, um in dieser kleinen Bäckerei jüdische Köstlichkeiten fürs Sonntagsdessert zu besorgen.

Bis in die sechziger Jahre hinein pflegten die Römer noch im Tiber zu fischen und zu schwimmen – doch die Verschmutzung des Flusses durch Industrieanlagen hat dem feuchten Vergnügen ein Ende bereitet.

Traditioneller Jahresbeginn

Nur einmal im Jahr, an Neujahr, ist es gute römische Tradition, von einer Brücke in den Tiber zu springen – das sei allerdings nicht unbedingt zur Nachahmung empfohlen!

Die schönste Brücke über den Tevere ist die **Ponte Sant' Angelo**, die Engelsbrücke, bestückt mit zehn Bernini-Barockengeln, die keck unter ihrem marmornen Faltenwurf Bein zeigen. Die ältesten noch sichtbaren Brückenreste dagegen gehören zur **Pons Aemillius** (179 v. Chr.). Ein Brückenpfeiler der Steinkonstruktion ragt nahe der Tiberinsel noch einsam aus dem Wasser, was der Brücke den Spitznamen **Ponte Rotto**, zerstörte Brücke, eingebracht hat.

Die einzige Insel im Tiber – der Legende nach ist sie über einem versunkenen Schiff entstanden – ist einer der romantischsten Plätze von Rom, der sich in den Fotoalben der halben Stadt wiederfinden dürfte: Am flußabwärts liegenden Ende versammeln sich nämlich bevorzugt Hochzeitsgesellschaften für ein stimmungsvolles Erinnerungsfoto…

Im Tiber-Viertel **Testaccio** kommt vor allem abends Stimmung auf: Rund um den Scherbenhaufen, den die alten Römer durch zerbrochene Ton-Amphoren anhäuften, haben sich Nightclubs, schicke Lokale und Late-Night-Pizzerien angesiedelt. Das aufstrebende Nacht-Revier wird von Insidern schon als »Rom-Village« bezeichnet. Ein Ausflug am Tag lohnt sich wegen des romantischen »nicht-katholischen« Friedhofes, auf dem auch Goethes Sohn August begraben liegt, und der Cestius-Pyramide.

Spaziergang

Unser Bummel beginnt an einem der windigsten Plätze Roms, der **Piazza del Gesù** mit der gleichnamigen Kirche. Es heißt, der Teufel und der Wind gingen einst hier spazieren, der Teufel verschwand in die Chiesa Il Gesù – und seitdem wartet der Wind draußen auf ihn...

Die Via Celsa bringt Sie in die **Via delle Botteghe Oscure**. In der Straße befindet sich das Hauptquartier der Kommunisten, die heutige PDS; ganz in der Nähe ist ihr bevorzugter Kaffeetreff »Vezio«. Einst war die Straße von kleinen, dunklen Läden (»**botteghe oscure**«) gesäumt, die leider Mussolinis Sanierung zum Opfer gefallen sind.

Der Brunnen der Schildkröten

Die Via Paganica führt Sie zur Piazza Mattei mit der **Fontana delle Tartarughe**, dem Schildkrötenbrunnen, einem der schönsten Brunnen der Stadt. Der Florentiner Bildhauer Taddeo Landini war fürs Grobe zuständig – er fertigte 1518 die vier Epheben, die sich an dem marmornen Muschelbecken anlehnen; Gian Lorenzo Bernini fügte 1659 die bronzenen Schildkröten an – und kassierte

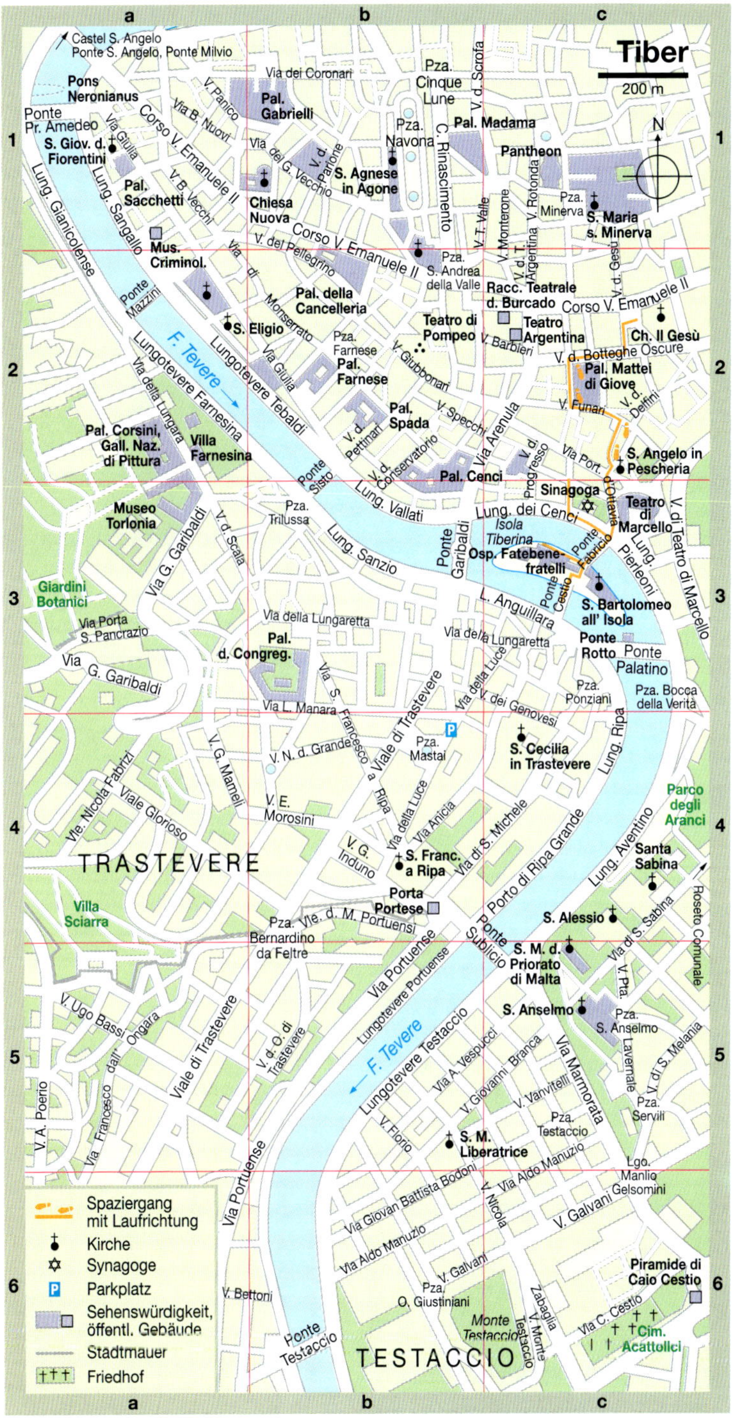

Die Buchstaben-Zahlen-Kombinationen im Text verweisen auf die Planquadrate dieser Karte.

die Lorbeeren. Von der Piazza Mattei geht es zum **Palazzo Mattei di Giove** mit seinem prachtvollen, skulpturengeschmückten Innenhof in der Via Michelangelo Caetani. Gegenüber machte man 1978 einen grausamen Fund: die Leiche des von Terroristen entführten Politikers Aldo Moro. Eine Bronzeplakette erinnert an den ehemaligen Ministerpräsidenten.

Über die Piazza Lovatelli erreichen Sie die Via Sant' Angelo in Pescheria. Bis Ende des 19. Jahrhunderts hätten Sie einfach nur Ihrer Nase folgen müssen, denn seit der Antike wurde dort der Fischmarkt abgehalten. Die **Portico d'Ottavia**, der Rest einer Säulenhalle, die 147 v. Chr. das erste römische Museum für die erbeutete Kunst aus Griechenland werden sollte, diente im 8. Jahrhundert als Vorhalle der Kirche **Sant' Angelo in Pescheria**.

Der Papst bei den Juden

Rechter Hand sehen Sie die **jüdische Synagoge**, 1907 vollendet. Papst Johannes Paul II. nahm hier im April 1986 als erster Papst überhaupt an einem jüdischen Gottesdienst teil. Auf der Seite, die zum Tiber hin zeigt, erinnert ein Schild an die während des Zweiten Weltkrieges deportierten Juden. Links das **Teatro di Marcello**, das größte und am besten erhaltene Theater des antiken Rom, von Cäsar begonnen, unter Augustus beendet. Der Kaiser benannte die Spielwiese nach seinem Neffen Marcellus, der eigentlich sein Nachfolger hätte werden sollen; diesen Moment hat er jedoch nicht mehr erlebt. Das Teatro di Marcello war ein Ort der ganz besonderen Schauspiele: Hatte der Darsteller im Stück den Heldentod zu erleiden, mußte er sich auf der Bühne tatsächlich vom Leben verabschieden. Man kann sich unschwer vorstellen, daß der Beruf des Schauspielers damals keineswegs so gefragt war wie heute...

Das Gefängnis am Tiber

Sie kommen nun ins Herz des ehemaligen jüdischen **Ghetto**. Im Mittelalter herrschte hier noch reges Treiben: Es gab viele kleine Handwerksbetriebe und Geschäfte. Im 13. Jahrhundert hatten immer mehr Juden Trastevere, wo sie seit der Antike lebten, verlassen und sich am Nordufer des Tiber angesiedelt.

Es war Papst Paul IV. (er regierte von 1555 bis 1559), der im 16. Jahrhundert das römische Judenghetto schuf. Von der Ponte Fabricio, entlang der Via del Portico d'Ottavia und der Via del Progresso, ließ er eine Mauer errichten; bei Sonnenuntergang mußten die Türen geschlossen werden. Das Ghetto war überfüllt: 1656 lebten dort 4000 Menschen – unter unhygienischen Umständen und immer wieder vom Tiber überflutet... Erst 1848 wurden die unmenschlichen Mauern im Herzen von Rom niedergerissen; die engen Gassen fielen einer Sanierung zum Opfer.

Von diesem Ort der traurigen Erinnerungen spazieren wir zu einem der romantischsten Plätze der Ewigen Stadt – der Tiberinsel; dorthin gelangen Sie, indem Sie den **Ponte Fabricio** – im Mittelalter wegen seiner Nähe zum Ghetto auch Pons Iudaeorum genannt – überqueren.

Die Schlange und ihr Tempel

Die **Isola Tiberina** (270 Meter lang, 70 Meter breit) entstand über einem versunkenen Schiff, das versandet war – so zumindest will es die Legende. Die alten Römer fügten Bug und Heck aus Stein an, ein Obelisk in der Mitte stellte den Mast dar.

293 v. Chr. schickte man eine zwölf Mann starke Kommission nach Griechenland, um bei den Priestern des Medizingottes Aesculapius Rat zu holen. Auf dem Rückweg nach Rom soll die heilversprechende griechische Schlange von Bord gesprungen und auf der Tiberinsel gelandet sein; genau dort errichtete man dann einen Äskulap-Tempel. Seitdem diente die Isola Tiberina als Medizinstation, in welcher Patienten mit ansteckenden Krankheiten isoliert werden konnten.

Erst 240 Jahre später wurde die Insel durch die Brücken Ponte Fabricio und Ponte Cestio mit dem Festland verbunden. Im frühen Mittelalter war das Stück Land im Tiber verlassen; um das Jahr 1000 ließ eine Adelsfamilie dort eine Burg errichten, die später in den Besitz der Caetani überging. Kaiser Otto III. gründete schließlich eine Kirche, die im 12. Jahrhundert bei einem Brand zerstört wurde. Kaiser Friedrich Barbarossa ließ das Gotteshaus wieder herstellen und dem Apostel Bartholomäus weihen.

Im 17. Jahrhundert wurde **San Bartolomeo all' Isola** weitgehend umgestaltet – nur der kleine Marmorbrunnen aus dem 11. Jahrhundert auf den Stufen zum Chor blieb erhalten. 500 Jahre später wurde erneut ein Krankenhaus auf der Insel eingerichtet: die Barmherzigen Brüder betrieben das Hospital San Giovanni di Dio, das noch heute besteht und von einem portugiesischen Priester geleitet wird.

Die älteste Brücke von Rom

Der Brückenrest im Wasser, den man neben dem Ponte Palatino sieht, ist alles, was von der ersten Steinbrücke über den Tiber, der **Pons Aemilius** (2. Jahrhundert v. Chr.), noch übriggeblieben ist; ihr Zustand hat ihr den Namen **Ponte Rotto** eingebracht (»zerstörte Brücke«).

Die älteste Brücke über den Tiber, der **Ponte Sublicio,** lag weiter flußabwärts. Sie wurde im 5. Jahrhundert v. Chr. gebaut, um das nachbarschaftliche Verhältnis zu den Etruskern auf der anderen Seite zu verbessern. Bewußt wählte man eine Holzkonstruktion: Falls aus Nachbarn wieder Feinde werden sollten, wäre es ein leichtes gewesen, die Brücke wieder einzureißen...

Hungrig? In der Trattoria Sora Lella, Via Ponte 4 Capi 16, sollten Sie die traumhaft guten **gnocchi alla romana** kosten. Die kleinen ovalen Klößchen werden hier nicht wie gewöhnlich aus Kartoffeln zubereitet, sondern aus Teig. Fürs Dessert schicke ich Sie wieder auf die Straße, denn Sie müssen unbedingt eine **granita** von einem »Grattacheco« probieren: Die kleinen fahrbaren Bars – eine steht gewöhnlich an dem **Ponte Cestio** – verkaufen zerstoßenes Eis in Geschmacksrichtungen von Mocca bis Zitrone. Eine herrliche Erfrischung an einem heißen Sommertag! Damit verschafften sich sogar schon die alten Römer Kühlung...

Dauer: etwa 2 Stunden

Sehenswertes

Castel Sant' Angelo

■ B 2, Klappe vorne

Die Engelsburg zählt zusammen mit dem Pantheon und dem Kolosseum zu den bedeutendsten Monumenten der Antike. Kaiser Hadrian ließ sich das Grabmal von 135 bis 139 nach dem Vorbild des Augustus-Mausoleums errichten – nicht aus Eitelkeit, sondern weil dort kein Platz mehr war. Über dem Sockel und dem Mauerring erhob sich damals ein Turm mit einem Standbild Hadrians. Sein Nachfolger Kaiser Aurelian integrierte das Mausoleum in die Stadtmauern. Als 590 die Pest in Rom wütete, ordnete Papst Gregor eine Prozession an, um den Himmel gnädig zu stimmen. Während des Marsches hatte der Papst eine Vision; er sah den Erzengel Michael mit einem Schwert über Hadrians Grabmal.

Der Kirchenfürst nahm dies als Zeichen, daß die Gebete erhört worden waren. Er fügte dem Grabmal eine Kapelle und die Sankt-Michaels-Statue an. Fortan hieß das Mausoleum Castel Sant´ Angelo. Im 14. Jahrhundert verlegten die Päpste ihre Residenz von San Giovanni in Laterano in das Mausoleum; zwischen Vatikan und dem Kastell wurde ein geheimer Weg angelegt. Im Kastell war gleichzeitig die Schatzkammer des Vatikans, auch das päpstliche Gold bewahrte man dort auf. Borgia-Papst Alexander VI. ließ die Wände mit wunderbaren Fresken schmücken. Später wurde aus Sant´ Angelo ein Gefängnis mit Hinrichtungsstätte – und heute ist es ein Museum.

Die Engelsbrücke vor der gleichnamigen Burg war einst ein teuflischer Ort – nämlich einer der Hinrichtungsplätze des päpstlichen Rom. Die Köpfe der Verbrecher wurden auf dem Ponte Sant´ Angelo ausgestellt

Bevor Sie sich die Engelsburg ansehen, sollten Sie im Eingangsbereich einen Blick auf ihre drei Modelle werfen; es handelt sich dabei um eine antike und eine mittelalterliche Nachbildung sowie ein Modell aus der Renaissancezeit. Höhepunkte des Kastells sind der **Cortile dell' Angelo**, benannt nach einem monumentalen Marmorengel von Raffaello da Montelupo; das winzige, aber elegante und freskengeschmückte **Badezimmer Clemens VII.** sowie die **Sala Paolina**, ein prächtiger Raum mit Fresken und Scheinarchitektur. Die Engelsburg soll übrigens auch Operngeschichte geschrieben haben: Die letzte Szene von Puccinis Oper »Tosca« spielt angeblich auf der Terrasse des Monumentes.
Lungotevere Castello 50
Metro: Lepanto
Mo–Sa 9–14, So und Fei 9–13 Uhr; jeden 2. und 3. Di im Monat geschl.
Eintritt 8000 Lire

Chiesa Il Gesù ■ c 2, S. 207
Die Mutterkirche der Jesuiten wurde 1568 von Jacopo Vignola neben dem Haus des Ignatius von Loyola, dem Begründer des Ordens, gebaut. Sehenswert ist vor allem das mit üppiger Marmorverkleidung und vergoldetem Stuck ausgeschmückte Innere. Im linken Querschiff in einem Altar liegt der Ordensgründer Loyola begraben. Die Heiligenstatue ist eine Kopie; die echte Silberstatue ließ Papst Pius VI. einschmelzen, um Reparationen an Napoleon bezahlen zu können. In dem Gebäude rechts neben der Kirche kann man die Räume besichtigen, in denen Ignatius von Loyola lebte und starb.
Piazza del Gesù
Bus: 46, 64, 70
Tgl. 6–13.30 und 16–19.30 Uhr

Ägyptisches Grabmal für einen römischen Kaiser: Die Cestius-Pyramide verkörpert einen Modetrend von einst

Die 10 schönsten An- und Ausblicke

Vom Dach des Petersdoms ■ c 3, S. 190
…weil Rom sich hier wie ein Bilderbuch vor Ihnen ausbreitet – und man ansonsten Tage bräuchte, um jede Seite anzusehen (→ S. 192).

Die Fontana di Trevi bei Nacht ■ b 2, S. 228
…weil das Lichterspiel der barocken Mammutwanne jede Theaterkulisse ganz schön blaß aussehen läßt (→ S. 231).

Das Forum Romanum vom Kapitolshügel ■ b 2, S. 162
…weil bei diesem Anblick selbst der größte Geschichtsmuffel in andächtiges Schweigen versinkt (→ S. 171).

Vom Gianicolo bei Sonnenuntergang ■ a 2, S. 146
…weil das von Kuppeln übersäte Häusermeer der Stadt dann in den schönsten Farbtönen glüht (→ S. 149).

Das Kapitol am späten Nachmittag ■ a 1/a 2, S. 162
…weil die goldene Silhouette nicht nur für die Frischvermählten aus dem nahen Standesamt der Gipfel der Romantik ist (→ S. 164).

Das Kolosseum bei Vollmond ■ c 2, S. 162
…weil der Anblick der runden Scheibe durch das steinerne Prachtstück Gänsehaut erzeugt (→ S. 166).

Das Pantheon bei Dämmerung ■ c 2, S. 120
…weil der angestrahlte Tempel aller Götter so prachtvoll mit dem Abendhimmel kontrastiert (→ S. 126).

Vom Pincio bei Sonnenaufgang ■ a 2, S. 79
…weil man der Stadt von diesem Hügel aus beim gemächlichen Erwachen wie durch eine rosarote Brille zusehen kann (→ S. 83).

Von der Promenade des Castel Sant' Angelo ■ B 2, Klappe vorne
…weil sich der obere Teil der Burg zu drehen scheint, wenn man langsam um ihn herumgeht (→ S. 210).

Ein Thunfisch-tramezzino zur Mittagszeit
…weil soviel Sightseeing unheimlich hungrig macht!

Cimitero Acattolici ■ c 6, S. 207
Im Schatten der Cestius-Pyramide befindet sich der schönste Friedhof von Rom – der eigentlich ein Ort der Diskriminierung war, denn die Bestattung hier war den nicht-katholischen Toten (**accattolici**) vorbehalten. Bis 1870 war man der Meinung, das Recht der Erlösung gebühre allein den Katholiken.

Rund 4000 Nicht-Katholiken und viele Ausländer liegen hier begraben, so auch August von Goethe, der Sohn des deutschen Dichterfürsten, und der Poet John Keats.
Via Caio Cestio 6
Metro: Piramide
Tgl. außer Mi 8–11.30 und 15.30–17.30 (im Winter 14.30–16.30) Uhr
Eintritt 6000 Lire inklusive Führung

Monte Testaccio ■ b 6/c 6, S. 207
Der erste nicht-recycelbare Müllberg der Geschichte: Hier häuften die alten Römer zerbrochenes Geschirr und Terrakotta-Amphoren an. Die gebrochenen Teile nannte man **testae** – daher der Name des Berges. Jahrhunderte später wurden unterhalb des Testaccio Grotten ausgehoben, in denen ideale Bedingungen für die Lagerung von Wein herrschten. Diese antiken Weinkeller sind heute archäologisches Sperrgebiet.
Via di Monte Testaccio
Bus: 27

Palazzo Cenci ■ c 2, S. 207
Hinter den Mauern dieses Palazzos aus dem 17. Jahrhundert, errichtet auf den Resten des Circo Flaminio, spielte sich 1598 ein Familiendrama ab, das die ganze Stadt erschütterte: Francesco Cenci, das Familienoberhaupt einer der reichsten Familien von Rom, war ein brutaler Tyrann, der sich auch an seiner Tochter Beatrice verging. Die Familie beschloß gemeinsam, ihn umzubringen.
Papst Clemens verhängte über die Verschwörer die Todesstrafe: Am 11. September 1599 wurden Beatrice und ihre Stiefmutter auf der Piazza vor der Engelsbrücke enthauptet.
Jedes Jahr an ihrem Todestag wird in der Familienkapelle des Palazzo Cenci eine Messe gelesen.
Via Monte dei Cenci
Bus: 23

Parco degli Aranci ■ c 4, S. 207
Einer der zauberhaftesten Parks von Rom befindet sich auf dem **Monte Aventino**; er ist eingeschlossen von den Mauern des Savello-Schlosses. Seit 1932 ist der Garten mit den wunderbaren Orangenbäumen öffentlich, und man weiß wirklich nicht, was hier eigentlich schöner ist – die Bäume oder das traumhafte Panorama…
Via di Santa Sabina
Bus: 94

Piramide di Caio Cestio ■ c 6, S. 207
Nach dem römischen Ägyptenfeldzug kamen nicht nur die Obelisken groß in Mode, es galt auch als äußerst schick, sich wie ein Pharao begraben zu lassen. Von all den Pyramiden hat nur diese eine überlebt. Laut Inschrift ließ sich der Prätor und Volkstribun Caius Cestius im Jahre 11 v. Chr. dieses 36 Meter hohe Grabmal setzen.
Piazzale Ostiense
Metro: Piramide

Ein Ort zum Verweilen: der Parco degli Aranci – der Park der Orangenbäume – auf dem Aventin. Die Aussicht ist phantastisch

Pons Neronianus a 1, S. 207
Bei niedrigem Wasserstand kann man die Reste dieser Brücke noch sehen. Sie wurde im Auftrag von Kaiser Nero in den Jahren 54 bis 68 n. Chr. errichtet, der eine Verbindung vom Campus Martius (heute Corso Vittorio Emanuele, Piazza del Popolo) zu seinem Circus nahe dem Petersdom benötigte. Eine besonders hohe Flutwelle im Mittelalter riß die Brücke mit sich.
Zwischen Ponte Vittorio Emanuele und Ponte Prinzipe Amdeo di Savoia Aosta
Bus: 62, 64

Ponte Fabricio c 3, S. 207
Die Steinbrücke, die das linke Tiberufer mit der Insel verbindet, ist in ihrer Originalstruktur (62 v. Chr.) noch weitgehend unversehrt – nur die Balustrade war früher aus Bronze.
Zwischen Piazza Monte Savello und Isola Tiberina
Bus: 23

Ponte Milvio
Als Maxentius auf dem Ponte Milvio getötet wurde, war die Schlacht von Saxa Rubra (312 v. Chr.) für Kaiser Konstantin siegreich geschlagen. Seitdem mußte die Tiberbrücke immer wieder rekonstruiert werden; zum letzten Mal 1840, als Nationalheld Giuseppe Garibaldi einen Teil davon sprengen ließ, um die französischen Truppen zu stoppen. Seit 1980 ist die Brücke für den Verkehr gesperrt.
Zwischen Puntale Ponte Milvio und Piazzale Cardinal Consalvi
Bus: 32

Ponte Sant' Angelo
■ B 2, Klappe vorne
Gleichzeitig mit dem Castel Sant´ Angelo wurde die Pons Aelius gebaut; sie sollte die Bedeutung des Bauwerkes noch unterstreichen. Im Heiligen Jahr kam es auf der Brücke zu einer Katastrophe: Tausende von Pilgern waren auf dem Weg zurück zur Stadtmitte – die Brücke war damals, ähnlich wie der Ponte Vecchio in Florenz, mit hölzernen Buden gesäumt –, als plötzlich am Ende der Brücke einige Pferde scheuten, Panik brach aus, Buden stürzten zusammen, und 170 Menschen fanden den Tod. Daraufhin wurden alle hölzernen Buden entfernt.

Im 17. Jahrhundert wurde die Pons Aelius zur Ponte Sant´Angelo umbenannt: Gian Lorenzo Bernini hatte die Brücke mit Hilfe seiner Schüler mit zehn Engelsstatuen geschmückt.
Lungetevere Castello 50
Metro: Lepanto

Ponte Sisto ■ b 2, S. 207
Die Ursprünge der Brücke gehen auf das Römische Reich zurück. 772 wurde sie zerstört und 1472 unter Papst Sixtus wieder neu errichtet. Übrigens: Sollten Sie gleichzeitig eine alte Frau, ein weißes Pferd und einen Priester den Ponte Sisto überqueren sehen, dann wird Ihnen fortan das Glück hold sein – so zumindest will es der römische Aberglaube...
Zwischen Piazza Trilussa und Piazza Pallotti
Bus: 23

Roseto Comunale
■ D 5, Klappe vorne
Ein Meer von Rosen – 5000 verschiedene Arten – wartet im städtischen Rosengarten auf bewundernde Blicke. Zur Rosenblüte wird der Garten geöffnet; gleichzeitig starten Ausstellungen und Wettbewerbe, um die neuesten duftenden Kreationen vorzustellen.
Via di Valle Murcia
Metro: Circo Massimo; Bus: 94
Mai und Juni tgl. 9–19 Uhr

Sinagoga ■ c 3, S. 207
Die Synagoge im Ghetto wurde 1904 im assyrischen Stil gebaut. An der zum Tiber gelegenen Seite erinnert eine Gedenktafel an den Oktober 1943, als die Nazis römische Juden in die Konzentrationslager verschleppten. In der Synagoge befindet sich auch das jüdische Museum; außerdem ist eine permanente Ausstellung der jüdischen Gemeinde von Rom zu sehen.
Via del Tempio
Bus: 23
Mo, Fr und So 10–14 Uhr

Teatro Argentina ■ c 2, S. 207
1816 fand in diesem Theater die Uraufführung des »Barbier von Sevilla« statt – ein Riesen-Reinfall. Pauline Borghese soll daran nicht ganz unschuldig gewesen sein: Sie hegte Groll gegen den Komponisten Rossini, der einem Freund Paulines eine Überarbeitung der Tenorrolle untersagt hatte. Gelegentlich finden hier noch heute internationale Theaterfestivals statt.
Museo del Teatro Argentina
Via dei Barbieri 21
Bus: 44, 75

Teatro di Marcello ■ c 3, S. 207
Es sollte das Theater von Pompeij weit in den Schatten stellen, dieses ehrgeizige Projekt des Cäsar – unter Augustus wurde es fertiggestellt. Der Kaiser benannte das Theater, welches 15 000 Zuschauern Platz bot, nach seinem Neffen Marcellus, der als sein Nachfolger vorgesehen war. An die halbkreisförmige Arena schloß sich ein hohes Bühnenhaus an; im Mittelalter wurde das Theater als Familienfestung ausgebaut.
Via del Teatro di Marcello
Bus: 15, 23, 774

Museen

Museo d'Arte Ebraica ■ c 3, S. 207
Kunstwerke und religiöse Objekte geben Einblick in die Geschichte der jüdischen Gemeinde von Rom, das Museum liegt in der Synagoge.
Lungotevere dei Cenci
Bus: 23, 65
Tgl. außer Sa 10–13 und 15–17, So 9.30–12.30 Uhr, an jüdischen Fei geschl.
Eintritt 8000 Lire

Museo Criminologico ■ a 1, S. 207
Ein ehemaliges Gefängnis ist der richtige Ort für ein Kriminal-Museum. Zu sehen gibt es einen Waffensaal, eine Folterkammer – und einen »Saal der Wahnsinnigen im Laufe der Jahrhunderte«...
Via del Gonfalone 29
Bus: 23, 65
Di, Mi, Fr und Sa 9–13, Di und Do 14.30–18.30 Uhr, So und Mo geschl.
Eintritt 4000 Lire

Schauplatz der Geschichte: In der Synagoge von Rom nahm erstmals ein Papst an einem jüdischen Gottesdienst teil – und das denkwürdige Ereignis liegt erst zehn Jahre zurück

Raccolta Teatrale del Burcado
■ c 2, S. 207
Im einstigen Haus des päpstlichen Zeremonienmeisters Johannes Burchard (italienisch Burcado) befindet sich heute ein kleines Theatermuseum mit einer Sammlung von Masken und Kostümen. Zur Zeit ist es jedoch wegen Renovierung geschlossen.
Via del Sudario 44 (Largo Argentina)
Bus: 44, 56, 60

Essen und Trinken

Le Donne ■ c 2, S. 207
Bis zwei Uhr morgens gibt es hier ausgezeichnetes Essen und traumhaftes Tiramisù zu unglaublich günstigen Preisen.
Piazza Cenci 70
Tel. 6 86 40 08
Bus: 23, 65
Tgl. außer Mo 20–2 Uhr
Untere Preisklasse (Visa, Amex)

Il Drappo ■ a 1, S. 207
In dem schicken kleinen Lokal gibt's sardische Inselspezialitäten und das knackige, hauchdünne **carta da musica** – ein Brot, das mit Olivenöl beträufelt und geröstet wird.
Vicolo del Malpasso 9
Tel. 6 87 73 65
Bus: 23, 62
Tgl. außer So 20–24 Uhr
Obere Preisklasse (Amex)

Auf dem Monte Testaccio reiht sich eine traditionsreiche Trattoria an die andere. Hier lassen sich die Gäste des Checchino dal 1887 mit herzhaften Köstlichkeiten verwöhnen

Evangelista ■ b 3, S. 207
In-Gourmet-Tempel neueren Datums; die ausgefallenen Kreationen dieses Lokals lassen sich auch Fernsehstars und Politiker schmecken.
Lungotevere Vallati 24
Tel. 6 87 58 10
Bus: 23, 65
Tgl. außer So 19–24 Uhr
Obere Preisklasse (Visa)

Isola del Sole ■ C 1, Klappe vorne
Calamari fritti in feuchtfröhlicher Umgebung – ein Abendessen am Ufer des Tiber in einer lauen Sommernacht ist schon etwas Besonderes...
Lungotevere Arnaldo da Brescia
Tel. 3 20 14 00
Bus: 90, 90 B
Tgl. außer Mo 13–15 und 20.30–23.30 Uhr
Obere Preisklasse (DC, Amex)

Ghetto

Meeting Meal ■ c 3, S. 207
Koscheres Essen auf die schnelle: der erste und einzige jüdische Fastfood-Service.
Via Portico dei Ottavia 76
Bus: 23, 94
Tgl. 12–22 Uhr

Piperno ■ c 3, S. 207
Nirgendwo ist die typische Spezialität **carciofi alla giudia** schmackhafter als in diesem jüdischen Firstclass-Restaurant.
Via Monte dei Cenci 9
Tel. 68 80 66 29
Bus: 23, 94
Tgl. außer Mo 12.15–15 und 20–23 Uhr; So abends sowie im Aug. und von Weihnachten bis Neujahr geschl.
Obere Preisklasse (EC, Visa, DC, Amex)

Portico ■ c 3, S. 207
Jüdisch-römische Hausmannskost – und das einzige Lokal der Stadt, das streng koscheres Essen serviert.
Via del Portico d'Ottavia 1/E
Tel. 68 30 79 37
Bus: 23, 94
Tgl. außer Sa mittags und So abends 12–15 und 19.30–23.30 Uhr
Mittlere Preisklasse (EC, Visa, DC, Amex)

Vezio ■ c 2, S. 207
Hier schmieden die Kommunisten der PDS zusammen mit Barchef Vezio Pläne zur neuen Machtübernahme...
Via dei Delfini 23
Bus: 90, 94
Tgl. 8–20 Uhr

Testaccio

Checchino dal 1887 ■ c 6, S. 207
Seit fünf Generationen kümmert sich die Familie Mariani erfolgreich um das leibliche Wohl ihrer Gäste. Trockenen Kehlen kann geholfen werden: Sie haben die Wahl zwischen 400 Wein- und 50 Grappasorten.
Via Monte Testaccio 30
Tel. 5 74 63 18
Bus: 23, 713
Tgl. außer Mo 12.30–15 und 20–23 Uhr; So abends geschl.
Obere Preisklasse (EC, Visa, Amex)

Perilli ■ c 5, S. 207
Gemütliches Familienlokal mit **murales** – das sind Wände, die mit Szenen aus dem alten römischen Leben bemalt sind – und köstlichen Kutteln.
Via Marmorata 39
Tel. 5 74 24 15
Bus: 23, 95
Tgl. außer Mi 12.30–15 und 19.30–23 Uhr
Mittlere Preisklasse

Piramide da Maometto ■ E 6, Klappe vorne
Jeden Freitagabend gibt es in diesem ursprünglich arabischen Lokal zur Pizza Live-Musik und Bauchtanz – es ist immer voll, daher sollten Sie unbedingt vorher reservieren.
Viale di Porta Adreatina 114
Tel. 5 75 98 80
Bus: 94, 160
Tgl. außer Mi 12–15 und 19.30–1 Uhr
Mittlere Preisklasse

Taverna Cestia ■ D 6, Klappe vorne
Versuchen Sie hier einmal eine **focaccia**, die dickere, weichere, dünner belegte Schwester der Pizza.
Viale Piramide Cestia 65
Tel. 5 74 37 54
Bus: 23, 77
Tgl. außer Mo 12.30–15 und 19.30–23 Uhr
Untere Preisklasse (Visa)

Al Vecchio Mattatoio ■ b 6, S. 207
Traditionelle, herzhafte römische Küche, viele ausgezeichnete Fleischgerichte.
Piazza O. Giustiniani 2
Tel. 5 74 13 82
Bus: 27, 713
Tgl. außer Di 13–14.30 und 20–22.45 Uhr
Mittlere Preisklasse

Tiberinsel

Alfonso's Bar ■ c 3, S. 207
Eine gute Tasse Cappuccino auf der Tiber-Insel – dafür sorgt Alfonso.
Via Ponte 4 Capi
Bus: 23, 77

Sora Lella ■ c 3, S. 207
Am Fuße des Torre Caetani – welch wunderbarer Ort für eine Trattoria!
Via Ponte 4 Capi 16
Tel. 6 86 16 01
Bus: 23, 77
Tgl. außer So 12–14 und 20–23 Uhr
Mittlere Preisklasse

Einkaufen

Bücher

Feltrinelli ■ c 2, S. 207
Gute Auswahl an italienischer Literatur, Reiseführern, Karten.
Largo Torre Argentina 5
Bus: 46, 64

Menorah 85 ■ c 2, S. 207
Hauptsächlich jüdische Literatur.
Via del Portico d'Ottavia 1/A
Bus: 23, 717

Olimpico
In diesem Buchladen, er ist spezialisiert auf mittelalterliche Geschichte, kann man bis 22.30 Uhr seine Nase zwischen die Bücherseiten stecken.
Piazza Gentile da Fabriano
Bus: 23, 280

Rinascita ■ c 2, S. 207
Hier gibt es Lesestoff jeder Art und jeder Richtung, seit neuestem auch mit den Bereichen Musik, Video, Kino. Auch am Sonntag geöffnet.
Via delle Botteghe Oscure 1/2/3
Bus: 46, 64
Tgl. 9–20 Uhr

Geschenke

Ditte Leone Limentani ■ c 3, S. 207
Ein wunderbarer Kramladen für Geschirr, Gläser und hübsche Kleinig-

keiten für Küche und Haushalt.
Via del Portico d'Ottavia 47
Bus: 23, 94

Spazio Sette ■ c 2, S. 207
In diesem barocken Palazzo kann man auf drei Etagen in Designermöbeln und Haushaltsaccessoires schwelgen.
Via Barbieri 7
Bus: 23, 719

Lebensmittel

L'Albero del pane ■ c 2 S. 207
Öl, Wein, Nudeln, Süßes, zum Beispiel wunderbare **biscotti ai cereali**, und Brot – alles naturbelassen.
Via Santa Maria del Pianto 23
Bus: 23, 46

Antica Erboristeria Romana ■ c 2, S. 207
Nur hier bekommt meine weise Freundin Anna Cuccu alle Zutaten für ihr berühmtes Zauberelixier: Man frage nach **amaro svedese**, lasse die Kräutermischung mit etwas Grappa einen Monat in der Sonne ziehen, schüttele sie dabei täglich, und trinke das Elixier mit Wasser und Zucker verdünnt. Die Mischung hilft gegen jedes Übel – garantiert!
Via Torre Argentina 15
Bus: 46, 170

Dolceroma ■ c 3, S. 207
Besitzer Stefano Ceccarelli arbeitete früher als Zuckerbäcker in Wien, seine Freundin ist Amerikanerin – herausgekommen sind Mozartkugeln, Sachertorte, Cheesecake und Lemonpie, eben ein süßes internationales Gemisch.
Via del Portico d' Ottavia 20 b
Bus: 23, 94
Mo geschl.

Enoteca Corsi ■ c 2, S. 207
In dieser Weinbar können Sie erst probieren – vor allem die lokalen Weißweine – und dann kaufen.
Via del Gesù 88
Bus: 44, 46
Tgl. außer So 8–20 Uhr

Il Forno del Ghetto ■ c 2, S. 207
Jüdische **dolci** und andere Köstlichkeiten für Süßschnäbel. Die **pasta di mandorla** und die **pasta di ricotta** sind einfach himmlisch!
Via del Portico d'Ottavia
Bus: 23, 94

Fratelli Carilli ■ c 2, S. 207
Ein **panino**, dazwischen den Schinken von Carilli – Feinschmeckerherz, was willst du mehr... Hier gibt es aber auch ausgezeichneten Stockfisch, **baccalà**.
Via Torre Argentina 11/12
Bus: 46, 170

Markt

Piazza Testaccio ■ c 5, S. 207
Ein weiterer bunter Obst-Gemüse-Fisch-Markt – und weitaus ursprünglicher als am Campo de' Fiori. Hier sieht man noch mehr Römerinnen, die Salat fürs Abendessen kaufen, als staunende Touristen, die Erinnerungsfotos schießen.
Piazza Testaccio
Bus: 27, 57
Tgl. außer So 7.30–14 Uhr

Stoffe

Bises ■ c 2, S. 207
Schöne Wollstoffe, Leinen und herrliche Seide vom Comer See in einem wunderbaren Palazzo.
Via del Gesù 91
Bus: 44, 46

Von Drachen, Schnecken und bösen Geistern…

Es ist Ihnen bestimmt aufgefallen, daß die Geschichte der Stadt Rom eng mit unzähligen Legenden verknüpft ist.

Auf der **Piazza del Popolo** beispielsweise grub man einst das Grab für den Christenhasser Nero; später bestattete man Selbstmörder an diesem Ort. Die Bürger der Stadt waren jahrhundertelang davon überzeugt, daß dort Geister und Dämonen umgingen. Im Mittelalter wurde der Spuk derart unerträglich, daß sich das Volk an Paschalis II. um Hilfe wandte. Der Papst verordnete ein dreitägiges Fasten, zog sich in Gebete zurück – und erhielt vom Heiligen Geist alsbald die Aufforderung, den Nußbaum, der Neros Grab kennzeichnete, zu fällen. Der Papst tat wie ihm geheißen, die Gebeine des Kaisers wurden verbrannt, ihre Asche in den Tiber gestreut – und der Spuk hatte ein Ende. Sie glauben das nicht? In der Kirche Santa Maria del Popolo können Sie ein Relief sehen, auf dem dargestellt ist, wie der Papst mit einer Axt gegen den Nußbaum schlägt...

Oder da wäre die Geschichte mit dem Drachen, der im **Forum Romanum** unter den drei Säulen des Castor- und Pollux-Tempels begraben liegt. Der Gifthauch des Drachen, so hieß es, habe in der Antike viele Menschen getötet, bis sich Papst Silvester schließlich mit einem Kreuz in den Abgrund gewagt und das Monster mit seinen Gebeten besiegt hatte. Der Drache war zwar getötet – doch noch bis vor einigen Jahrzehnten mieden die Römer den Ort aus Angst vor vergifteter Luft. Als dann das Forum Romanum freigelegt wurde, kam genau an der besagten Stelle eine verstopfte Quelle zum Vorschein, die zur Brutstätte von Malariamücken geworden war…

Bis heute haben sich die Römer ihren Glauben an Übersinnliches bewahrt. Im Viertel Trastevere gibt es mehrere hauptberufliche Hexen, die geheimnisvolle Elixiere brauen und ihre Opfer mit dem **ma-**

Rom extra

Ihre spezielle »Vollkaskoversicherung« gegen Unglücksfälle tragen viele Römer stets bei sich: das Horn eines Rindes

locchio, dem bösen Blick, verfluchen können. Wer mit diesem Blick bedacht wurde, kann nur von einer anderen Hexe wieder befreit werden; sie muß die besondere Gabe besitzen, das malocchio wegzuzaubern. Und fast jeder Römer kennt mindestens eine Anlaufstelle in Sachen böser Blick…

Noch ein paar Kostproben gefällig? Nun, es bringt Unglück, eine Straßenecke zu »schneiden«; hat die bevorzugte Fußballmannschaft endlich ein Tor geschossen, dann bleibt jeder Zuschauer für eine Weile unbeweglich in genau der Position vor dem Fernseher sitzen, die er innehatte, als der Treffer fiel.

Das wirksamste Mittel gegen geballtes Unglück ist seltsamerweise das Horn eines Rindes. Bei unheilversprechenden Vorkommnissen formt der Römer mit seinen Fingern solch ein **corno** – eine heidnische Tradition, die Schutz vor allen möglichen drohenden Gefahren bieten soll. Viele Römer bevorzugen übrigens eine Rund-um-die-Uhr-Sicherheit und tragen das Horn als Schlüsselanhänger, am Armband oder im Auto ständig bei sich.

Am 23. Juni schließlich ist der »Hörner-Höhepunkt« erreicht: Zur **Festa di San Giovanni**, das im Viertel um den Lateran gefeiert wird, werden unzählige Schnecken gebraten. Die gehörnten Kriechtiere gelten als Symbol des Streits – und ihr Verzehr steht für das Auslöschen jeglicher Zwistigkeiten...

Seit fast zweitausend Jahren wird Italien von Rom aus regiert. Die Politik von heute ist rund um den Quirinalshügel zu Hause. Jeden Abend hat sie landesweit ihren Auftritt, denn das »Telegiornale« schickt regelmäßig Berichte zur politischen Lage der Nation aus dem Palazzo Chigi, von der Piazza Montecitorio oder dem Palazzo del Quirinale über den Bildschirm.

Der **Quirinal** war in der Antike der höchste der sieben Hügel der Stadt und bis zur Gründung von Rom das Zuhause der Sabiner, die den Hügel nach ihrem Kriegsgott Quirinus benannt hatten. Heute steht der Name für italienische Politik. Der **Quirinalspalast**, früher Sommerhaus des Papstes, ist der offizielle Sitz des Präsidenten der Republik – und seit Ende 1994 an bestimmten Tagen für Besichtigungen geöffnet. Mit Erfolg, denn die Besucher kommen in Scharen, übrigens auch in die beiden anderen Politik-Paläste **Palazzo Madama** und **Palazzo Montecitorio**.

Die **Piazza Venezia** steht für Mussolini und den gnadenlosen Gigantismus der Faschisten, der weder vor Kaiserforen noch vor Michelangelos Sterbehaus halt machte. »Quod non fecerunt Barberini, fecit Mussolini« – »Was die Barberini-Päpste nicht taten, tat Mussolini«).

Brunnenwasser als Liebestrank

Auch die **Fontana di Trevi** als Vorzeigeobjekt und Beweis päpstlicher Großzügigkeit steht mit all ihrer Pracht für Macht: Unter Papst Urban VIII. mußte der Brunnen restauriert werden. Um die Arbeiten bezahlen zu können, erhob der Papst eine Weinsteuer. Steuern auf ein edles Getränk – und das für gewöhnliches Brunnenwasser, sozusagen –, damit stieß er bei den Römern auf wenig Verständnis! Voll Verachtung warfen sie jedesmal gestenreich eine Münze als Steuerschuld ins Brunnenbecken. Die Tradition des Münzenwerfens hat ihre Wurzel also in der Rebellion gegen die päpstliche Gewalt...

Bis zum Ende des 18. Jahrhunderts existierte noch eine weitere Trevi-Tradition: Einer, der in die Fremde oder in den Krieg zog und seine Geliebte zu Hause lassen mußte, führte sie beim Abschied zum Brunnen. Gemeinsam tranken sie ein Glas Brunnenwasser, und gemeinsam zerbrachen sie dann das Glas – so war die Liebe gesichert.

»Comic strip« für einen Kaiser: Die 30 Meter hohe Marc Aurel Colonna erzählt Geschichten aus dem Leben des Herrschers

Der Fall Berlusconi – die Chronik einer italienischen Karriere

»Hätte es ihn nicht gegeben, man hätte ihn erfinden müssen – doch nur schwerlich wäre er so gut gelungen« – so titulierte der »Messaggero« im Januar 1995 einen Leitartikel über eine der schillerndsten Persönlichkeiten Italiens der letzten Jahre: Silvio Berlusconi.

Im Herbst 1993 hatte der Mailänder Medienmogul eine neue politische Formation mit dem Namen **Forza Italia** gegründet. Durch massiven Einsatz der ihm zur Verfügung stehenden Massenmedien und die begeisterte Unterstützung durch Fußballanhänger (der italienische Top-Club AC Mailand gehört Berlusconi) sorgte er für einen hohen Bekanntheitsgrad seiner neuen, rechten Formation.

Berlusconi, genannt **il cavaliere,** profitiert von der negativen bis zornigen Stimmung des Volkes gegen die Craxi-Regierung, die in einem Bestechungs-und Korruptionssumpf steckengeblieben war. In Mailand läuft unterdessen die Aktion **mani pulite**, saubere Hände, auf Hochtouren. Am 28. März 1994 wird Forza Italia mit 21 Prozent der Stimmen gewählt. Zusammen mit der **Lega Nord**, ihrem Chef Umberto Bossi und der rechten **Aleanza Nazionale** mit Gianfranco Fini an der Spitze geht Berlusconi ein Bündnis ein, läßt sich zum Regierungschef wählen und zieht in den Palazzo Chigi ein. Am 12. Juni bestätigen die Europawahlen seinen Kurs; Forza Italia kann einen Stimmenzuwachs von 9,6 Prozent verbuchen.

Die ersten dunklen Wolken am Regierungshorizont Berlusconis treten am 25. Juli auf. Der Grund ist das sogenannte **Decreto Biondi**, benannt nach dem Justizminister, das den in Untersuchungshaft sitzenden Politikern das Leben erleichtern soll – ein Vorstoß, der Berlusconi immerhin 2,4 Prozent seiner Popularität kostet.

Gleichzeitig werden auch die Spannungen zwischen dem Regierungschef und Umberto Bossi immer größer. Ein »Gipfeltreffen« der beiden am 24. August auf Sardinien kann die Wogen etwas glätten – und hebt die Sympathiekurve Berlusconis erneut um 3,7 Prozent. Doch schon am Tag danach beginnt der Anfang vom Ende:

Rom extra

»Auf geht's, Italien« – aber wohin? Aus Berlusconis mitreißendem Parteiprogramm ist erst mal die Luft raus

Berlusconi präsentiert das Finanzierungsprogramm seiner Regierung – und sinkt im Ansehen wiederum um 4,4 Prozent. In Mailand wird unterdessen gegen den Chef von Berlusconis Firma »Fininvest« und gegen Paolo Berlusconi, den Bruder des **presidente**, ermittelt. Die Lira setzt zum Sturzflug an…

Im Herbst 1994 stellt die Regierung weitere unpopuläre Sparmaßnahmen vor; beschnitten werden sollen unter anderem die Renten. Italien schlittert von einem Streik in den nächsten; Demonstrationen sind an der Tagesordnung.

Am 20. November stehen in einigen italienischen Kommunen Wahlen an: Forza Italia verliert 8 Prozent ihrer Stimmen. Am 22. November erhält Berlusconi eine Vorladung nach Mailand. Binnen drei Tagen muß er mit seinem Anwalt vor dem Richter erscheinen: Drei Fälle von Korruption werden ihm angelastet. In einer Rede an die Nation versichert er seine Unschuld – und bekräftigt, daß er in keinem Fall zurücktreten werde. Erst am 13. Dezember bequemt sich Silvio Berlusconi vor die Untersuchungsrichter, die inzwischen Di Pietro abgelöst haben. Siebeneinhalb Stunden lang steht der italienische Regierungschef den Richtern Rede und Antwort. Am 22. Dezember öffnet sich der Vorhang zum letzten Akt: Berlusconi übergibt dem Staatspräsidenten Oscar Scalfaro im Quirinalspalast sein Rücktrittsschreiben. Damit kommt er seinem Sturz durch drei Mißtrauensanträge – einer davon vom eigenen Koalitionspartner Lega Nord – zuvor. Das (vorläufige) Ende einer italienischen Karriere…

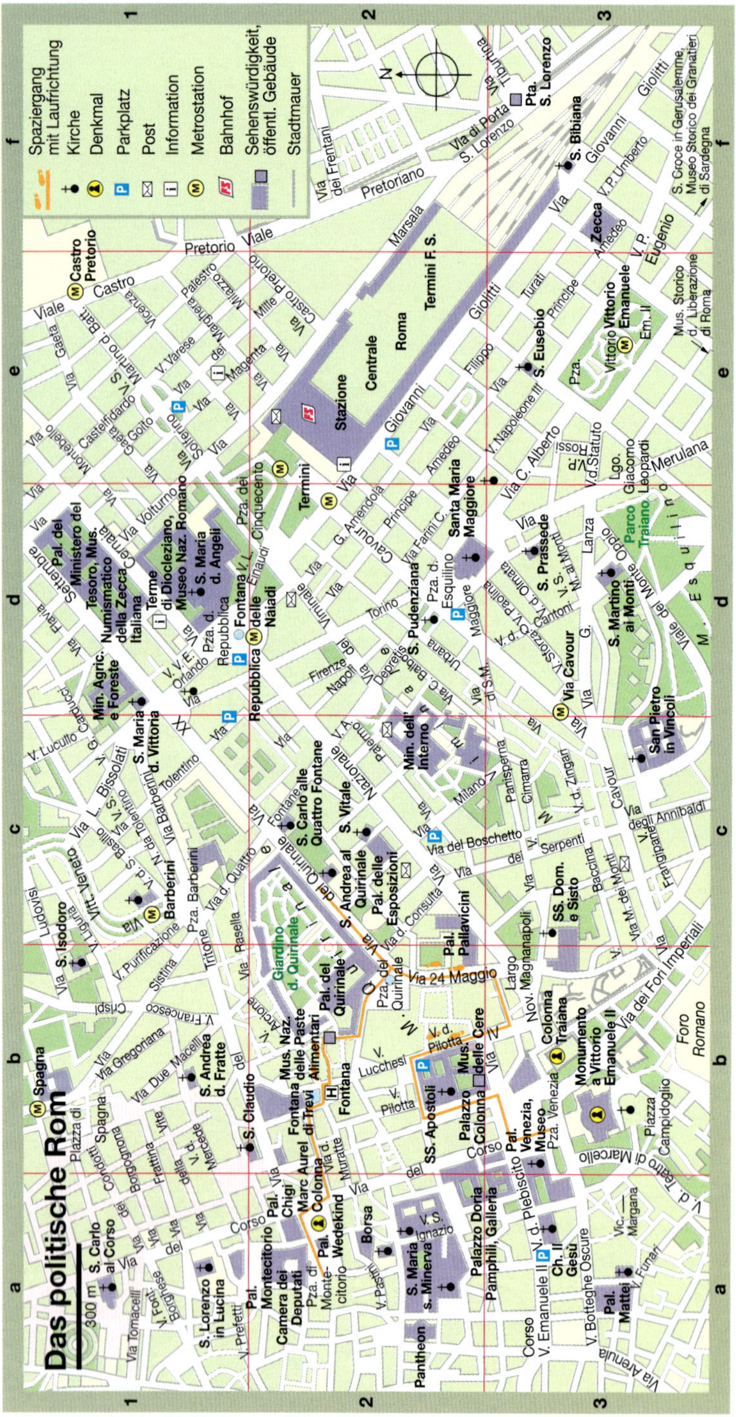

Die Buchstaben-Zahlen-Kombinationen im Text verweisen auf die Planquadrate dieser Karte.

Vor einigen Jahren wurde der Brunnen erneut restauriert, von Patina und Mikroorganismen befreit. Jetzt strahlt er wieder – zum Gück für die Ewige Stadt, denn wie schon Stendhal in seinen »Römischen Spaziergängen« bemerkte: »Wenn das Wasser des Trevi-Brunnens wegen Renovierung stillsteht, herrscht großes Schweigen in ganz Rom…«

Verjüngungskur fürs Bahnhofsviertel

Die Gegend rund um den Bahnhof ist ein Politikum im Rom von heute: Der Vorplatz der **Stazione Termini**, die **Piazza dei Cinquecento,** ist nämlich eine ewige Baustelle, und die umliegenden Straßen sind vor allem nachts als unsicheres Pflaster verschrien. In Mitleidenschaft gezogen ist auch die **Piazza della Repubblica**, die den Anfang einer der verkehrsreichsten Straßen Roms darstellt, der **Via Nazionale**. Sie wurde im Jahr 1871 angelegt, um Bahnhof und Zentrum zu verbinden – aber von ihrem Glanz zu Zeiten der Jahrhundertwende war lange nichts zu erkennen. Doch inzwischen, seit der Restaurierung der Piazza della Repubblica, gewinnt das Viertel erfreulicherweise wieder etwas an Gesicht. Nicht nur, weil es immerhin für viele Besucher der erste Eindruck ist – hier befindet sich außerdem der Eingang zu einem der ungewöhnlichsten Museen der Stadt, dem **Museo Nazionale Romano** oder **Thermenmuseum**.

Spaziergang

Sie beginnen Ihren Spaziergang dort, wo die Geschicke Italiens gegenwärtig bestimmt werden – und beenden ihn, wo Mussolinis Politik einst verheerende Ergebnisse zeigte. Während der Duce, die Päpste und Kaiser in prunkvollen Palästen ihre Macht zur Schau stellten, residiert das demokratische Italien von heute in historisch bedeutenden Gebäuden.

Startpunkt unseres Spaziergangs ist die **Piazza di Montecitorio** mit dem gleichnamigen **Palazzo**, dem Sitz der Abgeordnetenkammer – ein schöner Palast mit konvex geschwungener Fassade und einem Glockenturm. Den Obelisken von Pharao Psammethikus II. in der Mitte des Platzes hat Kaiser Augustus aus Elipolis mitgebracht.

Marc Aurels Bilderbogen

An die Piazza di Montecitorio schließt sich die Piazza Colonna an, benannt nach der **Säule des Marc Aurel**. Als Vorbild für den 30 Meter hohen Bilderbogen, der Szenen aus dem Krieg gegen die Germanen und die Sarmaten zeigt, diente unübersehbar die Trajanssäule auf dem Kaiserforum.

Im klassizistischen **Palazzo Wedekind** befindet sich die Zentrale der Sozialistischen Partei, im **Palazzo Chigi** ist der Sitz des Presidente del Consiglio – Italiens teuerstes Hotel, wie die Römer aufgrund des fliegenden Wechsels der Regierungschefs gerne spotten. Silvio Berlusconi hatte gerade erst einen der besten Innenarchitekten der Stadt damit beauftragt, eine ihm angemessene Umgebung zu schaffen – da mußte er auch schon wieder ausziehen…

Von der Piazza Colonna geht es dann weiter zur **Fontana di Trevi**, Roms Prachtbrunnen, der frisch gereinigt wieder in altem Glanz erstrahlt. Also die obligatorische Münze geworfen – und weiter geht es in die Via della Dataria mit einem Abstecher zur Piazza Scanderberg und dem einzigartigen **Pasta-Museum**. Der ultimative Ort für jeden Nudelfreak – nach dem Motto: Was Sie schon immer über Spaghetti wissen wollten...

Wenn Sie sich »sattgesehen« haben, spazieren Sie weiter zur Piazza del Quirinale und dem gleichnamigen Palazzo, unschwer zu erkennen an den Wachtposten und der italienischen Fahne. Hausherr im Quirinal ist seit 1992 Oscar Luigi Scalfaro, der seinen Prachtpalast seit kurzem mit der Öffentlichkeit teilt: Jeden Sonntag ist die ehemalige Papstresidenz zur Besichtigung geöffnet. Ein Palazzo der großen Pläne übrigens, denn unter dem päpstlichen Regiment sollte er ein zweiter Vatikan werden, später ein zweites Versailles. Die Geschichte hat vor der Realisation einen Strich durch beide Pläne gezogen; dennoch ist das Innere von überwältigender Schönheit.

Der Quirinal ist eigentlich der faszinierendste, weil lebendigste unter Roms Palästen – ein Bindeglied zwischen Geschichte und Zukunft. Er ist der einzige römische Palast, an dessen Preziosen auch heute noch Machthaber und Könige entlangschreiten, hinter dessen Mauern immer noch Entscheidungen getroffen werden. Diese sind zwar nicht mehr unbedingt weltbewegend, aber immerhin doch entscheidend für ganz Italien.

Der Job des Wachtpostens ist übrigens trotz seiner Regungslosigkeit ein begehrter Arbeitsplatz. Zugelassen werden allerdings nur hochgewachsene Elite-Carabinieri mit 1,82 Meter Mindestmaß.

Der Brunnenschale auf der Piazza sei zum Schluß die nötige Achtung entgegengebracht: Sie diente einst auf dem Forum Romanum als Pferdetränke.

Berninis barockes Meisterwerk

Machen Sie noch einen kurzen Abstecher in die Via del Quirinale mit der Barockkirche **Sant' Andrea al Quirinale**, Gian Lorenzo Berninis Meisterwerk mit exakt durchkomponiertem Innenraum.

Biegen Sie nun in die Via 24 Maggio, dann in die Via Cordonata ein. Weiter geht es in die Via IV Novembre, vorbei am Palazzo Colonna mit der **Galleria Colonna**; der Eingang ist in der Via della Pilotta. Die Privatsammlung der Familie Colonna ist eine protzige Zurschaustellung von Macht und Reichtum. Beeindruckend ist vor allem die **Sala del Trono** mit dem zur Wand gedrehten Thronsessel, der nur vom Papst benutzt werden durfte.

Nach soviel Eitelkeit noch ein Ausflug in die Unvergänglichkeit: In der Piazza Santi Apostoli 67 wartet das römische **Wachsfigurenkabinett**. Die Piazza Cesare Battisti bringt Sie anschließend zur **Piazza Venezia**. Der belebte Platz wird vom größten Reiterstandbild der Welt beherrscht – geehrt werden sollte damit König **Vittorio Emanuele**, dessen Verdienste freilich in keinem Verhältnis zu dem imposanten Denkmal stehen.

Der Balkon des Duce

Die Piazza Venezia war auch der Lieblingsplatz des Duce; auf dem Balkon des **Palazzo Venezia**, den er 1929 zum Sitz der faschistischen Regierung erkoren hatte, verkündete Mussolini den Austritt Italiens aus dem Völkerbund. Im Museum des Palastes ist neben allerhand Kunststücken auch das Arbeitszimmer von Mussolini zu besichtigen. Um die Römer von seinen immensen Anstrengungen zum Wohle des Volkes zu überzeugen, mußte dort einst Tag und Nacht das Licht brennen...

Der Pseudo-Renaissancepalast auf der Piazza wurde 1911 für eine venezianische Versicherungsgesellschaft erbaut. Der Original-Palazzo, der vorher hier stand, wurde abgerissen – er ließ zuwenig Sicht auf das Reiterstandbild. Weichen mußte auch das Haus, in welchem Michelangelo 1564 starb. Großzügigerweise brachten die Zerstörer ein Schild »in memoriam Michelangelo« an dem neu erbauten Versicherungs-Palast an.

Einen letzten Blick sollten Sie dem bedauernswerten Verkehrspolizisten gönnen, der mutterseelenallein inmitten des Platzes steht – an der Piazza Venezia kreuzen sich vier Hauptstraßen – und tapfer versucht, Disziplin in den gnadenlosen Großstadtverkehr zu bringen...

Dauer: etwa 2 Stunden

Sehenswertes

Fontana delle Naiadi ■ d1, S. 228
In der Mitte der Piazza della Repubblica tummeln sich in einer riesigen Wanne vier Bronze-Nymphchen beim Spiel mit Meeresungeheuern. Die Nymphen-Fontana gehört zu den schönsten Brunnen Roms: Sie wurde – nach einem Entwurf von Mario Rutelli – 1885 angelegt.
Piazza della Repubblica
Metro: Repubblica

Fontana di Trevi ■ b2, S. 228
Seit seiner Restaurierung erstrahlt der größte und berühmteste römische Brunnen mit seinem imposanten Barockspektakel wieder in vollem Glanz.

Aus der Fontana di Trevi kam einst das Wasser des Aquädukts der Acqua Vergine. Papst Nikolaus V. hatte bereits Mitte des 15. Jahrhunderts mit dem Gedanken gespielt, für den Endpunkt der Wasserleitung ein bescheidenes Monument zu errichten. Mitte des 17. Jahrhunderts beauftragte dann Papst Urban VIII. Bernini mit einer Wasserschauwand, die allerdings erst 1762 unter Papst Clemens XIII. abgeschlossen wurde. Für die Fertigstellung des Brunnens war ein Wettbewerb ausgeschrieben worden. Obwohl Architekt Niccolo Salvi nicht der Gewinner war, beauftragte ihn der Papst mit dem Brunnenbau.

Während die Touristen bis heute das Ritual pflegen, Münzen in den Brunnen zu werfen, hieß es früher, ein Schluck Wasser aus der Fontana di Trevi würde einen Besucher nach Rom zurückbringen.
Piazza di Trevi
Metro: Barberini

Vittorio Emanueles protziges, zwölf Meter hohes Denkmal auf der Piazza Venezia – Spötter nennen es das »Gebiß von Rom«...

Fontana del Quirinale ■ b 2, S. 228
Castor und Pollux umfassen einen Obelisken, der von Kaiser Augustus nach Rom gebracht worden war – zusammen mit seinem Zwilling von der Piazza dell' Esquilino stand er früher vor dem Augustus-Mausoleum. Papst Pius VII. ließ den Brunnen später vor dem Quirinal aufstellen.
Piazza del Quirinale
Metro: Barberini

Marc Aurel Colonna ■ a 2, S. 228
Marc Aurel war ein friedliebender Kaiser, mehr der Philosophie als dem Krieg zugetan – und die Römer verehrten ihn. Dennoch hatte der Herrscher einige blutige Schlachten zu führen – und davon erzählt der »Comic strip«, der sich an dieser Säule aus dem Jahr 193 n. Chr. entlangschlängelt. Bis 1589 befand sich eine Statue des Kaisers auf der Spitze der Colonna. Papst Sixtus V. ließ ihn durch den Apostel Paulus ersetzen.
Piazza Colonna
Bus: 52, 53, 119

Monumento Vittorio Emanuele II ■ b 3, S. 228
Wie eine überdimensionale Hochzeitstorte – oder eher wie eine Mega-Schreibmaschine – für manche sogar wie das »Gebiß von Rom« – so thront es mitten auf der belebten Piazza Venezia, das mit 12 Metern Höhe gigantischste Reiterdenkmal der Welt, das sich der italienische König Vittorio Emanuele 1885 bis 1911 errichten ließ. Nach dem Ersten Weltkrieg wurde das **Grabmal des Unbekannten Soldaten** angefügt, das sich unter dem sogenannten Altar des Vaterlandes befindet. Als letzte Zugabe kamen 1970 noch die

Vor dem Palazzo Chigi, dem Amtssitz des italienischen Ministerpräsidenten, konnte man in letzter Zeit öfter zum Augenzeugen eines politischen Machtwechsels werden…

beiden **Ewigen Feuer** hinzu. Das Monument krönen zwei **Bronze-Wagen mit der Siegesgöttin**, 1908 von Carlo Fontana und Paolo Bartolini geschaffen – für die Römer sind sie das Beste an dem Denkmal. Die Siegesgöttin kann man nämlich von verschiedenen Stellen der Stadt sehen – so dient das protzige Monument wenigstens der Orientierung…

Ein Eingang an der linken Seite führt zum **Museo del Risorgimento**, das die Geschichte Italiens im 19. Jahrhundert dokumentiert, zur Zeit aber wegen Restaurierungsarbeiten geschlossen ist.
Piazza Venezia
Bus: 56, 62, 64

Palazzo Chigi ■ a 2, S. 228

Von 1562 bis 1630 zogen sich die Bauarbeiten an diesem Palazzo hin; fertiggestellt wurde er unter der Regie von Carlo Maderna. 1659 erwarb Papst Alexander VII. das Prachthaus für seine Familie Chigi. 1917 ging das Anwesen in Staatsbesitz über; seitdem ist der Palazzo Chigi das Zentrum des politischen Lebens – und heute der Amtssitz des italienischen Ministerpräsidenten.
Via del Corso/Piazza Colonna
Bus: 49, 119

Palazzo Doria Pamphili ■ a 2, S. 228

Kardinal Fazio Santorio ließ sich 1507 diesen prachtvollen Palast errichten. Soviel Schönheit erregte den Neid von Papst Julius II., der dem Kardinal dringend riet, das Bauwerk dem Herzog von Urbino zu überlassen, einem Neffen des Papstes. Später wechselten sich mehrere Adelsfamilien als Besitzer ab. Im 17. Jahrhundert heiratete Andrea III.

Models, Magier und Moneten – oder: Was sich im Trevi-Brunnen so alles ansammelt…

Für soviel Aufmerksamkeit und solche Schlagzeilen wie im November 1994 hatte die Fontana di Trevi lange nicht mehr gesorgt: Wie einst Anita Ekberg zu Zeiten von Fellinis Film »La Dolce Vita« stieg Deutschlands Top-Model Claudia Schiffer in den berühmtesten Brunnen der Welt. Und wie einst Anita, genoß die blonde Schönheit im Abendkleid das Bad im Brunnen – und in der Menge. Wie einst das Bild der Schauspielerin ging auch Claudias feuchter Auftritt um die Welt.

Anders als Anita allerdings trug das Fotomodell und Mannequin kniehohe Gummistiefel, um sich keine kalten Füße zu holen; Claudia hatte auch keinen Latin Lover à la Marcello Mastroianni zur Seite, sondern posierte mit einem männlichen Kollegen. Last but not least: Sie warb nicht fürs **dolce vita**, sondern für den römischen Modemacher Valentino.

Denn anders als bei manchen Schauspielern in den fünfziger Jahren sind für Claudia Ausschweifungen der gewissen Art strengstens verboten, das harte Model-Dasein läßt nicht viel Spielraum für so etwas. Da unterscheidet sich das süße römische Leben von heute von dem von damals. Dennoch waren die Römer vom Auftritt der blonden Deutschen hingerissen.

Claudia Schiffers Verlobter, der amerikanische Zauberkünstler David Copperfield, hielt sich unterdessen an die gute alte Touristentradition – und warf eine Münze in den Trevi-Brunnen. Einen Vierteldollar, wie das römische Rote Kreuz mehr oder minder wohlwollend vermerkte. (Ob er die Münze anschließend wieder in seine Tasche zurückzauberte, ist nicht bekannt.)

Copperfields Vierteldollar und all das andere Kleingeld, das im Brunnen landet, geht also an das **Croce Rossa**. Drei- bis viermal im Jahr säubert die Stadtverwaltung von Rom die Fontana di Trevi und gibt die Münzen weiter. Das Rote Kreuz hat tatsächlich einen Angestellten, der ausschließlich damit beschäftigt ist, das Geld aus dem Brunnen zu sor-

Rom extra

Sein Rauschen klingt wie die Brandung des Meeres – Kein Wunder: Auf der barocken Bühne der Fontana di Trevi hat Neptun höchstpersönlich seinen großen Auftritt

tieren – zwei Hilfskräfte überwachen ihn dabei. Doch nicht über alle Münzen kann sich die Hilfsorganisation auch freuen: Kenianische Schillinge, polnische Zloty, ungarische Forint, kolumbianische Pesos, iranische Rial, marokkinische Dirham – dies sind nur einige der »wertlosen« Währungen, die dem Roten Kreuz das Leben schwermachen. Die »guten« Währungen können in Lire getauscht, die anderen müssen versteigert werden. Was übrigbleibt, kommt der Bildung zugute: Die ausländischen Münzen werden in Grundschulen verteilt, um den Kindern Anschauungsunterricht in Sachen fremder Währung zu geben. Insgesamt verdient das Rote Kreuz an der Fontana di Trevi umgerechnet rund 30 000 Mark im Jahr – ein Verlustgeschäft, wenn man die Kosten der Sortier- und Umtauschaktionen bedenkt.

So wurde bereits in Betracht gezogen, die fremde Währung im entsprechenden Land rückzutauschen – doch dann hat man den Plan als etwas zu umständlich wieder verworfen. Oder sollte man den Touristen die beliebte Münzwerfaktion einfach verbieten? Auch keine gute Alternative. Also bliebe im Grunde nur noch eine Lösung – nämlich ein Schild vor der Fontana di Trevi mit der Aufschrift: »Bitte keine Zloty, keine Forint, keine Pesos, kein afrikanisches oder arabisches Geld in den Brunnen werfen«…

Piazza di Trevi ■ b 2, S. 228
Metro: Barberini

Doria die Erbin der Familie Pamphili, und die Palazzi der beiden Brautleute, die beinahe nebeneinander standen, wurden zusammengelegt.

Im Gebäude ist auch die gleichnamige Gemäldegalerie untergebracht (→ Museen und Galerien).
Via del Corso/Piazza del Collegio Romano 1 a
Bus: 56, 62, 64

Palazzo Montecitorio ■ a 2, S. 228
Der prunkvolle Palast wurde 1650 von Gian Lorenzo Bernini im Auftrag von Papst Innozenz X. begonnen und von Carlo Fontana 1694 beendet. Seit 1871 ist er Sitz der Abgeordnetenkammer. Zu Beginn dieses Jahrhunderts wurde der Bau zur Piazza del Parlamento hin erweitert.
Piazza Montecitorio
Bus: 52, 53, 119

Palazzo Pallavicini ■ b 2/c 2, S. 228
Auf einer schönen, palmengesäumten Piazza ließ sich Kardinal Scipione Borghese 1603 diesen Palast errichten. Die Hauptattraktion im sogenannten **Casino dell' Aurora** ist leider nur an jedem 1. Tag des Monats (von 10–12 und 15–17 Uhr) zu besichtigen: das Fresko der Aurora von Guido Reni. Die Göttin der Morgenröte wird dargestellt, während sie die Himmelstüre für den Wagen mit der Sonne öffnet.
Via 24 Maggio 43
Metro: Barberini

Palazzo del Quirinale ■ b 2, S. 228
Der imposante Palazzo del Quirinale wurde 1573 bis 1740 als Papstresidenz erbaut und bildet den Abschluß der gleichnamigen Piazza. Hoch über dem Tal ließ sich Papst Gregor XIII. 1572 von Gian Lorenzo Bernini und Carlo Maderna eine Sommerresidenz errichten, von deren Balkon er seinen Segen spendete. Von 1870 bis 1946 residierte hier der italienische König; heute ist es der Staatspräsident, derzeit Oscar Luigi Scalfaro.

Seit Oktober ist das Innere des Palazzo auch ohne schriftliche Voranmeldung zu besichtigen; jeden Sonntag zwischen 9 und 13 Uhr sind die Türen des Quirinale geöffnet, und Tausende kunstliebender – oder einfach neugieriger – Besucher stehen Schlange. Zu sehen sind wunderbare **Fresken** aus dem 16. Jahrhundert, eine **Galerie**, die Alexander VII. von Pietro da Cortona schmücken ließ, und ein prächtiger **Saal im Rokokostil**. Außerdem kann man die **Cappella Paolina** mit ihrer Decke aus vergoldeten Röschen bestaunen, wohin sich einst die Kardinäle zur Beratung zurückzogen. Sehenswert sind auch die **Sala Gialla**, deren vergoldete Pracht fast in den Augen blendet, die **Sala degli Ambasciatori**, in der sich jeder Botschaftsvertreter wie ein Königsgesandter fühlen muß, und der Spiegelsaal, die **Sala degli Specchi**, mit Kronleuchtern aus Murano-Glas.
Piazza del Quirinale
Metro: Barberini
Jeden So 9–13 Uhr

Palazzo Venezia ■ b 3, S. 228
Pietro Barbo gab diesen Frührenaissance-Palast 1467 – noch bevor er Papst Paul II. wurde – vermutlich bei Leon Battista Alberti in Auftrag. 1564 ging das Gebäude in den Besitz der Republik Venedig über, die darin die Residenz des Botschafters einrichtete. Es blieb in venezianischen Händen, bis Napoleon die Lagunenstadt eroberte und den Palast den Österreichern schenkte, die dort 1797 ihre Botschaft einrichteten. Im Ersten

Weltkrieg wurde der Palazzo vom italienischen König zurückgefordert. Dann kam Benito Mussolini als neuer Hausherr; er funktionierte die **Sala del Mappamondo** – benannt nach einem Gemälde von 1495, das die Welt darstellen soll – zu seinem Arbeitszimmer um, dem wahrscheinlich größten 1-Zimmer-Büro der Welt. Zum Schreibtisch des Duce führte ein langer Korridor, der dem Besucher den nötigen Respekt einflößen sollte.

Als Rom 1944 befreit wurde, war der Palazzo zum ersten Mal öffentlich zugänglich. Seitdem befindet sich darin ein Museum.
Piazza Venezia
Bus: 56, 62, 64

Die nackten Nymphen des Najadenbrunnens auf der Piazza della Repubblica erregten um die Jahrhundertwende die Gemüter

Piazza della Repubblica

d 1, S. 228

Der Platz vermittelt einen guten Eindruck von der Größe der Diokletian-Thermen; er folgt den Außenmauern der antiken Badeanlage. Die Piazza war nach der Erhebung Roms zur Hauptstadt Italiens angelegt worden, um die Via Nazionale mit dem Bahnhofsvorplatz zu verbinden.
Metro: Repubblica

Sant' Andrea al Quirinale

c 2, S. 228

Die zweigeschossige ovale Barockkirche errichtete Gian Lorenzo Bernini 1658 bis 1671 für die Jesuiten. Der Innenraum schwelgt in Gold, Weiß und Altrosa. Die Wappen erinnern an die finanzielle Unterstützung durch römische Adelsfamilien, die besondere Anlässe auch heute noch in dem Kirchlein feiern. In der Kuppel befinden sich schöne, ein wenig keck anmutende Stuckfiguren.
Via del Quirinale
Metro: Repubblica

San Carlo alle Quattro Fontane

■ c 2, S. 228

»San Carlino« wird das Gotteshaus von den Römern liebevoll genannt – der Blick ins Innere zeigt, warum: San Carlo ist eher ein Kirchlein als eine Kirche – seine Dimensionen entsprechen denen eines Kuppelpfeilers im Petersdoms. Mehr Platz stand Francesco Borromini 1634 zum Bau einer Kirche für den Theatinerorden nicht zur Verfügung; dennoch wurde sie eine der originellsten Arbeiten des Künstlers.
Via del Quirinale
Metro: Barberini

Santa Croce in Gerusalemme

Nach der Anerkennung des Christentums im Jahr 313 ließ Kaisermutter Helena einen großen Saal ihres Palastes zu einer Kirche umbauen, im 12. Jahrhundert wurde der Glockenturm angefügt. 1743 wurde die Kirche restauriert und mit einer Fassade von Domenico Gregorini versehen. In der **Reliquienkapelle** sind neben Teilen des Kreuzes Christi auch Dornen der Krone und ein Nagel aufbewahrt – Kreuzreliquien, die Helena aus Jerusalem kommen ließ.
Piazza Santa Croce in Gerusalemme
Tram: 30 b

Sant' Eusebio

■ e 3, S. 228

Einmal im Jahr bellt, miaut und zwitschert es in der kleinen Kirche: An Sant' Antonio (Mitte Januar) steht das Gotteshaus den Haustieren des Viertels offen, und die Römer kommen zu Hunderten, um Hunde, Katzen, Vögel, ja sogar Goldfische segnen zu lassen.
Piazza Vittorio Emanuele II 12
Metro: Vittorio

Santa Maria Maggiore

■ d 2, S. 228

Schnee im August – und die weiße Pracht blieb trotz der Sommerhitze auf dem Esquilin liegen... Das konnte nur ein Wunder sein: Im Schnee entdeckte Papst Liberius den Grundriß einer Basilika – wie es ihm eine Marienvision am Abend zuvor prophezeit hatte.

Im 4. Jahrhundert wurde an eben dieser Stelle also mit dem Bau eines Gotteshauses begonnen, das später unter Papst Sixtus beendet wurde. Querhaus und Apsis stammen aus dem 13. Jahrhundert, die prachtvolle Fassade mit der wunderbaren Freitreppe schuf Carlo Rainaldi im 17. Jahrhundert. So entstand die größte Marienkirche von Rom. Die Decke von Giuliano da Sangallo (1493 bis 1498) ist der Maria geweiht und soll mit Gold aus dem eben entdeckten Amerika verkleidet sein. Apsisbogen und Nischen sind mit einem Mosaikenzyklus ausgeschmückt, der Szenen des Alten Testaments darstellt. Im rechten Seitenschiff befindet sich die **Capella Sistina**, 1585 von Domenico Fuga für Papst Sixtus V. als Grabkapelle geschaffen. Im linken Seitenschiff die **Capella Paolina**, eine weitere päpstliche Auftragsarbeit. Papst Paul V. ließ sie 1610 für die kleine Marienikone auf dem Hauptaltar errichten.
Piazza Santa Maria Maggiore
Metro: Termini

Die größte Marienkirche von Rom hat eine faszinierende Entstehungsgeschichte: Santa Maria Maggiore

San Prassede ■ d 3, S. 228
Papst Paschalis I. ließ 855 diese Kirche errichten, um darin Märtyrerreliquien zu verwahren, die auf den Friedhöfen vor der Stadtmauer geborgen worden waren. Das Innere des Gotteshauses entspricht der Form einer Basilika; in der Mitte des Bodens bedeckt eine Porphyrplatte einen Brunnen, in dem die heilige Praxedis, Namensgeberin der Kirche, die Reliquien und das Blut der Märtyrer aufbewahrt haben soll.

Die **Capella di San Zerone** ist das bedeutendste byzantinische Monument Roms und mit wunderbar farbenfrohen Mosaiken geschmückt, die alle Renovierungen seit dem 15. Jahrhundert gut überstanden haben.
Via San Martino ai Monti
Metro: Vittorio

Santa Pudenziana ■ d 2, S. 228
Über die Vorgeschichte dieser Kirche konnten sich die Forscher nie ganz einig werden: Zunächst dachte man, die Kirche sei im 4. Jahrhundert auf dem Haus des Senators Pudens errichtet worden. In diesem Patrizierhaus hatte einst Apostel Petrus gewohnt und die ganze Familie zum Christentum bekehrt. Später identifizierte man die Ruinen jedoch als römische Thermenhalle. Das Apsismosaik in Santa Pudenziana jedenfalls ist eines der ältesten in einer römischen Kirche.
Via Urbana 160
Metro: Termini

Stazione Centrale Roma Termini ■ e 2, S. 228
Verläßt man die Vorhalle des Bahnhofsgebäudes, erkennt man rechter Hand eine gewaltige Mauer aus Tuffstein – Reste der **Servianischen Stadtmauer**, die möglicherweise noch aus dem 6. Jahrhundert v. Chr. stammen. Der Bahnhofsvorplatz, die Piazza dei Cinquecento, ist zwar eine ewige Baustelle; gelegentlich kann man dort aber ein einzigartiges Naturschauspiel beobachten: Riesenschwärme von zwitschernden Schwalben formieren sich am Himmel zu kunstvollen Gebilden und lassen sich anschließend rund um die Piazza in den Bäumen nieder.
Piazza dei Cinquecento
Metro: Termini

Terme di Diocleziano ■ d 1, S. 228
Der Vorläufer des modernen »Erlebnis-Bades«: Mit 112 000 Quadratmetern Ausdehnung waren die Thermen des Diokletian die größte Badeanlage des alten Rom. Und sie war mit allen Raffinessen versehen: Es gab eine Schwimmhalle, Becken mit kaltem, warmem und heißem Wasser; Aufenthaltsräume, einen Massageraum sowie eine Ringer- und Fechterschule. Mehr als 2000 Badegäste konnten hier dem Motto »mens sana in corpore sano« frönen.

Die riesige Anlage war in den Jahren 298 bis 306 von Maximian, dem Mitregenten Kaiser Diokletians, errichtet worden. 40 000 Christen waren an dem Bau beteiligt. Später fügte Michelangelo die Kirche **Santa Maria degli Angeli** ins Zentrum der Anlage ein, 1561 siedelte sich zusätzlich ein Kartäuserkloster dort an. Seit 1889 befindet sich in weiten Teilen der Thermen das **Museo Nazionale Romano** (→ S. 242).
Piazza dei Cinquecento/Viale Enrico de' Nicola 79
Metro: Termini
Tgl. außer Mo 9–14, So und Fei 9–13 Uhr
Eintritt 12 000 Lire

Museen und Galerien

Galleria Colonna ■ b 2, S. 228
Eine Demonstration von Reichtum und Macht: In der Galerie ist die Privatsammlung der Familie Colonna ausgestellt, eine beeindruckende Komposition aus Gemälden – unter anderem von Veronese, Tintoretto, Palma il Vecchio –, Deckenfresken, vergoldetem Stuck und kostbaren Stoffen. Für den Papst hatte man ein eigenes Zimmer eingerichtet; die **Sala del Trono** mit dem Thronsessel war ausschließlich für den hohen Besucher reserviert.
Palazzo Colonna,
Via della Pilotta 17
Bus: 56, 62, 64
Jeden Sa 9–13 Uhr; im Aug. geschl.
Eintritt 10 000 Lire

Galleria Doria Pamphili ■ a 2, S. 228
Wunderbare Gemäldesammlung in prächtigen Palasträumen. Glanzpunkte sind zwei Porträts von Papst Innozenz X. – er stammte aus der Familie Pamphili –, gemalt von Diego Velazquez und Gian Lorenzo Bernini. Vergoldete Stuckdecken, mit wertvollem Stoff bespannte Wände – die Ausstellungsräume sind ebenso sehenswert wie die Kunstwerke. Interessant ist auch eine Büste von Olimpia Maidalchini Pamphili: Die Gesichtszüge der ehrgeizigen und energischen Dame sind sehr realistisch dargestellt, ebenso ihre typische Kopfbedeckung.
Piazza del Collegio Romano 1 a
Bus: 56, 62, 64
Di und Fr–So 10–13 Uhr
Eintritt 8000 Lire

Im Thermenmuseum ist eine umfangreiche Sammlung antiker Kunstschätze untergebracht

Museo delle Cere ■ b 2, S. 228
Einer der Höhepunkte des Wachsfigurenkabinetts ist die Runde der Teilnehmer der Konferenz von Jalta in Wachs.
Piazza Santi Apostoli 67
Bus: 56, 62
Tgl. 9–20 Uhr
Eintritt 5000 Lire

Museo Nazionale delle Paste Alimentari ■ b 2, S. 228
»Was Sie schon immer über Spaghetti wissen wollten« – oder »Nudeln aller Formen, vereinigt euch!« Sie erfahren hier alles über den Herstellungsprozeß, die unterschiedlichen Arten und Formen, können Kunstwerke mit und aus Nudeln besichtigen und Ingrid Bergman mit einem Teller Spaghetti kämpfen sehen.
Piazza Scanderberg 117
Metro: Barberini
Tgl. außer So 9.30–12.30 und 16–19, Sa 9.30–12.30 Uhr
Eintritt 12 000 Lire

Museo Nazionale Romano ■ d 1, S. 228
In den ehemaligen Thermen des Kaisers Diokletian errichteten die Kartäuser ein Kloster. Als die Mönche 1889 das Gebäude verließen, wurde dort das Museo Nazionale Romano untergebracht, eine umfangreiche Sammlung antiker Kunstwerke.

Den **Kreuzgang** des Klosters entwarf ein Schüler Michelangelos.

Zur **Collezione Ludovisi**, der Sammlung von Kardinal Ludovisi, gehören der sogenannte **Ludovisi-Thron**, ein Meisterwerk antiker Kunst. Es zeigt eine junge Frau mit wunderbar freudigem Gesichtsausdruck, die von zwei weiteren jungen Frauen gestützt wird. Historiker haben dies als Geburt der Aphrodite, der Göttin der Liebe, interpretiert. Aphrodites unterer Körperteil wird kunstvoll mit Schaum bedeckt.

Zu sehen sind außerdem mehrere Fundstücke aus Hadrians Traumvilla bei Tivoli (→ S. 331), so eine **Bacchus-Statue** und die **Danzatrice di Tivoli**, die Statue einer Tänzerin. Berühmt ist auch die **Augustus-Statue**, die den römischen Kaiser im Alter von 50 Jahren in der Pontifex-Maximus-Toga zeigt, sowie der **Sterbende Perser**, ein Kunstwerk aus Kleinasien, dem es gelingt, den Ausdruck des Todes in den Augen des Sterbenden widerzuspiegeln.
Piazza dei Cinquecento/Viale Enrico de' Nicola 79
Metro: Termini
Tgl. außer Mo 9–14, So 9–13 Uhr
Eintritt 12 000 Lire

Museo Numismatico della Zecca Italiana ■ d 1, S. 228
Münzen und Medaillen aus aller Welt sind im Palazzo del Ministero del Tesoro aus dem Jahr 1877 ausgestellt. Mit dabei ist auch die päpstliche Münzsammlung von 1471 bis heute. Um das Museum besichtigen zu können, müssen Sie einen Termin vereinbaren und Ihren Ausweis vorzeigen.
Via XX Settembre 97
Metro: Repubblica
Mo–Fr 9–11 Uhr
Eintritt frei

Museo di Palazzo Venezia ■ a 3/b 3, S. 228
Gemälde und Skulpturen des 15. und 16. Jahrhunderts, antike Waffen, Silber- und Keramikkunst – und das Arbeitszimmer des Duce in der **Sala del Mappamondo** sind zu besichtigen. Nach zehnjähriger Schließung ist im **Appartamento di Cibo** eine

der mittelalterlichen Kunst gewidmete Abteilung wieder eröffnet worden.
Via del Plebiscito 118
Bus: 56, 62, 64
Tgl. außer Mo 9–14, So und Fei 9–13 Uhr
Eintritt 8000 Lire

Museo Storico dei Granatieri di Sardegna
Eine historische Dokumentation zur Geschichte der Waffen.
Piazza Santa Croce in Gerusalemme 7
Bus: 9
Di, Do und Sa 10–12 Uhr
Eintritt frei

Museo Storico della Liberazione di Roma
Dokumente und Unterlagen zum Befreiungskampf der Ewigen Stadt.
Via Tasso Torquato 145
Metro: San Giovanni
Di, Do und Fr 16–19, Sa und So 9.30–12.30 Uhr
Eintritt frei

Museo degli Strumenti Musicali
Musikinstrumente aller Zeiten und Länder, darunter auch antike Stücke, mit denen die alten Römer für Stimmung sorgten. Die interessantesten Instrumente sind die Barberini-Harfe aus dem 17. Jahrhundert und ein Pianoforte von Bartolomeo Cristoforo, der als Erfinder des Klaviers gilt.
Piazza Santa Croce in Gerusalemme 9/A
Bus: 9
Tgl. außer So und Fei 9–14 Uhr
Eintritt 4000 Lire

Palazzo delle Esposizioni
■ c 2, S. 228
Das Gebäude aus dem späten 19. Jahrhundert mit mehreren Sälen und Veranstaltungsräumen wurde erst kürzlich nach jahrzehntelanger Restaurierung wieder eröffnet. Informationen über die laufenden Ausstellungen finden Sie in der Tagespresse. Im gedeckten Säulenhof gibt es ein Bar-Restaurant.
Via Nazionale 194
Bus: 57, 64, 65
Tgl. außer Di 10–21 Uhr
Eintritt 12 000 Lire

Die Ausstellungen im wuchtigen Gründerzeitpalast Palazzo delle Esposizioni ziehen vor allem junges Publikum an – das hübsche Café im Säulenhof ist ein Tip für jedermann

Essen und Trinken

Achilli ■ a 1, S. 228
Ein Aperitif, ein Glas Wein oder Champagner, dazu kleine Appetitanreger... Hat Ihnen der Wein geschmeckt, so können Sie den guten Tropfen auch mitnehmen: Gianfranco Achilli verkauft Wein in einer Preislage von 4000 Lire bis zu einer Million Lire.
Via dei Prefetti 15
Bus: 52, 54
Tgl. außer Mo vormittags 9.30–13.30 und 16.30–20.30 Uhr

Alemagna ■ a 1, S. 228
Eine der beliebtesten Bars im Zentrum von Rom, die von allem etwas bietet: Eis, **panini** und eine wunderbare gemüsegefüllte **focaccia.**
Via del Corso 181
Bus: 81, 90
Tgl. außer So 7–21.45 Uhr

Il Buco ■ a 2, S. 228
Eine der klassischen Trattorien, in der sich gelegentlich auch Parlamentarier gerne mit einem Teller **pasta** stärken.
Via Sant' Ignazio 9
Tel. 6 79 32 98
Bus: 90, 95
Tgl. außer Mo 12.30–15.30 und 19.30–23.30 Uhr; zwei Wochen im Aug. geschl.
Mittlere Preisklasse (EC, Visa, DC, Amex)

La Caffettiera ■ a 2, S. 228
Eine gute Adresse für schön cremigen Espresso.
Piazza di Pietra 65
Bus: 90, 119
Tgl. 7–21 Uhr

Caffè Dini ■ a 2, S. 228
Hierher kommen viele Parlamentarier zum schnellen Mittagssnack. Allerdings ist nicht jeder, der hier sein Handy deutlich sichtbar in der Tasche trägt, so wichtig, daß er ständig erreichbar sein müßte...
Piazza del Parlamento 37
Bus: 90, 119
Tgl. außer Do 7–21 Uhr

Cicilardone ■ d 3, S. 228
Das kleine Lokal gilt schon seit Jahren als Geheimtip in der Gourmet-Szene. Unbedingt probieren sollten Sie die **spaghetti cacio e pepe**, Nudeln mit einer typischen Käseart und Pfeffer.
Via Merulana 77
Tel. 73 38 06
Metro: Termini
Tgl. außer So und Mo 13–14.30 und 19–22.30 Uhr; im Juli/Aug. geschl.
Mittlere Preisklasse

Dal Freddo da Fassi ■ f 3, S. 228
Ein Eispalast im wahrsten Sinne des Wortes! Und ein einzigartig cremiges Stracciatella-Eis – die Schokostückchen zergehen auf der Zunge...
Via Principe Eugenio 65/67
Metro: Vittorio
Tgl. außer Mo 11–22 Uhr

Gemma alla Lupa ■ e 1, S. 228
Eine der besten Trattorien der Stadt: Hier schmeckt's wie bei der römischen Mamma zu Hause.
Via Marghera 39
Tel. 49 12 30
Bus: 71, 75
Tgl. 12–15.30 und 19–23.30 Uhr; Do abends und zwei Wochen im Juli/Aug. geschl.
Untere Preisklasse

Le Naiadi ■ c 2, S. 228
Der gegrillte Fisch ist nach einem anstrengenden Einkaufsbummel in der Via Nazionale genau das Richtige.
Via Nazionale 251
Tel. 48 90 54 44
Metro: Repubblica
Tgl. außer Mi 12.30–14.30 und 18.30–21.30 Uhr
Mittlere Preisklasse

Palazzo delle Esposizioni
■ c 2, S. 228
Dem Beispiel großer europäischer Museen folgend, stattete man den Palazzo mit einem Bar-Ristorante für alle Tageszeiten aus: Vom Frühstück bis zum Aperitif wird man hier glücklich, auch wenn man gar nicht ins Museum will.
Via Milano 7
Tel. 4 82 80 01
Bus: 57, 64, 65
Tgl. außer Di 10–21 Uhr
Mittlere Preisklasse (EC, Visa, DC, Amex)

Essen ist nur ein anderes Wort für Leidenschaft – und so dauert ein gutes Mahl nicht unter zwei Stunden: Vielleicht ist das Römische Reich ja doch wegen seiner ausschweifenden Gelage zugrunde gegangen

Pasquale ■ a 1, S. 228
»Se la pizza bona voi mangà da Pasquale devi andà« (»Willst du gute Pizza essen, mußt du zu Pasquale kommen«) – so lautet die Philosophie des Besitzers. Und er hat gar nicht mal so unrecht!
Via dei Prefetti 34 A
Tel. 6 87 37 26
Bus: 52, 54
Tgl. außer So 12–23 Uhr
Untere Preisklasse

Die 10 köstlichsten Pizzerien

Acchiappafantasmi ■ b2, S. 120
...weil man erst einmal eine Woche üben muß, bis man den Namen dieses »In«-Pizzatempels aussprechen kann (→ S. 132).

Da Baffetto ■ b2, S. 120
...weil die Pizza bei solch einer Warteschlange ganz einfach gut sein muß (→ S. 133).

La Capricciosa ■ a3, S. 79
...weil die gleichnamige Pizza hier zum ersten Mal das Feuer des Holzofens erblickte und heute noch einer der Favoriten auf der Speisekarte ist (→ S. 101).

Da Gildo ■ b2, S. 146
...weil die Pizza so dünn, so heiß und beim Reinbeißen so ohrenbetäubend knusprig ist (→ S. 154).

Le Grotte ■ b4, S. 79
...weil man zusammen mit Erinnerungsfotos schießenden Japanern in herrlich kitschigen Grotten sitzt (→ S. 104).

10x10

Ivo ■ b 3, S. 146
…weil es in der bekanntesten Pizzeria von Trastevere meist so laut zugeht, daß man sein eigenes Wort nicht mehr versteht (→ S. 154).

Il Leoncino ■ a 4, S. 79
…weil der Pizzaofen aus Marmor wohl einer der letzten seiner Art ist (→ S. 105).

La Montecarlo ■ b 2, S. 120
…weil hier bis morgens um 1 Uhr Pizzatime ist (→ S. 134).

Panattoni ■ b 3, S. 146
…weil mit Spannung erwartet wird, wann Pizzabäcker Enrico bei einem seiner akrobatischen Kunststückchen endlich einmal der Teig von der Schaufel rutscht (→ S. 155).

Panzanera ■ b 4, S. 146
…weil hier zwar nicht die Pizzen, dafür aber die Würstchen an der Decke hängen (→ S. 155).

Und denken Sie daran – Pizza ißt man in Italien ausschließlich am Abend

Tana del Grillo ■ F 4, Klappe vorne
Die Spezialität des Hauses ist Salami mit Sauce – wer's mag…
Doch (auch) die anderen Gerichte sind ausgezeichnet.
Via Alfieri 4
Tel. 70 45 35 17
Metro: Vittorio
Tgl. außer So 12.30–14.30 und 19.15–22.30 Uhr
Mittlere Preisklasse (EC, Visa)

Yogobar ■ E 1, Klappe vorne
Der Treffpunkt aller Joghurtfans: Das gesunde Milchprodukt gibt es hier in den unterschiedlichsten Geschmacksrichtungen.
Via Lucania 23
Bus: 490, 495
Tgl. außer So 7–1 Uhr

Einkaufen

Bücher

Herder Librerie ■ a 2, S. 228
Deutsche Buchhandlung; hier könnten Sie sich zum Beispiel die »Italienische Reise« von Goethe kaufen…
Piazza Montecitorio 117
Bus: 90, 95, 119

Santa Maria Maggiore ■ d 2, S. 228
Rom ist international – und seine Buchhandlungen auch: Diese hat sich auf orientalische Literatur spezialisiert.
Piazza dell' Esquilino 67
Bus: 70, 71

Brillen

Optariston Ottica ■ c 2, S. 228
Brunnen, Säulen, Skulpturen – und natürlich Brillen aller Marken; falls Sie eine Sonnenbrille benötigen sollten.
Via Nazionale 243–246
Metro: Repubblica

Geschenke

Bottega d' Arte ■ b 2, S. 228
Alfredo di Prinzio ist der Meister des Talismannes – er fertigt wunderschöne Glücksbringer aus Gold, Bronze, Silber oder Stein.
Via Lucchesi 35
Bus: 70, 71

Io sono un autarchico ■ c 3, S. 228
Ein kleiner Laden mit vielen nützlichen Dingen für Küche und Eßtisch.
Via del Boschetto 92
Bus: 65, 75

Kaufhaus

Upim ■ c 2, S. 228
Warenhauskette mit Kleidung und Haushaltswaren in mittlerer Qualität zu günstigen Preisen.
Via Nazionale 111
Metro: Repubblica

Wer witzige Klamotten sucht, wird auch in Secondhand-Shops fündig – zum Beispiel hier in der Via del Governo Vecchio

PAOLA
PROFUMERIA
LANCÔME
CartaSi

Lampen

Sciolari ■ c 2, S. 228
Gläser, Lampen, Kronleuchter, Traditionelles oder Futuristisches – Sciolari ist das älteste und bestsortierte Lampengeschäft von Rom.
Via Milano 24
Bus: 71

Lebensmittel

Cestroni ■ d 1, S. 228
Der frischeste Fisch in ganz Rom – und das in einer Riesenauswahl.
Via Flavia 30
Bus: 60, 62
Nur vormittags geöffnet

Moriondo e Gariglio ■ b 2, S. 228
Der Tempel des zarten Schmelzes: Hier können Sie wunderbare Schokolade mit Rum-, Kokos-, Orangen- oder Zabaionegeschmack einkaufen. Dazu cremiges Eis aus eigener Produktion.
Via della Pilotta 2
Bus: 52, 54

Pan Asia ■ e 3, S. 228
Ein asiatisches Kleinod mit Sojaprodukten, Reis, Tee, aber auch europäischen Lebensmitteln vor allem aus der gesundheitsbewußten Ecke.
Via Merulana 254/255
Metro: Vittorio

Panella L'Arte del Pane
■ e 3, S. 228
Knusprig frisches Brot zu jeder Tageszeit und dazu **dolci** nach überlieferten Rezepten.
Largo Giacomo Leopardi 10/Via Merulana
Metro: Vittorio

Al Parlamento ■ a 1, S. 228
Eine typische Enoteca; hier stehen die Gäste bis abends zusammen und probieren den Wein durch...
Via dei Prefetti 15
Bus: 52, 54

Markt

Via Milazzo ■ e 1, S. 228
Hier holt sich die Mamma frische Auberginen für die mittägliche Pasta-Sauce.
Via Milazzo
Metro: Termini
Tgl. außer So 7–13 Uhr

Mode

Junge, schicke Mode für wenig Geld gibt es in der **Via Nazionale** und ihren Seitenstraßen.

Albertelli ■ a 1, S. 228
Der Spezialist für maßgefertigte Herrenhemden – und Schlafanzüge.
Via dei Prefetti 11
Bus: 52, 54

Ambassador ■ c 2, S. 228
Hier kauft die junge Römerin ihre modischen Klamotten.
Via Nazionale 166
Metro: Repubblica

Aria ■ c 2, S. 228
Jeans, Shirts, Miniröcke – ein Laden für junge Mode.
Via Nazionale 239
Metro: Repubblica

Box 233 ■ c 2, S. 228
Teenager-Treffpunkt, in dem man sich ein schickes Outfit für wenig Geld zusammenstöbern kann.
Via Nazionale 233
Metro: Repubblica

Discount System ■ d 2, S. 228
Designerstücke und andere modische Klamotten – zum halben Preis!
Via del Viminale 35
Metro: Repubblica

Duglas ■ d 1, S. 228
Angenommen, Sie wollen in Rom ganz groß ausgehen, haben aber nicht die richtige Garderobe eingepackt – hier bekommen Sie das Passende. Auch Modelle von Ungaro und Pierre Cardin.
Via Flavia 80/82
Bus: 60, 62

Gardini ■ c 2, S. 228
Hierher kommen junge Römer, um sich die Trend-Lederjacke »Scott« für schlappe 650 000 Lire zu kaufen.
Via Nazionale 57
Metro: Repubblica

Misano Noleggio Abiti ■ c 2, S. 228
Anzüge und Kleider zum Ausleihen – Misano macht's möglich.
Via Nazionale 87
Bus: 16, 71

Schuhe

Santini ■ d 2, S. 228
Modische und schrille Schuhe zum halben Preis – das ganze Jahr über.
Via Santa Maria Maggiore
Metro: Vittorio

Shoeshop ■ c 2, S. 228
Ob mit klobig-breitem oder spitzem, hohem Absatz – Schuhe für alle!
Via Nazionale 252/253
Metro: Repubblica

Souvenirs

Segatori ■ b 2, S. 228
Von allem ein bißchen: Hüte, T-Shirts, Krawatten und Souvenirs.
Piazza di Trevi 103
Metro: Barberini

Zeitungen, Zeitschriften

An jedem größeren Platz – etwa der **Piazza Repubblica** oder der **Piazza Colonna** – finden Sie einen gut sortierten Zeitungsstand, der auch Deutschsprachiges im Angebot hat. Das gleiche gilt natürlich für den Bahnhof **Stazione Termini** an der Piazza dei Cinquecento.

Römische Märkte sind so schön wie die Artischockenblüten, die man dort kaufen kann

Die Via Appia Antica – die Regina viarum, die Königin der Straßen – war die erste und wichtigste der großen Verkehrsadern, die im antiken Rom angelegt wurden.

Bauherr war im Jahre 312 Appius Claudius, seines Zeichens Zensor von Rom. Er ließ die Via Appia mit über vier Meter langen Platten aus Basaltstein pflastern, die unregelmäßig polygonal geformt waren und das gleichzeitige Vorbeifahren von zwei Wagen in beide Fahrtrichtungen erlaubten. Die Straße sollte eine schnelle und direkte Verbindung zwischen Rom und Capua schaffen, was bedeutet, daß ihre Gesamtlänge etwa 195 Kilometer betrug. Auch an Fußwege war gedacht: Längs der Fahrbahn verlief zu beiden Seiten ein Weg aus gestampfter Erde – anderthalb Meter breit und mit einem Bordstein gesäumt. Fahrradwege waren damals ja noch überflüssig...

Selbstverständlich konnten sich die Reisenden unterwegs auch mit einem guten Glas Wein stärken – zumal keine Gefahr von Alkoholtests bestand. Etwa alle zehn bis zwölf Kilometer befanden sich entlang der Straße Stationen in Sachen Verpflegung und Unterkunft – und für den Pferdewechsel.

Spaziergang

Die Via Appia zu Fuß erwandern zu wollen ist ein immer wieder empfohlenes und sicher auch lohnenswertes Unterfangen – ich rate Ihnen trotzdem, den Fußmarsch erst an den **Kallistus-Katakomben** zu beginnen. Denn die Via Appia dient noch heute – genau wie vor 2000 Jahren – als Schnellstraße: Autos rauschen vorbei, LKW schwanken hin und her, und die römischen Busfahrer – in Bussen, die mehr als halb so breit sind wie die Straße – rasen sowieso wie die Verrückten.

Die Katakomben des heiligen Kallistus sind ein vielbesuchter Sightseeing-Treffpunkt; sie haben aber trotz der Massen von Schaulustigen nichts von ihrer seltsam andächtigen Stimmung eingebüßt. Die Toten hat man aus den unterirdischen Gräbern zwar schon lange entfernt, doch in den schmalen Gängen verbergen sich noch immer viele Geheimnisse.

Frühchristliche Erinnerungen

Es sind viele in den Stein geritzte Erinnerungen an die Vergangenheit, die der Führer ab und zu mit der Taschenlampe erhellt. Die Gänge erstrecken sich auf vier Ebenen über eine Fläche von 12 000 Quadratmetern – bleiben Sie also besser in der Nähe des Führers!

Nur streckenweise romantisch – ansonsten ein gefährliches Pflaster: Via Appia Antica

Und dann wieder raus aus dem Labyrinth der Unterwelt – hoch ans Tageslicht und zu Fuß weiter auf der Via Appia. Links sehen Sie gleich die Überreste der **kaiserlichen Residenz des Maxentius**. Im Vordergrund das **Mausoleum des Romulus**, in dem der Sohn des Kaisers 309 n. Chr. begraben wurde, im Hintergrund der **Circus**, die Stirnseite durch zwei Türme begrenzt; mehr als 10 000 Zuschauer konnten sich hier an Rennspektakeln erfreuen. Auf dem Gipfel der Anhöhe liegt das **Grab der Caecilia Metella** (50 v. Chr.), Tochter von Marcus Crassus, ein beliebtes Motiv römischer Landschaftsmaler. Falls Sie sich vor dem Weitergehen

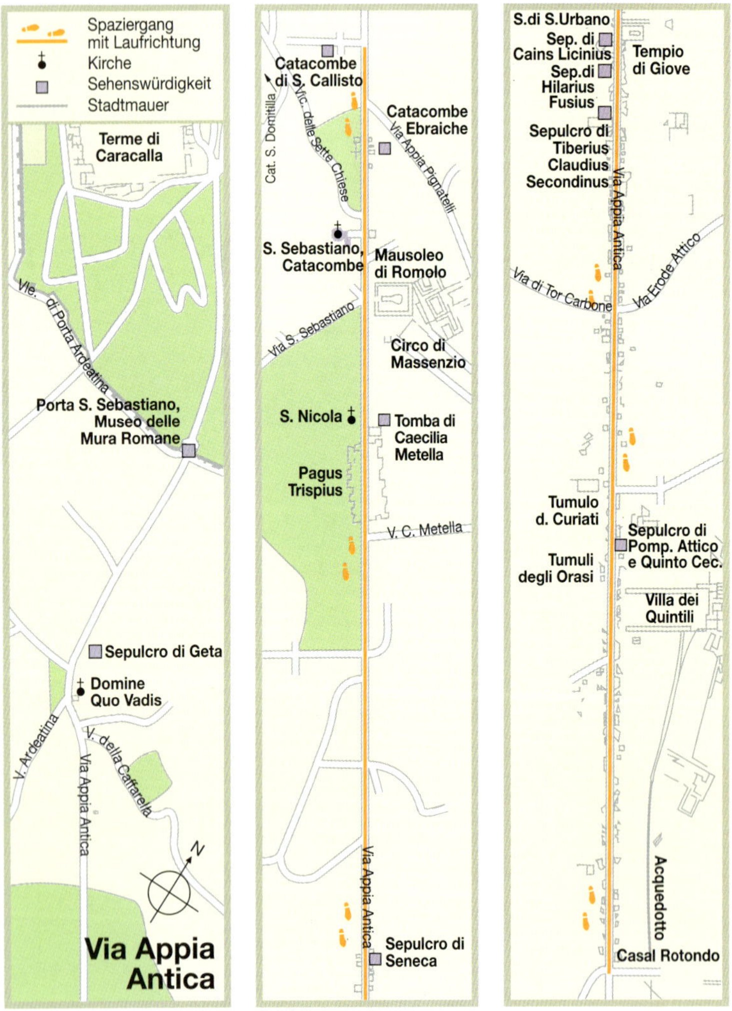

etwas stärken möchten: Gleich in der Nähe des Grabmals liegt das Ristorante Cecilia Metella, wo Sie im Sommer im Freien, im Winter vor dem offenen Kamin sitzen können.

Trampelpfad der Legionäre

Etwas weiter vorne, an der Abzweigung der Via Cecilia Metella, kann man noch ein Stück der alten Straßenpflasterung erkennen. Dahinter beginnt der an Denkmälern reichste Teil der Via Appia – und die Straße aller Straßen wird endlich so, wie man sie sich vorstellt: geheimnisvoll, endlos…

Das Zentrum Roms ist nur wenige Minuten von hier entfernt, doch fühlt man sich auf diesem schmalen Streifen wie in der Welt der römischen Legionäre, die über diese zum Teil noch erhaltenen antiken Pflastersteine auszogen, die Welt zu erobern. Der Wind streicht sanft über die Pinien und Zypressen…

Ihren Feldzug können Sie noch bis zum **Casal Rotondo** fortsetzen, dem größten Grabmal der Via Appia und zugleich Ende der gut begehbaren Straße. Bei dem Mausoleum soll es sich um das Grab des Konsuls Messalla Corvinius (31 v. Chr.) handeln – sicher sind sich die Archäologen da allerdings nicht. Wer vor dem Spaziergang bereits ahnt, daß er vom Via- Appia-Rausch gepackt werden könnte und über jeden Stein und Hügel genau informiert sein möchte, der sollte sich beim italienischen Fremdenverkehrsbüro (→ S. 340) den deutschsprachigen Prospekt »La Via Appia Antica« besorgen und mit auf die Wanderschaft nehmen.
Dauer: etwa 2 Stunden

Sehenswertes

Catacombe

Der weiche Tuffstein der römischen Campagna ließ sich leicht aushöhlen, im Kontakt mit der Luft wurde er steinhart – die beste Voraussetzung, um unterirdische Gänge anzulegen. Seit dem 2. Jahrhundert haben Christen, denen die Feuerbestattung verboten war, ihre Toten in den unterirdischen Gemeinschaftsgräbern beigesetzt – denn Grundstücke waren zu dieser Zeit knapp und teuer. Die Katakomben sind vor allem wegen ihrer **Malereien** und **Grabplatten** – Zeugnisse des frühen Christentums – einen Besuch wert.

Bisher hat man Tunnels in einer Länge von insgesamt 700 Kilometern entdeckt. Eine Besichtigung der Katakomben ist nur mit Führer möglich; diesem Gebot sollten Sie auch Folge leisten. Wer unter Klaustrophobie leidet, sollte von einem Besuch ohnehin absehen!

San Callisto
Via Appia Antica 110
Bus: 118
Tgl. außer Mi 8.30–12 und 14.30–17 Uhr
Eintritt 8000 Lire

San Sebastiano
Via Appia Antica 136
Bus: 118
Tgl. außer Do 8.30–12 und 14.30–17.30
Eintritt 8 000 Lire

San Domitilla
Via delle Sette Chiese 280
Bus: 94
Tgl. außer Di 8.30–12 und 14.30–17 Uhr
Eintritt 8000 Lire

Chiesa Domine Quo Vadis

Der Apostel Petrus war vor Neros Verfolgung aus Rom geflohen, als ihm Jesus begegnete. Petrus fragte ihn: »Domine, quo vadis« (»Herr, wohin gehst Du«), worauf Jesus antwortete »Venio iterum crucifici« (»ich gehe, mich erneut kreuzigen zu lassen«). Der Apostel Petrus kehrte beschämt zurück nach Rom, wo er den Märtyrertod erlitt. 1637 wurde an dieser Stelle ein Gotteshaus errichtet. Der Fußabdruck auf einer Marmorplatte in der Mitte der Kirche soll das wunderbare Auftreten Jesu bestätigen.
Via Appia Antica 35
Bus: 118

Circo di Massenzio e Mausoleo di Romolo

Das große, kuppelförmige **Grabmal von Romulus** ließ Kaiser Maxentius 309 zu Ehren seines Sohnes bauen. Dahinter liegt der **Circo di Massenzio**, die letzte Rennbahn der Antike.
Via Appia Antica 153
Bus: 118
Tgl. außer Mo 9–13.30; Di, Do und Sa auch 16–19, So und Fei 9–13 Uhr
Eintritt 3000 Lire

San Sebastiano

Hier sollen sich im 3. Jahrhundert, zur Zeit der Christenverfolgung, die Gebeine der Apostel Petrus und Paulus befunden haben, bevor sie im 4. Jahrhundert eigene Grabeskirchen bekamen. Später wurde das Gotteshaus nach dem Märtyrer San Sebastiano benannt. Die Grabkammern unter der Kirche wurden als erste mit dem Begriff Katakomben bezeichnet.
Via Appia Antica 132
Bus: 118
Tgl. außer Do 9–12 und 14.30–17 Uhr

Steingewordene Liebe eines Vaters zu seiner Tochter: die Tomba di Cecilia, das berühmteste – und vielleicht schönste – Monument der Via Appia

Tomba di Cecilia Metella
Das prächtige Grabmal von Cäcilia, der Tochter des Quintus Metellus Creticus, ist das berühmteste Monument der Via Appia.
Via Appia Antica km 3
Bus: 118
Tgl. 9–15, Mo und Fei 9–13 Uhr

Museum

Museo delle Mura Romane
■ F 6, Klappe vorne
Hier wird die Geschichte der römischen Stadtmauern erzählt; außerdem haben Sie Gelegenheit zu einem Spaziergang auf einem Teil der Aurelianischen Mauer.
Porta San Sebastiano
Bus: 118
Tgl. außer Mo 9–13.45, Di und Do auch 16–19 Uhr
Eintritt 7500 Lire

Essen und Trinken

Cecilia Metella
In dem wohl bekanntesten Restaurant der Via Appia, direkt gegenüber der Kirche San Sebastiano, kehren auch römische Familien nach dem Sonntagsausflug gerne ein.
Via Appia Antica 125
Tel. 5 13 67 43
Bus: 118
Tgl. außer Mo 12–15.30 und 19.30–24 Uhr
Obere Preisklasse (EC, Visa, DC, Amex)

Hostaria L' Archeologia
Ein ehemaliges Landhaus wurde in ein Restaurant mit wunderbaren Nudel- und ausgezeichneten Fleischgerichten verwandelt.
Via Appia Antica 139
Tel. 7 88 04 94
Bus: 118
Tgl. außer Do 12.30–15 und 19.30–23 Uhr
Mittlere Preisklasse

Liberti
Römische Küche an einem Ort, der Gänsehaut verursacht: Hier wurden früher die befreiten Sklaven begraben – daher der Name »Liberti«...
Via Appia Antica 87
Tel. 5 13 28 88
Bus: 118
Tgl. außer Mo 12–15.30 und 19.30–24 Uhr
Mittlere Preisklasse

Quo Vadis
Hier heißt die Frage nicht: »Wohin gehst Du?«, sondern vielmehr: »Was wählst Du?« Nun – auf jeden Fall gute römische Küche.
Via Appia Antica 38
Tel. 5 13 67 95
Bus: 118
Tgl. außer Di 12–14.30 und 19–24 Uhr
Mittlere Preisklasse (EC, Visa, Amex)

Zustände wie im alten Rom…

Stellen Sie sich einen ganz normalen Tag im alten Rom vor, mindestens zwei Jahrhunderte vor Christi Geburt; wir befinden uns in einem geräumigen Patrizierhaus mit Garten. Spartago S., der Herr des Hauses, steht im Morgengrauen auf, bespritzt Gesicht und Hände mit kaltem Wasser und schlüpft in seine Leinen- oder Wolltunikas – je nach Temperatur zieht er drei oder vier davon übereinander. Spartago ist froh, daß heute kein feierlicher Anlaß bevorsteht, denn andernfalls hätte er zusätzlich seine Toga, einen schweren, weiß-purpurnen Überwurf, über die Tunika ziehen müssen. Schnell ein Glas Wasser getrunken – und dann führt der erste Weg zum Barbier, denn nicht einmal ein Sklave legt selbst Hand an sein Gesicht. Die Bartstoppeln werden sorgfältig abgesengt oder mit einer Mischung aus Pech, Harz, Ziegengalle und Eselsfett entfernt.

Gegen neun Uhr morgens gibt es zum Frühstück ein Stück Brot mit Käse – dann kann der Tag beginnen. Die Dame des Hauses, Lidia S., läßt unterdessen ihr Haar legen und tupft die neue Wundercreme aus zerriebenen Vogelexkrementen auf einen vorwitzigen Pickel auf ihrer Stirn. Dann trägt sie eine Tagescreme aus Bleipulver und Weinessig auf Gesicht, Schultern und Arme auf – ein möglichst heller Teint ist gefragt. Lidia mischt ein wenig Ocker dazu und streicht die Paste auf Wangen und Lippen; etwas Antimon schwärzt zum Schluß die Wimpern – und das Make-up sitzt! Fehlt nur noch die Wahl des Schmuckes und der Tunika. Viel mehr bleibt für die Hausfrau nicht zu tun: Schließlich verfügt jeder Haushalt im Schnitt über hundert Sklaven. Spartago erledigt inzwischen seine Geschäfte in den Foren, wohnt Gerichtsverhandlungen oder Senatssitzungen bei.

Gegen Mittag ist sein Arbeitstag bereits beendet. Ein leichter Snack, dann kann das gesellschaftliche Leben beginnen: Das zentrale Ereignis des Tages ist wie immer das gewohnte Bad in den Thermen. Selbst die Sklaven verzichten nicht darauf. Damen dürfen in der sechsten Stunde ins Wasser – das entspricht nach unserer Zeitrechnung etwa elf Uhr vormittags –, die Herren

Rom extra

Ein Leben in Saus und Braus: Wenn's um die Arbeit ging, zeigten die Römer selten Profil

sind in der neunten Stunde an der Reihe. Nach dem Schwimmen steht ein Saunabesuch, Gymnastik oder eine Massage auf dem Programm. Etwas zu lesen aus der Bibliothek, ein wenig zerstoßenes Eis vom Kiosk, ein Spaziergang zwischen Skulpturen und Marmorbüsten… Nachmittags um drei Uhr ist es bereits Zeit fürs Abendessen; es kann freilich bis Mitternacht dauern. Am Eingang des »Eßtempels« wird man von den Schuhen befreit und bekommt die Füße gewaschen, zum Essen legt man sich bequem auf einen Diwan.

Das Mahl besteht aus acht Gängen, unterbrochen von Tanzeinlagen und Theaterstükken. Nach jedem Gang werden die Hände in parfümiertem Wasser gewaschen. Und macht der Bauch schon nach dem fünften Teller schlapp, wird eben per Federkiel wieder Platz geschaffen. Ein voller Bauch studiert zwar nicht gern, hat aber nichts gegen ein wenig Kultur am Abend einzuwenden. Je blutrünstiger, desto besser: Soll der Held laut Theaterstück ein tödliches Ende nehmen, so muß er auf der Bühne auch tatsächlich eines wahren Todes sterben. Ein alternatives Vergnügen bieten die – oft einen ganzen Tag dauernden – Wagenrennen im Circus Maximus, ausgetragen von Gladiatoren. Hier können die Römer ihrer Wettleidenschaft frönen.

Doch der Anfang vom Ende des schönen Patrizierlebens und vom Untergang des Römischen Reiches hat bereits begonnen. Immer häufiger hört man in diesen Tagen von Sklavenaufständen – wen kümmert's: Rom ist mächtig, das Leben vergnüglich…

Rom ist eine der wenigen Städte, deren antiker Mauerring noch fast vollständig erhalten ist: Das Ziegelbollwerk hat sogar die Bomben des Zweiten Weltkrieges ausgehalten. Dabei sind die imposanten Mauern rund um Rom weniger ein Ausdruck seiner Stärke als seiner Schwäche – errichtet wurden sie nämlich zum Schutz eines im Untergang begriffenen Reiches.

Als das römische Imperium auf dem Gipfel seiner politischen und wirtschaftlichen Macht stand, genügte zum Schutz vor Eindringlingen ein primitiver Wall mit einem tiefen Graben davor. Gegen die wachsende Bedrohung durch die Barbaren – anno 268 drangen die Krieger aus dem Norden bereits bis nach Umbrien vor – ließ Kaiser Aurelius im Jahr 271 ein zunächst nur sechs Meter hohes und dreieinhalb Meter dickes Ziegelbollwerk errichten. Die Bauarbeiten dauerten neun Jahre. Je geringer die politische Bedeutung der Stadt wurde, desto fester zog man den Schutzring. Im 5. Jahrhundert mußte die Höhe der Mauer aufgrund der Gotenangriffe verdoppelt werden; im 6. Jahrhundert wurde sie noch weiter befestigt. Am Ende war die Ziegelmauer 19 Kilometer lang, knapp acht Meter hoch und vier Meter dick. In Abständen von hundert Metern erhob sich ein Turm mit einer Schießkammer im oberen Stockwerk; zusätzlich konnte durch 2000 Fensteröffnungen geschossen werden. Es gab vier Haupttore.

Die **Aurelianischen Mauern** beginnen bei der Porta del Popolo, folgen dem Viale del Muro Torto, werden dann durch die Porta Pinciana durchbrochen. Entlang des Corso d´Italia erreichen sie die Porta Salaria, winden sich um den Castro Pretorio zur Porta Tiburtina und Porta San Lorenzo, weiter geht es über die Porta Maggiore, Porta San Giovanni und Porta Metronia. Das schönste Stück befindet sich zwischen Porta Latina und Porta San Sebastiano, wo die **Via Appia Antica** (→ S. 252) beginnt.

Den besten Eindruck vom römischen Mauerbollwerk bekommen Sie bei einem kleinen Spaziergang darauf: Im **Museo delle Mura Romane**, an der Porta San Sebastiano, können Sie wie einst die Legionäre ein Stück auf der Mauer wandeln (→ S. 257).

Gewissermaßen der Geburtsort der italienischen Hauptstadt: Vor 125 Jahren stürmten Garibaldis Truppen die Porta Pia und proklamierten »Roma capitale«

IX PONTIFEX MAXIMVS

Sehenswertes

Campo Verano

Fare una bella figura – bis zum bitteren Ende: Auf dem Campo Verano, Roms größtem Friedhof, siegt die Eitelkeit sogar über die Vergänglichkeit. Der Weg ins Jenseits wird in dieser Totenstadt mit ihren riesigen Mausoleen und Marmorengeln zum letzten großen Auftritt.
Piazzale San Lorenzo
Tram: 30 b
Tgl. 9–18 Uhr

Catacombe di S. Priscilla

Die weitläufigsten und ältesten Katakomben von Rom gehen bis auf das 2. Jahrhundert zurück. Das unterirdische Labyrinth besteht aus zwei Stockwerken und entstand wohl unter dem Anwesen der Familie Acilii, zu welcher auch Priscilla gehörte. Die Familie, zum Christentum bekehrt, erlaubte ihren Glaubensgenossen, ihre Toten in einer unterirdischen Galerie unter der Villa zu begraben. In den Katakomben befindet sich auch die **Cappella della Vergine col Bambino**, eine der ältesten Mariendarstellungen überhaupt.
Via Salaria 430
Bus: 56, 57
Tgl. außer Mo 8.30–12 und 14.30–17 Uhr; im Jan. geschl.
Eintritt 8000 Lire

Città Universitaria

1935 wurde die Universität von Rom aus den engen Räumen des Palazzo della Sapienza in die Città Universitaria verlegt. In der Uni-Stadt, einem aussagekräftigen Beispiel für die italienische Architektur zu Zeiten des Faschismus, befindet sich eine ganze Reihe von Museen – vor allem für naturwissenschaftlich Interessierte eine wahre Fundgrube: Es gibt ein Paläontologisches Museum, ein Museum der Mineralogie, ein Museum der Geologie, ein Anthropologisches Museum, eine Kräutersammlung mit 420 000 Exponaten und ein Museum der klassischen Kunst – um nur einige zu nennen.
Viale delle Scienze
Tel. 4 99 11
Tram: 30 b
Eintritt frei, ein Besuch ist allerdings nur nach Voranmeldung möglich

Porta Pia

■ F 1, Klappe vorne

Hier endete die Geschichte des italienischen Risorgimento: Garibaldis Truppen drangen am 20. September 1870 bei der Porta Pia in die Stadt ein, vertrieben den Papst und erklärten Rom zur Hauptstadt des vereinten Italien. Die Stelle des Durchbruchs ist mit einer Säule gekennzeichnet. Die Fassade, die sich zur Via XX. Settembre wendet, wurde von Michelangelo zwischen 1561 und 1564 im Auftrag von Papst Pio IV. entworfen. Das Torhaus beherbergt das **Museo Storico dei Bersaglieri**, das der Geschichte der italienischen Scharfschützen gewidmet ist.
Piazzale Porta Pia
Tram: 30 b
Di, Do und Sa 9–13 Uhr
Eintritt frei

Sant' Agnese fuori le Mura

304 starb die Römerin Agnes im Stadion des Diokletian den Märtyrertod; vor den Stadtmauern wurde sie in einer Katakombe begraben. Ihr zu Ehren errichtete Kaisertochter Konstantina eine Basilika. Doch schon im 7. Jahrhundert mußte mit dem Neubau der Kirche begonnen werden, deren Hauptaltar – mit den Reliquien der Märtyrerin – nun direkt über dem

Reiche Totenstadt: Roms größter Friedhof, der Campo Verano, prunkt mit Marmorengeln und Mausoleen

Grab der heiligen Agnes errichtet wurde. Die prachtvoll geschmückte Holzdecke stammt aus dem Jahr 1606, die Verkleidung der Chornische original aus dem 7. Jahrhundert.
Via Nomentana 389
Bus: 36, 37

San Lorenzo
»Nato ai bordi di periferia«... Was Italiens Star Eros Ramazotti in seinem ersten Erfolgshit besang, sind die Arbeiterviertel am Rande der Großstadt – Viertel wie San Lorenzo. Hier wirft die Pracht von Rom lange Schatten: schlecht gebaute Häuser, allabendliche Schlägereien, Drogen… Wer sich davon nicht abschrecken läßt, findet hier jedoch urige Kneipen, preisgünstige Trattorien, wo noch die Mamma hinter dem Herd steht – und jede Menge Gastfreundschaft. Eros Ramazotti weiß übrigens, wovon er singt, denn der Mädchenschwarm, der heute in einer Villa bei Mailand lebt, stammt aus einem Arbeiterviertel vor den Toren von Rom.
Tram: 30 b

San Lorenzo fuori le Mura
Der heilige Laurentius starb im Jahr 258 auf einem glühenden Rost den Märtyrertod; er wurde außerhalb der Stadtmauern begraben. Kaiser Konstantin ließ in der Nähe eine Begräbniskapelle bauen, unter Papst Pelagius II. wurde von 579 bis 590 über Laurentius´ Grabkammer ein neues Gotteshaus angelegt. Im 13. Jahrhundert wurde eine weitere Marienbasilika errichtet und mit der alten Kirche verbunden. Die Wände der Vorhalle sind mit Fresken aus dem 13. Jahrhundert geschmückt, der Innenraum ist mit 22 antiken Säulen ausgestattet. Das Grab des Heiligen

Katakomben – die unheimlichen unterirdischen Grabstätten

Sich in diesem düsteren Labyrinth der Unterwelt zu verirren – das ist eine Horrorvision, die wohl jeden Katakombenbesucher überfällt, selbst wenn er sich dicht an der Seite des Führers hält...

Sie haben schon etwas ungemein Gruseliges, diese unterirdischen Gänge – und doch sind sie nichts weiter als Friedhöfe unter der Erde, in denen die ersten Christen ihre Toten bestattet haben. Alle Schauermärchen von unterirdischen Verstecken zu Zeiten der Christenverfolgung sind inzwischen widerlegt; vielmehr nimmt man an, daß sich die Christen hier gelegentlich versammelten, um ihre Gottesdienste abzuhalten.

Das römische Gesetz verbot Bestattungen innerhalb der Stadtmauern. Grundstücke waren schon damals – auch vor den Toren Roms – fast unbezahlbar; also legte man unterirdische Grabstätten an. Die Labyrinthe waren in einen Hauptgang mit vielerlei Verzweigungen aufgeteilt. Man kennt heute 52 Katakomben – vermutet jedoch noch weitere –, die sich als ein Netz von insgesamt gut 600 Kilometern Länge ausbreiten.

Die Gänge verbanden sogenannte **crypte**, in welchen der Leichnam eines Märtyrers aufbewahrt wurde. Diese **crypte** waren reich geschmückt und verziert, oft mit den ersten primitiven Zeichen des neuen Glaubens: Fisch, Ölbaum, Brot, Taube, Palmzweig, Schiff. Entlang der Gänge befanden sich Nischen, worin die Toten – einer oder mehrere – bestattet wurden. Jede war mit einer Platte aus Marmor oder einem anderen Material verschlossen, auf der der Name der Verstorbenen vermerkt war. Grabnischen fand man auch im Fußboden.

Außerdem gab es sogenannte **arcosolia**, feiner ausgearbeitete und geschmückte Gräber, über denen sich ein Bogen befand. Die Platte zum Verschluß dieser Grabstätten war horizontal angebracht und konnte als Altar für eine Messe dienen. Beleuchtet wurden die unterirdischen Gänge mit Öllampen oder Kerzen. Vom 5. Jahrhundert an verloren die

Rom extra

Die Tomba di Cecilia, das Grab der heiligen Cecilia, befand sich ursprünglich in den Katakomben von San Callisto

Katakomben als Begräbnisstätten an Bedeutung; sie blieben jedoch Orte der Andacht, was unterschiedliche Zeichen der zahlreichen Pilger auf den Särgen der Märtyrer beweisen. Im 7. Jahrhundert begann man damit, die Gräber der Märtyrer in Kirchen umzubetten. Nach und nach gerieten die unterirdischen Friedhöfe in Vergessenheit; bald erinnerte man sich nicht einmal mehr daran, wo sich der Eingang befand.

Die einzigen Katakomben, die immer geöffnet und Stätten der Andacht blieben, waren jene von San Sebastiano, San Lorenzo, San Pancrazio und San Valentino. In den Katakomben von San Sebastiano waren, so vermutet man, die Reliquien der Apostel Petrus und Paulus bestattet, bevor die Basiliken auf dem Vatikanshügel und der Via Ostiense gebaut wurden. In den Katakomben von San Callisto fand man das Grab der heiligen Cecilia, deren Sarg jetzt in der gleichnamigen Kirche aufbewahrt wird. Berühmt ist die Krypta der Päpste, in welcher von 236 bis 283 n. Chr. neun Päpste und mehrere Bischöfe bestattet wurden. Außerdem entdeckte man dort Malereien, die die Taufe und die Eucharistie darstellen.

Vor ein paar Jahren übrigens wurde der Alptraum aller Katakombenbesucher für einen von ihnen Wirklichkeit: Ein Mann hatte sich in den Gängen verirrt und wurde erst nach einer Woche gefunden. Er hatte seinen Horrortrip durch die Unterwelt gut überstanden…

befindet sich unter dem Altarbaldachin, der noch für die alte Kirche geschaffen worden war. Eine Inschrift an der Innenseite zeigt die Jahreszahl 1148. Vom rechten Seitenschiff aus gelangt man in die **Grabkapelle Pius IX.**, der 1870 starb. An den Wänden des Kreuzganges (1187 bis 1197) sind Fragmente von Grabplatten aus den Katakomben unter der Kirche zu sehen.
Piazzale di San Lorenzo
Tram: 30 b

San Paolo fuori le Mura

Dies war einst die größte Kirche der Christenheit – zumindest bis zum Bau des Petersdoms. Über dem Grab des Apostel Paulus außerhalb der Stadtmauern errichtete Kaiser Konstantin im 4. Jahrhundert eine kleine Gedenkstätte; erst im Jahre 386 wurde mit dem Bau der Basilika begonnen. Zweimal (441 und 1400) mußte das Gotteshaus nach einem Brand wiederaufgebaut werden.

Mittel- und Seitenschiff der frühchristlichen Basilika werden von 80 Granitsäulen getrennt. Unter dem Altar sollen sich in einem Grab die Gebeine des Apostels befinden, auf der Grabplatte ist die Inschrift »Pauli Apostolo Mart« zu lesen. Der Osterleuchter aus dem 12. Jahrhundert neben dem Altar – ein Werk von Niccolò di Angelo und Pietro Vassalletto – ist mit 5,60 Meter Höhe der größte in Rom.

Unter den Fresken des Mittelschiffs verläuft ein Mosaikband mit Papstbildern, das mit einem imaginären Bildnis des Apostels Petrus beginnt. Die leeren Medaillons sollten Hoffnung vermitteln: Der Legende nach soll die Welt untergehen, wenn für das Bild eines neuen Papstes einmal kein Platz mehr vorhanden sein wird.
Via Ostiense 186
Metro: San Paolo Ostiense

Villa Ada

Der Garten der Villa Ada, der früheren Privatresidenz von Vittorio Emanuele III., ist in einigen Teilen öffentlich zugänglich. Wälder, künstliche Seen und Wasserfälle, dazwischen Jogger, Rollschuhfahrer, Spaziergänger... Sie alle genießen den Park. Hier finden oft Kurse für Kinder statt; zusammen mit einem Animateur lernen sie Tiere kennen, Pflanzen zu unterscheiden und erforschen die Spazierwege.
Via Salaria
Bus: 56,57
Tgl. von 7 Uhr bis Sonnenuntergang

Villa Doria Pamphili

■ A 4/A 5, Klappe vorne

Das ehemalige Lustschloß von Camillo Pamphilis, einem Neffen von Papst Innozenz – 1644 von Alessandro Algardi erbaut –, ist genau der richtige Ort für ein Picknick im Grünen. Der weitläufigste Park von Rom mit seinen Wiesen, Blumenrabatten, Statuen, Brunnen, Pinienwäldern, ja sogar Wasserfällen und zwei künstlichen Seen lädt so richtig zum Ausflug in die Natur ein. Leider wird der Park von der **Via Olimpica** durchschnitten, einer Straßenkonstruktion, die man anläßlich der Olympiade 1960 schuf.
Zutritt von der Via di San Pancrazio, Via Aurelia Antica, Via Viteli
Bus: 44
Tgl. von 7 Uhr bis Sonnenuntergang

Museen

Museo dell' Immagine Fotografica e delle Arti Visuali

Ein ungewöhnliches Museum, das der modernen Fotografie und zeitgenössischen Fotokünstlern gewidmet ist. Es gibt keine permanente Ausstellung, doch auf Anfrage bei Dottore Carlo Giovannella können die über 150 Werke gratis besichtigt werden.
Terza Università di Roma di tor Vergata
Via Ricarca Scientifica
Metro: Anagnina; Bus: 500

Museo delle Navi Romane

a 3, S. 314

Beim Bau des Flughafens in Fiumicino in den späten fünfziger Jahren kamen unerwartet Reste eines Hafens zum Vorschein, den Kaiser Claudius zwischen 42 und 54 n. Chr. angelegt hatte. Als die Planierraupen weitergruben, stießen sie auf einen zweiten Hafen, den Kaiser Trajan um 110 n. Chr. hatte erbauen lassen. Der Hafen des Trajan war durch einen künstlichen Kanal mit dem Tiber verbunden. Gefunden wurden außerdem die Reste von Schiffen und anderen Transportmitteln, mit denen die Römer ausgezogen waren, um die Welt zu erobern.

Im Museo delle Navi Romane in der Nähe des Flughafens sind die Fundstücke ausgestellt: die Reste einer kleinen römischen Flotte, ein Fischerboot – und womit sich die alten Römer sonst noch den Risiken der Seefahrt aussetzten.
Fiumicino, Via Alessandro Guidoni
Anreise: am besten mit dem Flughafenzug ab Stazione Termini (→ S. 36)
Tgl. außer Mo und Fei 9–13, Mi und Do auch 14–17 Uhr
Eintritt 4000 Lire

Bis zum Bau des Petersdoms war sie die Größte: San Paolo fuori le Mura

Einkaufen

In der Innenstadt sind große Einkaufszentren eher selten zu finden; dafür klotzen die Römer außerhalb des Zentrums um so mehr. Gewaltige Einkaufskomplexe mit über hundert Geschäften, Restaurants, Bars und Banken – man kann dort problemlos den ganzen Tag verbringen. Einkaufen können Sie einfach alles – zu günstigen Preisen. Erlebenswert ist vor allem der Samstagabend: Die römische Familie tritt dann zum Großeinkauf an – allerdings ohne jegliche Hektik. Zwischendurch ein Aperitif, der Visitenkartenautomat wird ausprobiert, dann wieder ein bißchen Schaufensterbummeln – so wird das Einkaufen zum genußreichen Ausflug.

Cinecittà Due Centro Commerciale ■ b2, S. 314
Diesen Komplex »Supermarkt« zu nennen wäre eine maßlose Untertreibung; »Einkaufsstadt« trifft den Kern schon eher. Es gibt hier einfach alles, von lokalen bis zu internationalen Spezialitäten – eine Ecke ist sogar der vegetarischen Küche gewidmet. Dazu natürlich Mode, Schuhe, Banken – und ein riesiger Parkplatz davor. Falls Sie mit dem Auto nach Rom gekommen sind und einige typische Souvenirs mit nach Hause nehmen möchten, würde ich Ihnen raten, vor der Abfahrt gen Norden hier Station zu machen. Denn was Sie sich im Zentrum der Stadt mühsam zusammensuchen müssen, finden Sie hier konzentriert – und zu weit günstigeren Preisen.
Via Palmiro Togliatti,
Ecke Via Tuscolana
Metro: Cinecittà
Tgl. außer So 9.30–20 Uhr

Märkte

Mercato Generale
Die italienischen Obst- und Gemüsegroßhändler in Hochform: Der römische Großmarkt im Süden der Stadt ist laut, schmutzig, zugig – aber auf jeden Fall ein buntes Spektakel.

Ab 4.30 Uhr frühmorgens werden Obst, Gemüse, Fleisch und Fisch angeliefert; dann feilschen die Händler lauthals um die Ware. Ab 10 Uhr bis etwa gegen 12 Uhr mittags ist der Markt auch für das Publikum geöffnet.
Via Ostiense
Metro: Garbatella

Ponte Milvio
Der bunte Lebensmittelmarkt am nördlichen Ende der Via Flaminia ist bekannt für seinen ausgezeichneten frischen Fisch. Steht in römischen Familien ein Festessen an, wird das Meeresgetier hier eingekauft.
Piazzale di Ponte Milvio
Bus: 201, 220
Tgl. außer So 6–13.30 Uhr

Lockruf für Gourmets: Der Markt an der Ponte Milvio offeriert Fischliebhabern den ganzen Segen des Meeres – und natürlich alles, was man für das Festessen sonst noch braucht

*Ein Viertel in Feierlaune:
Jedes Jahr im Juli gibt sich ganz Trastevere eine Woche lang Spaghetti, Wein und Gesang hin*

Vergänglicho Kunst:
Die römischen Straßen sind ein Forum für viele junge Talente. Und wer weiß, vielleicht wird der eine oder andere Hobbykünstler darüber zum Profi...

12

Palmen und Pinien, Rosen und Rasen, ein winziger See – und abgasfreie Luft mitten in der Stadt: Im Park der Villa Borghese können römische Familien und Liebespaare aufatmen

Das legendäre Dolce vita von Rom hat in den vergangenen Jahren ein kleines Nickerchen gehalten. Es gab einen allgemeinen Rückzug in die Häuslichkeit. Doch mittlerweile sind die ruhigen Abende passé, und das Nachtleben der Ewigen Stadt bemüht sich nach Kräften, sein lädiertes Image aufzupolieren.

Es waren die Politiker der zweiten Republik, die das römische Nachtleben aus seinem Dornröschenschlaf wachgeküßt haben. Die Neulinge im Palazzo Madama – die meisten von ihnen noch nicht jenseits des Pensionsalters – haben sich nämlich mit derselben Begeisterung auf die ungewohnte Umgebung gestürzt wie auf ihre politische Aufgabe.

Comeback der Pianobar

Und was gehört zu einem neuerwachten Nachtleben? Natürlich Nachtlokale, die 1994 denn auch wie die Pilze aus dem Boden geschossen sind. Der neue Trend geht zur guten alten Pianobar: diskret, gemütlich, mit angenehmer musikalischer Untermalung.

Die politischen Nachtschwärmer verstehen ihre späten Auftritte als Werbung in eigener Sache: »Wir treffen uns nicht wie Politiker der ersten Republik in Privatklubs und vergeuden Geld – vielleicht noch mit bezahlter Begleitung; wir gehen in die Diskotheken zu den jungen Leuten von Rom, die uns gewählt haben.«

Das größte Hindernis auf dem Weg in die süßen römischen Nächte sind für den Normal-Besucher die Türsteher, die über Diskotheken und Nightclubs wachen. Jeans und T-Shirt-Träger haben hier in der Regel wenig Chancen; nur ein absolut gediegenes Aussehen ermöglicht den Weg vorbei am modernen Zerberus.

Disko-Trips mit Styling-Tips

Einige Diskotheken heizen die heißen Nächte gerne mit einem bestimmten Motto an; da gibt es dann etwa die Nutella-Party oder die Nacht der Dessous. Das Thema des Abends können Sie in den Tageszeitungen nachlesen. Nicht, daß Sie versehentlich zur Slip-Nacht mit einem Glas Schoko-Creme in der Hand aufkreuzen...

Die meisten Vergnügungstempel liegen im Zentrum, die etwas volkstümlicheren Treffpunkte der Nachtschwärmer im Testaccio-Viertel.

Informationen über die Veranstaltungen und die aktuellen Kinoprogramme stehen in den Tageszeitungen »Il Messaggero«, »La Repubblica« und »Il Tempo«; am ausführlichsten jeweils in den Wochenendausgaben.

Bar- und Disko-Renner am Monte Testaccio: Die Macher des Radio Londra halten an ihrem Erfolgskonzept »Bunker-Atmosphäre« fest

Bars

Antico Caffè della Pace ■ b 2, S. 120
Traditioneller »rive gauche«-Treffpunkt, nur zwei Schritte von Berlusconis römischem Appartement entfernt, der hier denn auch gerne mal ein Gläschen trinkt. Auch Francis Ford Coppola oder Naomi Campbell schauen vorbei, wenn sie in der Stadt sind.
Via della Pace 5
Bus: 46, 62, 64
Tgl. außer Mo 15–2 Uhr

Banana Café ■ b 3, S. 146
Man nehme ein Mikrofon, Hintergrundmusik und den passenden Liedtext – und schon kann gesungen werden: Karaoke ist für viele Italiener einfach das größte, und im Banana Café können sie ihrer Leidenschaft so richtig frönen. Ungekrönter Karaoke-König ist Fiorello, ein ehemaliger Club-Animateur, der inzwischen seine eigene TV-Show hat und gelegentlich auch im römischen Nachtleben gesichtet wird.
Via San Francesco a Ripa 100
Bus: 780
Tgl. 22–2 Uhr, im Sommer So geschl.

Bar del Fico ■ b 2, S. 120
Neues Lokal im Art-Nouveau-Stil; es wurde von Carlo Rocco eröffnet, einer altbekannten Größe im römischen Nachtleben. Ihm gehören auch das Le Cornacchie, das Gamela und das Calisé.
Piazza del Fico
Bus: 62, 64
Tgl. außer So 20–2 Uhr

Bar Hemingway ■ c 1, S. 120
Zur Sozialisten-Ära einer der beliebtesten Cocktail-Treffpunkte, heute nicht mehr ganz so gut besucht. Wer früher keinen Platz gefunden hat, hat jetzt also beste Chancen.
Piazza delle Coppelle 10
Bus: 119
Tgl. außer Sa 21–3 Uhr

Caffè Latino ■ c 6, S. 207
Ein traditionelles Nachtlokal in den Grotten des Testaccio, dem »Village« von Rom.
Via di Monte Testaccio 96
Bus: 27, 92
Tgl. außer Mo 22.30–2.30, Fr und Sa bis 4 Uhr; Juli/Aug. geschl.

The Onyx ■ a 1, S. 314
In-Nightclub der römischen Show-Welt. Hier treffen sich Stars und Sternchen – und an einem Samstag im Monat ist »Unterwäsche-Modenschau« angesagt: Die schönsten Römerinnen treten zur Wahl der »Miss Intimo« an (Termine stehen in den Tageszeitungen). Übrigens: Im Onyx finden 3000 Personen Platz…
Via Vallatrave
Anguillara Sabazia
(ca. 15 km vom Stadtzentrum entfernt; Busverbindung)
Fr–So 22.30–3 Uhr; im Sommer nur Sa geöffnet

Diskotheken

Akab ■ c 6, S. 207
Der Treffpunkt der römischen Jugend aus besserem Hause. Die Nacht vibriert bei Funk und Black Music; Techno und House kommen nicht am D.J. vorbei.
Via di Monte Testaccio 69
Bus: 27, 92
Tgl. 22–4 Uhr

L'Alibi ■ c 6, S. 207
Guter Sound auf drei Stockwerken und einer Terrasse. Die Disko war früher der Club der Homosexuellen, heute ist das Publikum gemischt. Auch römische Promis kommen gerne hierher.
Via di Monte Testaccio 18
Bus: 27, 92
Tgl. außer Mo 23–4 Uhr

Alien ■ F 1, KLappe vorne
Die Aufführung war hart, aber die Nacht ist noch jung: Gestreßte Schauspieler toben sich dann gerne im Alien – Typ Underground-Diskothek – aus.
Via Velletri 13/19
Bus: 36, 61, 62
Tgl. außer Mo 23–4 Uhr

Gilda ■ b 3, S. 79
Wenn Claudia Schiffer in Rom ist, findet man sie nach getaner Arbeit hier.
Via Mario de' Fiori 97
Metro: Spagna
Tgl. außer Mo 23–4 Uhr

Jackie O. ■ c 3, S. 79
Hier machen sich die **paparazzi** mit geladener Kamera am erfolgreichsten auf die Jagd nach den Schönen und Reichen.
Via Boncompagni 11
Metro: Barberini; Bus: 52
Tgl. außer So und Mo 23–3.30 Uhr

Am schönsten in lauschigen Sommernächten: Bar del Fico

Lady Killer ■ b 2, S. 146
Eine Mischung aus Biergarten, Pub und Diskothek; hier kann man auch eine Kleinigkeit essen. Trotz des Namens ist das Lokal übrigens auch für Damen völlig ungefährlich...
Via del Moro 37c
Bus: 26, 44, 56
Tgl. außer Mo 20.30–3 Uhr

New Open Gate ■ c 4, S. 79
Runter mit dem altmodischen Stuck und her mit einer neuen Dekoration ganz in Schwarz und Rot: Seit die Führung des New Open Gate in ausschließlich weiblicher Hand liegt, geht es mit dem Nachtlokal wieder aufwärts. Mit einem allabendlich wechselnden Motto – von der Nutella-Party bis zur »underwear esagerato«, dem Fest der kapriziösen Unterwäsche – ist dem Laden ein begeistertes Publikum sicher. Übrigens: Pelzmantelträgerinnen ist der Zutritt hier strengstens verboten!
Via San Nicola da Tolentino 4
Metro: Barberini
Tgl. 23–4 Uhr

Piper
Underground, Revival – und jeden Freitag ist Damen-Abend: Dann haben die Ladies freien Eintritt – und überhaupt die Nase vorn.
Via Tagliamento 9
Bus: 56, 57
Tgl. 22–5 Uhr

Radio Londra ■ c 6, S. 207
Disco-Bar mit kleinen Snack-Angeboten und das im Ambiente eines Luftschutzkellers: Überall Sandsäcke – und der Barmann trägt einen Stahlhelm...
Via di Monte Testaccio 67
Bus: 27, 92
Tgl. außer Di 23.30–4 Uhr

Kinos

Azzurro Scipioni
■ B 1, KLappe vorne
Regisseur Claudio Agosti präsentiert in seinem Kino neben den gängigen Hollywoodproduktionen auch Kultfilme und italienische Streifen.
Via degli Scipioni 82
Metro: Ottaviano; Bus: 19

C.G. Excelsior
Der neue Cine-Mammutkomplex mit drei Sälen und 640 Plätzen wurde Ende 1994 mit großem Staraufgebot eingeweiht.
Viale Beata Vergine del Carmelo 2
Bus: 708

Maestoso
Leinwandunterhaltung in vier Vorführsälen.
Via Appia Nuova 416
Bus: 9, 85, 87

Metropolitan ■ b 2, S. 218
812 Plätze für die Fans von großen internationalen Filmen.
Via del Corso 7
Bus: 119

Pasquino ■ b 3, S. 146
Filme in englischer Sprache.
Vicolo del Piede 19
Bus: 23, 65

Konzerte

Accademia Filarmonica Romana
Die Akademie organisiert regelmäßig schöne klassische Konzerte, auch mit ausländischen Künstlern.
Teatro Olimpico
Piazza Gentile da Fabriano
Tel. 3 23 48 90
Bus: 910

Congregazione di Santa Cecilia ■ e 3, S. 190
Eine der ältesten Musikakademien Italiens (gegründet 1584); man spielt Klassik und moderne Opern, es gibt einen vorzüglichen Chor, aber leider nur eine viel zu kleine Konzerthalle, weshalb die Künstler oft im Konzertsaal des Vatikan in der Via della Conciliazione gastieren. Der erste Schritt beziehungsweise Spatenstich für ein neues Auditorium erfolgte im November 1994, doch vor Ende 1997 wird es wohl nichts mit den größeren Räumen.
Via della Conciliazione
Tel. 68 80 10 44
Bus: 23, 34, 41

Palladium
Hier gastieren die internationalen Rockgrößen.
Piazza B. Romano 8
Tel. 5110203
Bus: 11, 92, 770

Musiklokale

Alexanderplatz ■ A 1, Klappe vorne
Traditionelle Jazz-Kneipe.
Via Ostia 9
Bus: 190, 907
Tgl. außer So 21–1.30 Uhr

Big Mama ■ b 4, S. 146
Der römische Blues-Tempel schlechthin: Auf der Bühne dieses Nachtlokals haben schon die besten Jazzer eine Vorstellung gegeben – doch fast noch besser sind die spontanen Auftritte namenloser Künstler.
Vicolo San Francesco a Ripa 18
Bus: 26, 44, 97
Tgl. 21–1.30 Uhr

Caffè Caruso ■ c 6, S. 207
Musik, Tanz und Vergnügen in zwei Sälen; Roberto Nicas, ein ehemaliger Fotograf, führt das Lokal, und Türsteher Ronnie sortiert die Gäste.
Via Monte Testaccio 36
Bus: 27, 92
Tgl. außer Mo 21–2 Uhr

Carlsberg Pub ■ c 3, S. 79
Musik, Videoclips und dazu ein dickes Steak – nicht gerade typisch römisch, aber gut.
Via Sant' Isidoro 5
Metro: Barberini
Tgl. außer Mo 22–2 Uhr

Clochard ■ b 2, S. 120
Rhythm-and-Blues und Funky-and-Soul-Musik jeden Abend live.
Via del Teatro Pace 30
Bus: 62, 64, 70
Tgl. außer Mo 22–1 Uhr

Electronic Art Café ■ c 2, S. 228
Jeden Freitagabend wird der Dachgarten des Palazzo delle Esposizioni zum Nachtlokal im New Yorker Stil, in dem sich die Welt der Kunst und der Mode begegnen.
Via Nazionale 194
Bus: 57, 170
Jeden Fr 23–2 Uhr

Jazz-Café ■ b 1, S. 120
Zwei junge römische Unternehmer haben sich vorgenommen, aus dem Jazz-Café den In-Treffpunkt der Stadt zu machen – mit Erfolg! Die Society ist gerne zu Gast, ab und zu werden auch Schauspieler gesichtet. Im Jazz-Café gibt es Live-Musik, viel zu trinken und auch etwas zu essen
Via Zanardelli 12
Bus. 70, 81
Tgl. außer So 21.30–2.30 Uhr

Pantheon Club ■ c 1, S. 120
Live-Musikschuppen mit zwei Sälen; man hört karibische Klänge, Soul, Reggae, Oldies aus den Sechzigern – eben jeden Abend etwas anderes.
Via del Pozzo delle Cornacchie 36
Bus: 70, 87
Tgl. außer Mo 22–2 Uhr

Spago ■ c 6, S. 207
Im Lokal von Andrea Pugliese entspannen sich Studenten und junge Geschäftsleute.
Via di Monte Testaccio 34
Bus: 27, 92
Tgl. außer Mo 22.30–3 Uhr

Yes Brazil ■ b 3, S. 146
Heiße Samba-Rhythmen live – und dazu ein exotischer Cocktail…
Via San Francesco a Ripa 100
Bus: 44, 97
Tgl. außer So 18–2 Uhr

Pianobars

Bilbò ■ c 2, S. 120
Der bevorzugte Treffpunkt der politischen Rechten wurde im Oktober 1994 vom Präsidenten eines Forza-Italia-Clubs eingeweiht.
Via Salita dei Crescenzi
Bus: 119
Tgl. 22–2 Uhr

Popp & Prue ■ b 2, S. 120
Diese Pianobar ist eine Art zweites Wohnzimmer für Valeria Marini, Italiens neues Sexsymbol. Verständlich, bei diesen bequemen Sesseln und den guten Drinks…
S. Maria dell' Anima 24
Bus: 70, 81
Tgl. 22–2 Uhr

Tartarughino ■ b 1, S. 120
Die Piano-Bar älteren Jahrgangs ist ein echter römischer Klassiker; ein wenig altmodisch und keineswegs »angesagt«, aber immer noch zum Wohlfühlen.
Via della Scrofa 1
Bus: 70, 119
Tgl. außer So 22–2 Uhr

L'Uovo ■ c 1, S. 228
Neueröffneter In-Treffpunkt von Serafino Barlese, dem italienischen Off-Shore-Champion. In intimer, verschwiegener Atmosphäre sitzen hier Schauspieler und Politiker Schulter an Schulter.
Via Giosuè Carducci 8
Bus: 910
Tgl. 22–3 Uhr

Theater, Oper und Ballett

Ein ausführliches Programm mit allen Aufführungen finden Sie zum Beispiel auf der Seite »Roma/Spettacoli« in der Sonntagsausgabe des »Messaggero«. Falls Sie Ihr Theaterticket frei Haus ins Hotel geliefert haben möchte, so erledigen das folgende Agenturen:
Antiprima
Tel. 8 07 39 33 und
Associazione Culturale
Romacomoda
Tel. 3 72 39 56

Eine vor fast sechzig Jahren begonnene Tradition wurde 1995 beendet: die musikalischen Darbietungen in den **Terme di Caracalla**. Die sommerlichen Freiluft-Aufführungen werden jedoch fortgesetzt – auf der **Piazza di Siena**, im Park der Villa Borghese, wo man nicht um den Erhalt von Ruinen besorgt sein muß…

Teatro Argentina (Teatro di Roma) ■ c 2, S. 120
Prosa und Konzerte in einem der meistbesuchten Theater der Stadt.
Largo di Torre Argentina 65
Tel. 68 80 46 01
Bus: 44, 56, 60

Teatro Manzoni
Die Hochburg der »Commedia brillante«.
Via Monte Zebio 14
Tel. 3 22 36 34
Bus: 90, 280

Teatro Nazionale ■ d 2, S. 228
Konzerte und Theatervorstellungen.
Via del Viminale 51
Tel. 48 54 98
Metro: Termini

Teatro Parioli
Theater und Kabarett und außerdem Heimat der Maurizio-Costanzo-Show, einer beliebten italienischen Fernsehsendung.
Via Giosuè Borsi 20
Tel. 8 08 82 99
Bus: 19, 53

Salone Margherita ■ b 4, S. 79
Tanz- und Showspektakel, die gelegentlich vom TV-Sender Tele 5 live übertragen werden.
Via Due Macelli 75
Tel. 6 79 82 69
Bus: 119

Mandolinen im Mondschein werden Sie in Rom kaum finden – wohl aber Kneipen mit sanfter musikalischer Untermalung

Die 10 besten Adressen für den Abend

L'Alibi ■ c6, S. 207
...weil der älteste Schwulen-Club von Rom auf drei Etagen auch beim Hetero-Publikum unheimlich in ist (→ S. 279).

Alien ■ F1, Klappe vorne
...weil hier fast jede Nacht eine andere irre Party steigt (→ S. 279).

Antico Caffè della Pace ■ b2, S. 120
...weil sich Söhne und Töchter aus gutem römischen Hause hier in lauen Sommernächten ein Stelldichein geben (→ S. 278).

Banana Café ■ b3, S. 146
...weil Karaoke für die Italiener das absolut größte ist (→ S. 278)

Caffè Latino ■ c6, S. 207
...weil bei so heißer Live-Musik bei jedem die Post abgeht (→ S. 278).

10x10

Gilda ■ b 3, S. 79
...weil hier die römische High-Society im Ferrari vorfährt (→ S. 279).

Jackie O. ■ c 3, S. 79
...weil der frühere Dolce-vita-Nightclub schon allein aus nostalgischen Gründen einen Besuch verdient (→ S. 279).

Jazz-Café ■ b 1, S. 120
...weil ein tiefer Blick in die Augen des New Yorker Ex-Models erklärt, warum seine Hamburger- und Cheesecake-Bar absolut in ist (→ S. 281).

Lady Killer ■ b 2, S. 146
...weil ein **gelato** mit Martini-rosso-Geschmack um Mitternacht echt mörderisch ist (→ S. 280).

Radio Londra ■ c 6, S. 207
...weil Housemusic in kahlem Bunkerambiente offenbar ein unschlagbares Erfolgsrezept ist (→ S. 280).

Je schicker das Outfit, desto größer sind die Chancen auf Einlaß...

Ein Eintages-Modespektakel im Juli auf der Spanischen Treppe, eine Riesenfete in Trastevere im Juli und einige kirchliche Festtage – mit großen Festlichkeiten kann Rom nicht unbedingt aufwarten...

Mit internationalen Terminen sieht es ähnlich mager aus; die römischen Messeveranstalter können nur neidisch gen Mailand blicken.

Doch im Grunde brauchen die Römer gar keinen festen Termin, um ausgelassen zu feiern. Sie zelebrieren das Dolce vita tagtäglich und warten mit einem opulenten Festmahl nicht auf einen Festtag. Wie ein magischer Termin leuchtet schon jetzt das große »Giubileo«, das Jubiläum im Jahr 2000, auf dem Festkalender – und hängt wie ein Damoklesschwert über allen Aktivitäten: Dann soll die Stadt gesäubert, geputzt und restauriert sein – und zum Jubiläum soll die Fete des Jahrtausends in Rom steigen!

Bis dahin müssen sich die Rombesucher mit den Festen begnügen, die der Veranstaltungskalender hergibt. Die meisten Feste, die in der Ewigen Stadt gefeiert werden, haben einen religiösen Hintergrund – oder doch zumindest einen Heiligen als »Schirmherrn«. Nichtsdestotrotz spielt das Vergnügen dabei stets eine große Rolle. Richtig rund geht es im August: Dann feiert die ganze hitzegeplagte Stadt Estate Romana, den römischen Sommer, und die Kultur verlagert sich ins Freie.

Immerhin: Mit ein bißchen Glück können Sie den einen oder anderen Künstler live erleben, »Roma Capitale« läßt sich kaum ein Künstler entgehen. Infos über die einzelnen Veranstaltungen finden Sie in den Wochenendbeilagen der Tageszeitungen »Il Messaggero«, »La Repubblica« und »Il Tempo«; Auskunft gibt außerdem das Fremdenverkehrsamt.

Ist Ihnen Roms-Festangebot zu dürftig, oder überfällt Sie während Ihres Besuchs in der Ewigen Stadt der dringende Wunsch, ein farbenprächtiges, traditionelles und vor allem originelles Fest mitzuerleben, dann machen Sie doch einfach einen Abstecher vor die Tore der »Capitale«: In vielen kleineren Orten um Rom wird noch richtig urspünglich und vor allem touristisch – relativ – unverfälscht gefeiert: In dem kleinen Ort Alatri beispielsweise wird im August mit großem folkloristischem Aufgebot das Fest **Tiro al Formaggio** begangen – eine Art »Käse-Palio«.

In Tivoli steht Mitte August **Il Salvatore incontra la Madonna**, ein malerisches Madonnenfest, auf dem Programm; Ende August messen die Hirten in Tolfa beim **Torneo dei Butteri** ihre Kräfte. Anfang September, zur **Festa di Santa Rosa**, tragen hundert junge Männer in historischen Kostümen einen 30 Meter hohen beleuchteten Turm durch die Straßen ihrer Stadt, in der ersten Oktoberwoche steigt in Marino die **Sagra dell'Uva**, ein feuchtfröhliches Weinfest mit der Wahl der »Sette re di Roma«: Mit dem Titel »sieben Könige Roms« werden Persönlichkeiten aus Kunst und Politik ausgezeichnet...

Es muß ja nicht gerade eine Hochzeit im Vatikan sein: Wer nicht die Ehre hat, zu solch einer exklusiven Feierlichkeit eingeladen zu werden, findet im römischen Jahresreigen der Feste sicherlich auch »sein« Ereignis

Januar

Santa Befana
Die italienischen Kinder haben noch nie an den Nikolaus geglaubt, dafür an die Hexe Befana: Die alte Dame kommt am 6. Januar und beschenkt die Kleinen; in Rom wird auf der Piazza Navona mit vielen Buden voller Spielzeug und Süßigkeiten gefeiert.
6. Januar

Festa di Sant' Agnese Fuori le Mura
Zwei Lämmchen werden in der gleichnamigen Kirche gesegnet und anschließend den Benediktinerschwestern von Santa Cecilia übergeben, die aus der Wolle der Tiere »Tücher« fertigen, die der Papst schließlich den Erzbischöfen überreicht.
21. Januar

März

Festa di San Giuseppe
Auf den Straßen im Trionfale-Viertel werden zu Ehren des heiligen Josef cremegefüllte Krapfen zubereitet.
19. März

März/April

Ostern
Das Fest der Auferstehung steht in Rom im Zeichen von »urbi et orbi«. Hunderttausende von Gläubigen strömen auf den Petersplatz, um den Segen des Papstes zu empfangen.
Ostersonntag

April

Festa di Primavera
Die Spanische Treppe ist als Willkommensgruß für den Frühling den ganzen Monat lang mit blühenden Azaleen geschmückt.

Mai

Concorso Ippico Internazionale
Internationales Springderby im Park der Villa Borghese, genauer auf der Piazza di Siena. Der Höhepunkt kommt zum Schluß: das »Karussell der Carabinieri«, ein farbenprächtiges Fest, bei dem die römischen Polizisten sich von ihrer allerfreundlichsten Seite präsentieren.
Ende April/Anfang Mai

Antiquitätenmesse
Antiquitätenausstellung in der Via dei Coronari.
Ende Mai

Juni

Fiera Internazionale di Roma
Entlang der Via Cristoforo Colombo bieten 1300 Aussteller ihre Produkte an. Der Schwerpunkt liegt dabei natürlich auf Mode, Schuhmode und Inneneinrichtung.
Anfang bis Mitte Juni

Festa della Repubblica
Das Fest der Republik Italien wird mit einer Militärparade zwischen Kolosseum und der Piazza Venezia begangen.
2. Juni

Festa di Sant' Antonio di Padua
Der heilige Antonius wird mit einer Messe in der Via Merulana geehrt.
13. Juni

Die Trasteverini, die Bewohner von Trastevere, verstehen es ausgelassen zu feiern...

Fronleichnamsprozession
Feierliche Prozession von der Basilika San Giovanni di Laterano bis zur Kirche Santa Maria Maggiore; dort liest der Papst die Heilige Messe.
Fronleichnam

Festa di San Giovanni
Zu Ehren des Heiligen wird beim Lateran ein Volksfest veranstaltet. Das Festmahl besteht aus Spanferkel und Schnecken.
23./24. Juni

Pietro e Paolo
An diesem hohen römischen Feiertag, dem Fest der Stadtpatrone Petrus und Paulus, zelebriert der Papst höchstpersönlich eine Messe in der Peterskirche.
29. Juni

Juli

Festa dei Noantri
Feststimmung in Trastevere; auf den Straßen und Plätzen wird getanzt, gegessen und viel gelacht.
15. bis 30. Juli

August

Estate Romana
Ein Kulturprogramm für die Daheimgebliebenen: Musik, Tanz, Kino, Mode – und alles im Freien. Schlußveranstaltung ist »Roma Alta Moda«, ein Fashion-Spektakel auf der Spanischen Treppe.
Juli/August

Ferragosto
Rom präsentiert sich an Mariä Himmelfahrt dem Besucher wie ausgestorben, alle Römer sind ans Meer oder aufs Land gefahren.
15. August

Oktober

Rund hundert einheimische Maler stellen zu ihrer traditionellen Messe in der Via Margutta aus.
Mitte Oktober

Dezember

Fest der Unbefleckten Empfängnis
Der Papst liest bei der Mariensäule auf der Piazza di Spagna eine Messe.
8. Dezember

Fiera di Piazza Navona
Traditioneller Weihnachtsmarkt auf der Piazza Navona in der Altstadt.
Mitte Dezember bis 6. Januar

Weihnachten
Die schönsten und feierlichsten Mitternachtsmessen werden am Heiligen Abend in den Kirchen Santa Maria Maggiore und Santa Maria d'Aracoeli zelebriert. Am ersten Feiertag erfolgt der päpstliche Weihnachtssegen auf der Piazza di San Pietro.
24./25. Dezember

Sie möchten endlich mal Ihre Italienischkenntnisse auffrischen, wollten schon immer den Titel eines diplomierten Weinkosters erwerben – und unbedingt Ihre Liebsten zu Weihnachten mit einer selbstgefertigten Bronzeskulptur überraschen? Dann besuchen Sie doch einen Kurs in Rom!

Unsere Damen in den Anmeldestellen der Volkshochschulen hätten in Italien ein gemütliches Leben, denn die Italiener sind nicht unbedingt ein Volk der Kursgänger. Sprach- und Computerkurse und selbst Fitneßstudios haben hier nicht annähernd den gleichen Erfolg wie in anderen Ländern. Ganz zu schweigen von Kochkursen, denn die beste Lehrerin der italienischen Kochkunst gibt am heimischen Herd ganz umsonst Nachhilfeunterricht. Mit der ausländischen Küche haben die Pastafans auch nicht viel im Sinn – wozu chinesisch kochen lernen, wenn die Spaghetti viel besser schmecken…

Für alle Kurse gilt: vorher (telefonisch) anmelden!

Kunst und Musik

I.A.L.S
Eine der berühmtesten Tanzschulen von Rom: Auf dem Programm stehen moderner und klassischer Tanz, Tango, Flamenco und südamerikanische Tänze.
Via Fracassini 60
Tel. 3 23 63 96
Bus: 910

L'Officina dell' Arte
Hier kann man das Kunsthandwerk in seinen schönsten Formen erlernen: Es gibt Kurse von der Restauration von Möbeln bis hin zur Kreation von Bronzestatuen sowie Malerei- und Keramikkurse.
Via Rocco Santo Liquidi 16
Tel. 30 36 53 23

Scuola d' Arti Ornamenti
■ a 3, S. 79
Ist Kunst erlernbar? Hier könnten Sie zumindest einen Versuch starten. Zur Auswahl stehen Fresken- und traditionelle Malerei, Weben und Bildhauer-Kurse. Es ist allerdings nicht ganz einfach, einen Platz zu ergattern.
Via San Giacomo
Tel. 6 79 06 02
Metro: Spagna

Restaurieren

Istituto Centrale Restauro
■ c 3, S. 146
Renommierte Restauratorenschule für Möbel und Skulpturen, die auch Ausländer aufnimmt.
Via San Michele 23
Tel. 5 89 65 93
Bus: 23

Das richtige Fingerspitzengefühl braucht man schon, um in der Ewigen Stadt einen Kunst-Kurs zu ergattern

Istituto Italiano Arte Artigianato e Restauro
Wie restauriert man antike Möbel oder alte Leinwandgemälde? Hier können Sie's lernen!
Viale Ardeatina 108/A
Tel. 5 75 71 85
Bus: 94, 160

Sprachkurse

Dante Alghieri ■ c 1, S. 120
Italienisch auch Musik- und Kunstkurse in einem schönen Palazzo.
Piazza Firenze 27
Tel. 6 87 37 22
Bus: 90, 119

DI.L.IT ■ F 2, Klappe vorne
Italienischkurse in der Gruppe oder als Einzelunterricht – die erste Lektion ist gratis.
Via Marghera 22
Tel. 4 46 26 02
Metro: Castro Pretorio

Sonstige Kursangebote

Corso di Cultura Enologica
Hier kann man die hohe Kunst des Weintrinkens erlernen! Am Ende des Kurses steht ein Examen und das Diplom »Geprüfter Weinkenner, Spezialisiert auf die Weine Latiums«.
Sezione Provinciale O.N.A.V. (Organizzazione Nazionale Assaggiatori di Vino)
Circonvallazione Ostiense 337
Tel. 5 78 03 65

New Service
Hier erteilen die Damen des römischen Adels höchstpersönlich Benimm-Unterricht – beispielsweise wird (in acht Lektionen!) die Kunst eines Empfanges gelehrt... Den Kursort erfahren Sie unter
Tel. 37 51 50 22

Die 10 charakteristischsten Märkte

Campo de' Fiori ■ b 2, S. 120
...weil auf Roms schönstem Frischmarkt auf eine Marktfrau inzwischen schon fast zehn Touristen kommen (→ S. 140).

Mercato dei Fiori
...weil man hier alles findet, was die heimische Terrasse in ein mediterranes Blumenmeer verwandelt – bleibt nur noch das Problem mit der Sonne... (→ S. 203).

Mercato Generale
...weil es auf Roms urigem Großmarkt zugeht wie am Hauptbahnhof (→ S. 268).

Mercato delle Stampe ■ a 4, S. 79
...weil man hier mit etwas Glück herrliche Drucke ergattern kann (→ S. 112).

Ponte Milvio
...weil Fischhändler Lucrezio über seine Fische die wildesten Geschichten erzählt (→ S. 268).

Mercato di Piazza di San Cosimato ■ b3, S. 146
…weil hier die römische Mamma wort- und gestenreich die Zutaten für ihre Spaghettisauce kauft (→ S. 157).

Piazza Testaccio ■ c5, S. 207
…weil Früchte und Gemüse ein Fest fürs Auge und Salami und Käse ein Fest für den Gaumen sind (→ S. 221).

Porta Portese ■ c4, S. 146
…weil bei neapolitanischer Schnulzenmusik und würzigem Porcetta-Duft sogar alte Transistorradios und synthetische Unterwäsche ihre Käufer finden (→ S. 157).

Mercato di Via Sannio
…weil sich hier Wühltischkramer und Schnäppchenjäger wie im siebten Himmel fühlen können (→ S. 183).

Weihnachtsmarkt auf der Piazza Navona ■ b2, S. 120
…weil zur richtigen Weihnachtsstimmung eigentlich nur noch Glühwein und Nürnberger Lebkuchen fehlen (→ S. 121).

Auf den römischen Märkten ist Handeln angesagt!

Sie können natürlich Tennis spielen, schwimmen oder sich im Fitneßstudio plagen – die schönste und schweißtreibendste Art der Bewegung ist aber unbestritten das Joggen durch die römischen Grünanlagen. Früh am Sonntagmorgen durch die Gärten der Villa Borghese zu laufen oder die Rennstrecke zur Abwechslung in den Circus Maximus zu verlegen – da vereinigen sich Kultur und Körperkult!

Wer ein wahrer Sportsfreund ist, der möchte verständlicherweise auch in den Ferien nicht auf seine körperliche Ertüchtigung verzichten. Kein Problem: In Rom haben Sie genügend Möglichkeiten, Ihre Muskeln zu erwärmen und den Pulsschlag auf Hochtouren zu bringen. Mit dem ersten **Rom-Marathon** im März 1995 hat sich die Ewige Stadt im übrigen in einer klassischen Disziplin qualifiziert und in die Reihe der Veranstalter der großen traditionellen Läufe eingereiht. Vielleicht machen Sie im nächsten Jahr mit? Alte römische Tradition verpflichtet schließlich: »Mens sana in corpore sana inest« – »Ein gesunder Geist wohnt in einem gesunden Körper«...

Bei den passiven Sportarten dominiert in Rom – wie könnte es anders sein – der Fußball. Jung und alt, Signori und Signorine ergreift jeden Sonntag aufs neue das **calcio**-Fieber, und mit klopfendem Herzen wird das Spiel der beiden römischen Vereine zu Hause am Bildschirm oder live im Stadion verfolgt. Sieg oder Niederlage – Jubel oder nationale Tragödie.

Der internationale Tenniszirkus gibt sein Gastspiel in Rom Ende Mai im **Foro Italico**. An Eintrittskarten zu kommen – der Vorverkauf beginnt Ende Januar – ist leider fast ein Ding der Unmöglichkeit. (Wenn Sie es trotzdem probieren möchten, wenden Sie sich an die Federazione Italiana Tennis, Via Eustachio 9.)

Leidenschaft für Pferdestärken

Die Leidenschaft der alten Römer für Pferderennen scheint sich über die Jahrhunderte hinweg erhalten zu haben, denn alle Jahre wieder im Frühjahr drängen sich die Menschenmassen zum **Concorso Ippico Internazionale** auf der Piazza di Siena (→ S. 288).

Hinweise auf Sportveranstaltungen mit Vorverkaufsstellen finden Sie in den regionalen Seiten der Tageszeitungen.

Auf dem beliebtesten Spielplatz der Antike, dem Circo Massimo, drehen heute Jogger ihre Runden

Boccia

Die Römer sind große Bocciafans; vor allem im Sommer wird an vielen Orten gespielt, zum Beispiel hier:

Bocciafila Monte Sacro Alto
Via Aleramo 1
Bus: 37
Tgl. 15.30–21 Uhr

Bowling

Bowling ist in Rom eine Art Gesellschaftssport; man trifft sich, plaudert – und spielt Bowling.

Bowling Roma ■ F 1, Klappe vorne
Viale Regina Margherita 118
Bus: 36, 38
Tgl. 10–20 Uhr

Computerspiele

Club Obi Wan ■ a 3, S. 228
Der erste multimediale »Spielpub« Roms mit über 200 Computerspielen.
Vicolo Margana 13/14
Tgl. 17-23 Uhr

Fitneß

Iron Body System
Bodybuilding bis zum Herkuleskörper.
Via Appia Nuova 464
Tel. 7 80 11 59
Bus: 650, 663
Tgl. 11–21 Uhr

Sporting Palace
Bodybuilding, Aerobic, Sauna.
Via Carlo Sigonio 21/A
Tel. 7 88 79 18
Bus: 650
Tgl. 9–22 Uhr

Fliegen

Aeroclub Roma
Via Salaria 825
Tel. 8 12 02 90
Bus: 135, 235

Fußball

Centro Sportivo Silvestri
Sport- und Vergnügungszentrum mit Minigolf, Tennis, Pingpong, Billard und Videospielen.
Via Giorgio Zoega 6
Bus: 98, 181
Tgl. 9–23 Uhr

Stadio Flaminio
Fußball, dazu Fitneßanlagen und ein Schwimmbad.
Viale Pilsudsky 16
Metro: 168
Tgl. 15.30–21 Uhr

Golf

In den meisten römischen Golfclubs werden Sie als Gast akzeptiert, sofern Sie eine Mitgliedschaft in einem Club belegen können und über ein Handikap verfügen.

Circolo Golf Roma
Der älteste und vornehmste Golfclub der Stadt.
Via Acqua Santa 3
Tel. 7 80 34 07
Bus: 664, 765

Olgiata Golf Club
Largo dell' Olgiata 15
Tel. 30 88 91 41
Bus: 201

Gymnastik

Wer Sonntag morgens statt auszuschlafen lieber die Muskeln trainieren und seine Beine lockern möchte, kann das in einigen römischen Parkanlagen tun. Von Ende April bis Juli veranstaltet die römische Stadtverwaltung jeden Sonntag vormittag kostenlose Gymnastik-Kurse in den Parkanlagen der Villa Ada und Villa Borghese.
Metro: Flaminio bzw.
Bus: 53, 168

Kajak, Boot

Wie wäre es mit einer Kajakfahrt auf dem Tiber?

Circolo Canottieri Lazio
Lungotevere Flaminio 25
Tel. 3 22 68 56
Bus: 910

Wer es ruhiger liebt, kann im Ruderboot über den See im Park der Villa Borghese gleiten; die Boote werden vor Ort verliehen. Rund um den Lago Bracciano, etwa 50 Kilometer von Rom entfernt, gibt es **Segelclubs**.

Reiten

Wer unbedingt auf einem römischen Pferd das Reiten erlernen möchte, bitte sehr:

Centro Ippico Kappa
Via Portuense 1939
Tel. 65 00 02 49
Bus: 228, 773

Schwimmen

Aldrovandi Swimming Pool
■ b 1, S. 79
Via Michele Mercati 11
Tram: 19 b, 30 b

Piscina Coperta Del Foro Italico
Überdachtes Schwimmbad.
Foro Italico, P. de Bosis
Bus: 32

Piscina delle Rose ■ b 2, S. 314
EUR, Viale America 20
Metro: EUR/Fermi

Tennis

Fast 400 Tennisclubs stehen Ihnen in Rom zur Verfügung; die Platzmiete ist gewöhnlich nicht zu hoch, man sollte aber eine Woche im voraus buchen. Außerdem verfügen viele große Hotels über eigene Tennisplätze.

Circolo del Tennis dell' Acquasanta
Via Appia Nuova 716a
Tel. 7 84 30 79
Bus: 650, 663

Circolo Tennis Roma
■ F 5, Klappe vorne
Via Ipponio 11
Tel. 7 00 89 76
Tram: 90 b

Windhundrennen

Cinodromo
Ponte Marconi, Via della Vasca Navale 6
Tel. 5 56 62 58
Bus: 170, 717

König Calcio: Fußball in Rom

»Forza Lazio«, ruft Roms Bürgermeister Francesco Rutelli – und steht damit allein auf weiter Flur. Alle seine Angestellten in der Stadtverwaltung drücken nämlich dem Lokalrivalen AS Roma die Daumen. Das ist weiter kein Problem – solange die beiden Fußballclubs nicht aufeinandertreffen. Kommt es aber zum Lokalderby – **Lazio Roma** gegen **AS Roma** –, kann die Stimmung in der Kommune schon mal explosiv werden – und nicht nur dort: Treffen die beiden römischen Rivalen aufeinander, herrscht in der ganzen Stadt Sicherheitsstufe eins.

Im Stadio Olimpico, der Heimat des **Associazione Sportiva Roma**, 1927 im Arbeiterviertel Testaccio gegründet, finden über 75 000 Zuschauer Platz. Für den Verein bedeutet dies im günstigsten Fall – sprich: bei vollbesetztem Haus – Einnahmen von umgerechnet über drei Millionen Mark.

Fußball ist in Italien freilich nicht nur beim Lokalderby eine ernste Angelegenheit – König Calcio regiert jeden Sonntag. Die Live-Übertragungen der Spiele erreichen die höchsten Einschaltquoten im Fernsehen; die Spieler werden besser bezahlt als Schauspieler und behandelt wie Stars; die Pässe der Hauptdarsteller auf dem Spielfeld sind Gesprächsthema für den Rest der Woche.

Fußball, das ist ein Thema, das sie über alle Gegensätzlichkeiten vereint: Den kleinen Arbeiter aus San Lorenzo, den Postboten, den Parlamentarier, und selbst den sonst so schweigsamen ATAC-Busfahrer kann das Match am Sonntag regelrecht aus der Spur bringen.

Wenn die sonntägliche Ruhe also von Jubel, Geschrei und Autohupen durchbrochen wird – erschrecken Sie nicht, es bedeutet lediglich, daß einer der lokalen Clubs gewonnen hat. Zum Auseinanderhalten: Die Fans (**tifosi**) des AS Roma schwenken Fahnen mit den gelb-roten Stadtfarben und der römischen Wölfin; die Anhänger von Lazio Roma erkennen Sie an Himmelblau und Weiß.

Leider sind mittlerweile die Zeiten vorbei, in denen ein Fußballmatch noch mehr mit Unterhaltung denn mit Aggression zu tun hatte und die Regeln wechselseitiger Toleranz galten. Die Gewalt hat in

Früh übt sich, was ein neuer Roberto Baggio werden will: Fußballverrückt sind alle Römer – und das von Kindesbeinen an

den italienischen Stadien Einzug gehalten: In Rom etwa kam es am 6. Oktober 1991 – kurz vor dem Lokalderby – vor dem Stadion Olimico zu einer Schlacht zwischen den **tifosi** von Lazio Roma und AS Roma. Unter den Opfern war auch »Messaggero«-Pressefotograf Rino Barillari (→ Rino Bavillari – der König der Paparazzi, S. 90/91), der von Messerstichen verletzt wurde.

Seinen bislang schwersten Schlag erlitt der italienische Fußball am 29. Januar 1995 in Genua. Beim Heimspiel gegen den AC Milan wurde ein neunzehnjähriger Genua-Fan vor dem Stadion erstochen. Aus Angst vor Racheakten mußten die Milan-Fans busweise nach Mailand zurückgebracht werden. Bis 22 Uhr abends saßen die Zuschauer im Stadion fest. Für den darauffolgenden Sonntag wurden alle Fußballspiele in ganz Italien gestrichen – selbst der Papst meldete sich zu Wort: Er appellierte an die Jugend und rief zur Gewaltlosigkeit in den Stadien auf...

Wollen Sie dennoch selbst ein römisches Fußball-Spektakel miterleben, so sollten Sie sich rechtzeitig vorher um Karten bemühen, denn die Plätze sind knapp. Tickets gibt es von 15 000 bis 200 000 Lire; am billigsten sind die Stehplätze, am teuersten die Plätze in den Kurven.

Stadio Olimpico (AS Roma)
Curva Nord
Tel. 3 68 51
Bus: 32, 186

Lazio Point (Lazio Roma)
Via Cipro 4 e
Tel. 39 73 64 64
Metro: Ottaviano (in Zukunft Mosca)

M ah che bell' bambino«... »che carino«... Fast jeder Italiener stößt beim Anblick kleiner Kinder – und seien sie auch noch so quengelig – eher Begeisterungsrufe aus, als die Kleinen mit mißmutigen Blicken zu strafen. In Restaurants und Hotels werden Sie auch dann aufmerksam bedient, wenn Sie Ihre Sprößlinge dabei haben, und mit Hilfestellungen von allen Seiten können Sie grundsätzlich rechnen.

Rom hat auch für seine kleinen Besucher viel zu bieten: Von Museumsmarathons und der Besichtigung alter Gemäuer wird der Nachwuchs wohl nicht ganz so begeistert sein, doch gibt es eine Reihe von Museen – wie etwa das **Museo di Zoologia** (→ S. 87) oder das **Museo delle Navi Romane** (→ S. 267) oder das **Museo Nationale Preistorico** (→ S. 303) –, die auch die kleinen Besucher große Augen machen lassen.

Auf dem Drahtesel durch den Park

Ein Besuch im und auf dem **Petersdom** könnte für die größeren Kinder ebenfalls interessant sein. Mit Kinderwagen ist zwar der Zutritt verboten, doch gleich rechts neben der Kirche gibt es einen bewachten »Parkplatz« für Babys fahrbaren Untersatz.

Rom ist reich an Parkanlagen, wo sich die **bambini** austoben können. Im Park der **Villa Borghese** besteht die Möglichkeit, auch Fahrräder für kleine Kinder auszuleihen. Wetten, daß die Kleinen am Abend hübsch müde und zufrieden ins Bett fallen, wenn sie den ganzen Tag im Grünen herumgekurvt sind...

Wenn Sie einen längeren Musemustrip planen oder in Ruhe die Stadt besichtigen möchten, gibt es ein reiches Angebot an Tages- oder Wochenkursen, wo Sie Ihre Kinder in Gesellschaft Gleichaltriger unterbringen können. Sprachliche Hürden meistern die Kleinen meist »mit links«.

Und schließlich wäre da noch die italienische »Wunderwaffe«: ein buntes cremiges Eis in der Waffel – welches Kind kann da schon widerstehen...

Wer möchte in diesem Garten der Träume nicht einmal Lokführer sein: Der »Trans Garden Express« bummelt durch die weitläufigen Anlagen der Villa Borghese – nicht nur zur Freude der bambini

GARDEN

Arcobaleno 93 ■ B 2, Klappe vorne
Im Sommer werden hier Kurse für Kinder von vier bis zwölf Jahren organisiert: Sport, Spiel, Spaß, Gymnastik im Freien; der Mindestaufenthalt beträgt eine Woche, das Mittagessen ist bei den Tageskursen inklusive.
Piazza Cavour 25
Tel. 3 21 25 78
Bus: 49

Casa del Fumetto ■ a 1, S. 190
Das Königreich der Comic-Hefte; die Abenteuer der gezeichneten Figuren für die kleinen und großen Fans von Donald, Mickey und Co.
Via Bragadin 8
Metro: Ottaviano (in Zukunft Mosca)

Centro Giovanile San Paolo
Fußballschule für Jungs ab fünf Jahren.
Viale San Paolo 12
Tel. 5 59 33 68
Bus: 170

Comune di Roma Biblioteca Centrale per Ragazzi ■ b 3, S. 120
Hier können Kinder von 0–16 Jahren in Büchern und Comics stöbern; es gibt auch eine Videothek und verschiedene Spiele.
Via San Paolo alla Regola 16
Tel. 6 86 51 16
Bus: 60, 65

Crescere Insieme
Vermittelt qualifizierte Babysitter sowie einen Begleitservice für Kinder.
Via Brunacci 18
Tel. 5 56 51 33
Bus: 170, 780

Über Veranstaltungen für Kinder »stolpert« man oft ganz unverhofft – zum Beispiel auf dem Gianicolo, dem liebsten Sonntags-Ausflugsziel der römischen Familien

Curiosità e Magia ■ c 1, S. 120
Ein echtes Kinder-Wunderland mit Scherzartikeln, Masken, antikem Spielzeug.
Piazza Montecitorio 70
Bus: 52, 53, 119

Green Park
Alle möglichen Spiele, Kurse und Ausflüge für die Kleinen; Green Park vermittelt auch Babysitter.
Via Cechov 12a
Tel. 5 14 08 05
Bus: 767

Infanta ■ a 4, S. 79
Hier werden Kinderfeste mit Clowns, Magiern und Musikern veranstaltet.
Via dei Prefetti 17
Tel. 6 87 35 08
Bus: 90, 119

Museo Nazionale Preistorico ■ b 2, S. 314
»Die Entdeckung der afrikanischen Westküste, die Erforschung des schwarzen Kontinents und Afrika-Kunst« – eine Ausstellung rund um Afrika im Museum ist bei jung und alt so gut angekommen, daß sie seit kurzem zur ständigen Einrichtung gehört und dort neben der Prähistorischen Sammlung zu einer der großen Attraktionen geworden ist.
Casale G. Marconi 14 (EUR)
Tgl. 8–14 , So und Feiertag 8–13 Uhr
Metro: Fermi; Bus: 671, 714
Eintritt 8000 Lire, Kinder bis 16 Jahre frei

Rita di Lorenzo ■ D 6, Klappe vorne
Kreatives Spielen unter Anleitung einer Psychologin: Bei Rita basteln Kinder ihr Spielzeug selbst.
Via Santa Saba
Tel. 5 74 38 47
Bus: 94

Squatriti ■ a 3, S. 79
Hier reparieren Handwerker antike Puppen.
Via di Ripetta 29
Bus: 70, 81, 90

Teatrino del Clown Tata di Ovada
Jeden Sonntag Jux und Tollerei mit Clown & Co.
Via Coppola di Musitani 20
Tel. 88 64 01 57
Bus: 438

Teatro delle Marionette degli Accettella
Die Puppenwelt an einem Faden: Wie von Geisterhand bewegt, kämpfen Prinzen um Prinzessinnen, besiegen edle Ritter böse Monster.
Piazza Gondar 22
Tel. 8 60 17 33
Bus: 38, 135

Teatro Verde
Hier können Kinder Puppenspiele und eine Marionettenausstellung besuchen; man organisiert für sie auch Mimik- und Theaterkurse.
Circonvallazione Gianicolense 10
Tel. 5 88 20 34
Bus: 181, 280

Villa Borghese ■ b 1/c 2, S. 79
Eine Mini-Eisenbahn, ein kleiner See mit Ruderbooten, viel Grün – und der Giardino Zoologico.
(→ S. 87).
Metro: Flaminio/Spagna

WWF ■ b 3, S. 120
Die World Wildlife Federation veranstaltet für Kinder im Schulalter »grüne Wochen« in den Parks und Gärten von Rom.
Via Trinità dei Pellegrini 1
Tel. 6 89 29 51
Bus: 65

Die 10 unwiderstehlichsten Eisdielen

Albalonga
...weil das Spaghettieis nicht **al dente**, sondern **alla crema** ist (→ S. 182).

Alemagna ■ a 1, S. 228
...weil das sahnige Schokoladeneis nicht nur deutschen Schleckermäulchen auf der Zunge zergeht (→ S. 244).

Fiocco di Neve ■ c 2, S. 120
...weil es wohl nirgendwo sonst auf der Welt ein **gelato alla birra**, Eis mit Biergeschmack, gibt (→ S. 133).

Il Gelato di San Crispino
...weil das Calvados-Sorbet süchtig macht (→ S. 183).

Giolitti ■ c 1, S. 120
...weil hier Prominenz und »gemeines Volk« in aller Eintracht sozusagen Waffel an Waffel bis spät in den Abend sitzt (→ S. 133).

Krechel ■ b 4, S. 79
…weil Sachertorte in Wien gar nichts ist gegen Sacher-Eis in Rom (→ S. 104).

Maneschi ■ a 3, S. 79
…weil man sich mit sechzehn verschiedenen Frucht-Sorbets an einem heißen Sommertag wirkungsvoll erfrischen kann (→ S. 105).

Dal Freddo da Fassi ■ f 3, S. 228
…weil das Schoko-Sahne-Zabaione-Halbgefrorene nicht »Caterinetta«, sondern »Caterina das Große« heißen sollte (→ S. 244).

Della Palma ■ c 1, S. 120
…weil ich es leider noch immer nicht geschafft habe, alle hundert Sorten durchzuprobieren (→ S. 134).

Pellacchia ■ e 1, S. 190
…weil wahre **gelato**-Kenner für das Waldbeereneis meilenweit gehen (→ S. 203).

Ein Eis in der Waffel bestellen Sie mit: »Un cono da duemila (tremila…) Lire, per favore«

Rom ist – noch – keine behindertenfreundliche Stadt, schickt sich aber an, eine zu werden. Museen, Kirchen und Paläste sollen keinem Besucher mehr »verschlossen« bleiben: Sieben Millionen Mark wurden bereitgestellt, um architektonische Barrieren in der Ewigen Stadt aus dem Weg zu räumen und Rollstuhlfahrern den Zugang zu den Schönheiten Roms zu erleichtern.

Gleichzeitig arbeitet die Stadtverwaltung an einer breitangelegten Info-Kampagne. Als Vorreiter in Sachen Behindertenfreundlichkeit gilt übrigens der Vatikan, dessen Einrichtungen dank Rampen und Aufzügen auch für Reisende mit Rollstuhl gut erreichbar sind.

Im **öffentlichen Nahverkehr** indes wurde bislang einzig die Buslinie 590 behindertengerecht ausgestattet; sie folgt dem Verlauf der Metro A. Ebenso wie bei uns gibt es auch in Rom reservierte Parkplätze für Rollstuhlfahrer; sie sind mit einem Schild gekennzeichnet. Darüber hinaus ist es ihnen erlaubt, auch in Verbotszonen zu parken – natürlich nur, solange der Verkehr durch das abgestellte Fahrzeug nicht behindert wird.

Architektonische Hindernisse im Hotel

Nicht ganz unkompliziert ist die Frage der Übernachtung – zumindest in den kleinen, preisgünstigeren **Hotels**. Denn die Zimmer befinden sich meist in einem oberen Stockwerk, und das einzige Beförderungsmittel ist oft ein umständlicher, alter enger Aufzug vom Typ Paternoster, in dem schon ein Koffer zu drangvoller Enge führt.

Bei **Restaurantbesuchen** empfiehlt es sich, vorher anzurufen und einen für Sie günstigen Tisch zu reservieren.

Wer mit einem Handikap nach Rom reist, sollte sich unbedingt das Buch »Roma Accessibile, Tourismus und architektonische Hindernisse« besorgen. Es wurde in vier Sprachen vom Assessorato Turismo Regione Lazio in Zusammenarbeit mit CO.IN., dem »Konsortium der Integrierten Kooperativen«, herausgegeben und ist auch beim Fremdenverkehrsbüro **ENIT** (→ S. 340) kostenlos erhältlich. Auf 253 Seiten sind einige behindertengerechte Hotels in Rom aufgeführt, außerdem wurden Museen, Restaurants, Kinos, Sportanlagen und vieles mehr auf ihre Zugänglichkeit mit Rollstuhl getestet.

Bahnhof Roma Termini

■ e 2, S. 228

Seit 1990 gibt es am römischen Hauptbahnhof einen Assistenzdienst für körperbehinderte Zugreisende. Das Büro befindet sich in der Fahrkartenhalle nahe der Taxizentrale. Innerhalb des Bahnhofs sind kleine

Elektromobile verfügbar, außerdem werden Rollstühle bereitgestellt. Bei den Bahnsteigen 1 und 22 gibt es für Rollstuhlfahrer eingerichtete Toiletten.

Flughafen Leonardo da Vinci
■ a 3, S. 314
Auf Anfrage stehen Ihnen auch innerhalb des Flughafens elektrische Fahrzeuge zur Verfügung; bei Schwierigkeiten kann man sich an die »Sala Amica« im Hauptgebäude wenden – der Weg zu dieser hilfreichen Einrichtung ist ausgeschildert.

Centro informazione documentazione handicap
Telefon-Hotline für alle notwendigen und nützlichen Auskünfte für Behinderte und deren Begleiter in Rom von behindertengerechten Hotels über Freizeit- und Sportmöglichkeiten für Behinderte bis hin zu qualifizierten Begleitern.
Tel. 06/238 2210/5
Mo-Fr 9–17 Uhr

CO.IN.
Das Touristencenter für behinderte Besucher erteilt Auskünfte, organisiert Ausflüge und vermittelt Fremdenführer.
Via E. Giglioli 54/A
Tel. 23 26 75 04, Fax 23 26 75 04
Bus: 991, 999

Secret Walks
Jeden ersten Samstag im Monat oder auf Anfrage veranstaltet die Agentur Stadttouren für Behinderte und Rollstuhlfahrer. Treffpunkte in der Stadt werden vorher telefonisch vereinbart.
Viale Medaglie d'Oro 127
Tel. 39 72 87 28

Hotels

Jolly ■ c 2, S. 79
Die Jolly-Kette hat ihre Hotels in jeder größeren italienischen Stadt, so natürlich auch in Rom. Das Haus liegt zentral nahe der Via Veneto, hat sieben Konferenzräume, ein Restaurant und eine Pianobar – und vor allen Dingen vier Zimmer mit behindertengerechtem Bad.
Corso d'Italia 1
Tel. 84 95, Fax 8 84 11 04
Bus: 95, 490
Obere Preisklasse (EC, Visa, DC, Amex)

Royal Santina ■ e 2, S. 228
Ein freundlicher Service und die zentrale Lage machen das Royal Santina zu einem angenehmen Aufenthaltsort. Es gibt fünf geeignete Zimmer für Reisende mit Rollstuhl.
Via Marsala 24
Tel. 4 45 70 57, Fax 4 94 12 52
Metro: Termini
Obere Preisklasse (EC, Visa, DC, Amex)

Sicilia ■ c 3, S. 79
Sympathisches Hotel, dessen Standard nicht ganz so hoch ist wie der der beiden anderen. Es liegt aber ebenfalls zentral und verfügt über behindertengerechte Einrichtungen.
Via Sicilia 24
Tel. 4 82 19 13, Fax 4 82 19 43
Metro: Barberini; Bus: 52, 58
Mittlere Preisklasse (EC, Visa, DC, Amex)

Ausflüge

Schlicht bombastisch: Die Römer nennen den Palazzo della Civiltà del Lavoro im EUR-Viertel gerne »quadratisches Kolosseum« – dem ist nichts hinzuzufügen

Relikte einer einst prachtvollen Ausstattung: Die malerische Ruinenlandschaft der Villa Adriana – die größte Sommerresidenz, die jemals für einen Herrscher errichtet wurde – verströmt bis heute einen Hauch von Luxus

Zum Meer? Oder ins Ostia der Antike? Nun, der römische Hausstrand wird wohl kaum einen Besucher zu Begeisterungsstürmen hinreißen – die ausgegrabene antike Hafenstadt und Handelsmetropole indes vermittelt einen ausgezeichneten Einblick in längst vergangene Zeiten

Rom hat seinen Besuchern so viel zu bieten, daß man die City eigentlich gar nicht so gerne verlassen möchte. Trotzdem: Überwinden Sie sich, denn auch die Umgebung der Ewigen Stadt ist reich an Sehenswürdigkeiten.

Nur einen Katzensprung von den römischen Ringstraßen und Fabriken entfernt, wartet eine ländliche Idylle mit grünen Wiesen, Schafherden und alten Tuffhöhlen auf Sie: Die **campagna**, das unmittelbare Hinterland von Rom, reicht im Westen bis zum Tyrrhenischen Meer, im Norden bis zum Tolfa-Gebirge und dem Tibertal, im Osten bis zu den Abruzzen und im Südosten bis zu den Albaner Bergen.

Die Buchstaben-Zahlen-Kombinationen im Text verweisen auf die Planquadrate dieser Karte.

Als das Römische Reich zusammenbrach, fürchteten die vornehmen Familien um ihr Leben – und flüchteten aufs Land. In den Albaner Bergen verwandelten sie Dörfer in festungsähnliche Anlagen, die Castelli Romani. Die modernen Römer ziehen sich aus anderen Gründen auf die Colli Albani zurück: Sie fliehen zumindest am Wochenende vor dem Lärm und Schmutz der Großstadt.

Als »Kontrastprogramm« zur Landpartie, bevor Sie in die Berge und zum Weinbaugebiet der Castelli Romani gelangen, werfen Sie noch einen schnellen Blick auf die italienische Traumfabrik **Cinecittà**, die wir auf unserem Weg ohnehin passieren. Auf 140 Quadratkilometern Fläche entlang der Via Tuscolana entstanden einst Klassiker (→ Fellini & Co.: Traumfabrik Cinecittà, S. 318/319).

Die Heimat des Frascati

Wieder zurück in der Realität der sanften Hügellandschaft, kommen Sie in wenigen Minuten in einen Ort, der (nicht nur) Weinliebhabern ein Begriff ist: **Frascati**. Der gleichnamige Weißwein hat hier, in den Castelli Romani, seine Heimat. Vor 2000 Jahren vergnügte sich in Frascati die sorglose Jugend des antiken Rom – heute hat man hier wohl nicht mehr ganz so viel Spaß wie die jungen Römer von damals, doch immerhin genießt man von der Piazza Marconi eine wunderbare Aussicht.

Weiter geht es immer mit Blick auf den Monte Porzio Catone und den Montecompatri – nach **Tuscolo**. Während einer Schlacht im Jahr 1191 wurde das Städtchen völlig zerstört und nie wieder ganz aufgebaut. Hier hielt einst der römische Schriftsteller Cicero seine berühmten Tuscolaner-Konferenzen.

Besuch bei Cicero und Caligula

In **Grottaferrata**, wenige Autominuten entfernt, errichteten griechische Mönche auf den Resten einer antiken Villa anno 1004 ein Kloster. Möglicherweise handelt es sich bei diesen Ruinen um die Villa Ciceros. Weiter geht es, vorbei an **Rocca di Papa**, malerisch eingebettet zwischen Hügel und See, auf der Via dei Laghi nach **Nemi** und zum **Lago di Nemi**. Auf seiner Wasseroberfäche spiegelt sich der einst als heilig geltende Wald mit einem der Jagdgöttin Diana geweihten Tempel; aus diesem Grund nannte man den See auch »specchio di Diana«, Dianas Spiegel.

Während Sie im gleichnamigen Ristorante mit Blick aufs Wasser vielleicht gerade auf einen Teller Spaghetti warten, will ich Ihnen die Geschichte des Sees erzählen:

Der berüchtigte Kaiser Caligula hatte den Entschluß gefaßt, Diana zu heiraten. Aus Zorn darüber, daß die schöne Göttin für ihn nicht verfügbar war, ließ er zwei großartige Schiffe auf dem See ankern und sich dorthin die schönsten Mädchen der Umgebung bringen… Zu Mussolinis Zeiten wollte man den Wahrheitsgehalt dieser Überlieferung herausfinden: Man senkte die Wasseroberfläche ab – und fand zu aller Erstaunen die beiden Schiffe Caligulas! Die Fundstücke wurden daraufhin in einem Museum am Uferrand ausgestellt, in einer Nacht des Jahres 1944 jedoch durch einen mysteriösen Brand zerstört. Die Nachbildungen der kaiserlichen Yachten sind heute im **Museo delle Navi** zu besichtigen.

Päpstliche Sommervilla

Wieder zurück auf der Via dei Laghi kommen Sie nach **Velletri**, einer wichtigen Station italienischer Geschichte und guten Weins. Vorbei an Ariccia mit seiner schönen Piazza Bernini und Alba Laziale erreichen Sie schließlich **Castel Gandolfo**, die päpstliche Sommerresidenz.

Wie jeder andere Römer auch kehrt der Heilige Vater während der heißen Sommermonate, etwa von Mitte Juli bis Mitte September, der Ewigen Stadt den Rücken. An Sonntagen empfängt er in seiner Villa auf dem Lande gelegentlich Pilger zum Angelusgebet.

Von Castel Gandolfo führt eine Straße hinunter zum **Lago Albano**. Über die Via Appia Nuova, mit einem schönen Blick auf die umliegende Landschaft, gelangen Sie rasch wieder zurück nach Rom.

Museum

Museo delle Navi ■ c 3, S. 314
Caligulas Vergnügungsyachten, leider nur noch als Kopien.
Via di Diana 9
Nemi
Tgl. 9–14 Uhr
Eintritt 4000 Lire

Essen und Trinken

Specchio di Diana
Im Sommer auf der Terrasse sitzen und die köstlichen wilden Erdbeeren mit Weißweinsauce genießen – ein Traum!
Via Vittorio Emanuele 13
Nemi
Tel. 9 36 80 16
Tgl. 13–15 und 19.30–23 Uhr
Mittlere Preisklasse (DC, Amex)

Anfahrt: Verlassen Sie Rom auf der Via Tuscolana; vorbei an Cinecittà kommen Sie nach Frascati

Dauer: Tagesausflug
Karte: → S. 314

Wer nur des Weines wegen nach Frascati fährt, läßt sich einiges entgehen: Der Ort in der malerischen Hügellandschaft der Castelli Romani bietet eindrucksvolle An- und Ausblicke

Fellini & Co.: Traumfabrik Cinecittà

Die Wagenrennen des Ben Hur, die letzten Tage von Pompeij, der unergründlich tiefe Blick des Robert Taylor in »Quo Vadis«, die packende Liebe zwischen Liz Taylor und Richard Burton in »Cleopatra«... Worum sich jeder Lateinlehrer verzweifelt bemühte – die Zelluloid-Industrie hat es geschafft: Die monumentalen historischen Schinken haben dem breiten Publikum das alte Rom – wenn auch mit einem gewissen Maß an künstlerischer Freiheit – nähergebracht. Und all diese Kolossal-Streifen wurden in Italiens Hollywood produziert, in Cinecittà am Stadtrand von Rom.

Die Geschichte der »Filmstadt« beginnt mit dem Ende eines anderen Studios: In der Nacht zum 26. September 1935 brennen die Cines-Filmstudios in Santa Maria Maggiore völlig aus. Benito Mussolini ist schnell bereit, für Ersatz zu sorgen – mit dem Hintergedanken, den Film als Propagandainstrument zu nutzen. Nur wenige Wochen später legt der Duce auf dem 60 Hektar großen Grundstück den ersten Stein zur »Città del cinema«. Bereits am 28. April 1936 ist eine neue Traumwelt entstanden: 16 Studios, ein Swimmingpool für Wasserszenen, dazu Büroräume und Schnittstellen. Im ersten Jahr werden zwanzig Filme produziert – und sogar schon Gewinn eingefahren.

1939 wird die Aktienmehrheit der Studios für 15,3 Millionen Lire an den Staat verkauft und Cinecittà damit das Arbeiten erleichtert.

Der Krieg hat zunächst keinerlei Auswirkungen auf die künstlerischen Aktivitäten der Filmstadt, doch dann plündern die Anwohner auf der Suche nach Holz und Metall die Studios, die Deutschen besetzen Rom und nehmen das Filmmaterial an sich. Der nächste Schlag kommt von den Bomben der Alliierten, die Cinecittà schwer treffen. Mit dem Fall des faschistischen Regimes 1945 müssen 1000 Mitarbeiter entlassen werden; nach dem Krieg sieht man auf dem Gelände statt Schauspielern und Komparsen nur noch amerikanische Soldaten.

Rom extra

E la nave va…? Ganz im Gegenteil: Das große Schiff des italienischen Kinos hält sich nur mühsam über Wasser

Aber Cinecittà erhebt sich aus den Trümmern, Vittorio de Sica verhilft dem italienischen Kino 1947 zu ersten Erfolgen in der Nachkriegszeit: Der Traum des Duce erfüllt sich schließlich doch noch – in Rom entsteht ein zweites Hollywood! Die Amerikaner besetzen Cinecittà nun also zum zweiten Mal – diesmal mit Kameras und Scheinwerfern, denn die Produktionskosten in Italien sind deutlich niedriger als in Hollywood. Die fünfziger Jahre werden zu den goldenen Jahren der römischen Filmstadt: Federico Fellini dreht »La Dolce Vita« und setzt damit gleichermaßen dem italienischen Film, Cinecittà und Rom ein Denkmal; Vittorio de Sicas neorealistische Filme und Roberto Rossellinis Klassiker entstehen. 1963 folgt die Premiere von »Cleopatra«, der zur Legende des amerikanischen Monumentalfilms wird.

Doch schon gegen Ende der sechziger Jahre beginnen die goldenen Zeiten wieder zu verblassen; die Filmkrise zwingt zu Einsparungen, die Amerikaner bleiben zu Hause. Cinecittà arbeitet fast nur noch für das staatliche italienische Fernsehen RAI.

1981 bringt der Verkauf von zwölf Hektar »Filmland« an Bauspekulanten 20 Milliarden Lire, dazu hilft der Staat mit Subventionen, und die Studios werden modernisiert. Das Hauptgeschäft macht man in Cinecittà allerdings auch weiterhin mit Fernsehproduktionen, mit Serien und Werbespots.

Besichtigungen sind nicht möglich. ■ b 2, S. 314

Wenn die Temperaturen steigen, fliehen die Römer gerne Richtung Ostia, zu ihrem – stets überfüllten – Hausstrand. Einen Besuch wert sind die Ausgrabungen Scavi di Ostia.

■ a 3, S. 314

Vergil läßt Äneas an der Tibermündung landen; Livius schreibt die Gründung Ostias Anco Marzio zu, dem vierten König von Rom nach Romulus; die Archäologen siedeln die Gründung der Stadt im 4. Jahrhundert v. Chr. an. Sicher ist jedenfalls, daß Ostia (lat. ostium = Mündung) mit damals über 100 000 Einwohnern der wichtigste Hafen des alten Rom war. Im Krieg war er der Ausgangspunkt zur Eroberung des Mittelmeerraumes, in Friedenszeiten bedeutender Handelsumschlagplatz. Doch wie für Rom waren auch für Ostia im 4. Jahrhundert die besten Zeiten vorbei; der Hafen versandete, und in der Stadt wüteten Malaria und Plünderer.

Die ersten archäologischen Funde in Ostia kamen im Jahr 1909 ans Tageslicht. Bis heute sind die Ausgrabungen in Gange, denn man vermutet noch weit mehr Zeugnisse des antiken Ostia unter der Erde. Zu den Entdeckungen jüngeren Datums zählt die Totenstadt **Necropoli del Porto di Traiano** auf der **Isola Sacra**. Im Laufe der Jahrhunderte hat sich das Meer kilometerweit zurückgezogen, die Insel gibt es heute nicht mehr.

Antike Wirtshausphilosophien

Das alte Ostia betritt man durch die **Via delle Tombe**, die Straße der Gräber. Schlendern Sie nun also durch das Ostia von einst; hier seien nur einige Höhepunkte erwähnt:

Die **Via della Fontana** mit dem Stadtbrunnen und der Osteria di Fortunato ist noch ziemlich gut erhalten. Auf dem Mosaikfußboden der Osteria kann man folgende Inschrift lesen: »Dicit Fortunatus: vinum cratera quod sitis bibe« – Fortunatus, offenbar der Wirt, gibt seinen Gästen den gutgemeinten Rat: »Trinke Wein aus dem Becher, solange du Durst hast«.

Im **Theater**, wahrscheinlich unter Augustus erbaut, spielte sich das gesellschaftliche, rund um die **Piazzale delle Corporazioni** das geschäftliche Leben ab: Hier waren über 70 »Handelsbüros« mit Vertretern der gesamten römischen Welt untergebracht! Der Mosaikfußboden läßt den Beruf und die Herkunft der Händler erkennen: Sie kamen aus Alessandria, Arles, Karthago…

In der Mitte des Platzes befand sich ein Tempel, von dem das Podium und zwei Säulen übriggeblieben sind. Neben der **Casa di Apuleio** sieht man das **Mithräum**, es ist eine der am besten erhaltenen von insgesamt 18 der Mitra geweihten Stätten in Ostia. Schöne Mosaiken sind auch noch in der **Insula dei Dipinti** zu erkennen, einem Gebäude mit Garten im Innenhof.

Mietshäuser, Büros, Reedereien, dazu Badeanstalten, Kneipen und Tempel – die Ruinen von Ostia Antica lassen noch heute ein bestens durchorganisiertes Wirtschaftssystem erkennen

Ostia Antica
200 m
N
Ostia Antica, Rom
Via del Mare
Viale dei Romagnoli
P Parkplatz
Sehenswürdigkeit, öffentl. Gebäude
Porta Romana
Via d. Tombe
Necropola
Piazzale d. Vittoria
Horrea Neptuniana
Via d. Fullonica
Via d. Vigili
Caserma dei Vigili
Terme di Nettuno
Osteria di Fortunanto
Horrea dell'Hortensius
V. d. Fontana
Ple. delle Corporazioni
Teatro
Casa di Apuleio
Decumano Massimo
Mitreo
Domus della Fortuna Annonaria
Porta Laurentina
V. d. Sole
Horrea
Via d. Molini
Latrina Publica
Terme del Foro
Cardo Maximus
Ara della Magna Mater
Casa di Diana
Tempio di Roma e Augusto
Foro
Insula dei Dipinti
Museo
Capitolium
Curia
Basilica
Horrea Epagathiana
Mercato
Schola del Traiano
Tempio d. Ercole
Decumano Massimo
Casa di Amore e Psiche
Via della Foce
Basilica Cristiana
degli Aurighi
Porta Marina
Foro di Porta Marina
Terme di Porta Marina
Terme del Mitra
T. d. Sette Sapienti
Cardo
Case a Giardino
Domus Fulminata
Terme della Trinacria
F. Tevere
Flußverlauf in der Antike
in der Antike
Küstenverlauf
Isola Sacra, Necropoli d. Porto di Traiano

Das **Kapitol** war der größte Tempel Ostias, im 2. Jahrhundert erbaut und der »Triade capitolina« – Zeus, Juno und Minerva – geweiht. Vom **Forum** sind noch einige Bogengänge erhalten. Hier stand der **Tempio di Roma e Augusto**, ein prachtvoller Marmortempel aus dem 1. Jahrhundert, der die Treue Ostias zu Rom symbolisieren sollte. Wie alle römischen Foren verfügte auch dieses über eine Basilika und eine Curia, in welcher die Stadtverwaltung ihren Sitz hatte.

Marktgeflüster von damals

Zur Stadt gehörte auch ein Markt: Eingekauft wurde auf der **Piazza Mercato** mit ihrem säulengesäumten Podium. Neben Lebensmitteln gab es hier wohl auch den neuesten Klatsch, denn auf der dritten Säule von links heißt es: »Lese und wisse, auf dem Markt wird viel geschwätzt«…

Wenn Sie die Ausgrabungen besichtigt haben, könnten Sie noch einen Besuch in der **Necropoli del Porto di Traiano** anschließen: Die Totenstadt ist eine beeindruckende Oase der Stille unter Pinien und Zypressen. Die Bewohner der Gegend am Hafen beerdigten hier ihre Angehörigen.

Die Regeln der Bestattung bestimmte der Reichtum der Verstorbenen: Eine einfache Amphore in der Erde kennzeichnete die Gräber der Armen; je wohlhabender der Tote war, desto größer und schmuckreicher war seine letzte Ruhestätte. Wenn so viel Geschichte Ihnen Appetit gemacht hat, könnten Sie zum guten Schluß im Ristorante »Il Monumento« einkehren und den Ausflug in die Hafenstadt mit einem schmackhaften Fischgericht krönen…

Sehenswertes

Necropoli del Porto di Traiano
An der Straße S 296 Richtung Flughafen Fiumicino oder mit dem Bus Nr. 2 vom Bahnhof Ostia Antica bis Via Cima Cristallo
Tgl. 9–16.30 Uhr, Fei geschl.
Eintritt 8000 Lire

Scavi di Ostia
An der Via del Mare
Tgl. 9–16.30 Uhr; 1. Jan., 1. Mai und 25. Dez. geschl.
Eintritt 8000 Lire

Essen und Trinken

Il Monumento
Kleines, gemütliches Lokal mit schöner Terrasse.
Piazza Umberto Primero 8
Tel. 5 65 00 21
Tgl. außer Mo 12.30–15 und 19.30–23 Uhr; 20. Aug.–6. Sept. geschl.
Mittlere Preisklasse (EC, Visa, DC, Amex)

Anfahrt: Mit dem Auto auf der Via del Mare bis Ostia Antica
Metro: Linea B Richtung Laurentina, Haltestelle Magliana; weiter mit dem Zug zum Bahnhof Ostia Antica. Im Sommer können Sie auch mit dem Aquabus anreisen (→ S. 41)

Dauer: Halbtages- oder Tagesausflug

Am Küstenabschnitt zwischen Terracina und Sperlonga herrschte in der Antike reges Treiben: Nymphen, Sirenen und Meermonster gaben sich hier – so erzählte man – ein fröhliches Stelldichein. In solch erlauchter Gesellschaft ließen sich natürlich auch die alten Römer gerne nieder – und erbauten in und um Sperlonga ihre Patriziervillen und Amüsiertempel.

Einer der vergnügungssüchtigsten Römer war Kaiser Tiberius (42 v. Chr. bis 37 n. Chr.), der Sperlonga als Sitz für seine Villa Praetorium wählte. Erst 1954 entdeckten Archäologen den Palast und die dazugehörige Grotte; drei Jahre später konnte die Entdeckung als Tiberius' Palast verifiziert werden. Die Ausgrabungen wurden zusätzlich durch Minen erschwert, die man während des Zweiten Weltkrieges auf dem Gelände deponiert hatte.

Zu den bekanntesten Funden gehört die Grotte, in der sich Kaiser Tiberius zu amüsieren pflegte – ein gefährliches Unterfangen allerdings, denn damals wie heute drohte dort Steinschlag. Vor der Grotte entdeckten die Archäologen Marmorstücke, die zusammengesetzt eine Laokoon-Statue ergaben – nach Ansicht von Experten ist sie noch feiner gearbeitet als die Lakoon-Gruppe im Vatikanischen Museum in Rom. Sie ist im Nationalen Archäologischen Museum in Sperlonga zu bewundern.

Piranhas im Pool

Doch zurück zu Tiberius: Der Kaiser suchte sich zu seiner Unterhaltung sowohl Mädchen als auch Jungen aus. War ihm ein »Spielgefährte« nicht zu Willen, wurde er oder sie kurzerhand in eines der beiden Schwimmbecken gestoßen – in einem tummelten sich Krokodile, im anderen Piranhas…

Der Kaiser liebte übrigens die Bequemlichkeit: Einige Zimmer seines Palastes lagen so nahe am Meer, daß Tiberius zum Fischen die Netze von seinem Bett auswerfen konnte.

Wenn Sie sich über die Eigenheiten des Kaisers genug gewundert haben, könnten Sie entweder eine Strandpause einlegen – oder in Richtung Terracina zurückfahren. Etwas oberhalb des bunten Küstenstädtchens – ein beliebtes Ferienziel – steht der gewaltige Jupitertempel **Jupiter Anxur**; von dort genießt man eine tolle Aussicht – an klaren Tagen sieht man sogar die Insel Ischia.
A propos: Von Terracina gibt es eine Fähre zu der Inselgruppe **Isole Ponziane** – wenn Sie also Lust auf einen Ausflug auf dem Wasser haben…

Museum

Museo Archeologico Nazionale di Sperlonga
Zu sehen sind Statuen und Fragmente, die man bei der Grotte der Tiberiusvilla fand.
Via Flacca
Tgl. 9–18 (im Winter 9–16) Uhr; 1. Jan., 1. Mai und an Weihnachten geschl.
Eintritt 4000 Lire

Essen und Trinken

Il Fortino
Frischer Fisch und ein toller Blick aufs Meer – ein schöner Auftakt für einen fröhlichen Abend an der Sirenenküste.
Via Flacca
Tel. 07 71/54 97 87
Im Sommer tgl. 12.30–15.30 und 20–24 Uhr, im Winter meist geschl.
Mittlere Preisklasse

El Sombrero
Wenn Sie vielleicht sogar einen ganzen langen Sommerabend an der Küste von Sperlonga verbringen möchten, können Sie die Nacht in dieser Strand-Diskothek beschließen: Tanz und Spaß im Sommerwind; zur Stärkung gibt es kalte Snacks und Panini.
Via Flacca, km 18.5
Tgl. von 22–3 Uhr

Anfahrt: Mit dem Auto auf der Via Pontina bis Terracina, dann über die Via Flacca nach Sperlonga (ca. 1,5 Stunden)
Mit dem Bus: Von der Metro-Haltestelle EUR Fermi fahren Busse nach Terracina und Sperlonga

Dauer: Tagesausflug

Ausflug für Romantiker: Die Küste von Sperlonga präsentiert sich stellenweise als Postkartenidylle

Ein bombastisches Viertel im Süden der Stadt, 1937 von Mussolini ersonnen – das ist die Esposizione Universale di Roma, kurz EUR. Zur Weltausstellung 1942, die als Höhepunkt der Feiern zum Jahrestag der faschistischen Machtergreifung geplant war, sollte das römische Beispiel für richtungsweisenden Städtebau fertig sein. ■ b 2, S. 314

1939 standen die ersten Gebäude. Doch der Ausbruch des Zweiten Weltkrieges und das Ende des Faschismus setzten den Bauarbeiten zunächst ein jähes Ende. Erst 1950, mit den Olympischen Spielen und der Metroanbindung an Rom, erwachte das Viertel zu neuem Leben: Es entstand ein Sportpalast – einer der Schauplätze der Olympischen Spiele –, man errichtete gewaltige Einkaufs- und Verwaltungszentren und Wohnanlagen.

Die schachbrettartig angelegten Straßen und die mit viel Grün umgebenen Blocks der EUR galten lange Zeit als vorbildliche moderne Architektur. Ein Abstecher dorthin lohnt sich vor allem wegen der Museen, die in der EUR untergebracht sind, etwa das **Museo della Civiltà Romana**, das den Besucher auf eine Reise in die Antike schickt (→ Die 10 spannendsten Museen, S. 98/99). Zu sehen sind hier Nachbildungen des Römischen Reiches, Plastiken – eine komplette Dokumentation über das alte Rom. Anschauungsunterricht in Sachen Traditionen und Folklore gibt es im **Museo delle Arti e Tradizione Populari**.

Einen Blick sollten Sie außerdem auf den viereckigen **Palazzo della Civiltà del Lavoro** werfen, errichtet im Jahre 1938: Er ist eines der charakteristischsten Gebäude der EUR und wird von den Römern auch liebevoll »quadratisches Kolosseum« genannt.

Von der **Chiesa dei Santi Pietro e Paolo**, am höchsten Punkt des Viertels gelegen, genießen Sie einen schönen Blick auf die römische Peripherie.

Für die römische Jugend bedeutet EUR vor allem **Lunapark**: Der riesige Vergnügungspark lockt das ganze Jahr über mit Karussells, Glücks- und Geschicklichkeitsspielen, Zuckerwatteständen, Autoskooter und Riesenrad. Am Wochenende herrscht drangvolle Enge.

Sehenswertes

Lunapark
Via delle tre Fontane
Mo–Do 15–20, Fr und Sa 15–1,
So 10–13 und 15–22 Uhr, Di geschl.
Metro: Magliana

Museen

Museo delle Arti e Tradizione Populari
So und Fei 9–13 Uhr
Eintritt 4000 Lire

Museo della Civiltà Romana
Piazza Giovanni Agnelli
Tgl. außer Mo 9–13.30, Di und Do auch 16–18, So 9–13 Uhr; 21. April, 1. Mai, 15. Aug. und 25. Dez. geschl.
Eintritt 3750 Lire

Es besitzt kein einziges Original – nur Kopien: Trotzdem ist das Museo della Civiltà Romana eine faszinierende Dokumentation über das alte Rom

Museo Storico delle Poste e Telecomunicazioni
Die Geschichte der Post und der Telekommunikation.
Viale Europa 160
Tgl. 9-13 Uhr, Fei geschl.
Eintritt 1500 Lire
Anfahrt: Metrolinie B bis zur Haltestelle EUR Marconi oder EUR Fermi

Dauer: Halbtagesausflug

Essen und Trinken

Il Fungo
Nicht nur gute Pilzgerichte zur Stärkung zwischen den Museumsbesuchen, sondern auch ein toller Blick auf EUR.
Piazza Pakistan 1
Tel. 5 92 19 80
Tgl. außer Sa mittags und So 12.30–14.30 und 19.30 –22.30 Uhr
Mittlere Preisklasse

A tavola – ein römisches Gelage

Heute abend sind wir zum Abendessen eingeladen! Die Großfamilie sitzt schon bereit: die **nonna** thront mit ihrer Häkelarbeit in einem Polstersessel, die große Schwester zeigt stolz ihre neuen Magli-Stiefel, der **nonno** testet bereits seit dem Nachmittag den Rotwein, und die Enkelkinder essen eine **merenda** nach der anderen. Franco, der Cousin meines Freundes Toni, hat sein Wohnzimmer bis auf das Plüschsofa und einen Schrank mit Murano-Glaskunstwerken leergeräumt, um Platz für zwei lange Tische mit Papiertischdeckenüberwurf zu schaffen. Der Rotwein steht auf dem Tisch, ebenso das Wasser.

A tavola – die **cena**, das Abendessen, kann beginnen! Krabbencocktail in Muschelschalen, dazu Weißbrot, wie es sein soll – außen knusprig, innen weich wie ein Schwamm. Als Appetithäppchen trägt Franco schälchenweise eingelegte (selbstgepflückte!) Oliven in Knoblauchsauce, würzige, ölig glänzend, eingelegte Artischokken und Pilze in sein Wohnzimmer. Kaum ist der letzte Krabbencocktail verspeist, erscheint der Koch erneut: Auf beiden Armen balanciert er Plastikteller mit **pasta mare e monti**, »Meer und Berge«, das sind Nudeln mit Muscheln und anderem Seegetier, Erbsen und Speck. Anschließend kommt nochmal ein Schwung leerer Teller – und ein riesiger Kochtopf, denn zumindest **assaggiare**, kosten, muß jeder mal sein **risotto alla marinara**. Ab und zu wirft Tonis Cousin einen mißtrauischen Blick auf seine Schwester, die mit jedem Glas Rotwein mehr und detaillierter von ihrem Verhältnis mit einem verheirateten Richter erzählt. Der nonno hat auf seinem Holzstuhl bereits leichte Schlagseite, doch er hält weiter kräftig mit. Den nächsten Gang, drei Platten **scampi** vom Grill sowie drei Platten **fritto misto**, trägt Francos Gattin auf, denn er selbst hat in der Küche bereits mit dem übernächsten Gang zu tun. Nach der Fischeinlage ist jedoch zunächst eine kurze Pause angesagt, eine Runde Rotwein – doch länger kann der Koch nun wirklich nicht mehr warten. Trotz vereinzelter zaghafter Hinweise auf einen vollen Bauch schiebt er jedem einen Teller mit duftendem **abbacchio**, Lammfleisch, unter

Seine Kunstschätze wiegen die kulinarischen Wonnen nur knapp auf: In Rom begreift man, warum die Italiener behaupten, das beste Essen der Welt zu fabrizieren…

die Nase. Dazu ein Extraschälchen für die **puntarelle**, die Salatbeilage. Konversation, Lärmpegel und Gestenreichtum erreichen ihren Höchststand. Genau die richtige Zeit für eine Käseplatte: Ein Stück **parmigiano**, frischer **gorgonzola** mit Sellerie – oder **mozzarella di buffala**?

Die **dolci** hat Franco bei »Svizzera siciliana« auf der Piazza Pio XI., seiner bevorzugten Pasticceria, geordert. **Cannoli profiterole** – ein Berg kleiner süßer Köstlichkeiten, der zusammen mit einem Löffel herumgereicht wird. Jeder möchte doch von jedem etwas probieren! Jetzt vielleicht eine **grappa** – oder lieber einen **amaro**? Bei diesem Stichwort wird der nonno wieder hellwach und hebt schnell den Finger. Auch die Order für den **caffè** nimmt Franco bereits entgegen. Danach wird der letzte Durchgang eingeläutet: ein Riesenberg Früchte, köstliche, winzig kleine, roséfarbene Weintrauben mit Erdbeergeschmack.

Die Runde ist mittlerweile doch merklich leiser geworden, den nonno hat nach dem amaro endgültig die Müdigkeit übermannt, die nonna hat sich wieder auf ihren Polstersessel zur Häkelarbeit zurückgezogen. Die **mamma** kämmt die Haare ihres kleinen Mädchens, ihr Sohn nutzt die Gunst der Stunde und sieht sich einen blutrünstigen Film im Fernsehen an – und der Koch geht nochmal in die Küche und holt sich einen Teller mare e monti. Bisher war Franco gar nicht dazu gekommen, seine pasta zu essen…

Genug von der Großstadt? Genug von Lärm, Schmutz und Smog? Dann flüchten Sie am besten in die Idylle des Lago di Bracciano. Das Refugium der geplagten Großstädter ist vulkanischen Ursprungs, an seiner tiefsten Stelle 160 Meter tief und sehr fischreich. Es liegt wunderbar eingebettet zwischen Palmen und Zypressen und wird gesäumt von kleinen Uferstädtchen...

Die alten Römer versorgten sich aus dem »Lactus Sabatini« mit Wasser; Kaiser Trajan ließ anno 109 ein Aquädukt bauen, das Bracciano-Wasser bis ins Viertel Trastevere transportierte.

Unsere erste Station ist **Anguillara Sabazia**, ein kleines Städtchen mit schmalen Gassen, die zum See führen. Die Via Trevignanese bringt Sie anschließend nach **Trevignano Romano**, ein malerisches Fischerdörfchen. In der **Chiesa dell' Assunta** befinden sich schöne Fresken.

Weiter geht es nach **Bracciano**. Der größte Ort am See ist schon von weitem an dem majestätischen **Castello Orsini-Odescalchi** zu erkennen, das die engen Straßen und kleinen Häuser im wahrsten Sinne des Wortes in den Schatten stellt. Das Schloß kann besichtigt werden; Führungen gibt es ab 10 Uhr zu jeder vollen Stunde (außer mittags) bis 17 Uhr, donnerstags und samstags jede halbe Stunde. Bevor Sie nach Rom zurückkehren, könnten Sie eine Pause am See einlegen – oder wie wäre es mit einem Picknick im Grünen?

Sehenswertes

Castello Orsini ■ a 1, S. 314
Bracciano
Tgl. außer Mo 9–12 und 15–18 Uhr
Eintritt 10 000 Lire

Essen und Trinken

La Trattoria dell' Castello
■ a 1, S. 314
Hat Sie die Seeluft hungrig gemacht? Dann könnten Sie in dieser Trattoria eine Fischspezialität aus dem Bracciano-See genießen.
Piazza Manzini 1
Bracciano
Tel. 99 80 43 39
Tgl. außer Mi 12–15 und 19–24 Uhr
Mittlere Preisklasse

Anfahrt: Mit dem Auto auf der Via Cassia Richtung Viterbo, dann nehmen Sie die Via Braccianese Richtung Bracciano-Anguillara, nach rund acht Kilometern die Via Anguillara nach Anguillara Sabazia.
Ein »Acotral«-Autobus startet an der Metrostation Lepanto

Dauer: Tagesausflug
Karte: → S. 314

Tivoli, das antike Tibur, das sind vor allem die beiden Prachtpaläste Villa Adriana – die größte Sommerresidenz, die jemals für einen Kaiser errichtet wurde – und die Villa d'Este, deren kunstvolle Wasserspiele berühmt sind.

c 2, S. 314

Kaiser Hadrian war ein weitgereister und kunstliebender Kaiser. Als er im Jahr 126 von einer Reise aus dem Orient zurückkehrte, ließ er sich eine Villa errichten, die Architekturbeispiele und Kunststilrichtungen aufgriff, welche Hadrian auf seiner Reise gesehen hatte: den Canopus des Niltales, den Pecilis von Athen, die Terrasse von Tempe und andere Schönheiten, verfeinert mit einem Schuß Phantasie und eigenen Vorstellungen.

134 wurde die **Villa Adriana** fertiggestellt; es war die prachtvollste aller Kaiservillen entstanden. Hadrian konnte sich allerdings nicht lange an seinem Traumhaus erfreuen; er erkrankte und starb im Jahr 138. Sein Leichnam wurde im Hadrians-Mausoleum aufbewahrt. Für kurze Zeit danach haben Nachkommen des Kaisers wohl noch die Annehmlichkeiten der Villa genossen, doch bald schon verfiel der Komplex. Ab dem 15. Jahrhundert begann man mit Ausgrabungen; dabei wurden über 300 Kunstwerke gefunden, die heute in den Museen von Rom, London, Berlin und Leningrad zu besichtigen sind. 1870 wurden die Palastruinen italienisches Staatseigentum, die Ausgrabungen gingen zügiger voran. Nach und nach brachte man wunderbare Säulen, viele davon verziert mit Stuck und Mosaiken, Gewölbe und Mauerreste ans Tageslicht. Die Villa Adriana gilt als eine der schönsten Ruinenlandschaften Italiens.

Ein Garten wie im Zauberland

Die zweite Tivoli-Villa, die **Villa d'Este**, beeindruckt durch ihre Natur-Inszenierungen, deren »Regisseur« Kardinal Ippolito d'Este war. Er war in Rom in Ungnade gefallen und beschloß 1550, sich nach Tivoli zurückzuziehen. In kürzester Zeit gestaltete ein neapolitanischer Architekt an einer Stelle, wo sich einst ein Benediktinerkloster befand, eine geeignete Residenz für den Kardinal: die Villa selbst eher karg, den Garten mit seinen prachtvollen Brunnenanlagen dafür um so schöner – der Kardinal scheint im Ruhestand Freude an Wasserspielen gefunden zu haben.

Das Haus des Kardinals sah eine Reihe von illustren Gästen: Zu Lebzeiten Ippolitos waren die Päpste Pius IX. und Gregor XIII. zu Besuch, nach seinem Tod Paul IV. und Paul V.; zu den Künstlern, die eingeladen wurden, gehörten Tizian und Franz von Liszt. 1944 wurde die Villa d'Este durch Bomben schwer beschädigt; die Restaurierungsarbeiten sind bis heute nicht abgeschlossen.

Der Weg der hundert Brunnen

Wasser in Vollendung! Die **Via delle Cento Fontane**, der Weg der hundert Brunnen, ist unbestritten der zauberhafteste Teil des Gartens. Die schönsten Wasserspiele zeigt die **Fontana dell' Organo**, einst sogar mit musikalischer Untermalung. Schön sind auch die **Fontana dell' Ovato** mit der **Sibilla-Statue**, die **Fontana della Madre Natura**, gekrönt mit der Statue der Fruchtbarkeitsgöttin, und die **Fontana dei Draghi**, zu Ehren von Gregor XIII. errichtet, der 1572 in der Villa empfangen worden war. Die Drachen erinnern an das Wappen der Familie Boncompagni, aus welcher der Papst stammte. Und schließlich ist da noch die **Spinata dell' Peschiere**, in deren Becken die Fische schwammen, die in mageren Zeiten dann auf dem Teller des Kardinals endeten…

Im Sommer ist der Garten bis 23 Uhr beleuchtet; Sie sollten unbedingt einen Besuch am Abend einplanen – die Licht- und Wasserspiele sind ein unvergeßlicher Anblick!

Im Herzen der Stadt Tivoli wartet noch der **Sibyllinische Tempel** auf Ihren Besuch: Hier soll ein alter Wahrsager zu Zeiten des Augustus die Geburt Christi vorausgesagt haben, die Geburt eines »Größeren als der Kaiser«…

Selbst ohne hellseherische Fähigkeiten läßt sich erahnen, daß Sie nun hungrig geworden sein könnten. Im Ristorante »Sibilla« wartet Maria mit allerhand Köstlichkeiten wie **ravioli alla ricotta** oder **pollo alla diavolo** auf erschöpfte Villenbesucher.

Sagenhaft: Fünfhundert Brunnen und Fontänen sorgen dafür, daß die Villa d'Este noch heute einen der schönsten Renaissancegärten Italiens besitzt

Sehenswertes

Villa Adriana
Etwa sechs Kilometer vor Tivoli rechts der Via Tiburtina
Via di Villa Adriana 204
Tgl. 9–17.30 Uhr
Eintritt 8000 Lire

Villa d'Este
Tivoli
Piazza Villa d'Este (rechts neben Santa Maria Maggiore)
Tgl. 9–18.30 (im Winter 9–17.30) Uhr; 1. Jan., 1. Mai und an Weihnachten geschl.
Eintritt 8000 Lire

Essen und Trinken

Sibilla
Prickelnder Weißwein und Schinken mit frischen Feigen – welch ein Genuß an einem heißen Sommertag!
Via della Sibilla 50
Tel. 07 74/2 02 81
Tgl. außer Mo 12.30–14.30 und 19.30–21.30 Uhr
Mittlere Preisklasse (EC, Visa, DC, Amex)

Anfahrt: Mit dem Auto aus Rom auf der Via Tiburtina bis Tivoli; mit der Metro bis Rebibbia, von dort mit dem Bus weiter

Dauer: Halbtages- bzw. Tagesausflug

Cerveteri, das römische Caere, war vom 7. bis zum 6. Jahrhundert v. Chr. eine der reichsten Städte des Mittelmeerraumes mit blühendem Handel und intensivem kulturellem Leben. Eine Totenstadt erzählt heute die Geschichte der Lebenden: Dokumente über die Etrusker gingen verloren, Cerveteri Necropolis ist geblieben.

■ a 2, S. 314

Mit dem Aufstieg Roms begann der Niedergang der ruhmreichen etruskischen Stadt: Im Jahr 90 v. Chr. wurde Caere Rom einverleibt und führte von da an ein unauffälliges Dasein im Schatten der Ewigen Stadt.

Erst in der ersten Hälfte des 19. Jahrhunderts machte Cerveteri wieder von sich reden: Rings um die Stadt entdeckten Archäologen das etruskische Necropolis, eine antike Totenstadt, die vom Leben in der damaligen Zeit berichtet. Das Innere der runden Grabhügel zwischen Zypressen und Büschen ist eine Nachbildung der etruskischen Häuser; mit Säulen, Ornamenten und kunstvollen Ausschmückungen haben Steinmetze sozusagen »zweite« Wohnzimmer gefertigt. Jedes Grab ist ein neues Kunstwerk. Benannt sind die Hügel nach ihren dekorativen Elementen: »Grab der Reliefs«, »Grab der Sarkophage«, »Grab der Schilder und Stühle«, »Grab der bemalten Tiere«, »Grab der Stuckarbeiten«…

Skrupellose Grabräuber

Die Ausgrabungen sind längst noch nicht beendet, viele Gräber weiterhin unerforscht. Das macht Cerveteri zum »Objekt der Begierde« für die **tombaroli**, Grabräuber, die sich hemmungslos mit der Schaufel ans Werk machen und die Totenstätten plündern. Über dunkle Hehlerwege tauchen Funde aus Cerveteri dann plötzlich in den USA oder der Schweiz wieder auf.

Um den Ausflug in die Etruskerzeit zu vervollständigen, sollten Sie sich anschließend in Cerveteri das **Museo Nazionale** im **Palazzo Ruspoli** ansehen, denn dort sind viele Grabfundstücke ausgestellt. Der wohl berühmteste Fund, der »Sarkophag der Eheleute«, ist übrigens im etruskischen Nationalmuseum in der Villa Giulia in Rom zu besichtigen (→ S. 100).

Und sollte sich, zurück auf dem Boden der Realität, Ihr Magen bemerkbar machen, so könnten Sie in einer kleinen Trattoria die örtlichen Spezialitäten kosten – zum Beispiel im Holzofen gebackenes Brot, **fettuccine** in Wildschweinsauce oder **tonnarelli** mit Trüffeln.

Auf den Spuren der Etrusker: Cerveteri war einst eine der größten und blühendsten Städte am Mittelmeer

Sehenswertes

Cerveteri Necropolis
Zwei Kilometer außerhalb von Cerveteri
Tgl. außer Mo 9–18 (im Winter 9–16) Uhr; Ostern, 1. Mai, 15. Aug. und 25. Dez. geschl.
Eintritt 8000 Lire

Museum

Museo Nazionale Cerite
Pläne einzelner Gräber sowie deren Ausstattung und Grundrisse.
Castello Ruspoli
Piazza Santa Maria
Tgl. außer Mo 9-14 Uhr
Eintritt frei

Essen und Trinken

L'Oasi da Pino
Hier können Sie lokale Köstlichkeiten der ehemaligen Etruskerhochburg genießen.
Via Morelli 2
Tel. 9 95 34 82
Tgl. außer Mo 12–14.30 und 18.30–22.30 Uhr
Mittlere Preisklasse

Anfahrt: Mit dem Auto über die Via Aurelia, vorbei an Ladispoli, dann die nächste Abzweigung rechts nach Cerveteri (ca. 45 Kilometer von Rom entfernt); oder mit dem »Acotral«-Bus, Abfahrt an der Metrostation Lepanto

Dauer: Halbtagesausflug

Der Mann, der die Welt veränderte: Gajus Julius Cäsar

Drei Dinge sind uns geblieben von dem großen Römer, der die Welt veränderte: die Einteilung des Jahres in 365 Tage; das Ziel, verschiedenste Völker zu gleichwertigen Bürgern mit gleichen Rechten zu machen – und der Wunschtraum, durch diese gemeinsame Zivilisation den Frieden zu sichern.

Gajus Julius Cäsar wurde im Jahr 100 v. Chr. geboren; er entstammte der Familie der Julier. Als deren Stammherr galt Julius Ascanius, der Alba Longa, die Mutterstadt Roms, gegründet hatte. Vater dieses Julius soll der Trojaner Aeneas gewesen sein. Die Mutter des legendären Irrfahrers, so erzählt die Legende, war Liebesgöttin Aphrodite. Cäsar dankte der Aphrodite das göttliche Blut in seinen Adern später mit einem Tempel auf dem Forum, der als größtes Heiligtum galt.

Da seine Familie ihren Reichtum verloren hatte, trat Cäsar 82 v. Chr. zunächst der Armee bei, um Geld zu verdienen. Das eigentliche Berufsziel des großen Römers war jedoch Priester – und 63 v. Chr. sollte er es tatsächlich bis zum Pontifex Maximus bringen. Geholfen hat ihm dabei sicherlich sein Genius: Cäsar verfügte über ein außerordentliches Gedächtnis, war ein begabter und geistreicher Redner – und ein großer Charmeur.

59 v. Chr. begann Cäsars politische Karriere; er bildete zusammen mit Crassus und Pompejus das erste Triumvirat. Es folgte eine Reihe siegreicher Feldzüge; 58 und 49 v. Chr. etwa kämpfte er in Germanien und Gallien. Seine Erfolge weckten den Neid und den Widerstand von Pompejus, der den Senat folglich gegen Cäsar aufzubringen versuchte. Der Julier reagierte prompt, führte seine Armee zurück nach Italien und überschritt 49 v. Chr. den Rubikon. Mit dem Übertreten dieses Flusses bei Bologna, den nach geltendem Recht keine Armee passieren durfte, stand Cäsar demonstrativ außerhalb der Gesetze.

Rom extra

Feldherr, Staatsmann, Priester und Philosoph: Cäsar war unbestritten ein Genie

Zurück in Rom triumphierte er über seine Widersacher: Den geflohenen Pompejus verfolgte er bis nach Afrika. Die Jagd auf seinen ehemaligen Triumviratskollegen führte ihn bis nach Alexandria, wo er sechs Monate bei der ägyptischen Königin Cleopatra verbrachte. Aus dieser Verbindung entstammt sein unehelicher Sohn Cäsarion, den Cleopatra mittels eines Kaiserschnitts zur Welt brachte – eine Bezeichnung, die der Medizin bis heute erhalten geblieben ist.

48 v. Chr. wurde Cäsar zum absoluten Herrscher von Rom ernannt. Er regierte wie ein Monarch, doch verstand er es auch, die inneren Wunden der Stadt zu heilen. Unter seiner Regentschaft blühte Rom auf, bedeutende neue Tempel und öffentliche Bauten entstanden. Schließlich verlangte Cäsar als Gott verehrt zu werden – die Konsequenzen daraus ließen verständlicherweise nicht lange auf sich warten: Am 15. März im Jahr 44 v. Chr. wurde Cäsar im Teatro di Pompeji von einer Gruppe von Verschwörern aus dem Senat – der auch sein Adoptivsohn Brutus angehörte – ermordet. Noch am Abend vor den Iden des März hatte Cäsar die denkwürdigen Worte gesprochen, der beste Tod sei der plötzliche Tod…

Cäsars Ermordung führte zunächst zum Bürgerkrieg in Rom; doch schließlich, unter der Herrschaft des Augustus, zur Annahme der »Pax Romana« – einer der großen Ideen des berühmten Juliers…

Service und Info

Giornali gefällig? Hier auf dem Campo dei Fiori – aber gewiß nicht nur hier! – haben Sie die Auswahl. Internationales gibt's in Rom nämlich nicht nur am Hauptbahnhof

Auskunft

In Rom

EPT (Ente Provinciale del Turismo)
Auskünfte, Prospekte, Stadtpläne und ein Hotelverzeichnis bekommen Sie in folgenden Filialen des römischen Fremdenverkehrsamtes:
– Via Parigi 5 ■ d 1, S. 228
000185 Roma
Tel. 48 89 91, Fax 4 81 93 16
Tgl. außer So 9–13 und 14–19 Uhr
– Stazione Termini ■ e 2, S. 228
Gegenüber Gleis 3
Tel. 4 87 12 70
Tgl. 9–19 Uhr
– Flughafen Leonardo da Vinci ■ a 3, S. 314
Fiumicino
Tel. 65 95 44 71
Tgl. 8–19 Uhr

Infokiosk
In einem Modellversuch hat die Stadtverwaltung drei Wohnwagen aufgestellt – in der Via Nazionale, am Largo Goldoni und am Largo Corrado Ricci –, die Auskunft erteilen.

Associazione Turistica Giovani ■ c 2, S. 120
Informationen für jugendliche Rom-Touristen.
Via di Torre Argentina 47
Tel. 68 30 77 83, Fax 68 30 78 63

Comune di Roma (Stadtverwaltung) ■ b 3, S. 228
Piazza del Campidoglio
Tel. 6 71 01

Deutsches Pilgerzentrum/Pilgerbüro des Vatikans ■ d 3, S. 190
Via della Conciliazione 10
Tel. 6 89 71 97–8 und 6 89 71 97

Städtische Verkehrsbetriebe ATAC ■ d 1/e 2, S. 228
Fahrpläne, Fahrkarten und Auskünfte über die öffentlichen Verkehrsmittel.
Piazza dei Cinquecento
Tel. 46 95 44 44

Zugauskunft ■ e 2, S. 228
Stazione Termini
Fahrplanauskunft tgl. 7–22 Uhr
Tel. 47 75

In Deutschland

ENIT (Ente Nazionale Italiano per il Turismo)
– Berliner Allee 26
40212 Düsseldorf
Tel. 02 11/13 22 31, 32, Fax 13 40 94
– Kaiserstr. 65
60329 Frankfurt/M.
Tel. 0 69/23 74 30, Fax 23 28 94
– Goethestr. 20
80336 München
Tel. 0 89/53 03 69, Fax 53 45 27

In Österreich

ENIT
Kärntner Ring 4
1010 Wien
Tel. 5 05 16 39, Fax 50 50 24

In der Schweiz

ENIT
Uraniastr. 32
8001 Zürich
Tel. 2 11 36 33, Fax 2 11 38 85

Bevölkerung

Bereits in der Antike lebten weit über eine Million Menschen in Rom. Mitte des 14. Jahrhunderts sank die Bevölkerungszahl vorübergehend auf 30 000, stieg dann jedoch stetig wieder an. Der Durchbruch zur Millionenstadt erfolgte 1871 mit der Ernennung zur italienischen Hauptstadt. Nach dem Zweiten Weltkrieg erlebte Rom durch den Zustrom von Einwanderern aus dem Süden einen explosionsartigen Zuwachs. Dazu kamen und kommen bis heute Zehntausende illegaler Einwanderer aus afrikanischen Ländern.

Ein wahrer Römer, so heißt es, ist nur derjenige, der mindestens sieben in Rom ansässige Vorfahren aufweisen kann – und das trifft von den mittlerweile fast drei Millionen Einwohnern auf gerade mal rund 170 000 zu...

Wo hier die Römerinnen abgeblieben sind, muß dahingestellt bleiben – Tatsache ist, daß von den knapp drei Millionen Bewohnern der Stadt 52,3 Prozent weiblichen Geschlechts sind

Diplomatische Vertretungen

Botschaft der Bundesrepublik am Heiligen Stuhl
Via Villa Sacchetti
Tel. 80 95 11

Deutsche Botschaft
E 1, Klappe vorne
Via Po 25c
Tel. 88 47 41

Deutsches Konsulat
Via Siacci 2c
Tel. 88 47 41

Österreichische Botschaft
Via Pergolesi 3
Tel. 8 55 82 41

Schweizer Botschaft und Konsulat
Via B. Oriani 61
Tel. 8 08 36 41

Feiertage

6. Jan.	Neujahrstag
	Ostersonntag
	Ostermontag
25. April	Tag der Befreiung
1. Mai	Tag der Arbeit
2. Juni	Tag der Republikgründung
29. Juni	Fest der Stadtpatrone Petrus und Paulus
15. Aug.	Mariä Himmelfahrt, »Ferragosto«
1. Nov.	Allerheiligen
8. Dez.	Mariä Empfängnis
25./26. Dez.	Weihnachten

Pfingstmontag wird nicht gefeiert

Am 15. August zieht es ganz Rom aufs Land, ans Meer, in den Schatten. **Ferragosto** – das heißt Ferienzeit. Die Stadt ist drückend heiß und fast völlig ausgestorben, und die Läden bleiben geschlossen; Rom gehört den Touristen – und den Katzen. Dafür sind die Ausflugsziele rund um die Stadt und vor allem die Straßen dorthin hoffnungslos verstopft.

Fundbüro

Städtisches Fundbüro (Ufficio oggetti smariti)

■ b 6, S. 207

Via Bettoni 1
Tel. 5 81 05 83
Tgl. außer So 9–13 Uhr

Fundbüro der öffentlichen Verkehrsmittel (Ufficio del ATAC)

■ d 1, S. 228

Via Volturno 65
Tel. 46 95
Tgl. außer So 9–12 Uhr

Geld

Nach dem Sturzflug, den die italienische Lira während der Berlusconi-Regierung hingelegt hat, ist Italien für uns zu einem günstigen Urlaubsziel geworden. Noch 1990 bekam man für eine Mark nur 700 Lire, heute sind es – je nach Tageskurs – auch mehr als 1000 Lire.

Im Umlauf sind Münzen zu 50, 100, 200 und 500 Lire sowie Scheine zu 1000, 2000, 5000, 50 000 und 100 000 Lire. Die alten 1000-Lire-Scheine mit dem Bild Marco Polos sind seit Juli 1995 ungültig und werden nirgends mehr angenommen.

Telefonmünzen, sogenannte **gettoni** im Wert von 200 Lire, treten zwar vereinzelt noch auf, im Zeitalter der Telefonkarten gehören sie jedoch unzweifelhaft einer aussterbenden Spezies an.

Umtauschaktionen in italienischen Banken sind umständlich und langwierig. Selbst wenn Sie nur einen Hundertmarkschein in Lire wechseln möchten, müssen Sie den Personalausweis vorlegen.

Die **Öffnungszeiten** der Banken sind in der Regel montags bis freitags von 8.35–13.35 und 14.45–16 Uhr.

Außerhalb der Schalterstunden kann man sein Geld in Wechselstuben (Ufficio Cambio), beispielsweise im Bahnhof, tauschen; hier wird allerdings ein schlechterer Kurs bezahlt als bei den Banken.

Mit einer EC-Karte können Sie sich rund um die Uhr Geld aus den Bankomaten holen, die in der ganzen Stadt zu finden sind – vermutlich die schnellste Möglichkeit, an Lire zu kommen.

Bis zu 300 000 Lire werden pro **Eurocheque** eingelöst; die Bearbeitungsgebühr beträgt bei den meisten Banken 2000 Lire pro Scheck.

Inhaber von **Postsparbüchern** können gegen Vorlage von Rückzahlungskarten und -scheinen Lire beim Postamt abheben.

Mit den **Kreditkarten** können sich die Italiener einfach nicht so richtig anfreunden. Die gängigsten Karten sind American Express (Amex) und Eurocard (EC), auch »carta si«, Visa und Diners (DC), doch selbst diese werden längst nicht überall akzeptiert.

Medizinische Versorgung

In den öffentlichen **Krankenhäusern** haben Sie Anspruch auf kostenlose Erste Hilfe, es wird aber ein **internationaler Krankenschein** verlangt – allerdings entspricht die Krankenhausversorgung nicht dem deutschen Niveau. In Privatkliniken muß gleich bar bezahlt werden. Bei einem Notfall wenden Sie sich zunächst an Ihren Hotelportier; Auskunft über deutschsprachige Fachärzte bekommen Sie bei den Botschaften.

Die **Apotheken** mit Nachtdienst **(farmacie notturne)** sind in den Zeitungen, unter anderem im »Il Messaggero« unter »Roma/Citta«, aufgeführt. Viele Apotheken, etwa die Farmacia Grieco (Piazza della Repubblica 67), sind Tag und Nacht geöffnet. Deutschsprachigen Service bietet die Farmacia Internazionale Capranica, Piazza Capranica.

Notruf

Feuerwehr (pompieri)
Tel. 115

Polizei (carabinieri)
Tel. 112

Stadtpolizei
Tel. 67691

Krankenwagen (ambulanza)
Tel. 118

Wechselkurs-Umrechnungstabelle

Italienische Lira	Deutsche Mark	Schweizer Franken	Österreichische Schillinge
500	0,48	0,39	3,36
1000	0,96	0,79	6,72
2000	1,92	1,59	13,44
3000	2,88	2,39	20,16
5000	4,80	3,98	33,60
7500	7,20	5,97	50,40
10000	9,60	7,96	67,20
20000	19,20	15,93	134,40
30000	28,80	23,90	201,60
50000	48,00	39,84	336,00
100000	96,00	79,68	672,00

Stand: Dezember 1995

Ärztlicher Notdienst
Tel. 47498

Drogenhilfe
Tel. 4382379 und 864864

Kinderkrankenhaus ■ a 1, S. 146
Ospedale dei Bambini del Gesù
Piazza San Onofrio
Tel. 68591

Auto abgeschleppt ■ a 1, S. 162
Commando dei Vigili urbani
Via della Consolazione 4
Tel. 6769838

Auto geklaut
Wenden Sie sich an die nächste Carabinieri-Dienststelle

Pannenhilfsdienst des ACI
Tel. 116

ADAC Rom
Tel. 4454730

Post

Auf welchen geheimnisvollen Wegen mag die römische Post ihre Sendungen wohl befördern? In jedem Fall müssen sie sehr verschlungen sein, denn sie ist geradezu bemerkenswert langsam. Es ist durchaus keine Seltenheit, daß ein Brief von Rom nach München vier Wochen unterwegs ist. Ihre Urlaubsgrußkarte sollten Sie also am besten sofort nach der Ankunft in einen der roten Briefkästen stecken. Eine Idee schneller geht es mit der Vatikanpost auf dem Petersplatz. Die Postämter sind in der Regel von 8 bis 14, am Samstag bis 12 Uhr geöffnet.

Hauptpost ■ b 4, S. 79
Piazza San Silvestro
Mo–Fr 8.30–20, Sa 8–12 Uhr

Postanweisungen
Mo–Fr 8.30–14.30 Uhr

Telegramme
Tag und Nacht Tel. 186

Reisedokumente

Für die Einreise nach Italien genügt für Urlauber aus EU-Ländern ein gültiger Personalausweis, Jugendliche ab 16 Jahren benötigen einen eigenen Ausweis. Autofahrer sollten Führerschein, Kfz-Schein und die grüne Versicherungskarte mitnehmen.

Reisewetter

Da Rom in Meeresnähe liegt (knapp 30 Kilometer entfernt), bleibt das Klima das ganze Jahr über relativ mild; die besten Reisezeiten für die Ewige Stadt sind jedoch Frühjahr und Herbst. Das Frühjahr lockt ab März mit angenehm warmen Temperaturen und einem Blütenmeer, der Herbst verzaubert bis Oktober mit einzigartigen Sonnenuntergängen. Der Sommer hingegen ist oft mörderisch heiß: Die Durchschnittstemperatur im August liegt bei 30 Grad. Jeder Römer, der es sich leisten kann, flieht im Juli und August aufs Land. Zum Trost für die schwitzenden Daheimgebliebenen veranstaltet die Stadt »Estate Romana«, den »Römischen Sommer«, mit zahlreichen Musik- und Modeveranstaltungen im Freien. Der Winter ist zwar relativ mild, doch oft regenreich. Schön ist ein Rombesuch dagegen an Weihnachten, wenn sich die Stadt mit bunten Lichtern schmückt, in den Kirchen hübsche Krippen stehen und auf der Piazza Venezia ein riesiger Weihnachtsbaum steht.

Stadtrundfahrten

Circuito Turistico ATAC

■ d 1/e 2, S. 228

Der ATAC-Bus (Linie 110) startet von der Piazza Cinquecento vor dem Bahnhof Termini zu einer dreistündigen Sightseeing-Tour – allerdings ohne Fremdenführer. Karten sind zum Preis von 10 000 Lire im ATAC-Infobüro vor der Stazione Termini erhältlich.
Tgl. 15.30 Uhr, im Winter nur Sa, So, und Fei ab 14.30 Uhr

CIT

■ d 1, S. 228

Im Elektrobus (Linie 119) durch das Centro storico: Start ist vor dem Augustus-Mausoleum, alle fünfzehn Minuten.
Piazza della Repubblica 68
Tel. 4 79 41

Secret Walks

Veranstaltet außergewöhnliche Stadtführungen unter verschiedenen Mottos, zum Beispiel »Berühmte Fremde in Rom« oder »Die sprechenden Statuen«. Die Führer sprechen vorwiegend englisch, doch auf Anfrage werden auch Touren in deutscher Sprache organisiert.
Viale Medaglie d'Oro 127
Tel. 39 72 87 28

Geführte Touren durch römische Stadtviertel – jede Woche steht ein anderes auf dem Programm – werden von den »Gruppi Archeologici d'Italia« gesponsert. Nach telefonischer Information (Tel. 39 73 37 86) trifft man sich einfach im Stadtzentrum und marschiert los (nicht im Juli/Aug.).

Die genauen Klimadaten von **Rom**

	Durchschnittstemperaturen in °C		Sonnenstunden	Regentage
	Tag	Nacht	pro Tag	
Januar	11,0	3,9	4,1	8
Februar	12,5	4,5	4,7	9
März	15,6	6,9	5,9	8
April	19,2	9,9	7,1	8
Mai	23,3	13,4	8,6	7
Juni	28,3	17,2	9,4	4
Juli	31,2	19,9	10,8	2
August	30,6	19,7	10,0	2
September	27,1	17,3	8,3	5
Oktober	21,4	13,0	6,5	8
November	16,2	8,7	4,2	10
Dezember	12,1	5,3	3,5	10

Quelle: Deutscher Wetterdienst, Offenbach

Stromspannung

Von sehr wenigen Ausnahmen abgesehen beträgt die Stromspannung überall 220 Volt; falls Ihr Elektrogerät nicht paßt, bitten Sie an der Rezeption um einen Zwischenstecker (**spina**).

Telefon

Die bargeldlosen öffentlichen Telefone setzen ihren Siegeszug durch Italien fort. Mittlerweile ist es beinahe schon schwieriger, ein (funktionierendes!) Münztelefon als ein Kartentelefon zu finden. Die Telefonkarten (**scheda telefonica**) gibt es zu 5000 und 10 000 Lire in Tabakläden, Zeitungskiosken und vielen Bars. Ein Ortsgespräch kostet 200 Lire; ab 18.30 Uhr telefoniert man billiger.

Telefonieren und auch faxen können Sie außerdem in den Büros der Telefongesellschaft Telecom (früher SIP) in der Hauptpost (Piazza San Silvestro) und am Bahnhof Stazione Termini.

Vorwahlnummern
Rom → D 00 49
Rom → A 00 43
Rom → CH 00 41
D → Rom 0 03 96
A → Rom 04 06
CH → Rom 0 03 96
Dann folgt jeweils die Ortsnetzkennzahl (ohne Null) und die Nummer des Teilnehmers.

Telefonauskunft
Tel. 12

Trinkgeld

Ob und wieviel Trinkgeld (**mancia**) Sie geben, liegt natürlich in Ihrem eigenen Ermessen. Man sollte aber nicht vergessen, daß gerade kleine Angestellte auf das Trinkgeld angewiesen sind und eine kleine Anerkennung ihrer Dienstleistungen geradezu erwarten.

In Restaurants erhöht man gewöhnlich den Rechnungsbetrag oder stockt das Wechselgeld um etwa zehn bis fünfzehn Prozent auf.

Ansonsten sind Sie je nach Art und Dauer der Dienstleistung mit 2000 bis 3000 Lire gut beraten. In der Regel erhalten auch Wärter von Museen und Kirchen, die den Besuchern ansonsten geschlossene Räume zugänglich machen, eine kleine »Belohnung«.

Zeitverschiebung

Von Ende März bis Ende September gilt auch in Italien die Sommerzeit; es besteht also kein Unterschied zu Deutschland.

Zoll

An den Binnengrenzen der Europäischen Union gibt es seit Januar 1993 keine Zollkontrollen mehr; Sicherheitskontrollen werden allerdings weiter durchgeführt.

Ein- und Ausfuhrbeschränkungen innerhalb der EU gehören somit der Vergangenheit an. Wenn die ausgeführten Waren nicht für den Privatgebrauch bestimmt sind, müssen sie versteuert werden.

Italien auf einen Blick

Flagge grün/weiß/rot
Staatsname
Repubblica Italiana
Staatsgründung
1. Januar 1948
Staatsform Parlamentarische, repräsentative Demokratie (Republik). Staatsoberhaupt: Presidente della Repubblica (für sieben Jahre gewählt). Regierungschef: Presidente del Consiglio.
Bevölkerung Am dichtesten besiedelt ist die Provinz Neapel, gefolgt von Mailand, Genua und Rom.
Staatssprache Italienisch, daneben regionale Amtssprachen: Deutsch (Südtirol), Französisch (Aostatal), Slowenisch (Triest).
Hauptstadt Rom, Regierungssitz und Sitz des Vatikan, Zentrum der christlichen Welt.
Die **fünf größten Städte**

Rom	2775000 Einw.
Mailand	1369000 Einw.
Neapel	1067000 Einw.
Turin	962000 Einw.
Palermo	698000 Einw.

Grenzen Im Westen 513 km zu Frankreich, in Norden 718 km zur Schweiz und 415 km zu Österreich, im Osten 165 km zum ehemaligen Jugoslawien.
Religion 99,6 % der Bevölkerung sind römisch-katholisch; der Rest sind Protestanten, Juden und Orthodoxe.
Bodenschätze Mangel an Bodenschätzen, insbesondere an Kohle und Eisen.
Industrie Italien gehört zur Gruppe der sieben größten Industrienationen des Westens. Der Großteil der Industrie konzentriert sich auf den Norden, die Lombardei, Piemont und Ligurien.
Landwirtschaft Die landwirtschaftliche Nutzfläche ohne Wald beträgt ca. 57% der Gesamtfläche. Jährlich werden rund 27 Mio t Frischobst und -gemüse produziert.
Arbeitslosenquote In der Beschäftigungsstruktur bestehen immer noch große Unterschiede zwischen Nord- und Süditalien. 7,2 % der Bevölkerung sind im Norden Italiens ohne Arbeit, 20 % im Süden.
Bedeutung des Tourismus Der jährliche Gesamtumsatz der italienischen Tourismusbranche beträgt rund 110000 Mrd. Lire, das sind umgerechnet etwa 17 Mrd. DM.

Rom extra

Basisvokabeln

geben: *dare*
gehen: *andare*
haben: *avere*
können: *potere*
kommen: *venire*
müssen: *dovere*
sagen: *dire*
sein: *essere*
stehen, bleiben: *stare*
tun: *fare*
wissen: *sapere*
wollen: *volere*

Wichtige Redewendungen

bitte: *per favore, per piacere*
vielen Dank: *mille grazie*
bitte sehr: *prego*
guten Tag: *buon giorno*
guten Abend: *buona sera*
gute Nacht: *buona notte*
auf Wiedersehen: *arrivederci*
bis später: *a più tardi*
Wie heißt das?: *come si chiama questo?*
Ich verstehe nicht: *non capisco*
Sprechen Sie Deutsch?: *Parla tedesco?*
Könnten Sie mir sagen...?: *Può dirmi...?*
Ich habe Hunger: *Ho fame*
Ich habe Durst: *Ho sete*
Gibt es...?: *C'è/Ci sono...?*
entschuldigen Sie: *scusi*
gestatten Sie: *permesso*
Wie spät ist es?: *Che ore sono?*
Stört es Sie, wenn ich rauche?: *Le disturba se fumo?*
Wo können wir uns treffen?: *Dove possiamo incontrarci?*
Bitte, rufen Sie die Polizei: *Per piacere, chiami la polizia*
Rufen Sie schnell einen Arzt: *Chiami subito un medico!*

Auf der Reise

Wo ist bitte der Bahnhof?: *Dove si trova la stazione, per favore?*
Wo ist bitte der Fahrkartenschalter?: *Dove si trova lo sportello dei biglietti, per favore?*
Ich hätte gerne eine Fahrkarte nach...: *Vorrei un biglietto per...*
Erste oder zweite Klasse?: *Di prima o di seconda classe?*
Einfach oder hin und zurück?: *Andata o andata e ritorno?*
Muß ich umsteigen?: *Devo cambiare treno?*
Von welchem Gleis fährt der Zug nach...?: *Da che binario parte il treno per...?*
Wo ist die nächste U-Bahn-Station?: *Dov'è la più vicina stazione della metropolitana?*
Wo ist bitte die Bushaltestelle?: *Dov'è la stazione degli autobus, per piacere?*
Könnten Sie mir bitte mit den Koffern helfen?: *Può prendere le mie valige, per favore?*
Lassen Sie mich bitte an der nächsten Haltestelle aussteigen!: *Mi faccia scendere alla prossima fermata, per piacere!*
Wo finde ich ein Taxi?: *Dove posso trovare un taxi?*
Wieviel kostet es nach...?: *Quanto costa la corsa per...?*
Bringen Sie mich bitte zu dieser Adresse: *Mi porti a questo indirizzo, per favore*
Bitte, volltanken mit Super bleifrei: *Per favore, fate il pieno con super senza piombino*
Bitte, schleppen Sie den Wagen in die nächste Werkstätte: *La prego di rimorchiare la macchina fino al prossimo garage*

Bank und Geld

Kleingeld: *spiccioli*
Safe: *cassetta di sicurezza*
Schalter: *sportello*
Wechselstube: *uffico cambio*
Wo ist bitte die nächste Bank?: *Dov'è la banca più vicina, per favore?*
Könnten Sie mir bitte etwas Kleingeld geben?: *Potrebbe darmi degli spiccioli, per favore?*
Ich möchte Geld wechseln: *Vorrei cambiare*
Ich möchte einen Scheck einlösen: *Vorrei riscuotere un assegno*

Beim Einkaufen

anprobieren: *provare*
Ich benötige: *Mi occorre*
Wieviel kostet das? Und das?: *Quanto costa questo? E quello?*
Das ist zu teuer: *È troppo caro*
Das gefällt mir nicht: *Non mi piace*
Bitte, geben Sie mir ein halbes kg (zwei Stück) von: *Per favore, mi dia un mezzo chilo (due pezzi) di...*
Das ist nicht, was ich wollte: *Non è quello che volevo*
Zeigen Sie mir bitte: *Mi faccia un po'vedere*
Das gefällt mir!: *Questo mi piace!*
Könnten Sie mir etwas empfehlen?: *Potrebbe consigliarmi qualcosa?*
zu eng (groß): *troppo stretto (grande)*
Öffnungszeit: *orario*

Im Hotel

Zimmer zu vermieten: *camera d'affittare*
Guten Tag, ich heiße...: *Buon giorno, mi chiamo...*
Ich hätte gerne ein Zimmer mit Bad: *Vorrei una camera con bagno*
Wieviel kostet eine Übernachtung?: *Qual è il prezzo per una notte?*
Haben Sie bessere Zimmer?: *Ci sono delle camere migliori?*
Ich hätte gerne ein ruhiges Zimmer: *Voglio una camera tranquilla*
Kann ich das Zimmer sehen?: *Posso vedere la camera?*
Wie ist meine Zimmernummer?: *Qual è il numero della mia camera?*
Mein Gepäck ist im Wagen: *Il mio bagaglio è nella macchina*
Es gibt kein warmes Wasser: *Non c'e acqua calda*
Bitte wecken Sie mich um...Uhr: *Mi svegli alle...*
Wo kann ich frühstücken?: *Dove viene servita la colazione?*
Bringen Sie mir bitte das Frühstück aufs Zimmer: *Mi porti la colazione in camera, per favore*
Hat jemand für mich angerufen?: *Mi ha telefonato qualcuno?*
Ist Post für mich da?: *C'è posta per me?*
Ich möchte bitte zahlen: *Posso avere il conto, per favore?*
Ich reise ab: *parto*

Im Restaurant

Reservieren Sie mir bitte einen Tisch um... Uhr: *Mi reservi un tavolino per le...*
Kann ich die Speisekarte sehen?: *Posso vedere il menù a scelta?*
Was können Sie besonders empfehlen?: *Che ci avete di speciale?*
Gibt es eine besondere Spezialität?: *C'è un piatto tipico del posto?*
Ich hätte gerne eine Vorspeise: *Vorrei degli antipasti*
Welche Art von Fisch haben Sie?: *Che pesce ha?*
Ich hätte gerne ein Steak: *Vorrei una bistecca*
Bringen Sie mir bitte ein Bier: *Mi dia una birra, per piacere*

Ich hätte gerne eine Flasche (einen halben Liter) Wein: *Vorrei una bottiglia (mezzo litro) di vino*
Sonst nichts mehr, danke: *nient'altro, grazie*
Könnten wir bitte einen Aschenbecher bekommen?: *Possiamo avere un portacenere, per favore?*
Wo ist bitte die Toilette?: *Dove sono i gabinetti, per favore?*
Könnte ich bitte zahlen?: *Posso avere il conto, per piacere?*
Danke, wir haben sehr gut gegessen: *Grazie, abbiamo mangiato molto bene*

Ortsangaben

Können Sie mir Auskunft geben?: *Può darmi un'informazione?*
Wo ist...?: *Dov'è...?*
Könnten Sie mir bitte auf der Karte zeigen, wo ich bin?: *Può indicarmi sulla cartina, dove mi trovo?*
Das ist die falsche Straße: *È sulla strada sbagliata*
Wie komme ich nach...?: *Per favore, come si va per...?*
Ich habe mich verlaufen: *Mi sono perso*
Könnten Sie mir bitte helfen?: *Può aiutarmi, per piacere?*
Wo finde ich...?: *Dove trovo...?*
weiter geradeaus: *continui diritto*
Es ist auf der rechten/linken Seite: *È a destra/sinistra*

Ausgang: *uscita*
Einbahnstraße: *strada a senso unico*
Kirche: *chiesa*
Parken verboten: *divieto di parcheggio*
Platz: *piazza*
Rathaus: *municipio*
Stadt: *città*
Straße: *strada*
Weg: *via*

Post und Telefon

Adresse: *indirizzo*
Anrufbeantworter: *segreteria telefonica*
Brief: *lettera*
Briefkasten: *cassetta postale*
Briefmarke: *francobollo*
Briefpapier: *carta da lettere*
öffentliches Telefon: *telefono pubblico*
Postamt: *ufficio postale*
Postbote: *postino*
Postfach: *casella delle lettere*
Postkarte: *cartolina illustrata*
schicken: *spedire*
schreiben: *scrivere*
Stift: *penna*
Telefon: *telefono*
Telefonbuch: *elenco telefonico*
telefonieren: *fare una telefonata*
Telefonnummer: *numero telefonico*
Telegramm: *telegramma*
tragbares Telefon: *cellulare*
Kann ich telefonieren?: *Posso telefonare?*
Geben Sie mir eine Münze für das Telefon, bitte: *Mi dia un gettone per telefonare, per favore*
Wo ist die Post?: *Dov'è la posta?*
Wie lange braucht ein Brief nach...: *Quanti giorni ci mette una lettera per...*

Monate und Wochentage

Jahreszeiten: *stagioni*
Frühling: *primavera*
Sommer: *estate*
Herbst: *autunno*
Winter: *inverno*
Tag: *giorno*
Monat: *mese*
Jahr: *anno*
Januar: *gennaio*
Februar: *febbraio*
März: *marzo*
April: *aprile*
Mai: *maggio*
Juni: *giugno*
Juli: *luglio*
August: *agosto*
September: *settembre*
Oktober: *ottobre*
November: *novembre*
Dezember: *dicembre*

Wochentage: *giorni della settimana*
Montag: *lunedì*
Dienstag: *martedì*
Mittwoch: *mercoledì*
Donnerstag: *giovedì*
Freitag: *venerdì*
Samstag: *sabato*
Sonntag: *domenica*

(am) Vormittag: *(di) mattina*
Mittag: *mezzogiorno*
Nachmittag: *pomeriggio*
Abend: *sera*
Nacht: *notte*
morgen: *domani*
gestern: *ieri*
heute: *oggi*
vorgestern: *avant'ieri*

Zahlen

0: *zero*
1: *uno, una*
2: *due*
3: *tre*
4: *quattro*
5: *cinque*
6: *sei*
7: *sette*
8: *otto*
9: *nove*
10: *dieci*
11: *undici*
12: *dodici*
13: *tredici*
14: *quattordici*
15: *quindici*
16: *sedici*
17: *diciassette*
18: *diciotto*
19: *diciannove*
20: *venti*
21: *ventuno*
30: *trenta*
40: *quaranta*
50: *cinquanta*
60: *sessanta*
70: *settanta*
80: *ottanta*
90: *novanta*
100: *cento*
101: *centuno*
200: *duecento*
1000: *mille*
2000: *duemila*

erste: *primo*
zweite: *secondo*
dritte: *terzo*
einmal: *una volta*
zweimal: *due volte*
mehr: *più*
weniger: *meno*
zählen: *contare*

Wegweiser durch den Laute- und Schimpfwortdschungel der Römer

Wild gestikulierend unterhalten sich zwei Römer am Straßenrand. Erhobene Stimmen, scheinbar unkoordinierte Handbewegungen. Dann packt der eine seinen Gesprächspartner unsanft am Arm... Sollten Sie während Ihres Rom-Trips einmal Zeuge einer Szene dieser Art werden, so seien Sie beruhigt: Es handelt sich hier weder um einen Überfall, noch um den Beginn einer Schlägerei. Die beiden haben sich wahrscheinlich bloß übers Wetter unterhalten...

Für Italiener, das ist mittlerweile schon hinreichend bekannt, sind Handbewegungen ein wesentlicher Bestandteil eines jeden Gesprächs.

Doch damit nicht genug: Zu einer gelungenen Konversation gehört auch eine Reihe von eigenartigen Lauten. Um diese richtig deuten zu können, bedarf es allerdings einiger Interpretationskunst: Sie erkundigen sich beispielsweise nach einer Straße und ernten ein kurzangebundenes »boh« – was soviel bedeutet wie »non lo so«, also »ich weiß nicht«, »keine Ahnung«. Gerne und oft wird auch ein trockenes »mah« verwendet, in etwa »was soll's«, »man weiß nie«. Ein »ouh« dagegen in einer etwas forscheren Tonlage – mit langem ou und kurzem h – beinhaltet ein bereits leicht genervtes »ma che vuoi« , »was willst Du«, »was ist denn los«.

Zu solcherart verschlüsselten Antwortmöglichkeiten gehört weiter ein »eh« oder »ehi«, das eine breite Deutungspalette – von »oder?« bis hin zu »laß das« – umfaßt. »Eh« paßt also im Grunde immer...

Doch es geht noch kürzer: Wenn nicht einmal mehr eine dieser eigenartigen Buchstabenkombinationen aus dem Mund Ihres Gesprächspartners zu vernehmen ist, sondern nur noch ein einem Schmatzen täuschend ähnliches Geräusch, so bedeutet das ein entschlossenes »no«. Damit wären wir bei jenem Teil des italienischen Wortschatzes angelangt, den das Lexikon für gewöhnlich verschweigt, den Schimpfwörtern.

Die gängigste Form der unflätigen Äußerungen ist »cazzo«. Dieser Ausdruck, der

Rom extra

Abgöttisch geliebt wird die Madonna, trotzdem (oder deshalb?) taucht sie auch im Schimpfwortdschungel auf

in seiner eigentlichen Bedeutung das männliche Geschlechtsorgan bezeichnet, wird in allen Lebenslagen angewandt: »ma che cazzo fai« (»was zum Teufel machst du da?«), »che cazzo vuoi« (»was willst du denn nur«), »che cazzo« (»so ein Mist«) oder schlicht alleinstehend »cazzo!« (etwa »verdammt!«).

Ein gespaltenes Verhältnis haben die Italiener zu ihrer Madonna: Auf der einen Seite wird sie verehrt, andererseits benutzt man ihren Namen in Verbindung mit »Hure« (»Madonna puttana« oder »Madonna troia«) oder »Schwein« (»porca Madonna«) als Fluch.

Will ein Italiener jemanden beleidigen, bezeichnet er diesen als »vaffanculo« (das gängige Schimpfwort, das den Allerwertesten bezeichnet), »stronzo« (Mistkerl) oder »figlio di una puttana« (Hurensohn). »Bugiardo« betitelt man einen vermeintlichen Lügner, »cretino« einen Idioten. Mit diesem kleinen Wegweiser sind Sie nun in der glücklichen Lage, italienisches Kauderwelsch entschlüsseln und auch einer eher unfeinen Unterhaltung folgen zu können…

Der Vollständigkeit halber muß noch hinzugefügt werden, daß die italienischen Schimpfworte in den seltensten Fällen so ernst zu nehmen sind, wie sie klingen. Es sei denn, sie werden in einem Notfall angewandt, der beispielsweise dann eintritt, wenn die Nudeln **scotta** – also nicht bißfest – sind oder wenn der **caffè** nach dem Essen einer wäßrigen Pfütze gleicht. Denn da hört für jeden Italiener der Spaß auf…

Register

Hier finden Sie die in diesem Band beschriebenen Sehenswürdigkeiten, Museen, Hotels und Ausflugsziele. Außerdem enthält das Register wichtige Stichworte und landessprachliche Bezeichnungen.Wird ein Begriff mehrfach aufgeführt, verweist die **fett** gedruckte Zahl auf die Hauptnennung.
Die **Buchstaben-Zahlen-Kombinationen** nach den Seitenangaben verweisen auf die Planquadrate und Seitenzahlen der Karten.

A

Abendunterhaltung **276**, 284
Abruzzi (Hotel) 46; c2, S. 120
Altstadt 118
Anguillara Sabazia 330
Ankunft 36
Anreise 36
Antico Caffè della Pace 122, **278**; b2, S. 120
Antico Caffè Greco 78, **102**; b3, S. 79
Antikes Rom 76, **160**
Antiquarium del Foro Augusto 181; b1, S. 162
Antiquarium Forense 181; b2, S. 162
Appartamento Borgia 198
Aquabusse 41
Ara Pacis Augustae 83, **85**; a3, S. 79
Arco di Constantino 162, **164**; c2, S. 162
Arco di Septimius Severus 172
Arco di Tito 172
Area sacra del Largo Argentina 123; c2, S. 120
Arcobaleno 302; B2, Klappe vorne
Augustus-Mausoleum 83, **87**; a3, S. 79
Aurelianische Mauer 76, **260**
Ausflüge 314
Auskünfte 340
Autofahren 36, 38

B

Ballett 282
Bars 58, **278**
Basilica di San Pietro 25, **193**, 212; c3, S. 190
Basilica di Santa Maria in Trastevere 148
Behindertengerechte Hotels 307
Bevölkerung 340
Biblioteca Apostolica Vaticana 198
Biblioteca Centrale per Ragazzi 302; b3, S. 120
Boccia 296
Boot 297
Bowling 296
Bracciano 330
Busverbindungen 36, 40

C

Campidoglio 160, 163, **164**, 212; a1/a2, S. 162
Camping Fabulus 52
Campingplätze 52
Campo de´Fiori 67, 118, **120**
Campo de´Fiori (Hotel) 50; b2, S. 120
Campo Marzio 76, **84**
Campo Santo Teutonico 196; c3, S. 190
Campo Verano 262
Cappella Sistina 98, **198**, 200; c2, S. 190
Carcere Mamertino 165; a2, S. 162
Cardinal Hotel 46; a2, S. 120
Carriage (Hotel) 46; b3, S. 79
Casa Borgia 150; a1, S. 146
Casa del Fumetto 302; a1, S. 190
Cäsar-Tempel 173
Casina Valadier 83
Castel Gandolfo 316
Castel Sant´Angelo **210**, 213; b2, Klappe vorne
Castelli Romani 315
Castello Orsini 330
Catacombe **255**, 264
Catacombe di S. Priscilla 262
Cantro Giovanile San Paolo 302
Centro storico 24, 76, **78**
Cerveteri 334; a2, S. 334
Cerveteri Necropolis 335; a2, S. 314
Chiesa della Trinità dei Monti 82, **86**; b3, S. 79
Chiesa di Santa Maria dell´Anima 122, **129**; b2, S. 120
Chiesa di Santa Maria delle Pace 122, **129**; b1, S. 120
Chiesa di Santa Maria in Cosmedin 163, **178**; a3, S. 162
Chiesa di Sant´Onofrio 150
Chiesa Domine Quo Vadis 256
Chiesa Francesco a Ripa 148
Chiesa Il Gesù 211; c2, S. 207
Chiesa Santa Cecilia 147
Cimitero Acattolici 214; c6, S. 207
Cinecittà 318
Circo di Massenzio e Mausoleo di Romolo 256
Circo Massimo (Circus

Maximus) 163, **166**; b3, S. 162
Circus Maximus 163, **166**; b3, S. 162
Città e giardini del Vaticano 186, **196**; a3/b2, S. 190
Città Universitaria 262
Collosseo 22, 144, 160, **166**, 168, 213; c2, S. 162
Colonna Palace (Hotel) 46; a4, S. 79
Columbus (Hotel) 50; e3, S. 190
Computerspiele 296
Crescere Insieme 302
Curiosità e Magia 303; c1, S. 120

D

Davos (Hotel) 52; A2
De´Borgognoni (Hotel) 46; b4, S. 79
Diplomatische Vertretungen 341
Diskotheken 279
Domus Aurea 166; c2, S. 162

E

Eden (Hotel) 46; c3, S. 79
Einkaufen 66
Eisdielen 304
Engelsbrücke 206
Engelsburg 22, **210**, 213; B2, Klappe vorne
Eßdolmetscher 59
Essen und Trinken 54
EUR (Esposzione Universale di Roma) 18, **326**; b2, S. 314
Excelsior (Hotel) 46; c3, S. 79

F

Fahrräder 38
Feiertage 342
Feste 287
Fitneß 296
Flaminio (Camping) 52
Fliegen 296
Flohmarkt 158
Flora (Hotel) 47; c3, S. 79
Florida (Hotel) 52; e1, S. 190
Flughafen Leonardo da Vinci 36
Flughafenzug 36
Flugverbindungen 36
Fontana (Hotel) 50; b2, S. 228
Fontana dei Fiumi 126
Fontana della Barcaccia 86; b3, S. 79
Fontana della Palla di Cannone 86; b3, S. 79
Fontana delle Api 86; c4, S. 79
Fontana delle Naiadi 231; d1, S. 228
Fontana delle Tartarughe 206
Fontana dell´Acqua Paola 149, **150**; a3, S. 146
Fontana del Mascherone 123; b3, S. 120
Fontana del Moro 126
Fontana del Quirinale 232; b2, S. 228
Fontana del Tritone 87; c4, S. 79
Fontana di Trevi 212, 224, 230, **231**, 234; b2, S. 228
Fori Imperiali 170; b1, S. 162
Foro Romano 22, 160, 161, **171**, 212; b2, S. 162
Forum (Hotel) 50; b1, S. 162
Forum Boarium 173; a2, S. 162
Forum Romanum 22, 160, 161, **171**, 212; b2, S. 162
Frascati 315
Freizeitaktivitäten 294
Fremdenverkehrsbüros 52, **340**; d12, S. 228
Fundbüros 342
Fuori le Mura 76, **260**
Fußball **296**, 298

G

Galleria Borghese 95; c2, S. 79
Galleria Colonna 241; b2, S. 228
Galleria Communale d´Arte Moderna 96; b3, S. 79
Galleria dell´Accademia Nazionale di Santa Luca 95; b4, S. 79
Galleria Doria Pamphili 241; a2, S. 228
Galleria Nazionale d´Arte Antica 96; c4, S. 79
Galleria Nazionale d´Arte Moderna 96; b1, S. 79
Galleria Nazionale di Pittura 152; b2, S. 146
Galleria Spada 131; b3, S. 120
Gelateria 58, **304**
Geld 342
Geschichte 28
Getränke 54
Ghetto 24, 204, 208
Gianicolo **149**, 212
Giardini Botanici 151; a2, S. 146
Giardino Zoologico 87; c1, S. 79
Giovannella (Hotel) 53; c2, S. 314
Golf 296
Grand Hotel 47; d1, S. 228
Grande Raccordo Anulare (Ringautobahn) 36
Green park 303
Gregoriana (Hotel) 47; b3, S. 79
Grottaferrata 315
Grotte Vaticane 196; c3, S. 190
Gymnastik 297

H

Handicap 306
Hassler-Villa Medici (Hotel) 50; b3, S. 79
Hauptbahnhof Roma Termini 36
Hosteria 58
Hotels 44
Hotel d´Inghilterra 51; b3, S. 79
Hotels in der Umgebung 53

I

Infanta 303; a4, S. 79
Isola Sacra 320
Isola Tiberina 208
Istituto Nazionale per la Grafica 96; b4, S. 79

J

Jolly (Hotel) 307; c2, S. 79
Judenviertel 24, **204**
Jugendherberge 53

K

Kajak 297
Kapitol 160, 163, **164**, 212; a1, S. 162
Kastor-und-Pollux-Tempel 172
Katakomben **255**, 264
Kinder 300
Kinos 280
Kloster (Unterkunft) 53
Kolosseum 22, 144, 160, **166**, 168, 213; c2, S. 162
Konstantinbogen 15
Konzerte 280
Kurse 290

L

Lago Albano 316
Lago di Nemi 315
Locarno (Hotel) 51; a2, S. 79
Lord Byron (Hotel) 48; b1, S. 79
Lunapark 326; b2, S. 314

M

Majestic (Hotel) 48; c3, S. 79
Marc Aurel Colonna 232; a2, S. 228
Margutta (Hotel) 48; a3, S. 79
Märkte 292
Mausoleo di Augosto 87; a3, S. 79
Medizinische Versorgung 343
Mercati Traianei 174; b1, S. 162
Messen 287
Metro 36, 40
Mode 66
Monte Aventino 214
Monte Testaccio 214; c6, S. 207
Monumento ad Anita Garibaldi 150
Monumento Vittorio Emanuele II: 232; b3, S. 228
Motorroller 38
Mozart (Hotel) 49; a3, S. 79
Musei Capitolini 98, 164, **181**; a2, S. 162
Musei Vaticani 198; c2, S. 190
Museo Archeologico Nazionale di Sperlonga 325
Museo Baracco 98, **131**; b2, S. 120
Museo Canonica 97; b1, S. 79
Museo Criminologico 217; a1, S. 207
Museo d´Arte Ebraica 217; c3, S. 207
Museo degli Strumenti Musicalie 243
Museo del Folclore e dei Poeti Romaneschi 146, 148, **152**; b3, S. 146
Museo della Civiltà Romana 98, **327**; b2, S. 314
Museo delle Anime del Purgatorio 98, **152**; C2
Museo delle Arti e Tradizione Populari 327; b2, S. 314
Museo delle Cere 242; b3, S. 228
Museo delle Mura Romane 99, **257**, 260; F6 Klappe vorne
Museo delle Navi 316; c3, S. 314
Museo delle Navi Romane 267; a3, S. 314
Museo dell´Immagine Fotografica e delle Arti Visuali 267
Museo di Goethe 97; a3, S. 79
Museo di Palazzo Venezia 242; b3, S. 228
Museo di Roma 132; b2, S. 120
Museo Francescano dei Padri Cappuccini **97**, 99; c3, S. 79
Museo Gregoriano Egizio 199
Museo Keats Shelley 100; b3, S. 79
Museo Missionario-Ethnologico 199
Museo Napoleonico 131; b1, S. 120
Museo Nazionale d´Arte Etrusco 82
Museo Nazionale d´Arte Moderna 82
Museo Nazionale Cerite 335; a2, S. 314
Museo Nazionale delle Paste Alimentari 99, **242**; b2, S. 228
Museo Nazionale Etrusco Di Villa Giulia 99, **100**; a1, S. 79

Museo Nazionale Preistorico 303; b2, S. 314
Museo Nazionale Romano 99, 229, **242**; d1, S. 228
Museo Numismatico della Zecca Italiana 242; d1, S. 228
Museo Pio-Clementino 199
Museo Sacra 202
Museo Storico dei Granatieri di Sardegna 243
Museo Storico del Vaticano 182; F5
Museo Storico della Liberazione di Roma 243
Museo Storico delle Poste e Telecomunicazioni 327; b2, S. 314
Museo Storico e tesoro 202; c2, S. 190
Musiklokale 281

N

Necropoli del Porto di Traiano 320, **323**; a3, S. 314
Nemi 315
Neptunbrunnen 126
Notruf 343

O

Obelisco Flaminio 89; a2, S. 79
Obelisco Piazza della Rotonda 124; c2, S. 120
Öffentliche Verkehrsmittel 40
Oper 282
Ostello del Foro Italico (Jugendherberge) 52
Ostia 320
Ostia Antica 320
Ostiense (Bahnhof) 36

P

Palatino 160, 162, **174**; b2, S. 162
Palazzo Barberini 89; c4, S. 79
Palazzo Borghese 84, **89**; a4, S. 79
Palazzo Braschi 121
Palazzo Cenci 214; c2, S. 207
Palazzo Chigi 229, **233**; a2, S. 228
Palazzo Corsini 151; b2, S. 146
Palazzo del Quirinale 224, **236**; b2, S. 228
Palazzo della Cancelleria 124; b2, S. 120
Palazzo della Sapienza 125; b2, S. 120
Palazzo delle Esposizioni 243; c2, S. 228
Palazzo Doria-Pamphili 233; a2, S. 228
Palazzo Farnese 124; b3, S. 120
Palazzo Madama **124**, 224; b2, S. 120
Palazzo Massimo 121
Plazzo Montecitorio 224, 229, **236**; a2, S. 228
Palazzo Pallavicini 236; b2, S. 228
Palazzo Ruspoli 89; a4, S. 79
Palazzo Spada 125; b3, S. 120
Palazzo Venezia 231, **236**; b3, S. 228
Palazzo Wedekind 229
Pantheon 118, **126**, 213; c2, S. 120
Parco degli Aranci 214; c4, S. 207
Pasticceria 58
Petersdom 25, **193**, 212; c3, S. 190
Petersplatz 24, 185, 191, **197**; d3, S. 190
Pferdedroschken 41
Pianobars 282
Piazza Bocca della Verità 163, **185**; a2, S. 162
Piazza Borghese 66
Piazza Campo de´Fiori 120, **184**; b2, S. 120
Piazza del Colosseo 160
Piazza del Popolo 83, **184**; a2, S. 79
Piazza della Repubblica 229, **237**; d1, S. 228
Piazza di Montecitorio **184**, 229; a2, S. 228
Piazza di Pasquino 121, **184**; b2, S. 120
Piazza di San Pietro 24, 185, 191, **197**; d3, S. 190
Piazza di Santa Maria in Trastevere 147, **185**; b3, S. 146
Piazza di Siena 185; c2, S. 79
Piazza di Spagna 82, **185**; b3, S. 79
Piazza Navona 24, 118, 121, **126**, 184; b2, S. 120
Piazza Pia 191
Piazza Sant´Eustachio 122
Piazza Venezia 224, 230
Piazzale Belvedere 83
Pietà 196
Pilgerbüro S. Maria dell´Anima 53; b2, S. 120
Pilgerbüro Via delle Conciliazione 53; e2, S. 190
Pinacoteca 202
Pincio 12, 83, **213**
Piramide di Caio Cestio 214; c6, S. 207
Pizza del Quirinale 230
Pizzeria 58
Politisches Rom 224
Pons Neronianus 215; a1, S. 207
Ponte Fabricio 208, **215**; c3, S. 207
Ponte Milvio 215

Ponte Rotto 209
Ponte Sant´Angelo 206, 210, **216**; B2, Klappe vorne
Ponte Sisto (Hotel) 49; b3, S. 120
Ponte Sisto 216; b2, S. 207
Porta del Popolo 83
Porta Pia 262; F1, Klappe vorne
Porta Portese 67, 148, **158**
Portoghesi (Hotel) 49; b1, S. 120
Post 344
Preisklassen (Hotels) 44
Preisklassen (Restaurants) 58
Privatunterkünfte 52

Q

Quirinal 224
Quirinale (Hotel) 49; d2, S. 228

R

Raccolta Teatrale del Burcado 218; c2, S. 207
Raphaël (Hotel) 49; b1, S. 120
Reisedokumente 344
Reisewetter 344
Reiten 297
Residenza (Hotel) 49; c3, S. 79
Residenze 52
Restaurants 56
Ringautobahn 36
Ristorante 58
Rita di Lorenzo 303; D6, Klappe vorne
Rocca di Papa 315
Roma Termini 36
Roseto Comunale 216; D5, Klappe vorne
Royla Santina (Hotel) 307; e2, S. 228

S

San Bartolomeo all´Isola 209
San Carlo alle Quattro Fontane 238; c2, S. 228
San Cosimato 144
San Crisogono 147
San Giovanni in Laterano 175, **177**; F5, Klappe vorne
San Lorenzo fuori le Mura 263
San Paolo fuori le Mura 266
San Pietro in Montorio 152; b3, S. 146
San Pietro in Vincoli 175; c1, S. 162
San Prassede 240; d3, S. 228
San Sebastiano 256
Santa Cecilia in Trastevere 147, **151**; c3, S. 146
Santa Croce in Gerusalemme 238
Santa Maria dei Miracoli 92; a2, S. 79
Santa Maria del Popolo 92; a2, S. 79
Santa Maria delle Pace 122, **129**; b1, S. 120
Santa Maria dell´Anima 122, **129**; b2, S. 120
Santa Maria di Montesanto 92; b2, S. 79
Santa Maria in Aracoeli 163, **178**; a1, S. 162
Santa Maria in Cosmedin 163, **178**; a3, S. 162
Santa Maria in Trastevere 151; b3, S. 146
Santa Maria Maggiore 238; d2, S. 228
Santa Maria sopra Minerva 130; c2, S. 120
Santa Pudenziana 240; d2, S. 228
Santo Stefano Rotondo 179; c3, S. 162
Sant´Agnese fuori le Mura 262
Sant´Agnese in Agone 128; b2, S. 120
Sant´Agostino 128; c1, S. 120
Sant´Andrea al Quirinale 230, **237**; c2, S. 228
Sant´Andrea della Valle 122, **129**; b2, S. 120
Sant´Anselmo (Hotel) 49; c5, S. 207
Sant´Eusebio 238; e3, S. 228
Sant´Eustachio 129; c2, S. 120
Sant´Onofrio 150
Scalinata della Trinitá dei Monti 78
Scalinata di Piazza di Spagna 22, 78, **93**; b3, S. 79
Scalinata di Spagna (Hotel) 51; b3, S. 79
Scavi di Ostia 320, **323**; a3 S. 314
Schwimmen 297
Servianische Mauer 76
Sicilia (Hotel) 307; c3, S. 79
Sinagoga 216; c3, S. 207
Sixtinische Kapelle 98, **198**, 200; c2, S. 190
Sole al Pantheon (Hotel) 51; c2, S. 120
Spanische Treppe 22, 78, **93**; b3, S. 79
Sperlonga 324
Spezialitäten 54
Sport 294
Sprachführer 348
Sprachkurse 291
Squatriti 303; a3, S. 79
Stadtrundfahrten 345
Stadtteile 76
Stanze di Raffaello 202
Statua di Pasquina 121
Stazione Centrale Termini 229, **240**; e2, S. 228
Stromspannung 346

T

Taxi 36, 41
Teatrino del Clown Tata di Ovada 303
Teatro Argentina 216; c2, S. 207
Teatro delle Marionette degli Accettella 303
Teatro di Marcello 208, **217**; c3, S. 207
Teatro di Pompeo 120
Teatro di Pompeo (Hotel) 51; b3, S. 120
Teatro Verde 303
Telefon 346
Tempel der Venus Genetrix 170
Tennis 297
Terme di Caracalla 180; E6, Klappe vorne
Terme di Diocleziano 240; d1, S. 228
Testaccio 23, **206**
Theater 282
Tiber **76**, 204
Tiber-Ufer 204
Tiburtina (Bahnhof) 36
Tivoli 331
Tomba di Cecilia Metella 257
Torre degli Anguillara 147
Tourismus 23
Trajanssäule 15, 164, **170**
Trastevere 23, 76, **144**
Trattoria 58
Trevignano Romano 330
Trinità dei Monti 82, **86**; b3, S. 79
Trinkgeld 346
Tuscolo 315

U

Unterkünfte 44

V

Vatikan 22, 24, 76, **186**
Vatikanische Museen 25, 191, **198**
Velletri 316
Vesta-Tempel 163, **172**
Via Appia Antica 76, **252**
Via Borgognona 84
Via Condotti 22, 78, 84
Via dei Coronari 66
Via del Babuino 66, **94**; a3/b3, S. 79
Via del Corso 83
Via Giulia 66, 118, **131**; a1/b2, S. 120
Via Margutta 22, 66
Via Nazionale 229
Via Veneto 22
Via Vittorio Veneto 85
Villa Ada 266
Villa Adriana 331, **333**; c2, S. 314
Villa Borghese (Hotel) 52; c2, S. 79
Villa Borghese 82, **94**, 303; b1/c2, S. 79
Villa Celimontana 181; c3, S. 162
Villa Doria Pamphili 266; A4/A5, Klappe vorne
Villa d´Este 331, **333**; c2, S. 314
Villa Farnesina 152; b2, S. 146
Villa Florence (Hotel) 53; b2, S. 314
Villa Giulia 82, **95**
Villa Medici 95; b3, S. 79
Villa Mercede (Hotel) 53; c3, S. 314

W

Weine 58
Windhundrennen 297
Workshops 290
WWF 303; b3, S. 120

Y

YWCA (Christlicher Verein Junger Frauen) 53; d2, S. 228

Z

Zeitverschiebung 346
Zoll 346
Zoologischer Garten 83, **87**; c1, S. 79
Zugverbindungen 36

Impressum

An unsere Leserinnen und Leser:

Wir freuen uns, Ihre Meinung zu diesem Reiseführer zu erfahren. Bitte schreiben Sie uns, wenn Sie Berichtigungen und Ergänzungsvorschläge haben oder wenn Ihnen etwas besonders gut gefällt:

Gräfe und Unzer Verlag
Reiseredaktion
Stichwort: MERIAN XL
Postfach 40 07 09
Isabellastraße 32
80707 München

Lektorat: Christa Botar
Text- und Bildredaktion: Martina Gorgas
Kartenredaktion: Markus Röleke

Gestaltung: Ludwig Kaiser
Produktion: Monika Pamp
Titelfoto: Franz Marc Frei, Kolosseum
Karten: Kartographie Huber
Satz: Andrés Gomez, Hans Raab
Litho: Otterbach, Rastatt
Printed in Italy

Alle Fotos von F. M. Frei, außer:
R. Barillari 91
Motovun Tokyo 8/9, 201
Süddeutscher Bilderdienst 17

Dieses Buch wurde auf chlorfrei gebleichtem Papier gedruckt

1. Auflage 1996

ISBN 3-7742-0427-6